Franz Päßler

LA FIESTA

#punkrock

novum pro

Bibliografische Information der Deutschen Nationalbibliothek:

Die Deutsche Nationalbibliothek verzeichnet diese Publikation in der Deutschen Nationalbibliografie. Detaillierte bibliografische Daten sind im Internet über http://www.d-nb.de abrufbar.

Alle Rechte der Verbreitung, auch durch Film, Funk und Fernsehen, fotomechanische Wiedergabe, Tonträger, elektronische Datenträger und auszugsweisen Nachdruck, sind vorbehalten

Gedruckt in der Europäischen Union auf umweltfreundlichem, chlor- und säurefrei gebleichtem Papier.

© 2023 novum Verlag

ISBN 978-3-99131-938-2
Lektorat: Leon Haußmann
Umschlagfotos: Franz Päßler, Anne Kreuzer
Umschlaggestaltung, Layout & Satz: novum Verlag
Innenabbildungen: Franz Päßler

Die vom Autor zur Verfügung gestellten Abbildungen wurden in der bestmöglichen Qualität gedruckt.

www.novumverlag.com

Für meine beste Freundin

und treue Begleiterin

Prolog

Naaaaa? Haste schon hastig vorgeblättert und all die schönen Fotos angeguckt, oder bist du eher von geduldiger Natur und belohnst dich dann später damit? Egal wie du dieses Buch konsumieren möchtest, ich hoffe, es ist spannend, zaubert dir ab und an ein Lächeln ins Gesicht und gibt dir vielleicht sogar ein paar neue Denkanstöße mit auf den Weg.

Um ehrlich zu sein, habe ich aber keine Ahnung, wie man ein Buch schreibt. Ich bin Laie durch und durch. Ich meine, guckt euch diesen verkorksten Typen doch mal an. Ja, der der da vorn in „Schlüpper" auf'm Cover hockt und Nudeln frisst. Sieht der aus, als ob der im Deutschunterricht aufgepasst hat und überhaupt weiß, was der Begriff „Literatur" bedeutet? Keine Ahnung – wird sich noch herausstellen. Zur „Abiprüfung" 2018 schrieb ich, soweit ich weiß, das letzte Mal etwas über 10 Seiten, was ich dann als umfangreiche Geschichte betitelte. Also an all die eingefleischten Leser und Deutschlehrer, die dieses Buch in die Hände bekommen sollten: Seid mir nicht böse, wenn ich die Spannungskurve manchmal nicht ganz halte, ich abschweife oder mir schlichtweg einfach noch etwas Wortschatz zur optimalen Ausdrucksweise fehlt. Vielleicht verbessert sich der Schreibstil ja sogar im Laufe des Buches.

Während meiner Auszeit las ich zum ersten Mal ernsthaft Bücher. Ich wählte 7–8 Stück, deren Titel mich dazu verführten, letztendlich 180 € dafür auszugeben. Ja, für Bücher. Meine Mutter war anscheinend sehr stolz auf diese Entscheidung und bezahlte freundlicherweise einen Großteil der Summe. Ich las nun tatsächlich zum ersten Mal im Leben mit voller Konzentration ein Buch. Wow! Ich stellte fest, wie cool es sein kann, konzentriert zu lesen. Man konnte, wie mir meine Mutter schon immer versuchte zu erklären, abschalten und sogar imaginär in den Geschichten mitwirken. Der reinste Wahnsinn! Früher wurde mir das leider noch nicht klar, da mich ständig andere Gedanken vom Lesen abhielten und mich der bekloppte „Zauberlehrling" einfach nicht interessierte. Bücher ziehen außerdem keinen Strom und sorgen unterwegs für Unterhaltung.

Nachdem ich dann sehr gute, aber auch eher falsch gewählte Bücher las, fing ich innerlich an zu beurteilen, was nun eine angenehme Schreibweise und was eine eher lahme, sich wiederholende Schreibweise war. Ein kurzer, knackiger Stil gefiel mir am besten.

Als ich dann ein paar Monate unterwegs war und an sehr aufregenden Wendepunkten meines Lebens ankam, fing mein sonst so ruhiger Geist immer öfter an, das Erlebte in einem Hinterstübchen meines Kopfes festhalten zu wollen. Er fing immer öfter an, erlebte Situationen in der Schreibweise eines meiner Bücher zu formulieren. Immer mehr dieser Formulierungen rauschten durch meinen Kopf und gingen mir irgendwann wortwörtlich auf den Geist. Es war, als würde ich dazu genötigt, Sachen niederzuschreiben.

Wahrscheinlich staute sich da aber auch gewaltig etwas in mir an. Erlebnisse, die ich zwar ab und an Freunden und Familie übers Telefon schildern konnte, was aber irgendwie nicht ausreichend war. Ich war förmlich am Platzen! Auch wenn man unterwegs viele Menschen traf und sich unterhielt, schien mir dieses Buch-Thema nicht mehr aus dem Kopf zu gehen. Eine Herausforderung, die mir im Nacken saß und neckisch flüsterte: „Das schaffst du doch eh nicht." Aber auch eine Möglichkeit, eine sehr intensive Zeit zu reflektieren und tief zu verinnerlichen. Meine Mutter hatte ich hierbei auf jeden Fall schon mal im „Backup-Team". Sie wollte der Lektor sein. „Hannibal?", fragte ich verdutzt.

Es schien verlockend, Dinge mal so richtig detailliert und ausformuliert zu beschreiben. In Gesprächen fiel es mir oft schwer, mich richtig auszudrücken, hier hingegen hatte ich die Möglichkeit, endlich mal die reinen Gedanken rauszulassen, ohne einem eventuell kritisch gestimmten Gesicht gegenüberstehen zu müssen. Niemand quatschte mir hier rein. Ich war entspannt.

Und nun sitz' ich hier, ganz entspannt in den Bergen von Málaga. Die Empfangslady in einem Art Trailer-Park hieß mich herzlichst willkommen und ich wählte eine gut belichtete Parzelle mit Blick Richtung Süden. Die warme Sonne brutzelte auf der „Plautze" und gab einem Ende November noch das Gefühl, sein T-Shirt ausziehen zu müssen. Und als ich hier gerade voll fokussiert diesen Text ins Telefon hämmerte, näherte sich mir ein Mann mit offensichtlich kugelsicherer Weste und „Police" Cap. Er trug außerdem robuste schwarze Militärkleidung, Sonnenbrille und einen Gürtel, der waffenartig aussehende Utensilien zusammenhielt. Er kam anscheinend ganz leise mit seinem komischen Elektroroller hier angefahren. Im Fußbereich des Rollers war ein Einkaufskorb verzurrt. Das Teil hatte riesige Reifen, wie Luftballons, und sah auf jeden Fall nicht wie ein Fahrzeug der Polizei aus. Der Typ hatte meine vollste Aufmerksamkeit. Ich unterbrach meine Schreibarbeit kurz und rief grinsend „Buenos Dias" zu ihm rüber. Im britischen Slang konterte er auf englisch und fragte, ob ich wiederum ein Polizist wäre. Ich erwiderte mit einem sehr sicherem „No, I'm not" und als wir dann weiter redeten war er irgendwann endlich überzeugt, zog seine Lederhandschuhe aus und gab mir einen festen Händedruck. David hieß er. Und David wies mich nun in eine äußerst bizarre Geschichte ein. Doch dazu später mehr …

Nun, das Ganze hier soll die Einleitung meines Buches darstellen und euch schön neugierig machen. Wahnsinn! Das ich mal ein Buch schreibe, hätte glaub' ich niemand gedacht. Ich wollte eigentlich erst zuhause damit anfangen und dem „unterwegs sein" meine vollste Aufmerksamkeit schenken, aber mein Kopf zwingt mich mittlerweile zu sehr dazu. Ich hab' Angst, gut gedachte Formulierungen zu vergessen. Es fühlt sich gut an endlich loszulegen, wie'n Topp' voll Milch, der langsam den Deckel hebt und überkocht. Also herzlich willkommen, „mi Frendo", lehn' dich entspannt zurück und zieh's dir rein!

Die Vorgeschichte

Höhenflüge

Aus und vorbei. Das wars erstmal mit Kuscheln, Katzen und großer Dachgeschosswohnung in Striesen. Striesen, ein ruhiger Stadtteil in Dresden. Geprägt von verzierten Villen und Bänken, auf denen breit grinsend, alte, gepflegte Leute hockten. Man sagt: „Willst du das Leben genießen, dann ziehe nach Striesen." Nun, das tat ich auch und ich war sehr dankbar, dass meine damalige Freundin mich und meinen Hund hier bei sich einziehen ließ. Meinen Hund und ihre zwei schwarzen Waldkatzen. Gute Kombi. Nach anfänglichen territorialen Einigungen waren die drei aber beste „Homies". Klar herrschte anfangs etwas Verwirrung, da der Hund beispielsweise das Katzenfutter fraß. Nachdem der Kater dann aber einfach begann, aus dem Hundenapf zu trinken, entstand eine gute Balance. Leider lief es auf menschlicher Ebene zunehmend schlechter und eine unangenehme Stimmung lag in der Luft. Ja, manchmal brannte die Luft sogar. Da verzog sich Hund und Katz' dann gern.

Ich hatte zu Beginn unserer Beziehung extremen Tatendrang. Mir ging's eben gut. Ich ernährte mich krankhaft gesund, trank Kaktusfeigensaft und fraß Ginsengkapseln und so, dem Hund gefielen die ausgiebigen Runden durch die ruhigen Parks und die Zeit mit meiner Freundin war wirklich wunderschön. Sie gab mir neuen Wind unter den Armen und die gute Laune stand mir quasi auf die Stirn geschrieben. Mehr als je zuvor. Ich fand sie extrem attraktiv, sie war älter, klüger und brachte mich oft derbe zum lachen. Ich hätte mir früher nicht mal erträumt, so ein „Hammer-Girl" abzubekommen. Und da ich immer noch auf Teilzeit im „Skateshop" rumhampelte, nutze ich diesen Haufen Aufwind und nahm erst einen weiteren Job an, und als ob ich wissen wollte, zu was mein Körper so fähig war, kam noch eine dritte Beschäftigung ins Spiel. Ich bekam nicht genug.

Der Turbo zündete jedoch leider nur bei mir und von gegenüber kam auf Dauer nicht allzu viel Euphorie. Ich hätte mir ein gegenseitiges Pushen gewünscht, stattdessen lebte man sich eher auseinander. Ich war stets bemüht, zusammen mit meiner Freundin ihre Leidenschaft zu finden. Manchmal sogar viel zu sehr. Wir unternahmen viel, beschnupperten alle Ecken und Nischen des Lebens. Doch nichts fand sich so richtig. Sie hatte einen guten Job, baute Mikrochips im „Reinraum" mit Schutzanzug und Maske, jedoch im 3-Schicht-System. Ich hatte den Eindruck als wär sie eher interessiert am einfachen Leben, als wär sie mit den einfachen Dingen vollkommen zufrieden. Dieses Einkaufen, TV glotzen, sich mit Freunden treffen, all das stimmte mich wiederum eher nachdenklich. Das war einfach nicht ausreichend. Wir waren in der Glanzzeit unseres Lebens. Ich 20, sie 25. War's das schon? Sollte man sich jetzt schon treiben lassen wie ein Floß, auf einem ruhigen Fluss? Ich hatte eher Bock, nen riesigen Motor an das verdammte Floß zu bauen und flussaufwärts zu brettern! Zusätzlich gab es noch familiär Druck. Man wollte was sehen. Schließlich ließ man mir Geld zukommen und wozu die guten schulischen Leistungen. Was suche ich da nur in diesem „Skateshop", hieß es. Eine Lösung musste her.

Ich fuhr nun also alte, klapprige Roller beim Liefermann (einem großen Türken, der aussah wie Mr. Bean und Sushi verkaufte) und rief eine Art Hausmeister Service für Kleingärten ins Leben. Im Osten von Deutschland boomen die Kleingartenvereine, das kannst du dir nicht vorstellen. Vor allem jetzt, zur Zeit von Corona, sind nahegelegene Erholungsorte die letzte Rettung. Es gibt hier zick „Ommas" und „Opas" die im Alter nochmal eine Beschäftigung im Grünen, aber auch eine Gemeinschaft von Gleichgesinnten suchen. Allein im Raum Dresden gibt es laut einer meiner Klientinnen über 300 solcher Vereine. Also auch eine Menge Arbeit. Eine Menge Arbeit die sich im fortlaufenden Alter immer schwieriger verrichten lässt. Zudem kam, dass viele leider keine Verwandtschaft hatten und wenn, dann zu weit entfernt und mit zu wenig Interesse für „Gartenarbeit". Und ich glaube, es ist bekannt, dass alte Leute sich nur schweren Herzens von ihren geliebten Besitztümern trennen können. Und hier kam ich ins Spiel. Ich suchte sowieso noch nach einem Ausgleich im Grünen und hier profitierte sogar noch der Hund. Handwerkliche Tätigkeiten zogen sich durch die Familie und waren mir vertraut. „Perfekto!" Da ich aber kein Freund vom Finanzamt war, arbeitete ich schwarz. Nein, Spaß, das hätte ich mit meinem Gewissen nicht so recht vereinbaren können und wo wär da der Reiz geblieben. Aber ich fand trotzdem einen Weg, die Bürokratie zu umgehen: Ich druckte Flyer, mit großer, gut lesbarer Schrift und hüllte diese, wasserdicht, in Folien. „Handwerkliche Nachbarschaftshilfe" stand da drauf. Darunter was ich so mache (Hecke schneiden, Rasen mähen, etc.) und weiter unten „Liebe Grüße", mit Namen und Telefonnummer zum Abreißen.

Früher zog ich noch mit fetten Markern durch die Stadt, jetzt waren es eben Flyer für alte Leute. Auch egal, haha. Ich pflasterte alles voll. Vor allem rings um die Gärten. Zuhause saß ich dann wie auf Kohlen vorm Telefon. Doch da tat sich nix. Mehrere Tage vergingen und ich zweifelte an meinem Vorhaben. Ich schnappte mir Lola und lief ein paar der „Spots" beim Gassi gehen ab. „Hääää?!" Da waren überall kaum noch „Abreiß-Nummern" dran. Der Fakt, dass die Leute es sahen und zugriffen, zauberte mir schon mal ein Lächeln ins Gesicht. Und dann, ein paar Tage später, ein verpasster Anruf auf dem Handy. Sogar gleich noch eine Voicemail, auf der nach langer Stille, eine knisternde, schläfrige Stimme zu hören war. „Bääm", darauf hatte ich gewartet. Ich rief sofort zurück. Die alte Dame war sehr erfreut über das jugendliche Interesse.

Beim ersten Treffen gab ich ihr von vornherein zu verstehen, dass ich dafür kein Geld verlangen kann, beziehungsweise keine Rechnung ausstelle. Sie könne mir lediglich eine Spende aushändigen. Nun, das war ihr ziemlich schnuppe. „12,50 € die Stunde, Kuchen und Getränke gehen aufs Haus?!" „Deal!" Ich reparierte Dächer, zupfte Unkraut, strich Wände und hielt Lola weitestgehend davon ab, die Katzen durch die Anlage zu jagen. Mir machte das echt Spaß! Vielseitig und abwechslungsreich war es und ehrlich gesagt feierte ich es, eine solche Lücke im System gefunden zu haben. Ich hatte endlich mal paar Kröten in der Tasche und konnte somit meinen Mietanteil problemlos zahlen. Außerdem gab's gratis Obst und Gemüse aus den Gärten, sowie frisch zubereitete Pizzen, Bowls, Salate und satte Trinkgelder beim Lieferservice, welchen ich nochmal wechselte.

Der Türke, von dem ich da sprach, war früher Türsteher und pflegte es immer noch, mit dieser Körpersprache und in diesem Ton mit seinen Angestellten zu reden. Nicht mit mir. Ich ließ ihn und den Fisch eines Abends in der Kälte stehen. Sushi aß ich eh nur mit gehobenem Zahnfleisch. Noch dazu war sein Liefersystem nicht ganz durchdacht und die Karren, die wir da fahren sollten, wurden wahrscheinlich allesamt mit Starthilfespray vom Schrottplatz geholt. „Fuck you!" Ja, einmal blieb ich sogar im Tunnel mit diesem scheiß Roller stecken. Der Vergaser war irgendwie immer sehr launisch und ließ mich da vollkommen im Stich. Dann gab es noch einen offenen Roller, der fast 80 km/h fuhr und einen Suzuki Alto, indem ich, 1,86 m, wie der Affe auf'm Schleifstein hockte. Das einzig zuverlässige Fahrzeug war mein Fahrrad, das ich dort auch ab und an fuhr. Die schlechte Laune vom Chef und die mäßige Bezahlung machten wir durch den Fahrspaß wieder wett. Manchmal ging's da echt ruppig zu und die Vehikel litten dementsprechend. Das Quietschen der Reifen wurde dann irgendwann vom Chef so hingenommen. Man hätte die Arbeitssituation als „polnisch" bezeichnen können. Wir hatten teilweise echt „Fetz" und es war für mich eher eine Belustigung, bei der ich ordentlich Fahrpraxis sammelte, als ein ernsthafter Job.

Später dann, beim neuen Lieferdienst, welcher sich nur noch wenige Straßen von der Haustür entfernt befand, lernte ich puren Luxus kennen. Klar musste man da ab und an den Fußboden schrubben, Geschirr spülen oder Essensreste aus dem Abfluss fischen – ABER – es gab so etliche Vorzüge. Jeder im Team war total gelassen und witzig. Es lag permanent Motivation in der Luft und oft lief Techno während der Arbeitszeit. Manchmal hatte ich eher das Gefühl, auf eine Party mit jungen, coolen Leuten zu gehen, als dass ich hier arbeitete. Man kam an und legte gut gelaunt und rhythmisch los. Nicht rumzustehen war quasi die einzig wichtige Sache. Schön im Flow bleiben. Es gab zuverlässige Elektroroller, doppelt so viel Trinkgeld und jetzt kommt's: Essen fast geschenkt. Leckeres, frisch zubereitetes Essen! Sogar ziemlich grün und gesund für einen Lieferservice. Als Rollerfahrer bekam man abnormal Rabatt und es standen zusätzlich permanent Gerichte rum, an denen man sich ausgiebig bedienen durfte. Quasi Fehlproduktionen oder einfach nette Grüße aus der Küche. Der Himmel auf Erden, denn ich war verfressen hoch 10. Kurz vor Küchenschluss orderte ich dann oft „Dinkel Pizzabrötchen", eine „Tokio Bowl" oder auch leckeres Curry. Der Freundin hing's zuhause schon zu den Ohren raus. Außerdem gab's hier sogar ne warme Dusche inklusive Waschmaschine. Für diese beiden Dinge werde ich im späteren Verlauf der Geschichte noch sehr dankbar sein.

Das Problem an der Situation war dann nur, dass ich Mühe hatte, alles unter einen Hut zu quetschen. Da waren die Anfahrtswege, die Sonderaufträge in den Gärten, bei denen ich noch Kram im Baumarkt organisieren sollte, aber auch Hund und Freundin, welche Aufmerksamkeit verdienten. Von Freunden und Hobbies ganz zu schweigen. Im Skateshop war Corona bedingt dann zu allem Übel auch noch die Hölle los. Maskenverweigerer, Großfamilien mit Kindern und andere taktlose Menschen, die sich nur wenig bis gar nicht in den Verkäufer gegenüber versetzen konnten, standen Schlange. Ja einer klaute sogar den Stapel „Skate Mag's" vor der Ladentür, weil unsere Kunden ihm seinen blöden Eimer nicht mit Wasser füllen wollten. Warum auch?! Frag mich nicht. Ich rannte ihm hinterher und nahm ihm die Zeitungen wieder ab. Idiot.

Jedenfalls baute sich so ein Zustand in mir auf, der letztendlich nur mit viel Ruhe gekontert werden konnte. Sensibel, wie ich war, fand ich diese Ruhe zuhause leider auch nur selten. Ich schraubte nach und nach erfolglos die Arbeitsstunden zurück, in unsere Beziehung schienen sich im Stress die wahren Charakterzüge zu zeigen und die Harmonie ging irgendwie komplett flöten. Jetzt im Nachhinein wird mir erstmal bewusst, dass da auch jede Menge Schuld auf meiner Seite lag. Damals machte ich meine Freundin, ihre Katzen (welche mich teilweise wirklich gezielt ärgerten) oder die Kunden im Skateshop verantwortlich, anstatt mal vor der eigenen Tür zu kehren und zu erkennen, dass ich allein es war, der diese gestresste Welt erschaffen hatte. Das wird mir sogar jetzt gerade eben erst klar, jetzt wo ich dieses Buch schreibe und anfange zu reflektieren, die Perspektive zu wechseln.

Trotz allem sah ich mich gezwungen, die Beziehung zu beenden und zog aus. Ich bereute diese Entscheidung nie, sie war wohl bedacht.

Hin und her

„Ich will nen Transporter!" Dieser Gedanke verankerte sich seit geraumer Zeit in meinem Oberstübchen, schon bevor ich meine gerade erwähnte Freundin kennenlernte. Nachdem ich Enno, der der bis jetzt am ehesten die Vaterrolle in meinem Leben einnahm, massig Angebote von Autos über WhatsApp schickte, bot sich dann irgendwann endlich die Möglichkeit, einen VW Caddy als Langversion zu erwerben. Enno hatte als wilder „Jungspund" seine KFZ-Meisterprüfung fast verschlafen, dann aber doch erfolgreich absolviert. „Hahaha, Enno, ich hoffe wir sind nicht in einem Raum, während du das liest!" Und nun stand er mir zur Seite und zeigte mir alle Tricks und Kniffe, die man bei einer Besichtigung beachten sollte. Ich checkte den vorläufigen Favoriten mit dem Fahrrad aus, gab dann grünes Licht und kaufte, nach einem weiteren kritischen Blick von Enno, mein erstes Auto. Verdammt, das fühlte sich gut an. Freiheit! Ich konnte nun überall hin und hatte ein funktionelles Auto. Geplant war ein Umbau zum Camper. Man kennt's, glaub ich. Schon nach einigen kleinen Modifikationen fuhr ich das erste Mal, zusammen mit Lola, die es liebte, vom Beifahrersitz aus die vorbeiziehende Landschaft zu genießen, an die Ostsee. Nur mal so als Probe. Ganz spontan, abends nach der Arbeit. Nach der Arbeit. Das musste eben sein. Wir kamen irgendwann kurz vorm Morgengrauen an. Und ich hatte große Mühe, mit halboffenen Augen einen ruhigen Parkplatz zu finden, auf dem man noch etwas Schlaf nachholen konnte. Wir standen auf der obersten Plattform eines Parkhauses, da es mir hier am ruhigsten schien.

In dieser Nacht veränderten sich meine Ansichten nochmal grundlegend. Es gab nämlich folgendes Problem: Haare. Hundehaare. Und davon nicht wenig. Das hatte ich voll verpeilt. Lola war, glaub ich, eine der haarendsten Hündinnen. Wer weiß, wie viele Mützen man schon aus ihrem weichen Fell hätte stricken können. Weiches, aber verdammt nerviges Fell.

Als ich da an diesem Vormittag auf meiner Luftmatratze hinten auf der Ladefläche aufwachte, war der gesamte Innenraum mit einem weißen Teppich überzogen. Die einstrahlende Sonne brachte das besonders gut zur Geltung. Dazu kroch leicht klammer Dunst umher, obwohl beide Fenster einen Spalt offen waren. Ich fühlte mich absolut nicht wohl. Und nachdem ich gefühlt 20 dieser Klebezettel, an der Fusselrolle abriss, war für mich klar, dass Lola und ich nicht auf solch engem Raum hausen konnten. Der Hund musste weg! Nein, um Gottes Willen. Niemals, haha! Dazu kam noch, dass der Caddy fast all meine Ersparnisse gefressen hatte und ich grad so noch den Umbau finanziert bekäme. Mich überkam ein ungutes Gefühl und ich stellte ihn ins Netz. Kurz und schmerzlos. Enno gegenüber hatte ich dabei ein fürchterlich schlechtes Gewissen, da er mir als Überraschung schon ein neues Radio mit Rückfahrsensor eingebaut hatte. Und ich unentschlossener Hampelmann entschied mich jetzt einfach nochmal komplett um. Tolle Freundschaft. Der Transporter hatte jedoch auch treue Dienste erwiesen. Ich fuhr einen Umzug, einen Satz Winterreifen und einmal für über 60 € Pfand von „Karpe", einer meiner trinkfesten Kumpels (Grüße geh'n raus). Und das waren größtenteils Glasflaschen. Mehr muss ich glaub ich nicht sagen.

Nachdem ich beim Verkauf noch fast übers Ohr gehauen wurde, hatte ich ihn dann beim 2. Anlauf endlich los. Ich wollte jetzt erstmal ein günstiges, kleines Auto. Einfach um jetzt nicht mit dem Zug meine 150 km entfernte Familie besuchen zu müssen. Ich hasste den Zug. Und Lola auch. Zur „Primetime" presste man da gern mal sein Gesicht gegen die sich schließende Tür.

Ich fand auf Kleinanzeigen einen Ford Fiesta, 30 Jahre alt, solide und günstig. Ein richtiger „Ol' Dirty Bastard". Für 600 € handelte ich das Auto inklusive Lieferung von Leipzig nach Dresden raus. Die 600 € „Cash" waren lustigerweise der Erlös eines meiner kürzlich verkauften Fahrräder. Ich tauschte quasi Fitness gegen Bequemlichkeit. Naja, egal. Gebracht wurde die Karre dann spät abends von Martin, einem ebenfalls grundsoliden, ehrlichen Typen. Im gelblichen Licht der Scheinwerfer zählte Martin die Moneten, während ich mit meinen erlernten Besichtigungskenntnissen und Handy-Licht ums Auto schlich. Donnerwetter, stand der gut da. Ich hatte echt ein gutes Gefühl. Meine Eltern wussten noch gar nichts von dem Deal, da ich beweisen wollte, dass ich das jetzt allein hinkriege und sie nicht wieder irgendwo in die Pampa zur Besichtigung holen müsse. Es lief alles bestens. Wir drehten noch eine Runde um den Block und man saß wie bei Uroma im Wohnzimmer. Alles roch ... naja, wie roch das ... alt eben. Als krieche man auf dem Dachboden rum und öffne eine verstaubte Schachtel. So roch das hier. Aber das gab der Karosse ein gewisses Flair und man fühlte sich immer wohl darin.

Das Auto hatte auf jeden Fall Charakter. Zum Beispiel ging der rechte Blinker nur mit ordentlich Druck und nur wenn man Glück hatte. Die Kontakte waren einfach nicht mehr so kontaktfreudig wie vor 30 Jahren. Dann war da noch was. Wenn es stark regnete und man eine Kurve fuhr, kam Wasser durch die Beifahrertür und auch durch den Lichtschalter an der Decke getropft. Später dann bekam man sogar einen nassen rechten Fuß, da anscheinend oberhalb vom Gaspedal ebenfalls Wasser eindrang. Nicht viel, aber ausreichend. Die Hupe war lustigerweise am Blinkhebel. Und einmal lief der Heckscheibenwischer für eine gute Woche, nachdem ich versuchte, ein Radio einzubauen. Ich dachte, ich hätte irgendein Kabel abgeklemmt, derweil bin ich nur mit dem Arm an den Hebel gekommen. Man, da stand ich mal wieder ganz schön auf'm Schlauch. Sehr zur Belustigung meiner Freundin.

Als ich dann eines Tages meine Lady ins Auto bat, für unsere erste Ausfahrt, fuhren wir Autobahn. Nun ja, was soll ich dazu sagen. Der Vorgänger war laut Martin ein älterer Herr, welcher die Tachonadel stets niedrig hielt. Klar fährt man mit solch einem Auto sowieso entspannt. 50 PS sind eben 50 PS. Enno meinte immer, dass Autos ab und zu mal „freigeblasen" werden müssen. Auf der Autobahn wollte ich's dann wissen und trat das Gaspedal voll durch. Es wurde laut. Alles klapperte und vibrierte. Bei knapp über 100 km/h guckten wir uns auf einmal mit gerümpften Nasen an. Himmel, Arsch und Zwirn. Was war das? Es stank fürchterlich. Als verbrannte man tote Tiere. Mein kleiner „Mickey Mouse-Motor" lief anscheinend so heiß wie lang nicht mehr und irgendwas schmorte da vorn. Wir lachten laut über diese weitere makabre Eigenschaft und ließen es erstmal bleiben mit der Raserei. Grund dafür war, wie ich später mit Enno herausfand, ein Haufen Laub und Geäst, der sich anscheinend über die 30 Jahre zwischen Innenverkleidung und Motorraum angesammelt hat. Auch in der Lüftung hing viel kompostiertes Material, was dann, als der Motor auf Touren kam, logischerweise anfing zu riechen.

Auf jeden Fall verliebte ich mich in dieses kleine weinrote Auto. Es wurde sogar sexuell eingeweiht, bei Starkregen im Autokino. Lola hatte auf der Rückbank massig Platz und ich spielte immer öfter mit dem Gedanken, einfach dieses Auto umzubauen, sodass man damit bequem mal für'n Wochenende an' See fahren könne. Aber wie nur darin schlafen? Darin zu dritt mit Freundin und Hund zu schlafen, ging auf keinen Fall. Da wäre man außerdem wieder bei der Caddy-Problematik. Einen Wohnanhänger anzuhängen, kam auch nicht in Frage. Er hatte keine Anhängerkupplung und da fehlte einfach etwas an Leistung. Dann bekam ich zufällig Wind von diesen Dachzelten. Ja man. Eine „Stoffvilla", das wär's doch. Einfach auf dem Dach schlafen! Wie im Baumhaus! Oder wie bei „Go, Trabi, go", haha!

Ein Dachzelt ist eine Art Box, die man mit Hilfe eines Dachträgers auf dem Dach eines Autos montieren kann. Es gibt grob gesagt 2 Varianten dieser Zelte. Entweder die klappfähige Version, welche etwas günstiger ist und Platz spart, da man die Liegefläche durch die Klappfunktion verdoppelte. Sie bietet außerdem eine Art Unterstand bei Regenwetter. Nachteil: Man baut gut und gerne 5–10 Minuten auf und ab. Auf und wieder ab. Ganz schön nervig, wenn man tagtäglich den Spot wechselt oder mal schnell weg muss. Dann gab es da noch die „Hartschalen". Die poppen einfach innerhalb weniger Sekunden nach oben, kosten aber gut und gern drei- bis fünftausend Euro. Uff. Ich schluckte heftig. „Für'n Zelt. 3000 Latten? Hat das Massagefunktion und Minibar, oder was?"

Ich verlagerte meine Suche in die günstigere, klappbare Richtung und fand mich mit den 5–10 Minuten ab. Da stieg man bei ca. 1000 € ein. Doch da kam schon die nächste Frage auf. Ich, total Fahrrad-affin, wollte natürlich meinen Drahtesel mit auf Reisen nehmen. Ohne das Bike ging's wirklich nicht. Das war eine meiner größten Leidenschaften, stand manchmal sogar in der Rangordnung auf Höhe der Freundin. Ich fuhr eigentlich jeden Tag und schraubte in meinen freien Minuten dran rum. Auch gern mal während der Arbeitszeit, zur Freude meines Chefs. Fixies, eine Art reduziertes Rennrad, waren mein Spezialgebiet.

Nun gab es da ein Licht am Horizont, denn ich entdeckte nämlich ein ganz neues dieser Dachzelte, welches sich im Gegensatz zu allen anderen länglich aufklappte und somit noch Platz für einen schmalen Fahrradträger auf dem Dach bot. „Yes!" Es war wirklich gut durchdacht und von einem namhaften Anbieter. Das war dann allerdings auch das Problem. 1699 € kostete die Qualität. Es half alles nix. Ich wollte nur noch das. Wenn dann das. „Daaaas." Meine Gattin rollte immer öfter die Augen, als ich wieder mit diesem Thema anfing. Und als ich dann sogar im Schlaf davon fantasierte, gab es kein Halten mehr.

Doch Moment, da war noch ein kleiner, aber feiner Haken. Ich benötigte erstmal einen Dachträger, der zwischen Auto und Zeltboden fungierte. Ich schlich besorgt ums Dach meines Autos. „Fuck ... is' das überhaupt machbar?", schoss es durch meinen Kopf. Ich hatte keine Ahnung. Als guckte das Schwein ins Uhrwerk. Mehr kann man dazu nicht sagen.

Es galt also, für ein Auto von 1991 einen Träger zu finden, der auch noch kompatibel mit einem dieser brandneuen Dachzelte war. Das war eine echte Herausforderung. Ein guter Monat verging, in dem ich recherchierte, aber vor allem auf Antworten wartete. Nachdem ich auf Ebay nix fand, setzte ich auf eine Firma aus Bayern, welche sich auf Dachträger spezialisiert hatte. Ich erfuhr nach und nach, dass die gebräuchlichen Autodächer meistens mit „Fixpunkten" oder „Reling" ausgestattet waren. Mein Wagen jedoch hatte nur eine dünne Metalllippe, in einer sogenannten Regenrinne, an die nur ein ganz spezieller Träger geklemmt werden kann. „Schönen Dank auch."

Der Typ vom Service, durchlöchert von meinen Fragen, empfahl mir, ein Ford Autohaus aufzusuchen. „Nichts wie hin da!" Als ich mein Fahrrad, so leise und sanft wie möglich, an die große Glasfront des Gebäudes lehnte, um es abzuschließen, bemerkte ich, dass ich in der Eile eventuell etwas unvorteilhaft gekleidet war. Ich trug meine „zerruppten" Fahrradschuhe und abgeschnittene, ausgefranste Hosen. Leicht verschwitzt trat ich ein in die heiligen Hallen. Alles war poliert und funkelte. Ich nahm kurz auf der noblen Ledercouch Platz, da gerade jemand beraten wurde. Als die Empfangsdame mir dann zu gestikulierte, trat ich näher. Sie schickte mich, nach kurzer Schilderung meines Anliegens, rüber zu einem älteren Herrn. Roter Schlips, dicker Bauch und natürlich Anzug, wie sich das gehört. Schließlich verkauft man hier Neuwagen an Kunden mit viel Knete auf der Kante. Dicke Deals. Jedenfalls hörte mir der Mann sehr aufmerksam zu und fragte nach der Zulassung. Anschließend tippte er an seinem Computer rum und als der nix so richtig auszuspucken schien, griff er zum Telefon. Sekunden später trat ein zweiter Mann ein und nahm sich der Sache an. Die beiden Verkäufer konnten mir letztendlich lediglich die genaue Modellbezeichnung des Trägers geben. Gebaut wurde dieser aber nicht mehr. „Sowas kann man nur noch mit viel Glück auf Kleinanzeigen finden", gaben sie mir als Trostpreis mit auf den Weg.

Ich war fast schon am Aufgeben, als ich mir noch ein letztes Mal diese verf***te Kleinanzeigen-App vorknöpfte. Ich tippte diese genaue Modellbezeichnung ein und erweiterte den Suchradius dieses Mal auf ganz Deutschland. Und zack, da war er. Der wahrscheinlich letzte seiner Art. Ganz oben auf der Karte, kurz vor Dänemark.

Am Tag vor Männertag, fuhr ich ganz spontan, zusammen mit meinem Kumpel Basti hoch Richtung Kiel, „zu de Fischköppe." Zu dieser Zeit war das gar nicht so ohne, da wir durch 1–2 dunkelrote Corona-Risikogebiete fahren mussten. Der Anbieter dachte, ich scherze nur, als ich schrieb, dass ich wirklich hochkomme. Da standen wir dann, klappernd in der abendlichen Kälte. Der machte Augen, kann ich dir sagen. Er war sehr gastfreundlich und bat uns rein in sein rotes Backsteinhaus. Wir bekamen Getränke, ein nettes Gespräch und am Ende sogar den Dachträger geschenkt. Wir schliefen oben am Strand, auf hintergeleierten Fahrersitzen, genossen das Feeling und stellten uns noch paar Bier in' Hals. Gute Nacht!

Am nächsten Morgen hatten wir's dann eilig, wieder nach Dresden zu kommen. Schließlich war Männertag und vor allem Basti, der sich schon während der Autofahrt volllaufen ließ, konnte es kaum erwarten. Am späten Nachmittag kamen

wir dann an. Ich war heilfroh, jetzt endlich diese 2 Metallstangen auf dem Dach zu haben. Die Basis für den nächsten Schritt:
Eine Woche später war es dann soweit. Wir fuhren das Dachzelt abholen. Es war für mich wie Geburtstag und Weihnachten zugleich. Ein kleiner Traum wurde war: Die Verwandlung meines Ford Fiesta in ein Wohnmobil. Wer hätte das gedacht. Nun hatte Lola unten ihr Reich auf der Rückbank und separiert davon konnte man oben problemlos zu zweit schlafen. Das war geil. Keine Haare mehr in der Suppe! Der Verkäufer war ein ruhiger, sehr netter Mann mittleren Alters, der schon eine Art Präsentation vorbereitet hatte. Wir klappten es zusammen auf und wieder zu. Ich lag Probe und ein Dauergrinsen durchzog mein Gesicht. Wir montierten es gleich zusammen aufs Dach und ich konnte sogar den Preis noch etwas drücken. Vielen Dank an „Bike Point Klotzsche" und den Typen, wie auch immer er hieß.

Auf Schnupperkurs

Da ich jetzt dieses schandhaft teure Dachzelt besaß, juckte mir es dementsprechend in den Fingern, das Teil endlich mal auszuprobieren. Nach einem Probelauf, unweit entfernt in Tschechien, fragte ich Freundin und Hund, was sie davon hielten, runter Richtung Spanien zu fahren.

Mein Tätowierer faselte bei unseren Sitzungen immer, wie reizend Barcelona wäre. Sein gesamter Urlaub geht quasi dort unten flöten. Ich glaube, jeder weiß, wie angenehm warm es dort ist und das Meer sieht man hier in Sachsen auch nicht alle Tage. Des Weiteren schwärmte er vom „jugendlichen Lifestyle" da unten. Sprich coole Leute, massig Skateparks und die sogenannten Coffeeshops. „Wenn man da beim sprüh'n erwischt wird, zahlt man irgendwie 80 € und weiter gehts. Denen ist das fast schon egal da unten. Die ‚Cops' fahren da regelrecht durch unseren Sprühnebel und die juckt's oft einfach nich'!", gab er einmal lachend von sich. Krass! Diese lockere Haltung kannte ich so überhaupt nicht. Hier in Deutschland hätte man da schnell mal einen Gerichtstermin inklusive Hausdurchsuchung anstehen. Schlichtweg undenkbar wär das hier. Kumpels am Skatepark behaupteten außerdem, es wäre, als sei die Stadt von Jugendlichen gebaut worden. „Überall ‚Streetspots fürs Bike oder Skateboard!", hieß es da. Nun, ich war vollkommen überzeugt und konnte es kaum erwarten, diese im Gegensatz zum gesetzestreuen Deutschland sehr gegenteilige Welt kennenzulernen. Wieder einmal brannte sich dieser Gedanke tief ins Oberstübchen ein und die Vorfreude verbreitete sich rasch. Lola erlebte was und musste nicht zuhause rumsitzen und für meine Gattin war es eine wohlverdiente Auszeit vom 3-Schicht-System. Die Idee schien allen zu gefallen. Sie unternahm gern Ausflüge und wollte schon als nächstes unbedingt in den Katzenzirkus nach Moskau. „Waaas, sowas gibt's?", fragte ich mit offener Kinnlade. „Hammer!" Das war nur fürs erste Mal fast schon zu groß gedacht und unsere gemeinsame Urlaubszeit hätte nicht gereicht. Wir verschoben den Gedanken auf den nächsten, längeren Urlaub und einigten uns auf Barcelona. Ihr war's eigentlich egal. „Hauptsache weg!", sagte sie.

Wie gewohnt durchlief ich die Reise schon mal imaginär und packte das Auto dementsprechend im Voraus. Gaskocher, Hundenäpfe und Co. durften natürlich nicht fehlen. Wäre ärgerlich. Klar könnte man den Hundenapf ersetzen, indem man die Hände als Gefäß formt, aber auf zu viel Improvisation hatte ich auch keinen Bock. Ich war sowieso ein Freund von etwas grundlegender Planung bei größeren Vorhaben, um dann nicht komplett dumm dazustehen und die Woche in vollen Zügen genießen zu können. Quasi lieber einmal richtig den Kopf zerbrechen und davon dann eine Woche lang profitieren. „Immer vom Schlimmsten ausgehen und sich freuen, wenn's besser wird." alter Survival-Kodex, der mich schon des Öfteren mental stärkte. Den Lauf der Reise und ob die theoretischen Überlegungen auch praktisch so funktionierten, überließen wir dem Zufall, ein gewisses Restrisiko sollte schließlich bleiben. Sonst wär's ja langweilig.

Ein kühler Morgen leitete unsere Reise ein und ließ die Vorfreude auf die Wärme nur noch mehr wachsen. Lola hechelte aufgeregt auf der Rückbank und die Katzen gaben wir zu einem hilfsbereiten Freund. Lange fuhren wir quer durch das triste, graue Deutschland, bis wir an der französischen Grenze ankamen. Wir hatten zwar einen offiziellen PCR-Test machen lassen, nur ließ sich meiner, welcher mir per Mail zugeschickt wurde, nicht öffnen oder ausdrucken. Dementsprechend schlug ich kurz vor der Grenze von der Autobahn auf eine kleine Landstraße ein und wir passierten problemlos, ganz ohne Kontrollen. In Frankreich war ich erstmal baff. Ich hatte zwar Französischunterricht gehabt, war aber noch nicht einmal im Nachbarland. Für mich war das andere Flair, sprich die ausländischen Straßenschilder, Autos und Menschen schon ein schönes Anzeichen, auch wirklich woanders zu sein. Herrlich war das! Nur die Selbstbediener-Tankstellen verwirrten anfangs etwas und boten komischerweise in dieser Gegend nur eine Mischung aus „Super 95" UND „E 10" oder aber den hochwertigen „98er"-Sprit, welcher nur von Neuwagen und moderneren Autos richtig verwertet werden kann, da diese erkennen, um welchen Kraftstoff es sich handelt und dann wohl die Einspritzmenge variieren. Von stinknormalem „95er" war hier keine Spur. Ich tankte also in Rücksprache mit Enno Benzin mit 98 Oktan. „Eher das als ‚E 10'!", meinte er verwirrt am Hörer. Ging eben nicht anders. Das hatte dann später auf der Autobahn zur Folge, dass wir auf einmal nicht mehr nur bergab über 100 km/h fuhren, sondern nun auch bergauf. Ich wusste das anfangs gar nicht und freute mich über meinen brachialen Motor, der anscheinend grad gut warmgelaufen war. Im Nachhinein klärte Enno mich auf, dass das gar nicht ungefährlich war. Der Motor hätte überdreh'n können, wenn man ihn richtig prügelt, da dieser Sprit mehr „Bums" hat und mein „Ol' Dirty Bastard" das, wie gesagt, gar nicht richtig verarbeiten kann. Es ging zum Glück alles gut.

Bei McDonald's dann merkte ich erstmal, wie eingerostet meine Sprachkenntnisse waren. Ich machte mich an der Sprechanlage voll zum Eimer und musste zwischendurch selbst anfangen zu lachen. Es gab irgendwie eine ganz andere Auswahl als bei uns in Deutschland. Ich wollte eigentlich nur eine Apfeltasche und die Freundin wollte nen bestimmten Burger. Gab's irgendwie beides nich'. Alle amüsierten sich hervorragend und wir aßen eben Pommes. „Lü pomm dü t'äre" oder so hieß das. Das wusst' ich noch!

Nach einer schönen Nacht am Mittelmeer, auf einem traumhaften Parkplatz, der schon halb mit Sand bedeckt war, da er direkt hinter der Düne platziert war, ging es uns besser denn je. Früh morgens saß Lola schon schwanzwedelnd auf der Rückbank und konnte es kaum abwarten rausgelassen zu werden. Wir tobten zu dritt über den ins Morgenrot getauchten Strand und genossen die französischen Backwaren. Kurz darauf steuerten wir auch schon langsam auf die spanische Grenze zu. Wir legten eine gute Strecke zurück. Es war eine sich die Berge entlang schlängelnde Küstenstraße, die wir gegen frühen Abend, mit letzter Kraft, entlang krauchten. Das Auto hechelte schon lauter als der Hund. Man fuhr direkt am Berg entlang, durch kleine Ortschaften. Links sah man nur blau. Soweit das Auge reichte. Rechts die fast senkrecht nach oben wachsenden Berge. Rennradfahrer kamen uns lächelnd entgegen geschossen und Motorradfahrer ließen ihre Maschinen aufheulen. Es war wirklich eine der schönsten Straßen, die ich bis dahin fahren durfte. Da langsam die Nacht einbrach und wir nicht im Dunkeln aufbauen und essen wollten, bog ich kurzerhand in einen Weg ein. Leider war dieser mit roter Sperrscheibe versehen. Wir taten so, als hätten wir diese nicht gesehen. Es war dunkel, es war spät und wir im Arsch, also nichts wie rein da. Der Weg lag ziemlich genau auf der spanisch-französischen Grenze und wand sich um einen großen Berg, sodass man außer Sichtweite war. Perfekt! Es war sogar eine Art „Dead End" und man kam auf einem großen, begrünten Plateau an. Du kannst dir das gern auf Google Earth reinziehen. Die Sicht war gigantisch. Man überblickte die kurvige, im Berg eingearbeitete Straße, welche wir uns hochgeackert hatten, und sah die Küste in voller Pracht. Ich schätze, unser beschlagnahmtes Plateau war 500 Meter hoch und vor uns ging es nahezu senkrecht nach unten, wo die Wellen weiß schäumten. Ich lief ganz langsam mit großen Augen und weit offenstehendem Mund umher, konnte unser Glück kaum fassen. Als wir dann noch Nudeln kochten, schien die Idylle vollendet. Der Ort gab einem das Gefühl, sicher zu sein und auch Lola lag ganz entspannt vorn an der Kante zum Mittelmeer.

Früh morgens dann die bittere Überraschung: Nachdem wir frühstückten, ich mit Lola den Berg erklommen hatte und auch das Zelt wieder eingeklappt und verpackt war, starteten wir gut gelaunt in den Morgen. Als wir da halb verschlafen, circa 9 Uhr morgens, diesen kleinen Weg zurück zum Grenzübergang entlang tuckerten, sah ich in der Ferne etwas, was mir mein Herz kurz in die Hose rutschen ließ. Was das war? Militär! Schwere Jungs! Die schienen diese kleine Küstenstraße zu blockieren und Autos zu kontrollieren. Die sahen alle gar nicht witzig aus. Riesengroße Männer mit Gewehren und diesen „Barettmützen". Überall waren die verteilt. Ja sogar oben auf den Hügeln lagen sie einschüchternd, durchs Visier guckend. Und genau diesen Weg, den wir gestern eingebogen sind, schienen Sie als Stellplatz für mehre große Trucks zu nutzen. Hätten nur noch Panzer gefehlt und ich wäre komplett hinterm Lenkrad meines erbärmlichen Fiestas verschwunden. Stattdessen leierte ich gezwungenermaßen das Fenster runter, sie hatten uns eh längst spitzbekommen. Jetzt muss man sich schlichtweg mal diese Situation auf der Zunge zergehen lassen. Wir 3, verdutzt durch die Scheibe guckend, noch Schlaf in den Augen, Zahnpasta in den Mundwinkeln und das Militär, welches wir, von hinten kommend, überraschten. Als nun glücklicherweise ein junger freundlicher Soldat mit uns auf englisch zu kommunizieren versuchte, trat der General langsam näher und musterte uns. Die Miene war ernst und die „G.I. Joe Sonnenbrille" verdeckte die Augen. Wir hatten mittlerweile die Aufmerksamkeit aller. Fehlte nur noch der rote Punkt auf der Stirn. Wir gaben ihnen so lächelnd wie nur möglich zu verstehen, dass wir gestern Abend notgedrungen hier einbogen, da sonst nichts zu finden war. Der Dolmetscher ließ uns wiederum wissen, dass man ein rotes Auto suche, welches gerade über die Grenze fliehen will. Zu dumm nur, dass unser Auto auch rot war. Zwar weinrot, aber rot eben. Als dann aber alles überprüft war und auch die Generäle verstanden, gab man uns abschließend zu wissen: „Next time, vacation over ... and cash!", und lachte laut über unsere versteinerten Gesichter. Eine kurze Handbewegung symbolisierte uns letztendlich die Weiterfahrt, nachdem sie einen ihrer Trucks etwas beiseite rangiert hatten. „Puhhhhhhh." Glück gehabt.

An diesem Tag erreichten wir noch „Lloret de Mar". Meine Freundin meinte, das wäre die Stadt, in der eine ihrer Freundinnen damals ausgiebig ihren Abschluss gefeiert hätte. Daraus konnte man schließen, dass es hier viel zu erleben gab für junge Leute. Ich glaube, mein Onkel war hier damals auch und kam ohne Geld und dafür mit „Veilchen" wieder heim. Taumelnde Spanier, bunte Lichter und laute Musik empfingen uns also an diesem späten Nachmittag und irgendwie war ich gar nicht so begeistert davon. Wir waren schließlich schon den ganzen Tag unterwegs, wurden von den bewaffneten Jungs geweckt und wollten jetzt nur noch eins: erholsamen Schlaf! Nachdem wir viele dreckige Nebenstraßen abklapperten, erreichten wir irgendwann eine Art Anhöhe, auf der die etwas besser Betuchten siedelten. Da gab es dann abgesperrte Wohngebiete, vor denen Security-Beamte ihre Kreise zogen und Sicherheit symbolisierten. Glücklicherweise war direkt neben einem dieser Gebiete ein relativ ruhiges Plätzchen mit Blick über den Lärm, Richtung Meer. Nur leider direkt an einer kleineren Straße, quasi auf einem verbreiterten Fußweg. An sich nicht schlimm, nur rief die Körperhygiene an diesem Abend lautstark. Die Stimmung drohte zu kippen. Wir waren verschwitzt vom heißen Tag im Auto, müde, wollten noch kochen und irgendeiner musste sich diesem fragend guckendem Hund annehmen, der scheinbar ziemlichen Laufdrang verspürte. Nach einem kurzen Durchhänger rappelten wir uns auf, hissten den Wasserkanister und einer betrieb hastig Katzenwäsche, während der andere die Intimbereiche mit dem Handtuch verdeckte. Irgendwie fällt es Fußgängern in diesen Momenten immer ein, flüchtig an solchen Geschehen mit diesem „Ich-hab-gar-nix-gesehen-Blick" vorbeizulaufen. Naja egal, wir fühlten uns schon mal deutlich besser und teilten die restlichen Aufgaben.

Der nächste Tag: Als ich an jenem Morgen benommen zum Zelt rausgaffte, war das bunte Treiben schon in vollem Gange. Heute weckte uns nicht das Meer, auch nicht das Militär, nein, diese sich den Berg hochquälenden „Kackroller" weckten uns heute, ja, ähnlich wie die vom Türken. Die Leute darauf lächelten zwar meist, aber laut war es trotzdem. Zu dem passierten mehrere Autos und eine komplette Schulklasse unseren Lagerplatz. Man starrte uns Löcher durchs Zelt, da wir ja auch nicht so recht ins gewohnte Bild passten, mit unserer außerirdischen Dachzelt-Konstruktion. Ich bin so ein Mensch, der den Tag morgens ruhig startet, andernfalls sollte man mich für den Rest des Vormittags meiden. Also entschied ich leicht angepisst, noch liegen zu bleiben und darauf zu warten, dass sich der spanische Morgenlärm etwas legt. Anscheinend hielt die Polizei aber nicht allzu viel von uns Langschläfern und ja, du kannst es dir bestimmt schon denken, auch an diesem Morgen wurden wir letztendlich schon wieder von den Gesetzeshütern heimgesucht. Naja, wenigstens waren es heute nur 2 Beamte, welche gegen das Sondereinsatzkommando von gestern eher weniger einschüchternd wirkten. Sie klopften an das Zelt und schnell wurde klar, dass das hier nicht so gehe. Wir sollten unseren Krempel woanders ausbreiten. Ich handelte in T-Shirt und Unterhosen noch etwas Zeit heraus und sie verschwanden relativ schnell. Wiederkommen wollten sie allerdings nicht, gab man mir in brüchigem Englisch zu verstehen. Alles in allem ein unangenehmer Morgen.

Heute war es dann soweit: Wir kamen in Barcelona an und anscheinend kroch das Unglück weiter durch diesen Tag. Ganz zuversichtlich fuhr ich einfach mal rein in die Millionenstadt. Voll die blöde Idee. Autos! Autos überall. Meine Nerven? Kurz vorm Zerreißen. Es war echt nicht mehr lustig, da wir voll in die „Rush Hour" platzten. Ich Idiot. Ich dachte echt, ich würde hier irgendwo nen Parkplatz finden und gemütlich mit meiner Gefährtin ein Eis schlecken können. Falsch gedacht. Wir schleckten uns den Schweiß von der Nase und atmeten reichlich Abgase im dichten Verkehrsdschungel. Abends zeigte mir eine Stellplatz-App dann zu meiner Beruhigung einen schönen Parkplatz direkt am Meer, etwas außerhalb der großen Stadt. Wir klappten das Zelt quasi direkt am Strand auf. Gar nicht schlecht. Nur gingen an diesem Abend noch 2 weitere Dinge in die Hose. Wer hätte es gedacht. Es war einfach der Wurm drin. Zum einen gab es wieder Nudeln und ich kam dieses Mal auf die gar nicht so schlechte Idee, Salzwasser vom Meer mit ins Nudelwasser zu mischen, um das ganze etwas schmackhafter zu gestalten. Leider dann doch etwas zu viel, wie ich nur unschwer am Blick meiner Göttergattin ablesen konnte. Sogar so viel, dass es einem das Gesicht verzog, wie auch ich hungrig feststellen musste. Wutentbrannt landeten ihre Nudeln im Gebüsch. Aus Protest und Hunger aß ich meine trotzdem. Es folgte ein kurzer Spaziergang und abruptes Zähneputzen mit anschließendem Schlafengehen. Doch hier kam dann auch schon die zweite Attacke. Es war nämlich Wochenende. Und da die Clubs dicht hatten, war es anscheinend ziemlich populär, sich auf Strandparkplätzen zu treffen und ordentlich „zuzusaufen". 2–3 Autos parkten nachts direkt neben uns und machten schön Stimmung. Die Kofferraumklappen standen weit offen und die Musik der Subwoofer konnte dadurch noch besser zu uns durchdringen. Herrlich war das. Ich fand's fast schon witzig, wie man uns hier auf die Probe stellte und nahm's irgendwie mit Humor. Schließlich war dieses spanische angetrunkene Gelaber auch irgendwie amüsant. Nur die Mücken, die sich anscheinend durch kleine Öffnungen ins eigentlich sichere Zelt durchgeschlagen hatten, waren dann nicht mehr so witzig.

Der darauffolgende Tag startete gar nicht schlecht, denn es kehrte so langsam eine „Mir-doch-egal-komme-was-wolle-Stimmung" ein. Man fand sich sozusagen schon mal damit ab, dass eventuell gleich wieder Beamte kommen werden oder ich Salzwasser ins Müsli kippe. Scheiß drauf. Dann ist es eben so. Und komischerweise stellte sich diese Taktik als äußerst beruhigend heraus und es passierte auch nichts weiter Bewegendes. Ja, man konnte sogar sagen, dass sich das Blatt wendete. Die Sonne zischelte durchs Moskitonetz ins Zelt und hatte uns langsam die Augen geöffnet. Meine Freundin schlief wie immer nicht allzu erholsam, war aber erstaunlich gut drauf. Nachdem ich meinen Kadaver die Leiter hinunter gehievt hatte, ließ ich den Hund raus und beobachtete ihn kurz. Lola hatte die vorteilhafte Angewohnheit, gleich zur Sache zu kommen, ihr Geschäft zu erledigen. Demzufolge stand ich schon mit Kotbeutel parat. Auch sie war heute die Ruhe in Person und posierte ganz entspannt auf der Promenade, die uns vom Strand trennte. Nicht mal die zahlreichen anderen Hunde machten ihr etwas aus. Sonst hatte sie damit immer so ihre Schwierigkeiten, doch die trägen spanischen Hunde verkörperten den reinen Frieden. Ich lief nun mit Lola vor zum Trinkwasserspender, um unseren Kanister aufzufüllen. Als ich zurückkam, wurde schon am Frühstück gewerkelt und wir starteten wunderbar in den Tag. Die Sonne wärmte, es gab reichlich Wasser und Essen und die vorbeiziehenden Leute schenkten uns ein Lächeln. Wie schön! Der anschließende Strandspaziergang mit Schwimmeinlage setzte dem Ganzen dann die Krone auf. Wir waren im Paradies und das für „no Monetos". Klar kostet es erstmal etwas, um hierher zu gelangen, aber an sich steht man hier umsonst auf einem öffentlichen Parkplatz mit fließend Trinkwasser und sogar Duschen, welche zahlreich am Strand verteilt waren. Als ich das alles realisierte und verarbeitete, schoss mir ein Blitz durch den Kopf. Warum wohnten wir in dieser teuren Wohnung im kalten Deutschland, wenn's hier viel besser war? Hab' ich mein ganzes Leben am falschen Ort verbracht? Die einzigen Kosten, die man hier hätte, gingen fürs Einkaufen drauf. Dieser Gedanke schien mich total aus den Flip Flops zu hauen. Man konnte also hier im Paradies mit recht wenig Geld klarkommen. Und als ich da auf meinem spanischen Klappstuhl am Auto lehnte, die Sonne auf meinen Bauch brutzelte und ich mir schon ausmalte, hier sesshaft zu werden, rief die Realität. In dem Fall die Freundin, welcher langweilig war und als erste von uns dreien bemerkte, dass wir in naher Zukunft wieder den Heimweg antreten sollten, um halbwegs entspannt und rechtzeitig zuhause anzukommen. Schließlich hatten wir nur eine grobe Woche zur Verfügung. Die Trennung fiel mir schwer, da gerade eben erst die Erholung einzusetzen schien. Na, dann mal los.

Irgendwie fehlte jedoch noch der gewisse Kick auf unserem Abenteuer und so gab sich meine Geliebte alle Mühe, um diesen noch mit einzubringen: Wir waren auf dem Rückweg, es war Mittag und der Hunger rief. Um dem Land, das wir bald verlassen wollten, noch etwas Aufmerksamkeit zu schenken, aßen wir in einem kleinen Restaurant auf dem Dorf zu Mittag. Wenig später bemerkten wir eine einsame, betonierte Fläche, drüben am Rand des Dorfes. Ein Skatepark! Wir freuten uns immer, wenn wir zufällig einen erspähten, da wir ein „Board" dabei hatten und meine Freundin gerade scharf aufs Skaten geworden ist. Ihr machte es großen Spaß und juckte es scheinbar immer öfter in den Füßen. Ich fand das affengeil und half ihr etwas dabei. Wir drehten abwechselnd ein paar Runden und dann kam auch schon der besagte Kick. Sie verlor aus Versehen das Gleichgewicht und knallte aus einem Meter Höhe mit der Schulter auf den blanken Asphalt. Das krachte ordentlich und mir verzog sich schon beim bloßen Anblick die Miene. Sie konnte natürlich nichts dafür, sowas passiert den Besten. Die Tränen schossen und ihre Schonhaltung wies auf nix Gutes hin. Sie tat mir echt leid und ich versuchte hektisch zu helfen. Wir stützten es mit einem Dreiecksverband, den ich erst beim 3. Anlauf hinbekam und sie nahm im Auto Platz. Ich fragte, ob sie hier ins Krankenhaus wolle und als sie verneinte, „brainstormte" ich weiter, was wohl jetzt die beste Entscheidung wäre. Sie war sich nicht sicher, ob es überhaupt gebrochen war und der Schock verbarg noch die wahren Schmerzen. Ich bot ihr irgendwann an, sie nach Deutschland ins Krankenhaus zu fahren. Da spricht man unsere Sprache und ist nicht mehr weit von der

Wohnung entfernt. „Wenn wir jetzt losfahren, sind wir irgendwann heut' Nacht da!", verkündete ich hoffnungsvoll und bereitete mich auf eine lange Fahrt vor. Wir waren schließlich noch irgendwo unten in Südfrankreich, kurz hinter der spanischen Grenze. Dem Fiesta wurde schon ganz mulmig bei dem Gedanken, sich bis nach Deutschland zu quälen und das möglichst in Rekordzeit. Ich wusste aus Erfahrung, wie schmerzhaft schon ein nur angebrochenes Schlüsselbein während einer holprigen Autofahrt sein kann. Und so gab ich mir große Mühe bei diesem Krankentransport. Als es dann langsam dämmerte und ich meinen müden Körper etwas aufputschte, wurde langsam klar, dass es noch ziemlich weit war und die Schmerzen nicht nachließen, im Gegenteil.

Mit zunehmender Dunkelheit hatte ich große Mühe bei der Sache zu bleiben und versuchte, mit Energy Drinks, lauter Musik und „Kopf aus dem Fenster" bei Sinnen zu bleiben. Wir redeten kaum und ich war sehr konzentriert, voll im Tunnelblick. Ich wollte unbedingt durchhalten. Meiner Freundin war das unheimlich und sie erwähnte das auch ab und an. Ich nahm es hin, fokussierte aber weiterhin unser Ziel. Das mit Deutschland stand fest, war eine gute Sache und auch der Wunsch meiner Freundin. „Also reiß dich zusammen, Franz!", hämmerte ich mir ein. Als wir dann kurz anhielten, weil Lola musste, ich musste und wir Hunger hatten, kam es zur großen Verwirrung. Verwirrung war untertrieben, ich rastete komplett aus, denn meine Freundin fragte mich allen Ernstes, warum wir denn nicht schon längst hier in Frankreich ins Krankenhaus gefahren wären. Ich verstand kurz die Welt nicht mehr. Ich setzte hier fast schon unser Leben aufs Spiel und fuhr wie ein Geisteskranker, nur um ihr diesen Wunsch zu erfüllen und dann kam diese Unterstellung. Als wäre mein Handeln hier eine Art unterlassene Hilfeleistung. Die Stimmung kochte wie nie zuvor. Das brachte mich so auf die Palme, dass ich trotz ihres Leidens, den schlafenden Truckern und meiner totalen Übermüdung so laut rumbrüllte, dass mir Hören und Sehen verging. Ich schmiss Sachen über den Parkplatz und heulte schon fast, da sie immer weiter diskutierte und konterte. Solche Seiten hatten wir von uns noch nie kennengelernt. Ich konnte diese dreiste Haltung meiner Freundin einfach nicht verstehen. Sie wiederum verstand nicht, warum ich hier so ausflippe und erwähnte, dass sie mehrmals gesagt hätte, sie hätte Angst und sie habe große Schmerzen. Anscheinend wollte sie mich aber nicht unterbrechen. Des Weiteren dachte sie, der Unfall hätte sich noch in Spanien zugetragen und sie wollte in kein spanisches Krankenhaus, französisch wäre jetzt aber schmerzbedingt in Ordnung. Ein großes Missverständnis also. Beim Unfall war sie auch auf den Kopf gefallen und gab mir zu verstehen, dass das womöglich eine Ursache dieser Verwirrung sei. Dieses kleine Eingeständnis ließ mich wieder halbwegs zur Vernunft kommen und da von ihrer Seite aus keine klaren Worte kamen, entschied ich nun folgendes: „Ich muss jetzt kurz die Augen zumachen und nach dem ich wieder einigermaßen bei Kräften bin, fahren wir direkt ins nächste Krankenhaus. Ok?!" Wimmernd stimmte sie zu und ich schlief trotz „Puls 200" gleich ein. Der Wecker holte mich nach circa eineinhalb Stunden aus dem Schlaf und wir fuhren los. Es war tiefe Nacht, alles schwarz und die Straßen wie leergefegt. Die Stimmung war noch immer im Eimer. Als wir am nächstgelegenen Krankenhaus ankamen, wartete die nächste Hürde. Es war ein Riesenkomplex, zwar schön beleuchtet und ansehnlich, dafür aber typisch französisch mit Kreisverkehren und massenhaft Schildern versehen. Unser „Google Übersetzter" kam kaum hinterher und wir fanden bei dieser Aufregung einfach keine Notaufnahme. Letztendlich wurde der nette ältere Mann vorn im Empfangshaus auf uns aufmerksam. Ich bemerkte, wie er seinen bequemen Stuhl vorm Fernseher verließ, Kaffee beiseitestellte und uns aufgeregt zuwinkte. Er war sehr freundlich und hilfsbereit, verstand aber unser Anliegen nur sehr mühselig. Als dann Klarheit herrschte, versuchte er uns mit einem Laserpointer den Weg zu weisen. Gar nicht dumm. Ich kam trotzdem nicht klar in diesem Labyrinth. Das blöde Rumgeeier ging mir allmählich ziemlich gegen den Strich. Erst nach einer gefühlten Ewigkeit verstand ich, wo es nun eigentlich langging.

Ich erspähte rauchende Personen im weißen Kittel, welche sich anscheinend gerade die Zeit vertrieben und hinter ihnen parkte ein Krankentransporter. Bingo! Das muss wohl die Notaufnahme sein. Bis auf den Chefarzt, den wir erst später kennenlernen durften, sprach hier aber keiner englisch, geschweige denn deutsch. „Only en francais." Aufgrund dessen zog sich diese ganze Vorstellung lang wie Kaugummi. Als alles geklärt war, bat ich meine Freundin, noch etwas Schlaf nachzuholen, während sie da tapfer auf's Röntgen wartete.

Als es dann schon langsam dämmerte, klopfte sie enttäuscht ans Beifahrerfenster. Ein glatter Bruch, wie sich herausstellte. Der Chefarzt drückte ihr die Fotos in die Hand und meinte, wir können „heem geh'n", sollten aber möglichst zeitnah im ansässigen Krankenhaus vorstellig werden, da man das Schlüsselbein auf dem OP-Tisch wieder zusammenflicken müsse. Na, herzlichen Glückwunsch. Urlaub – Ende. Kommunikation – blöd. Beziehung – brüchig.

Spanischer Vodka

Sicher willst du noch wissen, wer eigentlich diese kleine Fellnase ist, die hier schon des Öfteren erwähnt wurde. Sie war für mich das Allerwichtigste, wenn man so will, mein Kind, und begleitete mich nahezu überall hin. Hier die Geschichte zu meiner Hündin Lola:

Ich weiß, das Lola erst Gabi und dann Susi hieß. Niemand weiß jedoch, was in Lolas ersten sechs Jahren passierte. Man weiß nur folgendes: Lola ist in Deutschland vom Tierschutzverein gefunden wurden. Man sammelte sie irgendwo auf der Straße auf, völlig erschöpft und verängstigt. Als man sie bei sich aufnahm und untersuchte, fand man einen russischen Chip in ihrem

Hals. Tatsächlich! Sie wurde anscheinend in Russland gechipt. Das musste bedeuten, dass diese Hündin einen weiten Weg hinter sich hatte. Wer oder was auch immer sie dazu antrieb, einen solchen Weg auf sich zu nehmen, kann man nicht genau sagen. Man weiß es einfach nicht. Vielleicht ist sie auf einem Güterzug mitgefahren oder gar gelaufen. Keine Ahnung. Was auf jeden Fall fest steht, ist, dass Lola Schlimmes erlebt haben muss! Sie war extrem verängstigt und man hatte große Mühe, ihr zu beweisen, einer von den Guten zu sein, geschweige denn, ihr irgendwie nahezukommen oder sie gar zu streicheln. Des Weiteren wies ihre rechte Hinterpfote einen Bruch auf, welcher etwas schief wieder verwachsen war. Eine These könnte sein, dass sie sich auf der Straße durchschlagen musste und von einem anderen Hund am Bein erwischt wurde. Ihre Ohren hatte auch den ein oder anderen „cut".

Jedenfalls wurde Lola nach einem kurzen Aufenthalt im Tierschutz an eine ältere Frau abgegeben. Jene Frau, mit der ich bald über Ebay-Kleinanzeigen kommunizieren werde. Sie war guter Dinge, sich wieder einen Hund zu holen, da ihre letzten beiden Hunde an Asthma erkrankten und das Zeitliche gesegnet hatten. Es galt, ein Loch zu füllen. Die Frau meinte es gut mit ihrer damaligen Susi. Es gab 3 Mal täglich Futter und man bemitleidete die Hündin für die schlimmen Dinge, die sie erleben musste. Nur leider half das alles nichts. Der Hund war total verstört und schien sein Verhalten keineswegs abzulegen. Es schien eher schlimmer als besser zu werden und man bekam Angst, ob das wirklich der richtige Hund sei. Der verzweifelten Frau, welche selbst schon an Burnout erkrankt war und ihre kranke Mutter pflegen musste, blieb nichts anderes übrig, als Einsicht zu zeigen und zusammen mit der Tierschutz-Organisation ein anderes Zuhause für die Hündin zu finden. Man inserierte unter anderem Bilder auf der Kleinanzeigen Plattform.

Zum damaligen Zeitpunkt hatte ich akribisch alle möglichen Anlaufstellen für Hunde durchforstet. Vor allem aber war ich in verschiedensten Tierheimen unterwegs. Darauf brachten mich meine Eltern, welche ab und an dort freiwillig Hunde ausführten. Ich traf „Herdenschutzhunde", Listenhunde und Hunde im Rentenalter. Das schien alles mit meiner damaligen Vorstellung nicht so gut zu harmonieren, aber auch nicht mit meiner früheren Einraumwohnung bei einer Genossenschaft, welche Listenhunde schon mal ausgrenzte. Listenhunde, auch als „Kampfhunde" bekannt, wirken oft etwas aggressiver als andere und weisen einen stärkeren Körperbau auf. In einer Wohnsiedlung wie meiner könnten sie nicht gehalten werden, ließ man mich wissen. Nun, über den „Herdenschutzhund", welcher ebenfalls noch nicht vergeben war, brauchen wir auch nicht reden. Der benötigt wahrscheinlich 10 meiner Wohnungen für sein morgendliches „Warm-up". Und als ich schon damit rang diesem übrigen alten Hund noch 1–2 schöne letzte Jahre zu ermöglichen, war dieser auch schon vergeben.

Ich wollte unbedingt einen Hund. Ein Hund schien mir der perfekte Begleiter zu sein und ich durchlebte sowieso gerade eine Lebensphase, in der ich dem Hund noch mindestens einen ganzen Monat intensiv Zeit hätte schenken können, um sich an die neuen Umstände zu gewöhnen. Meine Großeltern hatten schon einen Schäferhund, mit dem ich quasi aufwuchs. Erfahrung im aktiven Training und Umgang mit einem Hund hatte ich jedoch keine. Katzen kamen nicht in Frage, ich hatte ab und an allergische Reaktionen auf ihr Fell und war einfach kein Katzentyp. Ein Hund also. Einer, der mir neuen Schwung gab, mich früh morgens aus dem Bett schmeißt, aber auch eine Verantwortung, der ich mich gewachsen fühlte und nachkommen wollte. Vielleicht auch einen der mir den ein oder anderen Charakterzug nicht so übel nimmt und meine vielen nächtlichen Ausflüge etwas eindämmt.

Als ich dann auf Kleinanzeigen Hunde suchte, was ich etwas komisch fand, schließlich waren Hunde keine Gegenstände, traf ich letztendlich auf die Anzeige der Frau, von der ich bereits sprach. Zu sehen war ein schöner Mischling, mittlere Größe, braun-weißes Fell. Im Text stand erstmal nichts Schlechtes: Sie könne allein zuhause bleiben, auch nachts und sei eher von ruhiger Sorte. „Klingt ja toll!", dachte ich mir und rief gleich mal an. Die Stimme wies auf eine ältere Frau hin, welche nicht lange warten ließ, mich nach meinem Alter zu fragen. Man spürte leichtes Misstrauen am Hörer. Wir konnten uns, mit etwas Nachdruck meinerseits, auf ein erstes, reines Kennenlernen einigen. Ich fühlte mich etwas komisch, als hätte man absolut kein Vertrauen in die Reife eines 18-Jährigen. Mag schon sein, dass es für einen Menschen keine leichte Entscheidung ist, sein geliebtes Tier abzugeben, und vor allem nicht an so einen unerfahrenen „Jungspund", aber man kannte mich doch noch gar nicht. Nur kurz durch den Hörer. Ein paar Tage später schwang ich mich nervös aufs Rad. Es war nicht weit von mir. 10-15 Minuten. Ich hatte es recht eilig, da mich die Vergangenheit lehrte, dass Hunde gern schnell vergeben waren. Außerdem waren schon einige Wochen vergangen und der Gedanke saß tief in mir, Tag und Nacht. „Nichts wie hin da!", dacht' ich mir also und tritt kräftig in die Pedale. Eine bereits auf dem Balkon stehende Frau erwartete mich schon und hastete zur Klingel, als sie mich in Richtung ihres Eingangs rollen sah. Nervosität beiderseits also. Das beruhigte mich etwas. Ich schloss ab und trat ein. Ein klassischer Block in einer Siedlung. Schon in der ersten Etage erwartete mich eine halboffen stehende Tür. Als ich nähertrat, öffnete sich die Tür wie von Geisterhand und ein Geruch durchzog meine Nase, welcher mich gleich zu Anfang etwas bedenklich stimmte. Es war der Geruch einer schlecht gelüfteten Wohnung, kombiniert mit kaltem abgestandenem Rauch. Zur damaligen Zeit rauchte ich nicht wenig, aber das war ja schlimmer als bei meinen Kumpels am Wochenende. Ich ließ mir nichts anmerken und trat ein, in den dunklen Flur einer 2-Raum-Wohnung mit Balkon. Balkon war hier das Stichwort. Warum nicht draußen rauchen, wenn einem sowas zur Verfügung steht? Diese Frage brannte sich regelrecht in meinen Kopf, bis es aus mir rausplatzte und ich die Dame zur Rede stellte. Etwas verhalten zögerte sie kurz und antworte dann bemitleidenswert mit einer Ausrede. Es wäre schlichtweg zu kalt draußen, versuchte sie mich positiv zustimmen. Als sie dann erwähnte, dass ihre letzten Hunde, wie vorhin bereits erwähnt, an Asthma starben, war mir so einiges klar. Ich hielt meine Wut inne und wechselte das Thema. Schließlich wollte ich womöglich ihren heiß geliebten Hund entführen und das Gespräch nicht gleich zu Anfang ins Negative leiten. Die Frau führte mich nun weiter ins Innere ihrer Wohnung. Ich wollte gerade vorsichtig einen Blick ins Wohnzimmer werfen, als ich dort nur noch den zwischen Hinterbeinen eingeklemmten Schwanz des Hundes zu Gesicht bekam, welcher schon panisch in den nächsten Raum lief. Es war kein Rennen, aber sehr schnelles Laufen. Hin und her. Man bekam flüchtig immer nur Teile des Tieres zu sehen. Ich war sehr erschrocken, da ich nicht damit gerechnet hatte und als die Frau merkte, welch besorgtes Gesicht ich zog, fing sie an: „Nun, sie ist sehr schüchtern und etwas zurückhaltend, wenn neue Menschen kommen. Und genau das ist das Problem ... was mich so beschäftigt ... wie ich's auch mache, es wird nicht besser und macht mich traurig. Ich kann diesem Tier nicht helfen. Es bricht mir das Herz. Mit den anderen Hunden kam ich eigentlich immer gut klar." Ich erwiderte, dass das nicht nur Schüchternheit sei, es sei die pure Angst um ihr Leben. Als würde dieser Eindringling hier sonst was mit ihr vorhaben. Und als ich dann, unerfahren wie ich war, das arme Tier weiter bedrängte, versuchte Augenkontakt herzustellen und ihren Schlafplatz in diesem letzten Raum zu begutachten, wurde mir immer unwohler zumute. Dort lag eine versiffte Matratze, mit mehreren Decken belegt. Dieses kleine Häufchen Elend lag dort halb auf dem Sprung und gucke panisch umher, Hauptsache, mir nicht in die Augen. Sie hatte offene Ellbogen, an denen sie rumleckte und jede Menge Pfunde auf den Rippen. Nach den Angaben über die gut gemeinte Fütterung, war das kein Wunder. Mann, war die fett! Die offenen Stellen am Ellbogen waren, wie sich später herausstellte, sogenannte „Liegeschwielen" und das „Rumgelecke" symbolisiert eine Depression. „Manchmal jauchzt sie, wenn sie zu schnell Treppen steigt, bellen tut sie aber nicht!", ließ man mich noch wissen. Die Frau schien mir meine kritische Mine anzumerken und versuchte, mich weiter positiv zu stimmen. Was ich hier sah, war aber alles andere als positiv. Ich war geschockt, ja fast schon wütend. Dieser Hund vermittelte die pure Unzufriedenheit. Als wolle sie sagen: „Wo bin ich hier nur gelandet, womit hab ich das verdient? Ist das das schöne Leben, von dem alle sprechen?" Ich hatte ganz starkes Verlangen, sowohl dieser Frau als auch dem Tierschutzverein mal so gehörig die Meinung zu sagen, kam aber glücklicherweise wieder zu Sinnen und fokussierte mich nur noch darauf, einen möglichst guten Eindruck zu hinterlassen, um das Tier hier schnellstmöglich rauszuholen. Ich war hin und hergerissen, telefonierte viel mit meiner Mutter und wusste absolut nicht, ob ich dem gewachsen war. Ich konnte diese schrecklichen Bilder jedoch auch nicht mehr loswerden und warf mir letztendlich vor, dass es eine Art unterlassenes Handeln wäre, wenn man hier nicht eingreife. Wenn ich es nicht gemacht hätte, würde es wahrscheinlich noch ewig dauern, schließlich wollen die meisten Menschen im Idealfall einen freudigen, verspielten Welpen. Lola wäre wahrscheinlich nicht genommen worden und die Frau hätte sie ins Tierheim geben müssen.

Auch wenn ich keine Ahnung und sogar noch einen Raum weniger zu bieten hatte, würde ich ihr doch schon mal ein richtiges Hundekörbchen, mehr Auslauf und ein bisschen bessere Laune schenken können. Nach einer äußerst unentspannten Proberunde Gassi sagte ich letztendlich zu. An sich war Lola ja auch ein schöner Hund. Es war ein Akita-Mischling, ganz weiches Fell und eine prima Größe. Nicht zu groß, nicht zu klein. Und wenn man genau hinsah, entdeckte man da, ganz tief versteckt, ein kleines bisschen Potenzial. Mich reizte diese Herausforderung.

Als ich sie dann einige Tage später endlich holen durfte, war ich sehr aufgeregt, aber auch gut gelaunt. Endlich war es soweit. Die Frau wollte mir noch allerhand Zeug mitgeben, ja sogar diese komische Matratze, aber ich lehnte dankend ab und nahm nur das Nötigste mit. Trotzdem bestand sie weiter darauf und brachte den Krempel noch mit ihrem Auto vorbei. An sich landete alles im Mülleimer oder ich spendete es bei Fressnapf.

Ich wollte einfach nix mehr mit ihr zu tun haben und auch die umbenannte Lola sollte an diese schlimme Zeit nicht mehr erinnert werden. Die Dame versuchte mir zwar einzureden, dass ein Hund in einem neuen Umfeld etwas vom Vorgänger braucht, an das er sich erinnere, aber irgendwie sah ich das anders. Der Hund sollte damit abschließen und keine „Flashbacks" oder ähnliches bekommen.

Das anfängliche Kennenlernen zwischen Lola und mir war äußerst schwierig. Als ich sie bei der Frau abholte, liefen wir von da aus bis zu meiner Wohnung. Ich schätze, es waren 3–4 Kilometer. Ich hatte noch kein Auto und die Bahn war Lolas gefürchteten Blicken zufolge der fahrende Albtraum. Ums Leben wär sie dort nicht eingestiegen. Alles, was laut und unnatürlich war, jagte ihr eine Heidenangst ein. So gingen wir über Umwege, durch kleine Seitenstraßen und Parks, bis wir uns schließlich meiner Wohnung näherten. Ich hatte Leckerlis mit, um sie zu locken, und meine Mutter hatte bereits ein schönes Körbchen organisiert. Des Weiteren hatte ich von meinen Großeltern einen erhöhten „Futternapfhalter" bekommen, welcher noch aus Zeiten des verstorbenen Schäferhundes stammte. Auch die Leine meines Kumpels aus Kindheitstagen durfte ich nun für meinen Hund benutzen.

Als wir dann nach mehrmaliger Verweigerung an meinem Eingang ankamen, gab es ein Drama. Die Hündin wollte nicht mit rein zu mir. Auf Biegen und Brechen nicht. Ich dachte nach dieser großen Runde wäre sie eventuell geschafft und hätte Lust, ihren neuen Schlafplatz einzuweihen. Falsch gedacht, denn sie stemmte sich schon auf dem Weg hierher mehrmals ein und wollte den Rückweg antreten. Die Leckerbissen, mit denen ich vor ihrer Nase rumfuchtelte, schien sie gar nicht wahrzunehmen. Die Leine war sowieso permanent auf Vollspannung. Sie versuchte anscheinend, den größtmöglichen Abstand zu mir herzustellen. Gleich zu Anfang stellte man mich hier auf eine große Geduldsprobe. Ich wollte sie natürlich möglichst wenig stressen, aber früher oder später müssten wir rein in meine Wohnung. „Willst du lieber draußen schlafen?", fragte ich sie.

Keine Antwort. Wir saßen noch eine ganze Weile vor meinem Eingang und ich führte weitere Monologe. Irgendwann, als sich die Spannung in der Leine etwas legte, platzierte ich auf jeder zweiten, dritten Stufe einen Leckerbissen. Mit ruhiger belohnender Stimme kam sie tatsächlich mit, in meine 4 Wände. Ich schloss meine Tür, legte ihr das Geschirr ab und ließ sie erstmal machen. Im Internet las ich, dass ich mich ruhig irgendwo hinsetzten und sie am besten nicht beachten soll. Vor allem nicht ansehen oder, noch schlimmer, sie versuchen zu streicheln. Das tat ich dann eine gefühlte Stunde lang. Lola rannte trotz Erschöpfung hin und her. Immer wieder. Auf und ab. Die Pfoten dampften schon. „Man hat mich entführt! Dieser Typ wird mich fressen! Ich darf ihm ja nicht zu nahekommen!", dachte sie sich wahrscheinlich. Als ich mir dann irgendwann etwas zu Essen machte, schien sie sich endlich hinzulegen, jedoch dicht an die Eingangstür gepresst. Sie hechelte, zitterte und verfolgte mich auf Schritt und Tritt. Wenn ich näher als 2 Meter kam, wurde sie panisch. Den Versuch, sie in ihr Körbchen zu locken, verschob ich noch mehrere Tage. Außerdem hielt sie einen Futterstreik, der sich ebenfalls mehrere Tage zog.

Als wir raus gingen, erfolgte das am Anfang nur im Radius von maximal einem Kilometer. Gegen jeden weiteren Schritt wurde protestiert. Als sie sich vor irgendetwas erschrak oder wenn andere Hunde kamen, war die Runde gelaufen. Sie riss mir förmlich den Arm raus und zog mich wieder heim, bis vor die Haustür. Zurück zum Ausgangspunkt. Die Wohnung wurde mehr und mehr zu einer Art Versteck, in dem sie einigermaßen in Sicherheit war. Zusammenfassend kann man sagen, dass sie Angst vor allem hatte, mir in nur sehr langsamen Schritten Vertrauen schenkte und kein einziges Kommando konnte. Was daran jedoch gut war, war, dass sie nicht bellte, allein bleiben konnte und keinerlei Aggression zeigte. Man musste ihr also schon mal keine schlechten Angewohnheiten austreiben. Jedoch musste man eben bei Null anfangen und ihr irgendwie erklären, dass all die gruseligen Menschen, Hunde und Geräusche da draußen nichts Schlimmes seien. Ich hatte glücklicherweise eine sehr hilfsbereite Mutter, welche Bücher wälzte und sich dann anschließend mit mir austauschte. Außerdem hatte ich eine Art Hundefreundin, welche mir äußerst wertvolle Tipps gab. Wir kannten uns von einer Besichtigung und ich wollte ihr eigentlich ihren Hund „abluchsen". Sie entschied sich leider dagegen, bot jedoch an, mir bei meinem Hund zu helfen und zusammen Gassi zu gehen. Ich lernte sehr viel und bemerkte irgendwann, dass man keine Angst haben muss, Fehler zu machen. Natürlich musste man bei einem „Angsthund" etwas geduldiger sein, und kann den Hund nicht überrumpeln mit neuen Ideen und waghalsigen Unternehmungen. Aber man kann Stück für Stück Sachen probieren und anhand der Reaktion des Hundes sehen, ob's klappt oder nicht. Irgendwann verstand man den Charakter des Hundes und konnte sich eigenständig Dinge herleiten. Beispielsweise hatte Lola Angst vor Geräuschen in meiner Wohnung. Wenn dann ein Schrank aus dem Nichts knarzte, ging ich hin und berührte den Schrank. Ich positionierte Leckerlis in und um den Schrank herum und wenn sie anfing, näher zu kommen und den Schrank zu beschnüffeln, lobte ich sie so doll, ich nur konnte. Man musste diese für uns Menschen bedeutungslosen Kleinigkeiten, als „riesen" Herausforderung für den „Angsthund" sehen. Es gehörte jedoch auch einiges dazu, nicht gleich genervt zu reagieren und sie für das ängstliche Verhalten zu verurteilen. Sie fraß zum Beispiel auch nie richtig auf, da der Napf beim Ausputzen Geräusche machte. Hier reagierte ich dann oft wütend, da sie auf Biegen und Brechen nicht weiter fressen wollte. Schlechte Manieren. Es dauerte eine Weile, bis ich erkannte, dass meine Wut nix brachte und ich lieber meine Kreativität nutzen sollte, um eine Lösung dafür zu finden. Anfangs ließ ich das übrige Futter einfach im Napf und sie bekam erst wieder etwas, wenn der Napf leer war. Wie im „Bootcamp". Ich wollte das Futter eben nicht wegschmeißen. Da Lola noch so einige Fettreserven hatte, zog sich dieser Protest dann gern mal ein paar Tage, bis ich schließlich weich wurde und nochmals überlegte. Und ja, sie war anscheinend noch dickköpfiger, als ich es war. Ich kam schließlich auf die Idee ihr einfach immer erstmal nur einen Löffel in den Napf zu tun. Wenn sie diesen verputzt hatte, gab es einen weiteren als Belohnung. Und wenn der Napf ein Geräusch machte und sie trotzdem an Ort und Stelle blieb, gab es gleich 2 Löffel als Belohnung. Wenn man ihr mit solcher Ruhe, Geduld und Einfühlsamkeit begegnete, sah man auch schneller Fortschritte. Irgendwann näherten wir uns sogar mal einer Straßenbahn. Ich ließ sie hinsetzten, hockte mich daneben und wir begutachteten diese erst einmal aus sicherer Entfernung. Danach – Belohnung. Irgendwann kamen wir näher und ich machte sie am Haltestellen-Schild fest. Belohnung. Als das gelbe Monster dann direkt vor uns hielt, nahm ich ein Stück Käse in die Hand und stellte sicher, dass Lola diesen bemerkte. Da ich nun ihre Aufmerksamkeit hatte, öffnete ich die Tür der Straßenbahn und stieg kurz ein. Lola verfolgte meine Handlung mit nervösem Blick. Ich versuchte, ihr so zu zeigen, dass dieses ratternde Ungetüm nichts Böses sei. Selbst ich und sogar der geliebte Käse betreten diese. „Das kann nicht mit rechten Dingen zu gehen", dachte sich Lola in diesem Moment. Als ich dann aber unbeschadet wieder ausstieg, schien das Eis allmählich zu brechen. Und in der Tat, eine Woche später fuhren wir das erste Mal zusammen Bahn. Zwar nur eine Haltestelle, aber wir fuhren! Wahnsinn! Sie sprang direkt auf einen Sitz, da sie das noch so vom Autofahren mit der Vorgängerin kannte. Ich bat Lola wieder runter, legte meine Jacke auf den Sitz und gab ihr zu verstehen, dass hier in der Bahn gewisse Regeln gelten, welche uns von den Ticket-Jungs dann ebenfalls erklärt wurden. Auf meiner Jacke durfte sie aber zum Glück sitzen. Sie war anfangs noch sehr aufgeregt und nahm daher keine Belohnung an. Dennoch gefiel es ihr aber, am Fenster zu hocken und so das wilde Treiben zu beobachten. Es zog in sicherem Abstand an ihr vorbei und sie musste sich dem nicht aussetzen. Alles in allem ein Mega-Erfolg!

Auf der anderen Seite gab es aber auch düstere Schattenseiten. Lola musste sich zum Beispiel oft mein Gemecker anhören, wenn ich etwas überstürzte und sie nicht so wollte, wie sie sollte. Manchmal war eben keine Zeit für eine aufwendige Übung. Außerdem gab es dann öfters mal die ein oder andere Bemerkung, die mich mental ziemlich beschäftigte. „Die ist ja immer noch so ängstlich", „So ein Schisser!" oder „Die will sich wohl nicht streicheln lassen?", bekam man oft zu hören. Einmal nannte man meinen Hund sogar „Psychoköter". Dieser Jemand hatte außerdem die Ansicht, dass man Hunde nicht „Halten" solle, da es eigentlich mal wilde Tiere waren, die dann vom Menschen qualvoll abgeändert wurden. „Sowas unterstütze ich nicht. Kein Wunder, dass die so verstört ist", meinte jene Person. Da ist schon was dran, aber was ist denn das für ne Einstellung. Soll man etwa all die gezüchteten Hunde, die hier existieren, sich selbst überlassen und hoffen, dass diese wieder Auswildern? Was für'n „Bullshit".

Man beäugte Lola, als hätte sie eine Krankheit und als wäre das auf jeden Fall kein typischer Hund. „Also ich komm super mit ihr klar! Ihr müsstet sie mal draußen durch den Wald flitzen sehen. Da ist sie ganz anders drauf. Wenn sie sich etwas an euch gewöhnt hat, dann guckt sie auch nich' mehr so ängstlich und dann könnt ihr sie vielleicht sogar streicheln …", versuchte ich mich zu rechtfertigen. Doch Lola traute eben fremden Menschen nur sehr langsam über den Weg. Ich musste anfangs viel erklären: „Sie wird nicht zu dir kommen und versuch sie bitte nicht so anzustarren!" Es war eben nicht der Bilderbuch-Hund, der verspielt angerannt kommt und dir die Visage leckt.

Zu den Rechtfertigungen kamen dann auch noch Ereignisse, welche uns in der mühevoll erkämpften „Resozialisierung" wieder ein paar Wochen zurückwarfen. Hier ein Beispiel: Eines Tages entschied ich, endlich mal eine größere Runde mit ihr zu gehen. Wir wollten bis vor in den „Großen Garten", um dort jemanden zu treffen und schön im grünen zu spazieren. Klingt erstmal harmlos. Der „Große Garten" war wie eine Art „Central Park", in der Mitte von Dresden, jedoch 1–2 Kilometer entfernt vom sicheren Zuhause. Ich hatte Hummeln im Arsch, da eine Uhrzeit ausgemacht war und wir etwas verspätet aufbrachen. Ganz schlecht. Lola bemerkte das sofort und uns überkam eine gewisse Anspannung. Als wir dann mit viel Überwindung den Park erreichten, vergrößerte sich diese Anspannung, da Lola sah, wie viele Hunde dort frei rumrennen. Ich musste sie mehrmals überreden, mitzukommen. Als wir dann endlich eine ruhige Grünfläche erreichten, geschah das Unerwartete. Aus dem nichts kam ein Hund in Rekordtempo angespornt, direkt auf uns zu. Ich nahm Lola sofort hinter mich und positionierte mich schützend vor sie. Das hatten wir so gelernt und ist ja auch irgendwie logisch. Ich schrie den anstürmenden Hund an, sah ihm tief in die Augen und baute mich groß auf. Das schien gut Wirkung zu zeigen, er blieb stehen, versuchte jedoch bei jeder Gelegenheit, mich zu umgehen. Lola hatte solche Angst, dass sie rückwärts lief und sich aus ihrem Geschirr schälte. Und weg war sie. Sie rannte, so schnell sie nur konnte, als wäre der Tod hinter ihr her. Damals wog sie noch 25 Kilo, fast 10 Kilo über der zulässigen Gesamtmasse. Das tat nix zur Sache und sie flitze wie eine Rennmaus. Schlimm daran war nur, dass sie scheinbar exakt den Weg zurück rannte, den wir hier hergelaufen sind. Dieser führte über so etliche Kreuzungen und über 2 große Hauptverkehrsadern. Selbst als der Besitzer seinen Hund endlich zurückrief, rannte Lola weiter. Als ich diesem dann die schlimmsten Schimpfwörter an den Kopf geworfen hatte, erkannte ich, wie gefährlich diese Situation war und rannte auch endlich los. Sie war gerade noch in Sichtweite und ich rief aus tiefster Kehle, so doll ich nur konnte. Doch mein Hund hatte nur ein Ziel … das sichere Zuhause! Sie rannte und rannte. Sie kreuzte die erste große Straße erfolgreich und relativ schnell erkannten Passanten diese außer Kontrolle geratene Situation. Einer rannte sogar freundlicherweise hinter ihr her und dachte, er könne mir so helfen. Das er damit alles nur noch schlimmer machte und sie dadurch noch schneller rannte, bekam er erst mit, als ich ihm das wutentbrannt eintrichterte. Das war zwar gut gemeint, brachte mich jedoch nur noch mehr auf die Palme, da Lola nun, mitten auf der Hauptstraße rennend, auf die nächste große Kreuzung zusteuerte. Glücklicherweise passierte sie auch diese unbeschadet. Erst in einer angrenzenden

Nebenstraße holte ich sie ein. Sie rannte jedoch weg vor mir, da sie anscheinend dachte, ich würde sie wieder in diesen Park schleifen wollen. Also entschied sie, gleich noch bis Heim zu trotten und sich dort dann vor die Eingangstür zusetzen. Ich ließ sie laufen, mein Geschrei hatte eh keinen Zweck mehr und sie musste nur noch durch das Wohngebiet. Ich kam schweißgebadet an und war einfach nur heilfroh, dass es ihr gut ging. Am nächsten Tag humpelte sie. Solche Situationen belehrten mich immer wieder, nichts zu überstürzen und verdammt nochmal geduldig zu sein.

Es verging einige Zeit und wir beide wuchsen mehr und mehr an Erfahrung. Lola war mittlerweile ein „Kuschelhund", zumindest mit ihr nahestehenden Personen und nur da, wo's keiner sah. Zum Beispiel früh morgens bei mir auf der „Ausziehcouch". Da sprang sie ganz selbstverständlich hoch und weckte mich zärtlich mit ihrer nassen Nase. Auf dem Weg zum Supermarkt bekam man sie an guten Tagen sogar zum Spielen überredet und sie wartete mittlerweile ganz vorbildlich auf mich, bis ich fertig war mit „shoppen". Wir liefen oft ohne Leine, da Lola nun mehr und mehr mich anstelle der Wohnung als Bezugspunkt anerkannte. Das war ein großer Fortschritt! Sie blieb in einem Radius von 5 Metern. Nicht immer, aber meistens. Gassi gehen und Fressen waren nun ihre beiden liebsten Beschäftigungen. Je länger und je mehr, desto besser. Man konnte sie richtig aufziehen, bevor es Futter gab oder ich die Leine in die Hand nahm. Wir tobten wie wild durch meine Bude und Lola rutschte ab und an der ein oder andere Freudenjauchzer raus. Irgendwann waren wir dann so ein eingespieltes Team, dass man einen Schritt weiter gehen konnte. Eines Morgens fragte ich sie, ob sie Lust hätte, mit zu mir auf Arbeit zu kommen, anstatt den lieben langen Tag hier heimlich auf der Couch zu liegen. Das war eigentlich verboten, sie schaffte es jedoch trotzdem immer wieder. Sobald ich die Tür hinter mir schloss, war scheinbar „Sturmfrei-Stimmung". Einmal musste ich nochmal umdrehen, da ich etwas vergessen hatte, da lag Madame schon in voller Länge oben. Hätte nur noch die Chips-Tüte und der laufende Fernseher gefehlt, wie es meine Mutter so schön formulierte.

Jedenfalls war nun ein knappes Jahr vergangen, die Schulzeit lag hinter mir und ich hatte da diesen Job. 4–5 Mal radelte ich die Woche durch den kompletten „Großen Garten" zur Arbeit. Ein traumhafter Arbeitsweg, kann ich dir sagen. Der Abschnitt vor der Parkanlage war eine frisch geteerte, circa 1,5 Kilometer lange Alleestraße, zweispurig mit je einem Radstreifen. Meine Rennstrecke! Hier war vormittags dichter Verkehr und man konnte schön im träge vorbeiziehenden Gebrause mitschwimmen. Große Laster und Müllautos boten einen super Windschatten und somit preschte man mit Vollgas in Richtung „Großer Garten". Voraussetzung waren natürlich prall aufgepumpte „Slicks" und etwas Glück bei den Ampelphasen. Doch irgendwann kannte ich diese und wusste, wann es sich lohnte, noch einen Zacken zuzulegen. Im Park glitt man dann über glatt gestrichene, breite Schotterwege, durch den zauberhaften Wald. Er variierte je nach Jahreszeit. Mal satt orange, mal dicht zugewuchert in leuchtendem Grün oder ganz kahl und grau. Ich hatte das Glück, über 2–3 Jahre, hier 2 Mal täglich die Natur genießen zu können. Hier konnte ich vor oder nach der Arbeit prima abschalten und entspannt „cruisen", oder mir nach einem harten Tag auch nochmal ordentlich die Kante geben, je nach Stimmung und Wetter. Nachdem man dann am anderen Ende des Parks angekommen war, kreuzte man noch die Gleise der Parkeisenbahn. Manchmal kam sie genau dann, wenn ich gerade, voll im Modus, aus dem dichten Dschungel, zurück auf den asphaltierten Hauptweg geschlittert kam. Einmal war es wie im „Wilden Westen". Die Bahn tuckerte bimmelnd vor sich hin und war gerade in Begriff, den gut befahrenen Hauptweg zu kreuzen. Ich hatte einen guten Lauf und wollte diesen nur ungern unterbrechen, also trat ich weiter kräftig in die Pedale. Kurz vor den Gleisen kam es dann zum „Showdown" und ich hämmerte um Haaresbreite vorbei am schimpfenden Schaffner. Danach sprang ich vor lauter Adrenalin noch über die Laderampe eines parkenden LKWs, der sich ungünstig, auf der sich anschließenden „Lingnerallee" positioniert hatte. Hier war freitags immer Wochenmarkt und ordentlich was los. Was für ein Nervenkitzel! Das fetzte mir ungemein. Und vor Freude strahlend, raste ich nun aufs Rathaus zu, neben dem auch gleich die Arbeitsstelle lag. Ein herrlicher Morgen. Und genau zu dieser Zeit fragte ich mich, wie schön es wäre, meinen geliebten „Hundi" hier rennender Weise neben mir zu haben. Somit müsste ich dann auch vor und nach der Arbeit nicht extra lang mit ihm raus, sondern könnte beides kombinieren. Außerdem galt es, noch ein paar Pfunde loszuwerden! Lola schien einverstanden zu sein und auch mein Chef Markus hatte nichts dagegen. Also „let's go Lolitschka"! Nach anfänglichen Startproblemen pegelte sich ein super Rhythmus ein. Sie stellte sich hervorragend an und bald legten wir im gefürchteten „Großen Garten" sogar die Leine ab, am Ende sogar teilweise auf ganzer Strecke. Hier blühte sie voll auf und ich hatte irgendwann ganz schön zu tun, an ihr dranzubleiben. Die Pfunde purzelten und auch die Speckrollen am Nacken gingen über in glatte Haut. Heraus kam nach und nach ein durchtrainierter, athletischer Hund, an dem sich die einzelnen Muskelpartien sichtbar abzeichneten. Sie bekam gutes Futter, das Fell wurde weicher und selbst die offenen Stellen am Ellbogen verwuchsen etwas. Man spürte, dass ihr der neue „Look" bestens gefiel und auch ihr Selbstvertrauen stetig anwuchs. Manchmal sogar etwas zu sehr! Sie bellte nun gern mal andere Hunde an und vom Jagdtrieb ganz zu schweigen. Nun galt es sogar, wieder einen Gang runter zuschalten.

Lola brachte mich letztendlich sogar dazu, meinen faulen Arsch mal raus in die Natur zu bewegen. Sie war, wie schon erwähnt, immer sehr begeistert von langen Touren, möglichst weit ab vom Schuss. Manchmal waren wir bis spät abends unterwegs und irgendwann gingen wir dann den nächsten Schritt: Ein Zelt musste her! Ich war Feuer und Flamme für unser neues gemeinsames Hobby und Lola schien auch nicht schlecht zu staunen, als es dann hieß: „Na komm!!" Da unsere Wohnung nicht allzu gut positioniert war für größere Wanderungen in ruhiger Natur, fuhren wir erst in die „Heide" (das an die Stadt angrenzende Waldgebiet, ungefähr halb so groß wie ganz Dresden) und später dann in die „Sächsische Schweiz". Hier stellte sich dann heraus, dass Lola die „Oberklettermaus" unter den Hunden war. Da konnten Bergziegen und „Co." einpacken. Da sie mittlerweile leicht war wie Watte, schmerzte auch die hintere Pfote nicht mehr. Lola sprang und kletterte, was das Zeug hielt. Manchmal konnte man kaum hinsehen, wenn sie schwindelfrei irgendwo am Abhang posierte und freudig zu uns „Lahmärschen" runter feixte. Es erfüllte mich zutiefst, sie so zu sehen. Fröhlich und frei in der herrlichen Natur.

Kommen wir nun zurück zum Zelt. Ich unternahm mit Lola zahlreiche Touren, bei denen wir oft mehrere Tage draußen schliefen. 2 davon stachen besonders heraus. Zum einen die aller erste richtige Tour und dann etwas später die längste aller Touren. Ich möchte auf beide gern noch kurz eingehen. Sie runden den Einblick in die Entwicklung von Lola und mir gut ab und waren recht aufregend. Und da ich nun schon mal hier sitze und meine Hände gerade gut warmgelaufen sind, möchte ich die Chance nutzen und sie dir mitteilen. Außerdem macht es mir gerade Spaß, die schönen Seiten meines Hundes zeigen zu können. Diese Seiten, die nur die Wenigsten kennenlernen durften. Die Touren in der Wildnis waren quasi der Vorgeschmack auf alles Weitere und unser erster Kontakt mit dem „Draußen sein". Oder auch mit dem „Ausgeliefert sein" in rauer Umgebung. Ja, hier lernten wir, dass draußen im Wald nicht immer Schmetterlinge freudig ihre Bahnen ziehen und Eichhörnchen Nüsse knacken, hier kann man schlichtweg auch mal Todesangst bekommen!

Dobrý den!

Ich möchte dich jetzt nochmal in die Vergangenheit entführen. Noch bevor ich ein Auto hatte, in Barcelona war oder mit meiner Freundin zusammenzog, lebte ich zwischenzeitlich in einer mickrigen Einraumwohnung. Nachdem mein Kleingewerbe scheiterte, begann ich meinen ersten richtigen Job. Aufgrund der flexiblen Arbeitszeiten im Skateshop konnte ich Lola und unserem neuen Hobby viel Aufmerksamkeit widmen. Und so ereigneten sich folgende Gewalttaten:

„Numero Uno": Nachdem wir, wie schon erwähnt, im Umland etwas geprobt hatten, zog es uns nun weiter raus. Ich plante an jenen Tagen eine Tour auf „Komoot" (eine Art Wander-App), die in der Nähe von Most (Tschechische Republik) startete und uns über 2–3 Tage ins Erzgebirge, beziehungsweise nach Crottendorf zu meinen Eltern führen sollte. Ein kleines Nest, nahe der deutsch-tschechischen Grenze. Ich hatte zwar schon einiges an Equipment, nur wusste ich noch nicht so recht umzugehen mit diesem. Meine Großeltern väterlicherseits nahmen mich als Kind mehrere Jahre mit auf strukturierte Wanderurlaube, bei denen ich so einiges lernen konnte. Von ihnen bekam ich dann auch ein äußerst hilfreiches Geschenk. Einen Rucksack! Und zwar den, den sie damals in Nepal bei sich hatten! Es war mir eine Ehre, diesen nun für meine ersten Survival-Versuche zu missbrauchen. Ich glaube, er fasste um die 55 Liter, also eine Menge Platz, fast schon etwas zu viel für 2 oder 3 Übernachtungen im Freien. Naja egal. Am Vorabend packte ich ihn randvoll bis oben hin. Schlafsack, Zelt und „Isomatte" gehörten zur Grundausstattung. Dazu kam noch Hundefutter für die entsprechende Zeit. Da Lola viel laufen musste, packte ich die etwas größeren 500 g-Büchsen ein. Nicht dass „Pfiffi" auf halber Strecke noch schlapp macht. Ganz oben zierten eine angefangene Packung Vollkorn-Toast, eine halb volle 8er-Packung Eier und andere Leckereien den mittlerweile gut gefüllten Rucksack.

Ich glaube, ich sammelte alles zusammen, was noch so rumlag und schlecht geworden wäre. Ich hatte außen sogar noch meine große Teflon-Pfanne rangezurrt. Zwei 1,5 Liter Flaschen Wasser durften fürs erste auch nicht fehlen. Ich staunte, wie viel dort reinpasste und freute mich, alles unterbekommen zu haben. Worüber ich mich dann nicht mehr so freute, war das brachiale Endgewicht. Heute kann ich über meine anfänglichen Missverständnisse lachen, damals war mir etwas mulmig zumute. Mit großen Augen sah mir Lola dabei zu, wie ich mit Mühe und Not dieses überladene Monster schulterte. Als hätte man Wackersteine reingepackt! Ich ging an diesem Abend etwas unruhig schlafen, war aber trotzdem weiterhin guter Dinge: „Das wird schon Lola! Wenn du fleißig dein Futter frisst, wird das Teil auch schnell leichter." Ich glaub' allein das Hundefutter wog schon um die 6–7 Kilo. Am nächsten Morgen ging es dann los. Die Zug-Tickets waren bereits gedruckt und auch Lola wedelte mit dem Schwanz. „Klar, dass du dich so freust, du musst ja auch nix tragen!", meckerte ich, nachdem ich erneut diesen elendig schweren Rucksack hochhievte. Wir kamen grad so durch meinen engen Flur raus zur Wohnungstür. Die erste Strecke stand an. Wir mussten circa 1,5 km laufen, bis wir die Bahnstation erreichten, an der auch unser Zug in Richtung Most fuhr. Ich kann dir sagen: diese erste Strecke war die Hölle! Bereits nach einigen hundert Metern zitterten die Knie. Wobei die sich noch besser anfühlten als der Rücken. Mein untrainierter Rücken hatte wirklich zu kämpfen mit dieser neuen Belastung. Die Stellen zwischen Schultern und Hals waren schon bei Ankunft im Zug zu nichts mehr zu gebrauchen. Ich war heilfroh, diesen scheiß Rucksack endlich wieder abzunehmen und da war ich noch nicht mal in Tschechien. Irgendwie schien mich das schon zu stören, aber nicht davon abzuhalten, weiter mit dem Zug zu fahren. Ich hatte mir schließlich frei genommen und was wär ich für eine Mimose, wenn ich jetzt schon den Rückweg antreten würde. Im Leben nicht. Lola saß mir im Zug gegenüber. Sie guckte neugierig, auf meiner Jacke sitzend, zum Fenster raus und beobachtete die Landschaft. Sie hechelte etwas, da sie der Zug und all diese Umstände stressten. Außerdem merkte sie mir meine leichte Unsicherheit an und quietschte ab und an leise vor sich hin.

Nachdem wir gerade so den Umstieg gemeistert hatten, kamen wir dann schließlich in Most an. Warum ich ausgerechnet Most gewählt hatte, weiß ich gar nicht mehr so genau. Es ergab sich eine akzeptable Gesamtkilometeranzahl, wenn man hier startete. Um die 70 waren's. Nicht zu viel, nicht zu wenig, dachte ich mir. Außerdem fand ich es irgendwie cool, in einer Großstadt zu starten, um nochmal richtig „abgefuckt" vom vielen Lärm zu sein, um dann in die ruhige Natur zu flüchten. Ein guter Übergang, der uns die tschechischen Wälder mehr schätzen lässt, dachte ich mir. Das Most aber so eine „Drecksloch" ist, war mir irgendwie nicht bewusst. Zumindest an den Ecken, an denen ich langlief, zierten Müll, kaputte Häuser und kläffende Hunde die Straßen. Nachdem uns Komoot vorbei an der Rennstrecke über einen zugewachsenen Trampelpfad schickte, stand mir die anfänglich gute Laune nicht mehr bis zu den Ohren. Eher bis zu den Knöcheln, denn so tief standen wir dann im Morast, eingekesselt zwischen stark verwachsenen Sträuchern. Als wäre das noch nicht genug, fischte ich auf einmal aus Reflex das Pfefferspray aus der Jackentasche. Vor uns kreuzten nämlich ein Wildschwein samt Nachwuchs den Weg. Selbst Lola stockte der Atem, da dieser zugewachsene Pfad, auf dem wir da rumirrten, keinen richtigen Fluchtweg bot. Man kam hier im Geäst nur im Schneckentempo vorwärts. Und da wir uns schon eine halbe Ewigkeit hier durchgequält hatten, entschieden wir, behutsam weiter dem „Weg" zu folgen. Das hieß auch weiter in Richtung Wildschweine zu gehen. Bewaffnet mit Opas Messer und dem Spray schlichen wir nun geduckt vorwärts. Mir klopfte das Herz bis zum Hals und Lola schien zum ersten Mal keinen Jagddrang zu verspüren. Wildschweine sollte man im Frühjahr immer ernst nehmen, da sie ihre Jungen bei sich haben und diese sicher um jeden Preis beschützen. Glücklicherweise kamen wir irgendwo auf einem Feld kurz vor einer großen Schnellstraße wieder raus aus dem Dickicht und wurden gleich mit der nächsten Überraschung bombardiert. Dicker Smog und fette Nebelschwaden stauten sich hier entlang der Straße. Nachdem wir durch eine Baustelle kletterten, wurden wir leider von Komoot ins Gewerbegebiet geleitet. Das hatte ich mir irgendwie anders vorgestellt. Große Kohlekraftwerke und andere, mit Schornsteinen gezierte Gebäude, umringten uns hier. Es stank teilweise fürchterlich. Mein Rucksack wurde schwerer und schwerer und der mit Wasser gefüllte Graben neben uns wechselte die Farbe von rot-orange ins grünlich-blaue. Da dieser Weg, auf dem wir da liefen, von einem Tagebau unterbrochen wurde, mussten wir auf die Schnellstraße wechseln. Es war der reinste Horror. Ich wollte ja schon den ein oder anderen schlechten Eindruck bekommen, bevor wir uns in die Natur stürzten, aber das war eindeutig zu viel davon. Der Gedanke, hier auf jeden Fall nicht nächtigen zu wollen, trieb uns jedoch weiter an. Gegen Nachmittag konnte ich dann nicht mehr und wir machten einen „Break" zwischen Straße und Tagebau. Herrlich! Ich löffelte eine „5-Minuten-Terrine", während die beruhigenden Klänge lauter LKWs hinter uns musizierten. Gegen späten Nachmittag erreichten wir dann endlich einen Abzweig zu einem kleineren Dorf. Das Dorf hatte anscheinend mehr Hunde als Einwohner und so bellte es an jedem Grundstück. Sehr zur Begeisterung von Lola. Kurze Zeit später gerieten wir noch in einen kurzen, aber starken Schauer und waren komplett am Ende. Das einzig Gute war, dass nun die ersehnten Wälder begannen, die zu dieser frühjährlichen Zeit noch mit Schneeresten bedeckt waren. Darunter kam das verrottete Laub aus dem letzten Jahr zum Vorschein. Bevor es losging, versicherte ich meiner Mutter noch ganz selbstbewusst am Telefon, dass ich kein Problem mit dem bisschen Schnee hätte, der hier noch liegt. Jetzt, wo man durchnässt, mit komplett zerstörtem Rücken und traurig guckendem Hund hier steht – nun –, jetzt war es schon irgendwie ein Problem. Ein steiler, bevorstehender Anstieg wurde auf der App angezeigt. Mit letzter Kraft meisterten wir diesen und fielen halb tot ins nasse Laub. Da wir nun schon längere Zeit bergauf wanderten, wechselte auch das Wetter. Es war deutlich kälter als unten in Most und überall lag noch Restschnee. Hier musste nun irgendwie das erste Lager errichtet werden. Zwischen Schnee und Laub baute ich unser Zelt auf. Das dauerte länger als gedacht und schon bald dämmerte es. Nachdem Lola ihre erste 500-Gramm-Büchse vertilgt hatte, legten wir uns, wie bereits geprobt, gemeinsam ins recht komfortable „2-Personen-Trekkingzelt". Hier stellte ich schon zu Beginn der Nacht die falsche Wahl des Schlafsackes heraus. Es war nicht mal ein richtiger „Mumien-Schlafsack" und somit strömte oben am Hals ordentlich kalte Luft ins Innere. Lola legte ich den Anorak mit der Außenseite nach oben hin. Er war mit Daunen gefüttert und bot so etwas Schutz vor dem kalten Unterboden. Irgendwann war es aber so kalt, dass sie immer während des Ausatmens zittern musste. Das konnte ich mir nicht mit ansehen und so rutschten wir so dicht wie nur irgend möglich zusammen und zitterten beide. Zwar nicht mehr so doll, aber wir zitterten. Das Problem mit dem Fell war jetzt nebensächlich. Ein windiger Morgen leitete den nächsten Tag ein. Nachdem uns der Muskelkater erstmal gehörig ohrfeigte, schälten wir uns aus den Schlafsäcken und krochen erbärmlich aus unserem Zelt. Während Lola die zweite Dose verputzte, versuchte ich mich an einem Art Rührei mit Toast. Was das ganze lächerlich aussehen ließ, war dieser kreischende Wind, der die Flamme meines Gaskochers komplett verschluckte. Ich versuchte, einen Art Windschutz zu bauen, doch es war zwecklos. Die Flamme berührte nicht mal die Pfanne und die Eier blieben in flüssiger Konsistenz. Ich war echt genervt und angepisst. Früh kein Essen war gar nich' cool. Ich zweifelte nun erstmals an unserem Vorhaben, vor allem als ich dann diesen schönen Rucksack erblickte, der mich halbe Portion schon wieder auslachte. Wir hatten noch mindestens 2 Nächte vor uns und das in noch höheren Lagen. Jetzt wurde es echt knochig, denn wir waren irgendwo in der Pampa und uns selbst überlassen. Die liebe Mutti konnte ich auch nicht anrufen, da uns kurz nach Most der Empfang ausging. Ich klatschte mir ins Gesicht und fragte mich, ob ich jetzt hier aufgeben wolle oder endlich mal die Zähne zusammenbeiße. Lola hatte anscheinend gute Laune und machte Freudensprünge, als sie die Leine klimperten hörte. Ich glaube, Lola war es, die mich wieder umstimmte und mir ein Lächeln ins Gesicht zauberte. Als dann alles wieder verstaut war, brachen wir erneut auf. Es half alles nix. Glücklicherweise erreichten wir nach 2–3 Stunden eine Anhöhe. Hier schickte uns das Handy eigentlich nach links, entlang der Grenze, auf tschechischer Seite. Da ich wieder Empfang hatte, entschied ich aber erstmal, meine schon total besorgte Mutter anzurufen und die Begebenheiten zu schildern. Sie redete mir aufgrund dessen aus, noch weiter zu marschieren und lieber Richtung „Kalek" zu laufen. Ein kleiner Ort, ungefähr eine Stunde Autofahrt für sie und noch um die 5–10 Kilometer für mich. Deal! Ich war innerlich sehr froh, als sie mir das vorschlug und musste mir eingestehen, dass dies ein Höllenmarsch war. Zumindest war es mit meinen damaligen Fähigkeiten und dieser Ausrüstung nicht zu bewerkstelligen. Gleichzeitig fand ichs aber auch irgendwie geil. Diese bewusst dosierte Blauäugigkeit ergab für meinen geisteskranken Verstand schon oft das absolute Abenteuer. Meine Mutter verfolgte die gesamte Reise akribisch auf ihren Wetter-Apps, da ich vorher einen Notfall-Zettel schrieb, auf dem ich alle Orte listete, die ich passieren wollte und ihr davon anschließend ein Foto schickte. Sie hatte tschechische Arbeitskollegen und kannte sogar einen Jäger von dort. Dieser Jäger erklärte meiner Mutter dann, dass man dort schon das ein oder andere Wolfsrudel erblickt hatte und auch Mufflons und Wildschweine keine Seltenheit waren. Alles sehr zur Beruhigung meiner Mutter.

Mit nun wirklich allerletzter Kraft kamen Lola und ich an einer weißen Kirche mit angrenzender Wiese an. Der Treffpunkt! „Kalek!" Es war ein bezaubernd schönes Örtchen und die Sonne schien mittlerweile. Ich fiel da auf diese Wiese und öffnete erleichtert die Schnallen meines Rucksacks. Man war das befreiend. Noch mehr freute ich mich, als uns dann meine Mutter aufsammelte: ein Haufen Elend und sein fröhliches Hündchen. Lola aalte sich auf der warmen Wiese, hatte schon wieder alles vergessen, während ich diesen blöden Rucksack in den Kofferraum verfrachtete. Grad so passte er rein. Meine Mutter versuchte ihn spaßeshalber auch kurz zu tragen und kippte dabei fast aus den „Latschen".

Zuhause gab es dann aufmunternde Worte, einen „riesen" Berg Nudeln und ne warme Dusche!

„Numero Dos": Mein Onkel Maik war früher bei der Bundeswehr. Er hatte damals eine höhere Position als Ausbilder. Stabsunteroffizier nannte sich diese. Mein Opa (mütterlicherseits) war zwischenzeitlich ebenfalls in der Branche tätig, nur eben etwas früher, bei der Luftverteidigung der Nationalen Volksarmee. Eigentlich war er aber ein waschechter Waldmann beim Forst. Und der Uropa musste damals quasi noch als Kind in den Krieg. Jedenfalls lag es in der Familie, sich mit Werkzeugen, Ausrüstung und gewissen Überlebenstaktiken auseinanderzusetzen. Man kannte die Facetten der Natur, die Tiere, die Bäume und wusste, wie man sich angemessen zu verhalten hatte. Das lernte ich auch schon als Kind. Damals war ich sehr oft bei meinen Großeltern. Ich wuchs quasi dort auf. Früh morgens musste man im Keller Feuer machen, nachdem man die alte Asche rausgekratzt hatte. Anschließend nahm ich Platz am Frühstückstisch, direkt neben dem langsam warm werdenden Heizkörper und beobachtete die zahlreichen Vögel am Vogelhäuschen. Im Waschhaus stand eine Art Ofen, mit dem man sein Badewasser erhitzen konnte und oben auf dem alten Dachboden hing man die Wäsche zum Trocknen auf. Hier lag auch meist die Katze in voller Länge, während sie mit dem Bein zuckend von Mäusen fantasierte. Eines Abends nahmen mich die beiden mit auf die „Wräänsch", drüben am Wald und so beobachteten wir in der Dämmerung die Rehe bei ihrer Fütterung. Das hab ich noch gestochen scharf in Erinnerung und ich bin dankbar als Kind noch solches Zeug erlebt haben zu dürfen. Ich sah immer fleißig zu, wie Opa und Onkel, nachdem sie im Wald waren, ihre prall gefüllten Pilzkörbe präsentierten und ihre Messer wetzten. Maik war damals sogar beim sogenannten „Nijmegenmarsch" dabei, welcher sich über 4 Tage zog und eine stolze Länge von 165 km aufwies.

Das Erzgebirge durchlief er natürlich auch des Öfteren und so scheint mich all das zur Volljährigkeit endlich wieder einzuholen. All die Eindrücke, die ich damals unterschwellig mitbekam und für die ich in jungen Jahren noch kein wirkliches Interesse zeigte, schienen zu diesem Zeitpunkt präsent zu sein. Jetzt, wo ich einen Hund hatte, der es liebte, draußen zu sein. „Perfekto!"

So entschied ich irgendwann, nachdem ich mit Lola viel Erfahrung im Wald gesammelt hatte, mal eine wirklich große Etappe zu wandern. Ich lernte aus Fehlern und bereite mich besser vor. Ich glaube, zu dieser Zeit rückte uns das städtische Leben eh etwas zu dicht auf die Pelle und ich entschied von Dresden aus, die Heimat anzusteuern. Ein Auto gab es zu dieser Zeit noch nicht. Und wozu mit dem Zug nach Hause fahren, wenn man es auch zu Fuß schaffen könnte und man dabei vielleicht ein Abenteuer erlebt, mal wieder runterkommt und seinem Körper sowie dem Hund etwas Gutes tut. Klingt doch super! Ich plante also eine Route, welche in „Hřensko" (Sächsische Schweiz, direkt an der deutsch-tschechischen Grenze) startete, sich entlang der Grenzlinie schlängelte und schließlich wieder in Crottendorf bei meinen Eltern enden sollte. Ich wollte nicht in Dresden starten, da ich sofort in unzivilisierte Wälder eindringen wollte. Es waren fast 140 km. Nicht ganz die Strecke, die mein Onkel zurückgelegt hatte, aber ausreichend für Lola und mich. Mich und meine Spaghetti-Beine, wie es meine Oma immer zu sagen pflegte. 140 Kilometer, das hieß mindestens 4 Mal draußen pennen. Ich nahm den Verlauf der Route auseinander und suchte schon im Vorfeld mögliche Gebiete heraus, in denen sich vielleicht ein Schlafplatz finden lässt. Wir wollten ungefähr 30 km am Tag laufen, um auch irgendwann anzukommen. Somit konnte man die Strecke schon vorher in Abschnitte einteilen. Dank „Komoot" konnte ich mir, anhand der Bilder anderer Nutzer einen super Überblick verschaffen und die Wanderung schon vorher im Kopf durchlaufen, mich mental vorbereiten.

Ich entschied mich dieses Mal, das sperrige Zelt zuhause zu lassen und stattdessen eine Hängematte mitzunehmen. Sie nahm weniger Platz weg und war schneller aufzubauen. Außerdem war man mit dieser nicht immer auf eine ebene Fläche angewiesen. Es war September 2020 und somit noch nicht all zu kalt. Regnen sollte es auch nicht. Selbst wenn, hätte ich noch eine 3x3-Meter-Baumarkt-Plane dabei, die ich zur Not als Dach aufspannen könnte. In die Hängematte legte ich noch eine Luftmatratze und somit ließ es sich recht angenehm nächtigen. Für Lola hatte ich auch eine kleine „Hundehängematte" organisiert. Nein Quatsch, im Leben wär sie dort nicht eingestiegen. Lola sollte neben mir im Freien schlafen. Ich weiß nicht mehr, was sie davon hielt und ob sie so einverstanden damit war, aber Lola war ein Tier mit Fell und würde das schon verkraften. Außerdem antwortete sie nicht, als ich sie fragte. Wenn wir abends manchmal am Feuer saßen, fing sie immer an, mit den Pfoten eine Art Körbchen zu scharren und sich schon mal auf eine Nacht im Freien vorzubereiten. Von daher sah ich das relativ entspannt. „Du darfst schon mit drin' schlafen!", rief ich dann für gewöhnlich zu ihr rüber. Die Nahrungsaufnahme war dieses Mal durchdachter. Ich bin aufs komprimierte Tütenessen aufmerksam geworden. Ähnlich wie eine „5-Minuten-Terrine", nur nicht im sperrigen Becher und viel gesünder. Das Zeug war von „Davert" und ich war mega-froh, es entdeckt zu haben. Man musste nur Wasser in seiner Tasse kochen, das Tütchen da reinkippen und schon hatte man „Süßkartoffelbrei", „orientalisches Quinoa" oder auch ganz klassisch: „Nudeln in Tomatensauce". Eine wahre Freude nach stundenlangem Laufen, kann ich dir sagen. Dazu aß ich dann gern sättigendes Pumpernickel-Brot. Früh morgens gab es Haferschleim, ebenfalls in praktischen „Baggies" und besser als flüssiges Rührei. Die Pampe wurde dann meist noch mit Trockenobst verfeinert. Für Lola gab es natürlich auch Tütenfutter. Das konnte man besser im Rucksack verstauen und gleich als Müllbeutel wiederverwenden. Diese ganzen leckeren Fressalien musste ich dann sogar separat in einer Tüte tragen. Ja, wieder in einer Tüte, da in meinen ins Herz geschlossenen 30-Liter-Rucksack aus Jugendjahren leider nicht alles rein passte. Egal! Ich hing es einfach außen mit ran. Vor lauter Anhang sah man am Ende den eigentlichen Rucksack gar nicht mehr. Tragen ließ sich das anfangs auch eher „blöde", da der Schwerpunkt zu weit vom Rücken entfernt war. Zu viel Überhang quasi. Man hätte wieder den großen Rucksack von „Omma" nehmen können oder einfach mal einen neuen kaufen, doch irgendwie mochte ich diesen Rucksack. Der hatte Charakter, gefiel mir und wenn man nur wenig Platz zur Verfügung hat, nimmt man auch wirklich nur das Nötigste mit. Laufen wollte ich in sogenannten „Barfußschuhen". Die waren luftiger, trockneten sehr schnell, falls man einen Bach gekreuzt hatte und man fühlte seinen Untergrund besser. Als würde man jedes einzelne Steinchen auf angenehme Art und Weise wahrnehmen. Als hätte man einen neuen Sinn entdeckt. Ich war noch nie ein Freund von riesigen klobigen Wanderschuhen und lief eh viel Barfuß. Ich fühlte mich gut und hatte richtig Bock. Ich konnte mittlerweile sogar diverse Knoten, wusste von meinem Onkel, wie man ein unauffälliges Grubenfeuer zündet und dass eine „Dackelgarage" nix mit Hunden zu tun hat.

Eines frühen Morgens stürzten wir dann also los. "The same procedure as every year", wieder zum Zug. Lola wieder hechelnd neben mir und der Rucksack wieder ziemlich schwer. Nur war mein Rücken dieses Mal nicht ganz so schlaksig. Wenn er beim ersten Mal eher ein rostiger Oldtimer war, konnte man ihn jetzt mit einem gut eingefahrenen Cabrio vergleichen. Als wir ankamen und entlang der Elbe zum ersten Abzweig liefen, bekamen wir gleich den ersten Dämpfer. Ich dachte, ich hätte die Route schon genug studiert, aber anscheinend eben nicht, denn vor uns lag wieder mal so ein verwachsener Trampelpfad. Wir passierten ihn mit „genesselten", von Dornen aufgeschlitzten Beinen. Danach verlor sich der Pfad im Dickicht und wir standen vor einem Steilhang. Man musste hier den Allrad einlegen, um irgendwie vorwärts zu kommen. Lola kicherte in ihren Pelz, als sie mich da fluchender Weise wegrutschen sah. Keine Sorge, dieser Abschnitt war zum Glück der einzig schwer passierbare und wir erreichten schon bald schöne breite Waldwege und hübsche, einsame Pfade. Die erste Nacht verbrachten wir dann mit Aussicht über die schönen Gesteinstürme der Sächsischen Schweiz. Wir kletterten auf einen dieser Felsen und schlugen etwas abseits der Wanderwege unauffällig unser Lager auf. Man muss sich etwas in Acht nehmen, da hier „Ranger" unterwegs waren und versuchten, Leute wie mich davon abzuhalten, im Gelände zu übernachten. An sich ja nicht schlecht, da es hier im Sommer Brände gab und manche anscheinend ihren Müll hier zwischenlagerten. Ich musste hier aber Nächtigen, da meine geplante Route dieses Gebiet kreuzte. Die öffentlichen „Biwakhütten" des Nationalparks waren schon in Benutzung und Feuer machte ich auch keins, dafür hatte ich ja einen Gaskocher am Start. Hätte man mich erwischt, hoffte ich auf einen verständnisvollen „Ranger" und eine Verwarnung. Einige Freunde von mir mussten hier leider schon satt Kohle lassen.

Als die Hängematte hing, das Wasser köchelte und wir den bombastischen Ausblick aufsaugten, fing Lola plötzlich an zu bellen. Es war nicht dieses klassische Bellen, wenn wir einen anderen Hund trafen oder miteinander spielten. Viel mehr war es ein wirklich ernstes Bellen. Eines, das ganz anders klang und uns beschützen sollte. Als ginge es um Leben und Tod. Nachdem ich Lola wahrnahm und ihrem fokussierten Blick folgte, entdeckte ich hinten im dunklen Gebüsch die Umrisse einer schwarz vermummten Person. Die orange-rote Sonne stand nur noch knapp über dem Horizont und somit war alles schon von einem düsteren Schleier überzogen. Normalerweise rief ich meinen Hund spätestens jetzt zu mir, doch dieses Mal zögerte ich. Während mein Hirn versuchte einzuordnen, ob von dieser Person eine Gefahr ausgehe und meine Augen dort in der Dunkelheit nur wenig erkannten, war ich hin und her gerissen. Ich griff dann jedoch ein und gab das Kommando: „Aus! Komm her!" Ich positionierte mich zwischen Hund und Gefahr und machte mich bereit für eine Konfrontation. Lola war sichtlich beruhigt, dass ich einschritt und ihr diese schwierige Situation abnahm. Nach einigem Knistern spuckte die Dunkelheit dann eine heruntergekommene Gestalt aus. Etwas zerzaust, mit altem Rucksack und komplett schwarz gekleidet. Das Halstuch war bis knapp unter die Nase gezogen. Am Kopf trug der Mann eine Taschenlampe, welche mit „Panzertape" und einem dickeren Gummiband fixiert war. Anscheinend eine Art Kopflampe, die mit letzter Kraft vor sich hin funzelte. Alle waren sichtlich angespannt und auch er gab mir zornig zu verstehen, dass er sich heftig erschrocken hatte und nicht mit uns gerechnet hatte. Hier, wo wir nächtigten, war sein abendlicher Rückzugsort, den er täglich besuchte. „Hat man denn nirgendwo mehr seine Ruhe?", rief er aus. Da er aufgebracht war, machte er mich daraufhin noch auf meinen nicht angeleinten Hund und das verbotene Nachtlager aufmerksam. Als ich ihm dann aber alles erklärte und auf den Schreck eine Zigarette anbot, beruhigte sich die Situation merklich und man unterhielt sich etwas. Es stellte sich heraus, dass er obdachlos war und im Sommer hier meist in einer Höhle pennte. Im weiteren Verlauf des Gespräches wurde mir aber ab und an etwas mulmig, da er sichtlich mit seinen Gedanken und Gefühlen zu kämpfen hatte. Das Gespräch war eine ziemliche Gratwanderung, zwischen einem eigentlich netten Mann und seinen eher depressiven Weltansichten. Irgendwann offenbarte er mir dann folgendes: „Ich war mal in der ‚Klapse', soll aber keinem sagen warum ..." Als er diesen Satz aussprach, war die erste Nacht für mich gelaufen. Aus Reflex und Angst versuchte ich ab diesem Punkt, das Gespräch etwas anders anzugehen. Ich hörte ihm aufmerksam zu und stellte keine seiner Thesen großartig in Frage. Eher stimmte ich seinen Aussagen zu oder lenkte ihn sanft auf die positiven Dinge im Leben, falls er sich zu tief in etwas verstrickte. Ich versuchte, etwas Balance ins Gespräch zu bringen. Auf jeden Fall wollte ich ihn nicht verärgern oder diskutieren, da seine Laune scheinbar schnell zu kippen drohte. Das schien mir die einzig gute Lösung für die anstehende Nacht zu sein. Meine Angst zeigte ich ihm natürlich nicht, ich überspielte sie und versuchte, ihm eher meine Gelassenheit zu übermitteln und dass er gern noch bleiben kann. Er schien sich sehr zu freuen und hatte ganz schön was zu erzählen. Endlich hörte ihm mal jemand zu, zwar etwas gezwungen, aber egal. Komischerweise finde ich die Ansichten solcher Leute auch immer ziemlich interessant. Ein Großteil war vielleicht ein ganzes Stück zu weit gedacht, aber im Grunde war er sogar ziemlich intelligent. Ein richtiger „Schlaumeier"! Leider hat er sich nur zu sehr von anders Denkenden distanziert und begegnete diesen nur noch mit Hass und Ablehnung. Nach einer ganzen Weile gaben wir uns sogar die Hand und kannten unsere Namen. Ich kann mich an seinen leider nicht mehr erinnern. Irgendwann verabschiedeten wir uns und wünschten beiderseits eine gute Nacht. Er gab mir sogar eine Wegbeschreibung zu seiner Höhle, falls es nachts regnen sollte. Danach verschwand er wieder in der Dunkelheit. Ich hätte ihm gern noch ein paar Batterien für seine „DIY-Kopflampe" spendiert, aber anscheinend kam er gut klar mit wenig Licht. Er sagte immer, dass man ihn so nicht sehen könne.

Am Ende dieses Gespräches war ich überzeugt, hier keinen Psychopaten kennengelernt zu haben, der mich heut' Nacht aufschlitzen wird. Ich hatte ein relativ gutes Gefühl. Trotz allem nahm ich in dieser Nacht noch mein Messer mit in dem Schlafsack und schlief eher aufmerksam als tief. Lola symbolisierte mir erfreulicherweise auch etwas mehr Alarmbereitschaft als sonst.

„Wir leben noch!", dachte ich mir am nächsten Morgen. Anscheinend war alles gut gegangen. In der Nacht kamen zwar keine schwarzen Gestalten mehr, jedoch kam der Sturm. Und was für welcher! Klar, ich war hoch oben und musste damit rechnen – schöne Aussicht im Tausch gegen diesen pfeifenden Wind. Wobei pfeifen noch untertrieben war, der kreischte und schrie mir förmlich in die Fresse. Ich glaube, diese nächtlichen Stürme in „Kombi" mit der Dunkelheit und der Tatsache, so ziemlich allein zu sein, gehörten mit zu meinen größten Ängsten, die ich hier draußen erlebte. Da werden selbst die ganz harten Jungs zu kleinen zerbrechlichen „Kids". Da bin ich mir ganz sicher.

Zum Glück kämpfte sich die liebe Sonne früh morgens nach oben und küsste uns mit ihrer herrlichen Wärme. Es war ein

Bilderbuch-Sonnenaufgang und wir starteten gut in den Tag. Der Muskelkater war kaum spürbar und so liefen wir mit bester Laune los. Ich fühlte mich glücklich und frei. Alles Notwendige für die nächsten paar Tage trug ich geordnet bei mir und Lola genoss diese Gassi-Runden direkt nach dem Aufstehen ebenfalls. Zuhause ließ ich mir da gern mal länger Zeit. Vor allem nach durchzechten Nächten im Vollrausch musste sie mich stets etwas hartnäckiger wecken oder gegebenenfalls noch die Wohnungstür schließen.

Aufgrund des anhaltenden Sturmes hier oben entschieden wir, unten auf dem besagten „Biwakplatz" zu frühstücken. Keine Sorge, dieses Mal hatte ich einen klappbaren Alu-Windschutz dabei. Dank diesem flatterte die Flamme nicht wieder 10 Meter neben der Pfanne. Hier trafen wir dann so einige Wanderer, darunter einen netten Berliner, mit dem ich anschließend zusammen eine kleine Etappe lief. Während des Frühstücks unterhielt er mich mit seinen waghalsigen Abenteuern in Amerika und Neuseeland. Er lief dort schon einige „Weitwanderwege" und ich staunte nicht schlecht. Er hatte dementsprechendes High-End-Equipment dabei und musste ganz schön Schmunzeln, als er mich da so sah, betonte aber, dass er ebenfalls so angefangen hätte.

Ich genoss die heutige Wanderung sehr. Sie führte über einsame Wege, entlang kleiner Bäche und man hatte wirklich das Gefühl, allein zu sein. Nur das Geräusch der singenden Vögel und meines hechelnd nebenher trabenden Hundes waren noch zu hören. Wir schliefen an diesem Abend in einem kleinen Waldabschnitt, welcher an die Felder eines tschechischen Bauern grenzte. Dieser fuhr abends noch eine letzte Runde, schien uns aber nicht zu bemerken. Ich war damals noch verdammt nervös und versteckte mich im dichten Gras, als ich ihn hörte. Ich wollte mein gerade errichtetes Lager nicht wieder abbauen, um dann weiterziehen zu müssen. Lola war wieder an meiner Hängematte befestigt und ich legte mich schlafen. Als meine Füße irgendwann zur Ruhe kamen, begannen sie auf einmal zu wummern. Als werden sie dicker und förmlich am Kochen. Ich machte mir nichts daraus und schlief schnell ein.

Die Nacht war super, bis auf das Wild, das im Galopp einmal quer durchs Lager preschte. Ich bemerkte es, da Lolas Jagdtrieb einsetzte und sie mitten in der Nacht plötzlich stark an der Leine zog. Die Leine brachte dann meine Matte kräftig ins Schaukeln. Vielleicht hab' ich es aber auch nur geträumt, wer weiß.

Der nächste Morgen wurde wieder vom Blitzen der ersten Sonnenstrahlen eingeleitet. Dieser kleine Waldabschnitt, in den die Sonne rein lunzte, war in Ideallage. Man konnte abends noch den roten Feuerball von der Hängematte aus sehen und früh morgens wurde ebenfalls alles von Licht durchflutete. Das hieß gute Laune vom Allerfeinsten. Nicht mehr ganz so gut gelaunt war ich dann, als ich den Fuß ins raureife Gras setzte. Als die große Zehe den Boden berührte, durchzechte ein beißender Schmerz den Rest meiner invaliden Stelzen. Ich hatte Muskelkater des Todes. Es war abzusehen, da der Fuß durchs barfuß Gehen anders abrollt und mehr beansprucht wird. Nur mit dieser Intensität hatte ich nicht gerechnet beziehungsweise das Gewicht des Rucksacks unterschätzt. Ich streckte und dehnte, war das Zeug hielt, genau wie Lola, die heute ebenfalls länger als gewohnt im „Herabschauenden Hund" verweilte. Erst als wir ein paar Kilometer gelaufen waren, verließ der Schmerz allmählich meinen Körper. Leider wusste ich aber bereits, dass der kommende Morgen wahrscheinlich noch viel schlimmer werden wird. Ersatz-Schuhe hatte ich nicht dabei. An diesem Tag kreuzten wir den Ort Geising, in dem ich aufgrund meiner Wassernot an ein sehr hilfsbereites altes Ehepaar geriet. Ich traf erschöpft auf den Ehemann, welcher gerade mit seinem „Jeep" im Wald unterwegs war und mich zu seinem Haus verwies. Am Haus wartete er schon zusammen mit seiner Frau und reichlich frischem Wasser. Lola bekam sogar ihren geliebten Käse und wir konnten gut gestärkt weiterziehen. Vielen Dank an die beiden! Heute stand, soweit ich das in Erinnerung hab', die Körperpflege an. Selbst der Hund rümpfte schon die Nase, wenn ich ihm zu nahekam, und somit übernachteten wir an diesem sonnigen Tag an einem See mitten im Wald. Nähe Altenberg war der heutige

Tatort, denn Lola machte hier erstmal zur Begrüßung einer Taube den Garaus. „Rest in peace!" Wärste' ma' ausm Knick gekommen und hättst' vorher nich' so viel gefressen. Anscheinend saß sie im dichten Gras und hatte einen zu stark verzögerten Start.

Der angrenzende See war einigermaßen aufgeheizt, da die Sonne noch 1–2 Stunden überm Horizont stand und so wusch ich mich erleichtert per Katzenwäsche und Ökoseife. An diesem Tag schliefen wir direkt auf dem Boden. Die Plane diente als Unterlage. Und genau wie gestern spürte ich auch heute die Füße auf äußerst unangenehme Art. Ich fischte etwas kühlende „Arnika-Salbe" aus der Reiseapotheke und rieb sie ein. Das tat gut! Jedoch war das wie Eis essen im „Death Valley" und meine glühenden Füße ließen das Gel quasi verdampfen. Na prima!

Nach einer ruhigen Nacht leitete Nebel den Tag ein. Die Sonne brutzelte bereits und überm Wasser bildete sich eben dichter Dampf. Die Füße waren wie auch gestern zu nichts zu gebrauchen, liefen sich aber wieder halbwegs ein. Man konnte jedoch einen Unterschied zum gestrigen Tag feststellen und so setzte der Verfall meiner Kräfte langsam ein. Und ausgerechnet an diesem zähen Tag stand die längste aller Etappen an. Gezwungenermaßen, denn heute hatten wir einfach kein Glück mit dem Schlafplatz. Wir suchten und suchten, doch fanden einfach nichts. Die Abendstunden näherten sich und auch die Sonne verschwand allmählich hinter dem Horizont. Es war zum Mäuse melken. Die pure Verzweiflung! Wir passierten tschechische Kaffs, offene Äcker und liefen entlang von Hauptstraßen. Würdest du dich hier entspannt schlafen legen? Für uns fühlte sich es nirgendwo danach an. Das sah ich schon unschwer an Lolas Blicken. Kläffende Hunde, misstrauisch guckende Menschen oder dreckige Ortschaften trieben uns weiter durch den Abend. Und so liefen wir an jenem Tag gigantische 39,4 Kilometer. Ich habe gerade nachgeguckt! Das war wirklich die Grenze des Machbaren. Vor allem in unserem Zustand. Lola ließ sich nichts anmerken und trottete tapfer weiter. Als wir dann endlich wieder schützenden, dichten Wald betraten, ließ ich den Rucksack am erstbesten Platz fallen. Hängematte auf Spannung bringen, Luftmatratze aufpusten, Kocher an, Hund, Wasser, Futter, Zähne putzen und zack, fiel ich wie tot in die Falle. „Knock out!" Nichts ging mehr und ich schlief sofort ein. Auch Lola schlief, direkt nachdem sie den letzten Rest vom Stein geleckt hatte. Man hätte uns mühelos ausrauben können, so fest schliefen wir. Was für ein Marsch! Das einzig Gute war, dass wir eine extreme Strecke zurückgelegt hatten. Trotzdem waren es am nächsten Tag noch circa weitere 40 Kilometer bis vor die Haustür meiner Eltern. Nachdem wir tschechischen Waldarbeitern bei ihren riskanten Holzlade-Versuchen zusahen und uns stark qualmende, überladene Schrottkarren entgegenkamen, fanden wir einen herrlichen Ort fürs ersehnte Frühstück. Der Magen knurrte und so saßen wir in einem hübschen, hölzernen Pavillon mit Blick auf einen Teich. Die Kraft der Sonne ließ hier unsere klammen Sachen mollig warm werden, während wir zwei Fressmaschinen unser Futter vernichteten. Wenn man Tag für Tag solche Leistungen von seinem Körper fordert, könnte man tonnenweise in sich reinschaufeln. Nachts träumt man von XXL-Portionen und der Bauch knurrte in Dauerschleife. Ich stellte auch beeindruckt fest, wie so ein Müsli-Riegel im Körper seine Wirkung entfaltete. Als ich beim Laufen langsam träge wurde, schob ich mir immer einen dieser kleinen Kraftpakete rein. Es dauerte keine 10–15 Minuten, als ich spürte, wie's innerlich knallte und ich plötzlich wieder schneller lief. Nur gegen die Schmerzen in den Füßen schien es kein Wundermittel zu geben. Es war, als würde man nur noch auf Knochen laufen, als gäbe es zwischen Boden und Skelett rein gar nichts mehr. Ich mied nun mehr und mehr harte Untergründe und bevorzugte die weichen Waldböden und Grasstreifen am Wegesrand. Zu allem Übel schickte uns die App nun nochmal durchs Sumpfgebiet und man kam nur sehr langsam voran. Es war, als watete man durch Sirup. Aber ich war selbst schuld, denn ich wählte bei der Planung nicht „Wanderung" sondern „Bergtour" und anstelle von „Anfänger" klickte ich selbstbewusst auf „sehr sportlich". Hier stand ich nun auf meiner „Bergtour". Den Weg sollte man sich denken, so wild sah's hier aus. Glück im Unglück, denn hier war der Boden schön weich und man versank bei jedem Schritt. Endlich machten sich die Schlappen bezahlt, denn genau so schnell, wie sie nass wurden, trockneten sie auch wieder. Hätte ich hier normales Schuhwerk getragen, wären mir wahrscheinlich üble Blasen gewachsen.

Zur Mittagspause siegte dann die Bequemlichkeit über mich. Erschöpft rief ich zuhause an und fragte, ob es möglich wäre, mir mit dem Auto entgegenzukommen. Ja, war es! Wir einigten uns auf die Talsperre „Preßnitz", kurz vor der deutschen Grenze und gaben daraufhin noch einen genauen Treffpunkt durch. Ich glaube, ich schickte meiner Mutter sogar einen Standort und eine ungefähre Zeit. Leider ging es aber auf den letzten Kilometern auf Asphalt bergab und ich quälte mich ungemein. Ich hätte beinahe aufgegeben und lief nur noch sehr langsam. Ich war einfach am Ende und diese verfluchte Straße gab mir noch den Rest. Aufgrund dessen stand die Mutter dann mutterseelenallein am besagten Treffpunkt. Vom Franz war keine Spur und an sein Telefon schien er auch nicht zu gehen. Glücklicherweise entschied sie, langsam in die richtige Richtung zu fahren und sammelte mich ein paar Kilometer weiter auf. Wie die Zigeuner kamen wir am Straßenrand angekrochen. Stinkend, dreckig und humpelnd. Nur das Lächeln ließ ich mir nicht nehmen!

Man kann beide Touren, samt Fotos, immer noch in der Komoot-App öffnen. Unter „verpeilfranz" sollte man fündig werden.

Titus – „home of skateboarding"

Als ich damals nach der Schule zufällig im Skateshop ein Praktikum absolvierte, verließ Andy, einer der beiden Gründer, trauriger Weise gerade den Laden. Da ich beim Probearbeiten meine Schokoladenseite zeigte, hatte ich kurze Zeit später die Ehre, hier anfangen zu dürfen. Ich war zur richtigen Zeit am richtigen

Ort und stolz, hinterm Tresen stehen zu dürfen. Das war nicht ganz mein erlernter Beruf, aber ich fand's einfach cool und hatte ein gutes Bauchgefühl. Man hieß mich offen und herzlich Willkommen und schenkte mir sehr viel Vertrauen.

Meine Arbeitskollegen waren Stefan und Albi. Einer lustiger als der andere. Albi, die Ruhe in Person und ausgestattet mit dem trockensten Humor überhaupt. Das war manchmal ne ganz neue Art von Belustigung, die ich hier kennenlernen durfte. An guten Tagen lachte ich oft Tränen und krümmte mich, bis es weh tat. Albi hörte leidenschaftlich gern Reggae und fuhr BMX, aber noch so richtig „Old School". Das heißt, man baut „Trails" im Wald, also Buckelpisten aus Erde, mit Schaufel und Schubkarre. Ordentlich vollgetankt gibt man sich da dann die Kante und „huppt" bis zu 4–5 Meter hoch. Wie Achterbahn fahren musste das sein. Ich guckte immer höchst interessiert die Clips von den Profis, die auf der Glotze im Laden liefen. Manches Kind blieb da auch gern mal mit offenstehendem Mund drauf hängen. Von Albi lernte ich außerdem so ziemlich alles über BMX-Räder, wie man sie repariert, aber auch wie man sie den Kunden schmackhaft macht. „In der Ruhe liegt die Kraft" und „Jamaica no problem" fassen die Arbeitsweise von Albi gut zusammen. Das hieß aber nich das Albi nix machte, im Gegenteil, der war Mitarbeiter des Monats. BMX-Räder sind sehr stark reduzierte und kompakte Fahrräder, ähnlich wie mein Fixie also. Es gab meist nur eine bis gar keine Bremse und wirklich nur das Nötigste. Fast schon eher ein Sportgerät als ein Fahrrad, wie ich die meist besorgten Eltern aufklären musste. Robust waren sie gebaut und an sich recht simpel zu reparieren. Und doch kam es immer wieder zu Wutausbrüchen meinerseits, als irgendetwas einfach nicht so wollte, wie es sollte. Stefan kann das nur allzu gut bestätigen, das Geschrei und Klirren des einschlagenden Maulschlüssels, der grad durch die Gegend flog.

Einmal wankte ein Kunde in den Laden. Er hielt ein halb gefülltes Cocktailglas, eine Zigarette und führte einen dieser Schrotthaufen in seiner linken Hand. Es war ein BMX aus alten Tagen. Das ließ sich schon unschwer an der Form des Rahmens erkennen. Eigentlich graute es mir immer vor diesen „Spezialaufträgen", doch dieses Mal war's anders. Der Besitzer entpuppte sich als cooler, verkaterter Barkeeper von um die Ecke und anscheinend hatte er keine Scheu, seine Trinkgelder rauszublasen. Stefan und ich freuten uns über diese willkommene Abwechslung. Ich zitiere: „Zwo-, drei-, vierhundert Euro, gar keen Problem. Hauptsache, die Kiste läuft wieder. Tobt euch aus. Wenn's fertig ist, kommste vor an meine Bar. Tschau!" Das waren seine Worte! Telefonnummer und Namen hinterließ er keinen. Auch wenn dieses Bike noch nie auch nur annähernd Öl oder Fett gesehen hatte und alles, was eigentlich fest sein sollte, klapperte, machte ich mich ans Werk. Ich hatte schließlich freie Wahl beim neuen Look des Oldies und quasi unbegrenztes Budget. Das er für das Geld schon ein neues BMX bekommen hätte, interessierte ihn nicht. Das Tretlager war komplett locker und hing auf halb Acht. Es war ein kompliziertes, veraltetes Bremssystem verbaut, das keinerlei Wirkung mehr zeigte. Die Laufräder eierten und an der Karre klebte mehr Dreck als Lack. Kurz gesagt – der Graus eines jeden Mechanikers. Es dauerte eine ganze Weile, bis ich alles gefixt hatte. Bei der Reparatur musste man ziemlich umdenken. Die Windungen in meinem Gehirn qualmten förmlich, da die neue Bremse nicht passte. Glücklicherweise fand ich nach dem ein oder anderen Wutanfall eine Lösung. Das Tretlager ließ sich relativ leicht festziehen. Nachdem ich es ordentlich fettete, lief alles wie geschmiert. Die Räder zentrierte ich wieder und als der neue Chrom-Lenker – extra hoch – verbaut war, kam da etwas sehr Elegantes heraus. Eine wahre Schönheit! Ich hatte ne Menge Spaß und es war einer meiner liebsten Jobs hier im Laden. Man konnte sich kreativ entfalten, musste Lösungen finden, wenn's nicht weiter ging, und bekam sogar noch übermäßig Lack dafür. Ein Hammer-Projekt. Ich arbeitete sogar nach Feierabend noch dran! Eines Nachmittags fuhr ich dann vor zur Bar, testete den Drahtesel auf Herz und Nieren. Woow! Alles lief geschmeidig, machte keinen Mucks – nur das sanfte Klicken des Freilaufs tönte in meinen Ohren. Die Bremse musste man nur antippen und schon blockierte das Hinterrad.

Ich hatte ihm fette, cremefarbene „2.4er-Skinwall-Reifen" aufgezogen, der Rahmen war matt-schwarz und Griffe sowie Bowdenzug in oliv-grün. Ich war megastolz und es fuhr sich bombastisch. Die Überstunden hatten sich ausgezahlt.

Wie sich herausstellte, war es das Kindheitsrad des Barkeepers und er freute sich tierisch, als er es mit diesen neuen Anbauteilen funkeln sah. Er wollte nochmal Kind sein und verliebte sich direkt in das Geschoss. Reine Kosten der Teile beliefen sich auf circa 230 €. Dank großzügiger Spende blieben noch ein paar Kröten für die Banausen aus'm Laden. Wo das Geld drauf ging, fragst du dich? Na für kastenweise Bier und Leckereien von unseren Freunden beim Bäcker. Logisch!

Stefan war jedenfalls ein bärtiger, stets zu Scherzen aufgelegter Typ. Meine damalige Freundin, von der ich hier anfangs schrieb, war seine Ex-Freundin, seine große Liebe, die leider zu Bruch ging. Ja korrekt, da hatte ich mir mal wieder genau die Richtige ausgesucht und ich hatte ganz schön mit mir zu kämpfen, ihm das zu sagen. Zum Glück war das kein großes Problem und wir nahmen es mit Humor. Stefan kam eigentlich mit jedem gut klar. Das Grünzeug schmeckte ihm gut und er war von Kopf bis Fuß tätowiert. Ein Verbrecher, wie's die Oma sagen würde. Nein Quatsch, ein herzensguter Mensch, der's oft nicht leicht hatte im Leben und doch standhaft blieb. Einmal fuhr ich volle Kanne mit dem Skateboard in einen meterhohen Turm Pappkartons und Stefan filmte. Wir stellten die Dummheiten auf Instagram, da wir möglichst tagtäglich Content liefern sollten. Ich meine, an welchem Arbeitsplatz ist sowas möglich, das ist doch hammer-geil! Mann, war ich froh, solche Kollegen zu haben. Jetzt, während ich sie hier so beschreibe, vermiss' ich sie ziemlich.

Dann gab es da noch 2 weitere Charaktere. Zum einen Markus. Markus war der Boss. Aber schon eher Freund und Ersatzvater für mich, als dass man sich ihn als klassischen Chef vorstellen kann. Vom Alter her hätt' ich könn' sein Sohn sein. Er forderte mich stets und ich konnte meine Fähigkeiten vielfältig einsetzten. Er nahm mich so, wie ich war. Lustigerweise war er der Einzige von uns, der richtig gut skaten konnte. Zum Feierabend jagte man sich nochmal auf Skateboards durch die geräumige Verkaufsfläche und trank zusammen Bier vom Asiaten um die Ecke. Oben bei ihm im Büro „quartzte" man dann gern noch die ein oder andere „Selbstgedrehte". Markus war wirklich ein fairer Chef, der stets versuchte, sich von jedem die Meinung einzuholen, um dann eventuell anstehende Ereignisse zur Zufriedenheit aller über die Bühne zu bringen. Markus hielt sich eher im Hintergrund auf und hatte die ganzen Zahlen im Überblick. Buchführung, Stundenpläne, Artikellisten, Haufen so'n Kram eben. Das, was keiner machen wollte, aber eigentlich das Wichtigste. Wir verstanden uns prächig und man neckte sich gern mal am Arbeitsplatz. Ich weiß noch, wie einmal ein Schuh auf Kopfhöhe oben aus der Frauenabteilung geflogen kam oder wie man beim Telefongespräch durch Schubsen und Kneifen aus der Fassung gebracht wurde. Herrlich war das! Ich erinnere mich gern zurück an die Zeit im „Laden".

Lukas aka „Beavis" war unser letzter Mann im Bunde. Er kam als Azubi angekrochen, als „Planet Sports" und damit auch sein Ausbildungsplatz dicht machte. Lukas war ne ehrliche Haut, hatte das Herz am rechten Fleck und war ebenfalls gern für'n „Späßchen" zu haben. Er hätte nie jemandem etwas Schlechtes getan und war eine liebe Seele. Mit ihm arbeitete ich sehr gern zusammen. Wir teilten die gleichen Hobbies und Freundeskreise. Man ergänzte sich gut. Er war sehr lernfähig und am Ende sogar weitaus besser mit unserem „Warenwirtschaftssystem" vertraut, als ich es jemals sein werde. Streber, haha. Wir rockten so einige, gut besuchte Samstage. Da beriet man gern mal zwei Kunden, während man gerade ein Brett mit Griptape bezog und gleichzeitig das Telefon klingelte. An solchen Tagen schmeckte das Bier abends dann besonders gut.

Im Laden lernte ich die Grundlagen fürs Leben! Das meine ich ganz so, wie ich es hier schreibe. Hinter der unscheinbaren Fassade befand sich eine Schule fürs Leben, verpackt in einer großen Portion Humor. So ziemlich das Beste, was mir passieren konnte. Man wurde ohne Druck und ganz entspannt, von ganz allein auf die rechte Bahn gebracht und super vorbereitet. Man konnte sich vielen neuen Situationen stellen und im Nachhinein zusammen mit erfahrenen Leuten Erlebtes analysieren. Man lernte zu kommunizieren, Botschaften nett und humorvoll zu verpacken, nicht aufdringlich zu sein. Man lernte, sich in sein Gegenüber zu versetzen. Essentielle Fähigkeiten im mir bevorstehenden Leben. Ehrliches, stets bemühtes und hilfsbereites Verhalten gegenüber fremden Charakteren, war außerdem eine wichtige Fähigkeit, welche ich verinnerlichen durfte. Ohne diese Leute und diesen Laden wär ich jetzt nicht da, wo ich bin und der, der ich bin. Und ohne die Vorarbeit meiner Familie, vor allem von meiner Mutter und Enno, wäre ich gar nicht erst so weit gekommen. Sowas kann man nicht bezahlen und ich bin zutiefst dankbar dafür. Der ganze Quatsch, ob lustig oder ernst, den ich hier im Buch schreibe, geht größtenteils auf die Kappe meiner Kollegen. „Jungs, falls ihr euch irgendwann überwinden solltet, diese vielen Seiten hier zu wälzen: ihr befindet euch tief in meinem Herzen und werdet da immer ein Plätzchen haben!"

Zum Aufbau: Eigentlich waren es 2 Läden, welche man durch den Abriss einer Trennwand verbunden hatte. Die Räumlichkeiten zogen sich über 3 Etagen und es gab 2 Toiletten, eine Küche, Büro, Flur- und Treppenbereiche. Alles war sehr verwinkelt. Im Keller boten Lagerbereiche Platz für unzählige Schuhkartons, der oben ausgestellten „Treter". Ebenfalls lag hier überschüssige Kleidung und allerhand Krempel, der sich über die Jahre so angesammelt hatte. Darunter waren viele Banner von Contests und BMX-Teile, beziehungsweise auch Kompletträder, welche funkelnd und platzsparend an der Wand präsentiert wurden.

Ganz oben wiederum befand sich ein Kinder- und Frauenbereich, von dem man nen super Überblick hatte. Auf der nach oben führenden Treppe hockte ich gern mal mit Stefan, als die Luft rein war und uns die Bequemlichkeit packte. „Arbeitsverweigerer" nannte uns Markus, wenn er uns hier erwischte. „Wozu bezahl ich euch eigentlich?", fragte er dann immer. Alle Etagen waren noch mal vertikal getrennt. Zum einen in die hinteren, für Kunden unzugänglichen Räumlichkeiten, und eben den Verkaufsbereich. Hinten konnte man schlecht verbergen, dass hier ein wilder Haufen Jungs hauste. Das Aufräumen schob man manchmal etwas auf, bis Markus dann ein Machtwort sprach und uns die Ordnung wieder eintrichterte. Da freute man sich dann gern mal, wenn man diesen Aufgabenbereich an einen Praktikanten abgeben konnte. Zudem kamen hinten im engen Flur oft tonnenweise Pakte an, in denen sich Ware versteckte. Ware, die man nach und nach erfassen, auspreisen und sichern musste. Ich hab's gehasst. Vor allem wurde man immer so konsumgeil, wenn man diesen Haufen Neuware zwischen die Finger bekam.

Meinen Hund brachte ich auch oft mit auf Arbeit. Er hatte hier sein Körbchen vorm Büro, einen Wassernapf sowie Auslauf im grünen Hinterhof. Da man hinter ihr regelrechte Fellbüschel aufsammeln konnte, war eine gewisse Grundordnung immer angebracht. Angrenzend zum Flur gab es unten sogar einen alten Fahrstuhlraum, zudem man über den hinteren Treppenaufgang runter klettern konnte. Er war durch eine Holzplattform abgeschottet und man fühlte sich wie an einem „Lostplace", wenn man hier unten mit Taschenlampe umherirrte. Zwischen den Spinnweben lagerte hier Zeug, das keiner sehen wollte oder das länger nicht gebraucht wurde. Die Verkaufsfläche war immer voll ausgelastet und so musste man regelmäßig umräumen.

Damals zur Ladeneröffnung baute man vieles selbst. Da hingen beispielsweise die Klamotten auf Warenträgern, welche aus Metallrohren bestanden und mit großen Schellen fixiert waren, ähnlich wie auf'm Gerüstbau. Einfach, funktionell und „ruff". „Industriedesign" könnte man das fast schon nennen. Die alten brutzelnden Halogenlampen, die teilweise selbst entschieden, wann sie leuchten, und der rosa durchschimmernde Camouflage-Fußboden aus alten Tagen gaben dem Ort seinen letzten Charme. Ich fühlte mich pudelwohl im Shop, wie ein zweites Zuhause war das. Hier drin sah es so cool und abgerockt aus. Die vertraute Atmosphäre, die dieser Laden mittlerweile für mich ausstrahlte, gab mir stets Selbstbewusstsein und ließ mich fremde Menschen ansprechen, als wären es gute Bekannte. Man war locker und lustig, kannte die Abläufe und konnte spezielle Kunden auch mal an den Kollegen abgeben, falls man sich verhaspelte oder grad nicht ganz bei der Sache war.

Zwischen Tür und Angel

Die Leine, Lola, die Näpfe, das war so das Letzte, was ich hastig zusammensuchte und in meinen alten Fiesta lud. Ein etwas anderer Umzug stand nun an. Meinen Schlüssel behielt ich vorerst, da ich noch allerhand Fahrradkram im großen Kellerabteil gebunkert hatte. „Wehe, du pennst dort unten!", warnte mich meine frisch gebackene Ex-Freundin. Der Gedanke war gar nicht übel. Es gab eine Steckdose, damit auch Licht und ein Fenster. Angenehm warm war's da unten auch immer. Nein Quatsch. Aber ne Wohnung wollte ich auf keinen Fall nochmal. Das stand fest! Felsenfest! Da war die nervige Suche, die GEZ-Gebühr, Fristen, Verträge und Kosten, die sich einfach vermeiden ließen. Außerdem dümpelte ich jetzt schon gefühlsmäßig lang in Dresden rum. Es war Zeit für Veränderung. Da eine Trennung meist relativ überstürzt abläuft und ich noch nicht so richtig wegkonnte, weil ich hier in Dresden noch immer einen Job hatte, musste eine Übergangslösung her. Spitz die Lauscher, jetzt wird's interessant, denn mein Kopf spuckte mir folgendes aus:

In einer ruhigen Arbeitsminute bat ich Markus zum Gespräch. Er wusste bereits von meiner Trennung und dass mich meine ehemalige Partnerin nur noch eine Woche in ihrer schönen Dachgeschosswohnung duldete. Er staunte dann aber dennoch, als ich ihn mit meinem neuen Plan bombardierte. Ich bat ihn also darum, meinen übrig gebliebenen Krempel unten im Lager abzustellen. Was war das noch? Ein paar Regale, Klamotten und so. Grob gesagt so 2–3 Fiesta-Fuhren. Markus willigte mit einem etwas verdutztem Blick ein und als ich etwas skeptisch weiter fragte, ob es denn möglich wäre, hier unauffällig irgendwo zu nächtigen, war das wohl etwas zu gut gemeint. Diese gewerblichen Räumlichkeiten wurden von der Zentrale in Münster (Titus GmbH) zur Verfügung gestellt und somit konnte man hier nicht wohnen. Sie dienten lediglich zur kommerziellen Nutzung und nicht zur Untervermietung.

Markus sagte die ganze Zeit nur sehr wenig und hörte sich erstmal mein skurriles Gesamtkonzept an. Er bot mir aufgrund meiner Situation an, mich hier früh etwas eher und abends etwas länger aufzuhalten. Das war aber das höchste der Gefühle. Verständlich. Schlafen sollte ich hier nicht. Außerdem befand sich die Hausverwaltung quasi in Sichtweite. Man sah ihm die Sorge im Gesicht stehen und er suchte mir sogar eine günstige Wohnung, zentral, neben der Arbeit. „Ich erhöh' dir deinen Lohn um den Mietpreis der Wohnung …", schlug er mir besorgt vor. Ich staunte nicht schlecht. Wir diskutierten noch kurz über die Regeln und Gesetze, die hier in Deutschland gelten und das ich jetzt bitte nicht unter der Brücke schlafen soll. Das wäre kein zivilisiertes Verhalten und würde ihn kränken. Ich lehnte trotz allem dankend ab und beschloss, mein Auto in der Nähe des Ladens zu parken, um darin dann erstmal irgendwie die Nacht rumzukriegen. Mal sehen, wie das so klappt. Ich hatte sogar noch einen Plan B auf Lager, für den man mich dann als komplett „meschugge" abstempelte. Damit hätte ich in einer Comedy-Show auftreten können. Vor allem meine Ex-Freundin, mit der ich anfangs im Guten auseinanderging, musste laut lachen, als ich ihr davon erzählte (ehrlich gesagt, musste ich auch lachen):

Wie du weißt, hatte ich mit Lola schon einige Erfahrung im „draußen pennen" sammeln können und es hatte sich natürlich auch eine gewisse Ausrüstung angesammelt. Darunter auch die bereits erwähnte Hängematte. Ich überlegte also, hoch oben im „Lingner-Baum" (der befand sich unweit vom Laden entfernt, drüben im Skatepark) mein „Penner-Camp" einzurichten und dort zu nächtigen. Ich wollte eine Plane über die hoch oben platzierte Matte fixieren und so möglichst gut vor der Polizeibehörde getarnt sein. Nein Quatsch, vor allem sollte mir diese Baumarkt-Plane Schutz vor Regen bieten. Lola hätte ich dann über Nacht im Laden gelassen und mein Auto möglichst kostenfrei irgendwo außerhalb der teuren Innenstadt geparkt. Als es dann aber soweit war und ich da vor diesem Baum stand, überkam mich ein äußerst ungutes Gefühl. Es war laut, da waren überall noch Menschen und die Blätterkrone, die als Sichtschutz dienen sollte, schien in echt gar nicht so dicht zu sein wie in meiner Vorstellung. Ich zog also den Schwanz ein, genau wie Lola, als sie davon Wind bekam, die ganze Nacht lang allein schlafen zu müssen. Da hatte ich doch etwas zu große Töne gespuckt und stand nun da mit meiner Baumarkt-Plane.

Die erste Nacht musste nun also nochmal etwas umgeplant werden. Ich entschied, fürs erste mein Auto direkt vor Titus, auf der Ringstraße abzuparken, da man hier nachts keine Kohle zahlen musste. Erst früh ab 8 oder 9 rief der blaue Kasten dann nach Münzgeld. Stolze 6 € kostete hier in der Innenstadt das Tagesticket. 6 mal 30, das wären 180 € im Monat, immer noch günstiger als ne Einraumwohnung, aber das geht doch auch irgendwie anders. Außerdem wollte ich nicht jeden Tag pünktlich zum Automaten rennen und dort dann Gewehr bei Fuß stehen, um Tonnen von Kleingeld zu versenken. Dafür war ich schlichtweg zu faul und zu geizig. Das wäre ja ein ewiges Ringen mit der Behörde geworden.

Der einzige Vorteil dieses heutigen Stellplatzes, war die Nähe zur „Basis". Der erste Abend brach also an und das Angebot von Markus, etwas länger auf Arbeit zu bleiben, nahm ich nun dankend an. Klingt irgendwie widersprüchlich, aber hier, im hinteren Bereich meines Arbeitsplatzes, sah es mittlerweile echt gemütlich aus. Ich hatte den Großteil schon hierher verfrachtet, nur das Kellerabteil meiner Freundin musste noch geräumt werden. Oben auf dem Küchenregal prangerte also schon mein Fernseher, ein Fach weiter unten „hollerte" die Xbox. Stefan gab mir freundlicherweise das Passwort für seinen „Amazon-Prime-Account" und W-Lan gab's im Laden ja sowieso. Keine große Umstellung also. Ich hatte indirektes Licht angebracht, da mir die Neonröhre zu sehr strahlte. Wenn man die anschaltete, war's taghell im Kabuff. Ich machte alles sauber und ordnete alles so an, dass ich mich einigermaßen wohl fühlte. War gar nicht einfach, auf den paar Quadratmetern. Im Flur sah es leider noch wüst aus. Es gab einen kleinen Gang, über den man gerade so die Zwischentür zum Verkaufsraum erreichte. Links und rechts stapelte sich mein übrig gebliebener Kram in die Höhe. Dafür musste unbedingt noch eine Lösung her. Das Bad war glücklicherweise schon voll funktionsfähig. Naja, fast. Whirlpool gab's keinen, aber immerhin ne Schüssel, nen Spiegel und ein Waschbecken, vor allem aber etwas Privatsphäre unter diesen ungewohnten Umständen. Etwas fehlte jedoch. 3 Mal darfst du raten: Die Dusche! Echt ärgerlich, wäre ja zu schön gewesen hier. Während ich die Nudeln in' ‚Topp' schüttete und das Pesto ausm Regal fischte, fiel mir aber auch dafür noch die passende Lösung ein: Ich hatte für unseren Trip nach Barcelona einen 20-Liter Kanister im Baumarkt besorgt und hinten an der Heizung im Flur hingen noch Haken von mir. Das waren eigentlich nur dünne Metallstangen, welche ich in S-Form gebogen hatte, um sich beim Einfärben von Fahrradrahmen nicht die Pfoten mit zu „belacken". Des Weiteren bot der Hinterausgang in den Innenhof ein kleines Vordach, an dem ich die Haken einhängen konnte. Nun, wenn man jetzt diese drei Sachen kombinierte, hatte man eine voll funktionsfähige Dusche, welche ich noch durch einen Duschvorhang verfeinerte. Der Vorhang war sogar von Titus und ich klippte ihn mit Hosenbügeln ans Vordach. In den Kanister füllte ich dann „pisswarmes" Wasser und hievte das Teil in die Höhe. Richtig geil. Darauf trank ich noch an diesem Abend und freute mich tierisch auf meine erste Dusche. Ich war ein Penner mit Köpfchen, haha.

Als es dann später wurde und langsam Ruhe über die Stadt hereinbrach, schnappte ich mir Lola, meinen Schlafsack und ein kleines Kissen. Wir liefen vom Hintereingang über den Innenhof, durch den steinernen Durchgang des Altbau-Komplexes, wieder vor zum bereits abgeparkten Fiesta, der schon sehnlich auf etwas Gesellschaft wartete. „Na hopp!", rief ich, wie gewohnt zu Lola und sie sprang auf ihre geliebte Rückbank. Ich leierte meinen Sitz so waagerecht wie nur möglich und stieg ein ins 5-Sterne-Hotel. Es war noch Sommer und somit auch nicht all zu kalt. Nachts wärmte der Schlafsack hervorragend. Ich schlief bereits 2 Mal im Auto, zum einen mit Basti „bei de Fischköppe", falls du dich erinnerst und als es vor 1–2 Monaten das erste Mal so richtig Streit mit meiner Freundin gab. Da kam ich noch heulend mit Blumen bei ihr angekrochen, als der nächste Tag anbrach. Dieses Mal war es anders. Relativ entspannt wachte ich auf und na klar, man hörte Verkehr und Menschen durch die halb heruntergelassen Fenster, aber es war ein sonniger Tag und Markus war bereits zugange. Ich glaube, an diesem Tag sollte ein Techniker kommen und so stöberte er schon im Verkaufsraum herum und guckte zu mir rüber, als ich mich verschlafen aus dem Auto quälte. Wir mussten beide lachen, als wir uns sahen.

Nachdem ich hinten Zähne geputzt und gegessen hatte, blieb noch etwas Zeit, um meine „Flinte" umzuparken. Arbeitsbeginn war immer erst um 11 Uhr, der pure Luxus, oder pures „Eierschaukeln", wie's Enno formuliert hätte. Auf jeden Fall lud ich Lola nochmals in das Auto und wir fuhren ins nächstbeste Wohngebiet, indem man dann hoffentlich kostenlos parken konnte. Platz gefunden! Auf dem Rückweg konnte ich herrlich mit Lola spazieren, da der „Große Garten" uns vom Laden trennte. „Gar nicht schlecht der erste Tag!", murmelte ich vor mich hin. „Für die Dauer ist das aber keine Lösung", flüsterte mir mein krummer Rücken im Gegenzug. In Sachen Schlafkomfort gab es da noch den ein oder anderen Optimierungsbedarf. Während meiner Arbeitszeit überlegte ich also verbittert, wie ich wohl etwas erholsamer schlafen könnte. Da war ja schließlich dieses Dachzelt oben auf den Trägern montiert. Nur hier in aller Öffentlichkeit und für den Preis wollte ich das keineswegs aufbauen. Außerdem hätte man jeden Tag auf- und abbauen müssen, meckerte es in mir. Es ratterte im Kopf. Ein möglichst zentraler, ruhiger und günstiger Platz musste her. Einer, an dem man alles vielleicht gleich aufgebaut stehen lassen könnte. Das wär's. Ziemlich hohe Ansprüche hatte ich da. Wieder einmal kam mir die Region drüben an der „Lingnerallee" in den Sinn. Erstens war da bereits eine andere Tarifzone, somit hätte das Ticket nur noch 3 € pro Tag gekostet und zweitens war da immer jemand zugange, den man kannte. Den Weg hin und zurück könnte man ja Lola schmackhaft machen und somit gleich 2 Klappen mit einer Fliege erschlagen. Haha. Des Weiteren gab es da drüben eine Art Sackgasse, welche als Parkplatz fungierte und eine angrenzende Grünfläche, welche die „Rollsportanlage" von den parkenden Autos trennte. Guck's dir gern einfach auf „Google Earth" an, falls dir meine Beschreibungen noch zu schwammig sind. Kann natürlich auch sein, dass die Baulöwen schon wieder gewütet haben und es den besagten Platz gar nicht mehr gibt. Ich hastete also gleich nach Feierabend rüber und parkte mein Auto nochmals einige hundert Meter um. Abends waren die Parkflächen wie leergefegt und ich konnte ganz vorn direkt am Rasen parken. Nebenan bot mir eine buschige Hecke Schutz und ich hatte ein gutes Gefühl bei der Sache. Ohne groß zu zögern, baute ich daraufhin mein Dachzelt auf. Wooow! Die Leiter stand im grünen Rasen und hinter der Hecke fiel mein olivfarbenes Zelt gar nicht auf. Für die perfekte Idylle hätte bloß noch Gartenzaun und Briefkasten gefehlt. Die Ähnlichkeit dieses Konstruktes zum Kleingarten von Frau Kluge, einer meiner Auftraggeberinnen, war erstaunlich hoch. Nur eben in bester Lage und, wie sich herausstellte, für umsonst. Ja, richtig gelesen. Der Platz, auf dem ich da stand, war quasi eine Lücke im Gesetzesbuch! „Warum?", fragst du dich? Hier die Antwort:

Eines Abends parkte ein tiefergelegter VW Caddy hinter mir. Weißwand-Reifen, Tankdeckel mit Leoparden-Bezug und ein großer BMX-Sticker zierten die Karosse. Die konnte nur einem gehören: „Flatland Maiky!" Und tatsächlich saß der Gute drüben am Skatepark, als ich mit Lola gerade unterwegs zum Nachtlager war. Wir kannten uns schon flüchtig. Es war einer von Andys Kumpels, welcher natürlich auch ab und an im Titus zugange war. Maik war und ist einer der coolsten Typen, die ich je kennenlernen durfte. Er war groß und muskulös, hatte ein einzigartiges Gesicht mit hervorstehenden Wangenknochen und seine mittellangen Dreads wurden sportlich von einem Haargummi zusammengehalten. Er fuhr auch BMX, ähnlich wie Albi, nur eben auf dem „Flachen", ganz ohne Hügel. Unter „Flatland" kann man sich fast schon Akrobatik vorstellen. Oder Breakdancing auf 2 Rädern. Die BMX-Bikes sind viel kürzer und wendiger aufgebaut und mit 4 Packs ausgestattet. Ein Pack ist eine Art Achsverlängerung, mit denen sich kreativere Tricks ausüben lassen. Bremsen sind da heutzutage auch nicht mehr dran. Auf diesen Bikes dreht man dann Pirouetten vom Allerfeinsten. Respekt an die Leute, die solch ein Gleichgewicht erlernt haben.

Naja egal, Maik war außerdem permanent am Lächeln und verteilte „good vibes" ohne Ende. Woran das lag, weiß ich auch nicht, haha. Er war intelligent und hatte eine sehr angenehme, friedliche Weltanschauung. Ich schätze ihn auf Mitte 30. Wir unterhielten uns damals schon gern, da ich mich früher am Siebdruck probierte und er da schon reichlich Erfahrung drin hatte. Vor allem aber als ich dann meinen Caddy gekauft hatte, tauschte man sich gern mal am „Lingner" auf ein Bierchen aus. Er hatte seinen schon umgebaut und war damit auch schon in Portugal. Neugierig beäugte ich diesen Flitzer, als er eines Abends die Türen öffnete und mir einen Einblick schenkte. Er hatte eine Art umklappbares Sofa eingebaut, die Innenwände mit Filz bezogen und Netze zum Verstauen von Klamotten installiert. Der Himmel hatte ein Schachbrettmuster und generell sah die „Karre" verdammt cool aus. Fast wie im „Puff", haha. Maiky war einfach ein ganz eigener „Styler" und gab mir viel Inspiration mit auf den Weg. Jedenfalls war auch er es, der mich über die kostenfreie Parksituation aufklärte. Als ich nun schon dauerhaft seinen Stammplatz am Park belegte und man wieder einmal ins Gespräch kam, erklärte er mir, dass dieser ganze Randstreifen, auf dem wir beide parkten, eigentlich nicht zur kostenpflichtigen Parkfläche gehört. Das Ticket, das ich da drin liegen hatte, konnte ich mir also um' Hals hängen. Das war so eine Art Gratwanderung, da dieser Streifen schon Teil eines Privatgrundstückes einer angrenzenden Firma sei. Eine nette Beamtin der Polizeibehörde ließ Maik damals wissen, dass man hier relativ beruhigt stehen könne, da es eine mit weißen Streifen gekennzeichnete Parkfläche war, die Stadt an sich aber nicht kassieren darf, da es nicht mehr zum Parkplatz gehöre. Ich hoffe, ich hab' das gerade einigermaßen verständlich erklärt. Auf jeden Fall machte ich Freudensprünge, als ich davon Wind bekam. Das passte mir gerade ziemlich gut. Falls das alles glatt laufen würde, hätte ich kaum noch Kosten und könnte Lola ordentlich mit „High-End"-Hundefutter verwöhnen.

"Flatland Maiky"

Die Routine kehrte langsam ein und ich kam relativ gut klar hier draußen. Im Laden herrschte einigermaßen Ordnung und ich beschlagnahmte in Absprache mit Markus diesen Fahrstuhlraum unten im Keller, den ich im vorherigen Abschnitt erwähnt hatte. Und ja, keine Sorge, die zahlreichen Spinnennetze und den ganzen Staub hatte ich natürlich gründlich entfernt. Da guckten meine Kollegen dann nicht schlecht, als sie mitbekamen, dass ich hier unten eine Art Büro, Wohnzimmer und Kleiderschrank in einem errichtet hatte. Ich hing sogar Bilder an die Wand. Die Fläche war eigentlich wirklich winzig. An sich war es ja nur der letzte Abschnitt einer Treppe, mit angrenzenden 2 Quadratmetern, auf denen ich mich hier einrichtete. Der einzige Vorteil war die Höhe. Indem ich ein Seil spannte, hisste ich die Hängeware aus meinem Kleiderschrank hoch an die Decke. Die Konstruktion fungierte dann auch gleich als Wäscheständer. Des Weiteren bohrte ich fette Löcher in die Steinmauer, um eine Art Haken anzubringen und so meine Hängematte, alias mein Sofa, aufzuspannen. Nicht ganz im Baum, aber dafür jetzt eben hier im Keller. So entstand quasi eine zweite Etage in der Luft. Die Asiaten hätten Augen gemacht, wenn sie mein Wohnkonzept auf so engem Raum gesehen hätten. Als ich Markus einmal dazu brachte, mit hier runterzuklettern, bot sich mir ein ganz neuer Gesichtsausdruck seinerseits. Es war eine bunte Mischung aus Fassungslosigkeit und purer, sich anbahnender Freude. „Wir hatten ja schon vieles, aber das … das gab's hier noch nicht", waren ungefähr seine Worte. Ich war stolz, nahm den Satz als eine Art Kompliment auf und bedankte mich nochmals bei ihm. „Das haste nun davon!", erwiderte ich mit einem Lächeln. Mein spitzer Humor eben.

So schön die Zeit im Titus auch war, sie war nicht für die Ewigkeit gedacht. An manchen Tagen zeigte der Laden auch seine Schattenseiten und ich fühlte mich zunehmend unwohl im Verkaufsraum. Wie bereits am Anfang beschrieben, diktierten uns die Corona-Auflagen mehr und mehr die Abläufe. Man musste in den Glanzzeiten, beispielsweise jeden einzelnen Kunden anquatschen und bitten, eine Maske zu tragen, beziehungsweise mussten diese dann vorweisen, dass sie geimpft, genesen oder getestet waren. Kennt man nur zu gut. Du glaubst nicht, wie viele ohne alles in den Laden stürmten. Des Weiteren musste man noch die Gesamtanzahl an Personen im Überblick behalten. Eines Tages kam eine Familie zu uns. Die Mutter und beide Kinder trugen vorbildlich ihre Masken und zeigten auch gleich etwas vor. Ich freute mich sehr über dieses zuvorkommende Verhalten. Dann stieß jedoch der Vater der Rasselbande dazu. Er trug die Maske auf halb Acht, bekam's Maul nicht auf (sorry, aber ein kurzes „Hallo" ist nicht zu viel verlangt) und machte einen großen Bogen um mich. Als ich ihn dann ansprach, ob er mir denn wenigstens ein Dokument vorweisen kann, merkte man ihm bereits die Begeisterung an. Ich ließ ihn kurz weiterstöbern, mir war es immer unangenehm, Kunden so zu bedrängen. Da ich hier aber auch nur meinen Job machte, fragte ich ihn ein zweites Mal. Anscheinend brachte das in ihm das Fass zum Überlaufen und er kam zielgerichtet zum Verkaufstresen. Er zog seine eh schon am Hals hängende Maske komplett runter und sah mir in die Augen. „Geh mir nicht auf'n Sack!", waren seine höflichen Worte. Ich war fassungslos und entgegnete, dass wir alle dieses Teil tragen müssten und wenn es ihm nicht passe, könne er gern unseren Laden verlassen. Ich zeigte unterstreichend in Richtung Ausgang. Als seine Frau dann hastig ihre EC-Karte aufs Gerät presste, um sich dieser unangenehmen Situation möglichst schnell zu entziehen, trat mein neuer Freund dann glücklicherweise auch die Heimreise an. Es schien so, als gingen sie weiter. Doch ich hatte mich zu früh gefreut, er wollte es nochmal wissen. Dieser Clown kehrte um, nahm sich seine beiden unschuldigen Kids, positionierte sie so am Eingang, dass sie mich sehen konnten, und zeigte mit dem Finger auf mich: „Lasst euch von dem nix einreden!", rief er zu mir in den Laden. Noch bevor ich realisierte, was sich hier gerade abspielte, rannte Markus die Treppe runter und unterbrach das Spektakel mit einer gehörigen Ansage. Dieses Bild blieb mir noch lang im Kopf, bis jetzt sogar, da ich es anscheinend hier im Buch mitteilen muss. Ich hätte ihm echt gern gezeigt, wo der Hammer hängt, glaube aber, dass es das nicht wert war, da er mit seiner provokanten Einstellung wahrscheinlich noch oft genug anecken wird. Ehrlich gesagt, tat mir vor allem der Rest der Familie leid, der dieser unnützen Show zusehen musste und sich wahrscheinlich für all das zutiefst schämte.

Aber ich will wirklich nicht meckern und euch nicht weiter unnötig mit diesem Thema belasten. Wir wurden alle von den Umständen „getackelt", manch andere wahrscheinlich weitaus mehr. Vor allem dieses Erlebnis ließ mich jedoch endgültig umdenken. Ich wollte nicht länger am Ende der Nahrungskette stehen und das alles über mich ergehen lassen. Ich war sowieso eigentlich eher introvertiert und diese sozialen Auseinandersetzungen, ob gut oder schlecht, setzten mir schon seit längerem zu. Das war einfach zu viel Input für mich. Wenn ich nicht die Kontrolle über den Kontakt zu Menschen habe und pausenlos im Verkaufsraum konfrontiert werde, stresst mich das ungemein. Nach manchem Arbeitstag hätte ich wahrscheinlich eine Woche lang in eine einsame Hütte in die Berge flüchten müssen, um da halbwegs Balance reinzubringen. Ich sprach Markus schon seit letzten Jahr mehrfach an und heulte ihm die Ohren voll. Immer öfter wollte ich in Absprache mit ihm kündigen, sogar einmal als Müllmann anfangen. Letzten Endes ließ ich mich aber unterkriegen und redete mir die Vorteile hier auf Arbeit gut. Ich war zu diesem Zeitpunkt einfach auch echt schlecht darin, selbstbewusst klare Entscheidungen zu treffen. Nur jetzt, nach dieser Begegnung, war Schluss mit lustig. Umbruch-Stimmung herrschte! Angefressen setzte ich mich in mein Kellerabteil und recherchierte, grübelte und erstellte Übersichten auf großen A3 Blättern. So nähere ich mich meistens größeren Plänen. Das hilft mir, mich zu sammeln, alles von oben zu betrachten und währenddessen entsteht dann meistens die Idee. Es kristallisierte sich mehr und mehr etwas heraus aus diesem verzweifelten Gekritzel. Nach gut zwei Wochen stand er dann, der „Masterplan". Alles, was dafür noch notwendig war, und das war so einiges, fasste ich in einer Liste zusammen. Das beruhigte mich sehr und stoppte die Grübelei in meinem Kopf.

Ich ging dieses Mal aufrecht die Treppe hoch, stieg über meinen in der Quere liegenden Hund und klopfte entschlossen an die offenstehende Tür. „Könn' wir kurz reden?", fragte ich Markus. Da stand ich nun und hielt meine Abschiedsrede. Gerade erst 2 Etagen weiter unten eingezogen und mehr als den kleinen Finger gereicht bekommen, stand ich da wie ein Schluck Wasser. Diese Situationen waren mir dann doch immer äußerst unangenehm, vor allem, da es diesmal wirklich ernst wurde. Wir einigten uns auf eine Kündigung in 1–2 Monaten. Somit war für beide Seiten noch genügend Zeit. Der 1. September 2021 stellte sich als Stichtag heraus. Ab da sollte dann mein Plan greifen und mir in ein anderes Leben verhelfen – das eigentliche Abenteuer, um das sich dieses Buch drehen wird.

Eins muss ich aber noch loswerden, bevor wir ins Abenteuer starten. Recht amüsant ist das wieder mal. Ich lebte mittlerweile einen knappen Monat hier, als ich eines ruhigen Arbeitsmorgens einen Anruf bekam. Die Nummer war unbekannt, aber aus Dresden. Wahrscheinlich wieder eine alte Dame, die auf meine Gartenhilfe aufmerksam geworden ist, dachte ich mir. Die alte Dame entpuppte sich aber als Wachtmeister der Polizei. Er ließ nicht lang warten und fragte gleich zuallererst, ob dieses Vehikel, welches da drüben stehe, mir gehöre. Als er dann das Kennzeichen buchstabierte und den genauen Standort durchgab, konnte ich nur mit „Ja, Officer" antworten und war gespannt, was er als nächstes auf Lager hatte. Seine anschließenden Worte waren in etwa: „Dieser Aufbau, den sie da drüben errichtet haben … ist der noch von Dauer? Und warum sind sie nicht in Dresden, sondern oben im Erzgebirge gemeldet? Das müssen sie mir jetzt mal erklären." Kurz nach dem Auszug bei meiner Ex-Freundin, meldete ich den Wohnsitz zuhause bei meinen Eltern an. Meine Post soll schließlich möglichst nicht mehr zu ihr in den Briefkasten wandern. Ich erklärte ihm, dass ich hier noch ungefähr 2 Monate arbeiten müsse und anschließend zurück zu meinen Eltern ziehe. Da ich für diesen Zeitraum keine Wohnung brauche und nicht jeden Tag 150 km Auto fahren will, ist nun dieses Konstrukt da drüben die Lösung geworden. Ich musste mehrmals schmunzeln, als ich ihm das erklärte, konnte mir aber schon denken, was als nächstes kommen wird: „Tja, das tut mir leid, Herr Päßler, das da drüben ist nun mal kein Campingplatz." Er bat mich, alles abzubauen und schlug mir aber freundlicherweise vor, es unauffällig nachts wieder aufzuklappen. Ich solle ab und an den Standort wechseln, vielleicht komme ich so noch über die 2 Monate. Das war ja alles sehr nett und höflich formuliert, nur kreuzte das meine Pläne und bedeutete mehr Aufwand für mich. Und wieder ratterte es im Kopf, nur bot sich keine richtige Lösung. Ich musste also alles frühmorgens abbauen und dann, Tag für Tag, abends wieder errichten. Irgendwie nervig, wenn man abends im Dunkeln da rüberstolpert, vielleicht schon das ein oder andere Bier intus, und sich nur noch schnell aufs Ohr hauen will. Man man man, was hab ich da manchmal gemeckert. Es folgten ein paar regnerische Tage und als wäre das noch nicht genug, wurde ich eines Nachts geweckt. Lautes Gebrüll, Gelächter und der Sound eines rasselnden Bauzauns ließen mich wach werden. „Orr neejj, muss das sein?" Es war kurz nach Mitternacht und anscheinend kam eine größere Gruppe von Leuten auf die Idee, sturzbesoffen den metallenen Zaun, welcher die große reparaturbedürftige „Halfpipe" umschloss, zu überwinden und darin dann mit einem dieser Elektroroller Faxen zu machen. Es krachte und knallte ungefähr 5 Minuten lang, bis man dann irgendwann nur noch folgendes hörte: „Scheiße, die Bullen ...!!" Blaues Licht färbte meinen Dachzelt-Innenraum und man hörte die Bauzäune erneut schellen. Danach dumpfer Galopp über die Wiese, die zwischen mir und dem Geschehen lag. Das klang fast wie auf der Pferderennbahn. Anscheinend kamen da grad eine Menge Menschen angerannt, welche dummerweise direkt auf mich zustürmten. „Aber warum denn ausgerechnet in meine Richtung?", stöhnte ich in meinen Schlafsack. Nun war auch ich aus meinem Halbschlaf erwacht. Ich versuchte, mich intuitiv unauffällig zu verhalten und erstmal abzuchecken, was eigentlich los war. Als ich da müde durchs Moskitonetz lunzte, wurde mir auf einmal etwas unwohl. Die Jungs trugen schwarze Bomberjacken, Jeans oder Cargos und hatten wenig bis keine Haare mehr auf dem Kopf. Teilweise hatten sie auch ihre gelben Schals um den Hals gewickelt. Wer in Dresden wohnt, kennt's glaub ich. Als die Fußballfans dann mein einsam geparktes Auto erspähten, bot ihnen dieses anscheinend eine kurze Verschnaufpause, inklusive Sichtschutz. Ich fühlte mich irgendwie nackt und angreifbar. Du kannst dir jetzt in Gedanken vorstellen, wie gefühlt 20 dieser „Stiernacken", sich hinter meinen mickrigen Fiesta quetschten und so dagegenlehnten, dass dieser ordentlich ins Schaukeln kam. Ich hoffte einfach, dass sie nicht auf mich aufmerksam werden würden und einfach weiter flitzten. Stell dir vor, ich hätte einfach den Reißverschluss aufgezogen und gesagt: „Jungs, das geht auch bisschen leiser, oder?" Das wäre echt ne witzige Situation geworden. Leider hatte ich aber nicht die entsprechend dicken Eier dazu. In dem Moment eher die von ner blinden, alten Henne, Größe S oder so. Sie hatten ja eh ihren Verfolger am Hals und meine Anwesenheit war anscheinend nebensächlich. Als das blau gestreifte Auto dann auf den Fußweg fuhr, um sich die Beute zu schnappen, bekam die Truppe flinke Füße und suchte das Weite. Anscheinend setzte ihnen der Alkohol aber ziemlich zu und man kesselte sie weiter vorn an der Kreuzung ein. „Das nächste Mal vielleicht eins weniger trinken oder einfach vorm ‚Vollsuff' Quatsch machen", murmelte ich wenig später, wieder mit großer Klappe. Seitdem zierten diverse Hilfsmittel mein Dachzelt-Inneres, um in solchen Situationen dann nicht nur in „Schlüppi" und T-Shirt dazustehen.

Ich hielt das Ganze noch eine knappe Woche aus, bis ich mich entschied, heimlich im Laden zu schlafen. Ja, ich weiß, es war verboten und ich hätte die 2 Monate wahrscheinlich auch noch draußen ausgehalten. Aber da gab es eben noch diesen warmen, ruhigen Laden, von dem ich da fantasierte. Markus erwähnte mal unterschwellig, dass ich hier im äußersten Notfall oder bei starkem Gewitter pennen könne. Nun, dieses Gewitter zog sich fast 2 Monate, kann ich dir sagen. Natürlich hatte ich zu Anfang ein schlechtes Gewissen, da es eine Art Vertrauensbruch darstellte, aber es war eben einfach tausendmal besser hier drin. Ich gab mir äußerste Mühe, alles geheim zu halten, nachts nicht bei voller Beleuchtung „nackich" Handstand zu machen oder so. Ich schlief oben in der Frauenabteilung auf einer Luftmatratze im Schlafsack, guckte den Mädels quasi unter die Röcke. Hier oben fühlte ich mich wohl und unsichtbar und Lola genoss das, trotz geliebter Rückbank im Auto, natürlich auch alles sehr. Der einzige Mist war, dass meine Luftmatratze irgendwo ein winziges Löchlein hatte und ich alle 2 Stunden wieder pusten musste. Das war'n Dreck, kann ich dir sagen. Aber trotzdem tausendmal geiler als drüben bei den „Glatzköppen". Früh morgens pfiff ich kurz und sie kam von ihrem Körbchen heraus, einmal durch den ganzen Laden, die Treppe hoch zu mir geschwänzelt und weckte mich mit Zunge! Da startete der Tag gleich ganz anders als drüben auf dem Parkplatz. In Buchsen schlich ich nun hinter ins „Bad", nachdem ich mein „Bettzeug" unter einem Sitzwürfel in der Umkleide versteckte. Das war letztendlich der fatale Fehler, der alles auffliegen ließ. Markus saugte eines Mittags da oben, während ich gegenüber die Klamotten zusammenlegte. Das war eine wirklich unangenehme Situation. Als hätte man was mit der Ex-Freundin einer seiner Arbeitskollegen, haha. Markus nahm es komischerweise sehr locker und irgendwie schien es ihm egal zu sein. Als konnte er sich's schon denken. Wir überspielten die Situation und ich äußerte kleinlaut, dass ich hier schon des Öfteren geschlafen habe, es aber bedacht gemacht habe und es sicher niemand gesehen hat. Ich weiß leider nicht mehr, was er darauf antwortete, es war auf jeden Fall nicht viel. „Sorry" nochmal im Nachhinein dafür Markus. „Und ‚Sorry' auch an die Titus GmbH. Ich hoff das geht klar für euch …"

Herzlichen Glückwunsch, du hast hiermit die Vorgeschichte überstanden, bist einigermaßen aufgeklärt und wirst jetzt alle kommenden Ereignisse besser verstehen. Ist irgendwie länger geworden als gedacht, aber das Schreiben hat sich gut angefühlt und wozu aufhören, wenn's grad läuft. Wenn's läuft, dann läuft's. „Verstejhste?" Da musste scheinbar was raus. Ich hoffe, du hattest ne angenehme „Lesepose", falls nicht, dann mach's dir jetzt gemütlich! Schenk dir ein Glas Wein ein, vielleicht sogar spanischen, und lass dich weiter von meinem verkorksten Schreibstil berieseln.

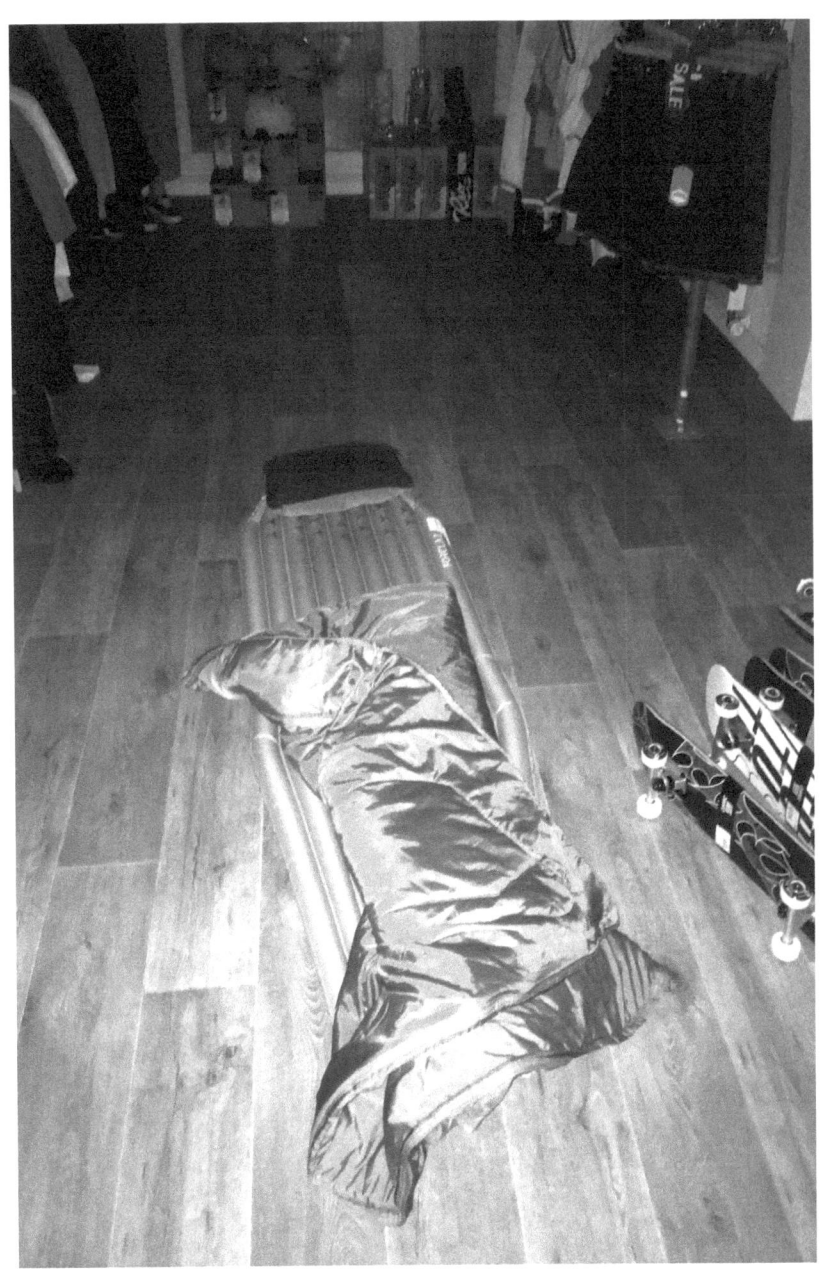
Mein geheimes Nachtlager oben in der Frauenabteilung

Das Wohnmobil

„Back to the roots"

Wieder einmal stand ein Umzug an. Jetzt nicht mehr in meine Arbeitsstelle, sondern eher von dieser zu meinen Eltern. Da ich nun weitaus weniger Krempel mit mir rumschleppte, gestaltet sich dieser sehr viel angenehmer. Enno kam damals, kurz vor meinem letzten Arbeitstag, runter nach Dresden. Im Schlepptau hatte er meine Mutter, ihren gemeinsamen neuen Hund und den fahrbaren Untersatz. Ein großer, langer VW T5 Caravelle. Den liebte er und dieser bot reichlich Platz. Wir luden ihn voll mit meinen sperrigen Regalen und verfrachteten Lola gleich mit rein. Sie sollte schon mal mit heim, da das Abschiedswochenende anstand, meine Eltern frei hatten und ich somit in Ruhe den letzten Rest verladen konnte. Ich hatte dadurch außerdem etwas mehr Platz im ohnehin schon bescheidenen Fiesta. Eigentlich wollt ich aber nur mal wieder sturmfrei und mich nochmal ordentlich „zulöten". Ich glaube, meine Eltern konnten sich's denken. Ich gab mir an mehreren Tagen die Kante und konnte gut abschließen mit Dresden. Einmal schlief ich, dummerweise gut vollgetankt, direkt vorm „Barnyard" (Jugendtreff und Club, etwas außerhalb von Dresden) im Dachzelt ein. In diesem Zustand konnt' ich einfach nicht mehr fahren. Mit schielendem Blick und etwas Hilfe Außenstehender errichteten wir mit Mühe und Not meinen Schlafplatz. Irgendwie kam ich zusätzlich auf die Idee, mit dem Auto in den angrenzenden Spaßpark zu fahren. Hier würde ich viel besser schlafen, dachte ich mir wohl. Da ich, wie auch damals, schon viel zu früh wegnatzte, erlaubten sich alle anderen noch anwesenden einen Scherz und umstellten mich mit Rampen, Rails und Bierflaschen, eben alles, was so zu finden war. Tja, wer einschläft wird angemalt, heißt's ja so schön. Hahaha. Nach 2 weiteren gelungenen Nächten, konnte ich wichtigen Personen nochmal „Schüssi … pisss pald!" sagen. Im Titus holte ich mir dann noch ein neues paar „Skatelatschen" und irgendwann war's dann soweit…

Ich verließ die geliebte „Übergangslösung", lud den kleinen Roten randvoll und machte mich auf den Weg zur nächsten Bleibe. Die Behausung meiner Eltern. Hier wollte ich mich noch ein paar Tage durchschnorren. So lange wie notwendig eben. Ich wollte mich sammeln, in Ruhe mein KFZ umbauen und Krempel aussortieren. Differenzieren zwischen Notwendigem und Unnützem. Nur das wirklich Wichtige sollte mit und das am besten halbwegs übersichtlich und geordnet. Gar nicht so „easy".

Zudem hatte ich immer noch Sachen auf meiner Liste stehen, die es abzuarbeiten galt und da mein im Titus verfasster „Fluchtplan" mich nach Spanien schicken sollte, war noch ne Menge Vorarbeit notwendig. Ich wollte alles hinter mir lassen und dort unten mal wieder runterkommen. Tiefenentspannung! Nur mein Hund, der Strand und ich. In den Tag hineinleben, ohne Gedanken im Kopf zu haben. Wieder klar werden und Platz für neue Ideen schaffen. Keine Listen, kein nass-kalter Winter, keine Nachrichten und keine Bürokratie! Von dem ganzen Scheiß wollte ich nichts mehr wissen. Es stand mir bis oben hin. Unabhängigkeit, Freiheit und Ruhe – das war die Idee. Von einem Extrem ins andere, um irgendwie die Balance zu finden oder so. Das, worauf ich die letzten Monate hingearbeitet hatte. Das, was ich eigentlich schon mit meiner Ex-Freundin in Planung hatte und das, wofür ich so viel Geld beiseite geschaufelt hatte. Die letzten 3–4 Monate lebte ich ja quasi mietfrei und konnte das Geld aus den verschiedenen Jobs fast 1 zu 1 weglegen. Ich geizte sehr mit mir, um dann später wirklich Ruhe zu haben. Noch einmal richtig durchzieh'n und dann die Flossen ins Meer, die Sonne auf'm Wanst und Tequila im Trinkhelm oder so, haha.

Ein Reisepass, falls es weiter nach Afrika gehen sollte, eine Tetanus-Impfung, der Check beim Tierarzt, der Verkauf meiner restlichen Möbel an Jim, die Besorgung von Gas, Essen, Hundefutter oder auch die Holzbeschaffung für den Ausbau ließen mich organisatorisch nochmal so richtig verzweifeln. Die Punkte auf der Liste nahmen kein Ende. Es galt so allerhand zu beachten, wenn man sich auf unbestimmte Zeit aus Deutschland verpissen will. Mittlerweile fällt mir aber auch auf, was für ein kranker Perfektionist ich war und wie stark ich die Dinge zu erzwingen versuchte.

Meine Mutter organisierte mir erfreulicherweise schon mal eine Auslandskrankenversicherung für ein halbes Jahr. Um die 300 € kostete mich das, falls auch du Lust hast, mal abzuhauen. Hinzu kam noch, dass der Pass und diverse Bestellungen sich etwas verspäteten und mich nervös werden ließen. Ich war ein reinstes Nervenbündel. Bei jedem noch so kleinen Problemchen ging ich durch die Decke. Zu dem Zeitpunkt war ich unausstehlich. Da hättest du mich mal sehen sollen. Wenn etwas nicht planmäßig lief, keifte ich meine Eltern an. Die, die am wenigsten dafür konnten. Sie standen zum Glück über den Dingen und betrachteten meine Ausraster als Folge der aktuellen Situation, die mich scheinbar auffraß und hoffentlich nur vorübergehend war. Zu all dem kam noch, dass ein Skater und ehemaliger Mitarbeiter von Markus, zusammen mit seiner Freundin, nach Südamerika flüchten wollte. Es sollte eine Abschiedsparty auf Andys Hof geben. Andy war einer der beiden Gründer von „Titus Dresden" und ist in Besitz eines 3-Seiten-Hofes. Lustigerweise sprang ich für ihn ein, als er damals den Laden verließ, falls du dich erinnerst. Nun, wo ich abhaue, fängt er wieder an. Ein schönes „Comeback"! Ich hielt ihm quasi den Platz warm, als er eine Auszeit brauchte. Bis zur Party war noch eine Woche Zeit und ich versicherte, ebenfalls dort aufzukreuzen, bevor ich mich dann endgültig aus dem Staub machen wollte. Es sollte quasi mein erster Halt werden. 2 Fliegen mit einer Klappe. Was ich vergaß, war, dass ich mir somit ein Limit von einer Woche setzte und bis dahin alles fertig sein musste. Typisch Franz von jener Zeit. Also eine mickrige Woche für diesen ganzen Kram, den es noch abzuhaken galt. „Puhh ..." „Challenge accepted!" Aber nur noch ein letztes Mal!

„Tuning"

Nachdem ich mich einigermaßen gesammelt hatte und einen weiteren meiner verzweifelten Pläne aufstellte, war abzusehen, dass ich früher oder später endlich mal mit diesem Fiesta-Ausbau starten sollte. Denn so wie er jetzt in der Einfahrt meiner Eltern stand, hätte ich den Hund aufs Dach zurren müssen, um da alles reinzubekommen. Es war schlichtweg unmöglich, da diese monströse Rücksitzbank einen Heidenplatz beanspruchte. Sie musste raus, und zwar schleunigst. Ich wollte sehen, wie viel Platz mir ohne sie zur Verfügung stand. Ohne dieses Wissen wüsste ich auch nicht, wie viel ich wirklich mitnehmen konnte. Es war quasi essentiell für die weiteren Schritte.

Wie dieser zu kleine Rucksack auf der Wanderung durch die „Tschechei", war das Auto ebenfalls mickrig. Das versicherten mir auch die Nachbarn, als sie mich kritisch beäugten. Als wäre ich wahnsinnig geworden, so gucken sie mich an. „Das soll alles mit ins Auto? Damit kommst du ins Guinness Buch der Rekorde", ließ mich einer wissen. Wo andere ein Wohnmobil gewählt hätten, stand mir eben mein kleiner roter Flitzer zu Verfügung. Problem damit? Mir gefiel, dass man mal umdenken musste. Es brauchte Köpfchen. Dank ihm blieb noch genügend Geld übrig und die alten, robusten Motoren sind ja bekanntlich die zuverlässigsten. Geschlafen wird oben im Dachzelt und somit muss auch der Platz reichen. „Stell dich nicht so an, Franz! Da kannste eben nich' so viel mitnehmen ... nur das Nötigste", trichterte ich mir mehrmals ein. Das Nötigste hieß in meinem Falle: Essen für 3 Monate, ne Tonne Hundefutter, das geliebte Fahrrad, mein ganzes Werkzeug, 2 Skateboards und Klamotten. Ja richtig. Ich hatte damals Angst, meine Gewohnheiten umzustellen und war mir nicht sicher, ob es da unten dasselbe gab wie bei uns. Ich war ja noch nie so richtig in Spanien. Außerdem wollte ich unabhängig sein, quasi auch mal ne Woche in der Wüste steh'n, ohne jeden zweiten Tag zum Supermarkt zu rennen. Außerdem bekam Lola bestimmtes deutsches Futter, das es laut

Recherche dort unten nicht zu kaufen gab. Da man beim Hund nicht einfach von heut' auf morgen das Futter wechseln sollte, nahm ich noch ausreichend alte Büchsen mit, um dann in einem angenehmen Übergang umzustellen.

Ich wiederum bin damals in die grüne Ernährungsschiene gerutscht und aus diesem Grund sollte mich die erwähnte 3-Monatsration möglichst gesund und ausgewogen sättigen. Wie schon beim Mehrtagesmarsch entlang der Grenze, schwor ich erneut auf die Fressalien von „Davert". Das war getrocknetes Essen, ewig haltbar, frei von unnatürlichem Kram und einfach zuzubereiten. Guck gern selbst auf die Inhaltsstoffe, wenn's dich interessiert. Man musste lediglich Wasser erhitzen und, wenn man will, noch das ein oder andere Gemüse reinhobeln. Super unkompliziert! Abgepackt war das Zeug in Tüten und somit auch einfach zu verstauen. 1–2 Portionen ergab solch ein Tütchen. Voller Zuversicht bestellte ich noch in Dresden jede Menge dieser Gerichte. Ich schrieb sogar eine E-Mail ans Team von „Davert", um vielleicht einen kleinen Rabatt auf meine Großbestellung zu ergattern. Ich formulierte, dass ich mich nahezu ausschließlich von ihren Produkten ernähren wolle und eine Reise nach Spanien plane. Es war perfektes „Futter für'n Roadtrip". Ich glaube, bis jetzt war ihre Zielgruppe eher ein geschäftiger Arbeiter, der sich in der Mittagspause einen fixen gesunden Snack reinzieh'n wollte. Ich hätte es eher für Outdoor-Zwecke eingesetzt. Es waren letztendlich circa 600 €, also 200 € pro Monat (2–3 € die Portion, mittags und abends), die ich hier investierte, so überzeugt war ich davon. Leider ließ sich aber nichts machen. Lediglich eine sehr nette Absage, 2–3 extra Snacks und ein kleiner höflicher Brief kamen an. Halb so wild, einen Versuch war's wert.

Als ich dann zufällig bei meinem Opa vorbeifuhr, um ihm einen Besuch abzustatten, erkannte er schnell meine „Holznot". Hier schien ich etwas mehr Glück zu haben als beim Futter: „Junge, ich hab' noch jede Menge hinten in dor Schupp'!", bot er mir rettend an. Er hatte eine riesige Werkstatt mit angrenzenden Lagerräumen, also die optimale Anlaufstelle, wenn's um Holz ging. Ich konnte es kaum fassen, als wir meinen Kofferraum mit Hölzern jeglicher Art beluden. Und zwar bis hoch unters Dach. So viel wie rein ging. Da waren zum Beispiel Pressspan-Rückwände aus der Küche von Uroma, Holzlatten aus unserer alten Wohnung, und große Balken, die schon seit Jahren auf Verwendung warteten. All das könne ich umsonst haben. Sogar 3 Kisten voll mit Schrauben gab er mir mit. Ich war noch nie so dankbar. Mein Opa hielt mich somit davon ab, teures Holz aus dem Baumarkt zu besorgen. Ich sparte mir ne Menge Geld und konnte diesen krummen Latten ein zweites Leben einhauchen. Ein cooler Nebeneffekt war außerdem, dass man keine Angst haben musste, wenn man mal daneben schneidet oder Mist gebaut hat. Zur Not wird's eben Feuerholz! Hätte ich nen Ausbau im teuren „Caddy" mit Premium-Brettern gemacht, wäre ich total nervös gewesen und hätte wahrscheinlich nicht so locker fluffig losgelegt.

Nun galt es nur noch, meine zwei linken Hände zu aktivieren und all dieses Material sinnvoll in die Karre einzuarbeiten. Gleich am nächsten Tag machte ich mich ans Werk. Enno stand mir nach der Arbeit immer tatkräftig zur Verfügung und borgte mir unter anderem seine Stichsäge. Ich hatte keine. Außerdem spendierte er mir weitere große „OSB-Platten", welche sich hinten im Schuppen tot standen. Immer wenn es bei mir im Kopf hakte und ich nicht weiterkam, half er mir und fand neue Wege. Vielen Dank auch dafür!

Ich legte los wie ein Wahnsinniger. Ich hatte mordsmäßig Bock, diese Karre ins totale Wohnmobil zu verwandeln. Es sollte richtige Schränke geben, einen gepolsterten Platz für den Hund und große Fächer für mein Werkzeug und das ganze Tütenfutter. Die beiden Sachen nahmen am meisten Platz ein. Die Challenge lag darin, mit all den Resten auszukommen und innerhalb dieser wenigen Tage damit fertig zu werden. Na, dann mal los:

Das „Recycling-Projekt" startete 4–5 Tage vor der Angst. Ich plante 3 Tage für den Ausbau und 2 weitere fürs Beladen und Aussortieren. An einem sonnigen Vormittag ging's dann endlich vorwärts. Noch mit Müsli-Resten zwischen den Zähnen und einer halb vollen Tasse Tee in der Hand, stürzte ich die Treppe runter in den Flur. Hastig riss ich an der Schublade, in der sich der Garagentor-Öffner versteckte. In der Garage verbarg sich Ennos Stichsäge und ein riesiges Regal mit gut sortiertem KFZ-Werkzeug. Ich schnappte mir den Universalkoffer, den er mir empfohlen hatte und stürmte mit all dem Kram rüber zum Stellplatz. „Fuck, die Kabeltrommel! Ganz vergessen." Ich hatte hier draußen keine Steckdose und musste vom Sportraum aus eine Verlängerung durchs Fenster legen. Als dann Strom, Säge, Holz und Akku-Schrauber an Ort und Stelle lagen, ging's endlich los. Ich drehte die „Classic-Rock-Playlist" auf und bewaffnete mich mit Ratsche und Nüssen. Nun ging es dieser fiesen Rückbank an den Kragen. Die Schrauben waren fest und blöd positioniert. Man kam kaum ran. Ich sag' nur „WD-40" und Durchhaltevermögen. Irgendwann hievte ich den Koloss dann raus und das Heck des Autos kam in die Höhe geschossen. Die Erleichterung tat ihm scheinbar gut. Jetzt sah's ganz schön kahl aus im Innenraum. Ein Haufen Dreck von damals und die Benzinpumpe kamen zum Vorschein. Ganz „nackich", der Kleine. Neben all dem Dreck wurde aber auch ne Menge Platz sichtbar. Mehr als gedacht! Ich legte mich rein und grübelte über die Anordnung nach. Das Hündchen sollte auf jeden Fall wieder hinten sitzen. Vorn wollte ich kein Fell oder Dreck und vielleicht mal jemanden mitnehmen. Außerdem stellt der Platz im hinteren Bereich des Autos eine Art schattigen Rückzugsort dar! Ich hatte die Scheiben getönt und Lola konnte zwischen den beiden Sitzen nach vorn raussehen, wenn ihr danach war. Nachdem ich den Hund mit dem Maßband vermessen hatte, stellte ich fest, dass ich ein kompaktes Tierchen besaß und somit noch Platz für ein Schränkchen blieb. Nach einer harten Verhandlung mit Pfiffi ergaben sich 2 Drittel für Lola und ein Drittel für meinen Schrank. Ein Schrank mit Tür, wie „heeme"! Vielleicht sogar durchgängig bis nach hinten zum Kofferraum, von beiden Seiten erreichbar. Es sprudelte plötzlich vor Ideen aus mir. Irgendwann war klar, dass ich den hinteren Bereich des Autos in 3 Teile aufsplitten möchte. Einer für Lola, einer für diesen durchgehenden Schrank und dann noch ein großes Hauptfach im Kofferraum. Ja, so schien es mir am sinnvollsten. Auch von der Gewichtsverteilung müsste das ganz gut hinhauen. Nicht das es mich gleich in der ersten scharfen Kurve auf die Seite legt.

Dieser schöne theoretische Ausblick gab mir nun ordentlich Antrieb, um mit „High-Speed" in die Praxis zu starten. Ich war im totalen Modus. „Zack", „Bam", hatte ich mir einen massiven Balken geschnappt, den ich abmaß, und anstelle der Sitzbank verschraubte. Da, wo sich die Sitzbank befand, war leider eine Vertiefung, mit der man schlecht arbeiten konnte. Eine große ebene Fläche wäre praktischer und dieser Balken ließ diese entstehen. Er füllte das Loch und stellte gleichzeitig einen robusten Anker für die restliche Konstruktion dar. Ein Grundpfeiler, auf dem man alles verschrauben könne. Passenderweise konnte ich gleich die Löcher nutzen, in der auch die Rückbank verschraubt war. Die metallenen Winkel, die mir Enno noch spendiert hatte, und mein kleiner geliebter Akku-Schrauber rammelten das Teil bombenfest. Da bewegte sich nix mehr.

Den Schrauber hatte ich irgendwann mal von meinem richtigen Vater geschenkt bekommen. Er hatte als Selbständiger viel mit Werkzeug zu tun und sonderte ihn irgendwann aus, da er ihn nicht mehr benutzte. Ich freute mich ungemein über diesen kleinen „Makita-Schrauber", der schon Einiges geleistet hatte und nun noch für mich dienen sollte. Trotz des hohen Alters lief er noch super. Gute „Qualli"! Mit dem kleinen Scheißer bohrte ich schon massig Löcher in Wände und einmal missbrauchten wir faulen Säcke ihn sogar im Titus als Antrieb. Da war eines morgens der Motor unseres großen Metall-Tores kaputt gegangen. Sozusagen die Schutzwand, wenn der Einbrecher kommt. Das musste man dann jedes Mal per Hand hoch- und runterleiern. Es war ein hammerhartes Oberarm-Training, das einiges an Zeit kostete. Ja, richtig nervig war das! Und irgendwann brachte ich die kleine „Makita" mit und klemmte den Sechskantstift, an dem wir immer leierten, ins Bohrfutter ein. Ein Hilfsmotor, wenn man so will. Nun rannte das Tor im Rekordtempo hoch und runter. Schneller als mit dem normalen Motor. Die reinste Erleichterung! Das Ganze ging ne knappe Woche gut, bis dieser zu klein dimensionierte Schrauber anfing zu qualmen. Es war einfach die pure Vergewaltigung dieser Maschine. Da war schlichtweg zu viel Last drauf und so roch und dampfte es dann gehörig. Nachdem sich das Teil dann erschöpft in der Ecke abgekühlt hatte, war ich baff, denn das Ding lief tatsächlich noch wie gewohnt. Klang etwas ruppig, aber lief. Und mit diesem unzerstörbaren Gerät werkelte ich nun auch noch am Fiesta rum. Verrückt!

Die Latten, die damals unsere Wand zierten, lagen mittlerweile horizontal im Kofferraum. Gut verschraubt und ineinandergesteckt („Nut und Spund"), ergaben sie die gewünschte Ebene, auf die sich weiter aufbauen ließ. Ich versenkte unzählige Schrauben und war voll im Flow. Die Zeit verging wie im Flug und der erste Tag war vorbei. Am nächsten Tag errichtete ich Lolas Rückbank. Sie war außerdem Trennwand zwischen ihr und dem großen Hauptfach im Kofferraum. An den Radläufen wurde es dann schon etwas komplizierter. Sie waren rund und unförmig, passten mir so gar nicht ins Konzept und ließen ziemlich viele Hohlräume entstehen. Das erkannte dann auch Enno und merkte es an. Meine gängige Ausrede war immer, dass ich dort einfach „Schlüpper" und Socken reinstopfe. Problem gelöst, Platz genutzt! Irgendwann bekam ich dann aber die viel bessere Idee, mein ganzes Tütenfutter in den übrigen Hohlräumen zu versenken. Somit war dann wirklich jede Ritze genutzt. Des Weiteren hatte ich noch zwei Lautsprecher, welche etwas Freiraum benötigten, um Luft anzusaugen. Diese beiden fanden ebenfalls ihr Plätzchen über den Radläufen und zogen somit ausreichend Luft an. Gute Boxen für dicke „Beats" durften natürlich nicht fehlen in meiner „Proleten-Karre". Nach und nach nahm das Konstrukt langsam Gestalt an. Zwar wild zusammengepfuscht, aber stabil und funktionell. Jeder vernünftige deutsche Handwerker hätte wahrscheinlich die Hände überm Kopf zusammengeschlagen, wenn er gesehen hätte, wie ich überstehende Schrauben mit der Flex stutzte oder wie ich in Flip-Flops

Holzplatten sägte. Da konnte man kaum hinsehen, wenn dieser verrückte Dresdner dort anfing zu werkeln. Aber ich wollte ja irgendwann mal fertig werden und somit übersah ich gern mal die ein oder andere verklemmte deutsche Arbeitsvorschrift. Spaß machen sollte es. Einmal schnitt ich sogar meinen Spiegel mit der Flex auf Länge. Der gute alte Winkelschleifer, das Werkzeug für alles! Klar klingt das komisch, aber funktioniert hat's trotzdem. Wo andere erstmal mit zittrigen Pfoten ihre Berechnung aufgestellt hätten, um dann mit Sicherheitsbrille auf der Nase doch lieber den Fachmann anzurufen, legte ich hingegen einfach los. „Learning by doing!"

Es entstand ein Kunstwerk mit mächtig Charakter. Ich passte alles an unsere Bedürfnisse an. Auf die Hunderückbank tackerte ich alte Sitzkissen. Darunter war ein Geheimfach für meinen Laptop, den die Gauner natürlich nicht finden sollten. Irgendwann zog ich auch den Schrank in die Höhe. Enno hatte da super Ideen und fing auch mit an, sich auszutoben. Meine Mutter saugte zwischendurch immer wieder die unzähligen Späne aus den Ecken und gab mir ebenfalls neue Denkanstöße, vor allem aber Snacks für zwischendurch, die ich reihenweise verspachtelte, um einigermaßen bei Kräften zu bleiben. Ja, so ein Tag kann schon ziemlich anstrengend sein. Das hatte ich etwas unterschätzt. Es ging früh los, nach Essen und Hunderunde, und endete meist abends im Dunkeln. Völlig erschöpft sank ich auf den Stuhl am Küchentisch und inhalierte das Festmahl samt Teller. Danach? Bad, Bett! Wie früher als Kind, nur jetzt eben freiwillig.

Die Hunderückbank steht! (auf der ist sogar meine Mutter mal mitgefahren, als wir in eine Polizeikontrolle gerieten ... sie hatte sich zum Glück gut geduckt und der Sheriff Tomaten auf den Augen, haha)

Die Tage zogen dahin und irgendwie ging alles bekanntlich langsamer als gewünscht. Da fehlte noch die Schranktür, niemand wusste wohin mit dieser sperrigen Leiter vom Dachzelt, und ans Einräumen war noch nicht ansatzweise zu denken. 3 Tage blieben noch bis zu Andys Party. Ich wollte heute eigentlich fertig werden. um die beiden kommenden Tage fürs Beladen zu nutzen. Davor graute es mir noch. Stell dir mal vor, du müsstest dich innerhalb von 2 Tagen entscheiden, welche deiner geliebten Sachen mitkommen dürften. Du könntest nur eine Hand voll wählen und müsstest dich extrem reduzieren. Was würdest du wählen oder was wären deine Prioritäten? Wie würdest du dein Essen kochen oder auf unbestimmte Zeit im Freien Duschen ? Ich verdrängte diese Frage erneut und machte mich ans Werk. Letztendlich benötigte ich noch zwei Tage für den Umbau und es blieb nur noch ein Tag für das große Aussortieren. Auch meine Eltern fragten mich, wie ich das wohl anstellen werde. Schließlich türmte sich mein ganzer Krempel noch in ihren Abstellräumen. Auf der einen Seite wollte ich möglichst viel mitnehmen, auf der anderen Seite passte nicht viel rein. Ein logistisches Problem!

Auf diese ganze Denkerei folgte dann erstmal ein Zwischenerfolg. Das Wohnmobil war so gut wie fertig.
 Es war wirklich überwältigend. Ich hatte mein berühmtes Dauergrinsen im Gesicht und rieb mir zufrieden die Pfoten. Das war der reinste „Punkrock". Nicht nur die Arbeitsweise war „ruff", sondern auch das Ergebnis war abgefahren. Schon allein die Motorhaube war ein Hingucker. Auf ihr hatte sich mein Tätowierer mit Pinsel und Farbe ausgetobt und zusätzlich fand die alte Rohrzange aus'm Laden dort ihren Platz. Die, die schon jahrelang im Fahrradkeller im Einsatz war, quasi ein Talisman für meine Reise. Eines idyllischen Samstags brutzelte ich sie zusammen mit Andy als eine Art Kühlerfigur vorn drauf. Schön mittig und wie bei „Rolls Royce"! Eine Hammer Idee, die ursprünglich von Ronny aus Dresden stammte. Mit Enno hatte ich 2 Zusatzscheinwerfer an die Stoßstange angebracht, ähnlich wie bei nem

Rallye-Wagen. Ob das wirklich ansehnlich war? Darüber lässt sich streiten. Lachen musste man auf jeden Fall, wenn man dem kleinen roten Flitzer in die Augen sah. Es war ein ganz individuelles Gemeinschaftsprojekt und brachte selbst fremde Leute zum Schmunzeln. Vollendet wurde der Gag, als ich dann anfing, mein Fahrrad aufs Dach zu montieren. Du musst dir diesen Kleinwagen vorstellen, auf dem mittlerweile ein 50 Kilo schweres, weit nach vorn überstehendes Dachzelt fixiert war und nun sollte da auch noch der Drahtesel mit drauf. Es war wirklich banal. Mehr konnte man nicht rausholen.

Ich hatte zufälligerweise noch einen dieser Fahrradträger geschenkt bekommen. Er war von Roland, einem Gartennachbar einer meiner Auftraggeberinnen, der mir dieses fehlende Puzzleteil überreichte und mich oftmals mithilfe von Alkohol von der Arbeit abhielt. Das passte wie die Faust aufs Auge. Mehr oder weniger. Denn das Bike auf dem Dach des Autos ergab insgesamt eine gewaltige Höhe von circa 3 Metern. Eine wichtige Zahl, die ich gern mal vergaß und mir dann irgendwann noch eine Überraschung bescheren wird.

Im Innenraum war's ähnlich witzig wie außen. Zusammen mit Justin aus Oschatz hatte ich hier Schneidebretter zweckentfremdet. Ja genau, die Dinger auf denen normale Menschen Zwiebeln hacken. Diese wurden zurechtgesägt und dienten ab sofort als Armlehnen. Kurz und schmerzlos. Fred meinte zu mir, dass wenn man lange Strecken fährt, der eigentlich gerade Rücken gern mal die Form einer Banane annimmt. Krumm sitzen wollte ich nicht, also mussten auf die Schnelle ein paar Ablagen her. Verschraubt hatte ich sie in der Türverkleidung, beziehungsweise im Fahrersitz. Ich hoffe nur, der TÜV liest hier nicht mit. Wenn irgendwann mal der nächste Termin ansteht, werde ich wohl ordentlich Schmiergelder locker machen müssen. Falls du einen Bestechlichen kennst, dann gib mir gern Bescheid!

Des Weiteren befanden sich meine alte Schreibtischlampe und ein Ventilator im Cockpit. Ein Zusatzgebläse für den Hund musste sein und Licht ist nie verkehrt. Angeschlossen waren die beiden Geräte an eine kleine Zweitbatterie, welche ich im Fußraum platziert hatte und von der auch mein kleiner Kühlschrank seinen Saft zog. Man konnte diese per Steckdose, Solar oder auch während der Fahrt laden. Echt praktisch und für meinen Zweck komplett ausreichend. An der Batterie hing noch eine Steckdosenleiste, an der ich meinen Staubsauger oder den Rasierer laden konnte, die einzigen beiden externen Geräte (mal abgesehen von den Werkzeugen), für die ich Netzstrom benötigte. Ja, lach nur, ein Staubsauger ist vielleicht etwas zu gut gemeint, aber ich sag dir eins: Unterschätze nie einen Hund im Fellwechsel! Da kannste jeden Tag ne Mütze stricken „Meiner"!

Am Handschuhfach war der Getränkehalter fürs alkoholfreie Bier fixiert und oberhalb davon klebte mein Navi an der Scheibe. Eigentlich war das nur ein uraltes iPhone (128 GB), auf dem ich ganz Europa offline geladen hatte und das vor Unmengen von Musik quoll. Das Makabere war, dass das Ding mal heiß gelaufen war und der Akku das Display ungefähr einen Zentimeter rausdrückte. Trotz all dem funktionierte es aber noch und diente mir jetzt als Wegweiser ins Traumland. Falls es ausfallen sollte, hätte ich noch mein normales Handy, welches ich dann ebenfalls für die Navigation nutzen könnte. Überm Navi hing eigentlich der Rückspiegel. Der ist mir aber leider während einer holprigen Autobahnfahrt abgeflogen, genau wie der Auspuff, den wir dann wieder ersetzten. Auf den Rückspiegel verzichtete ich aber seither, da ich nach hinten raus eh nichts mehr sah, maximal noch diesen schielenden Hund, der freudig vor sich hin hechelte. Umrandet war dieser von meiner massiven Holzkonstruktion. Das klingt gerade ziemlich beengt, aber das war es nicht. Lola konnte sich einmal lang machen und ich ließ die Sitzfläche, alias Uromas Küchenrückwand, weit nach vorn überstehen. Weiter als die vorherige Sitzbank. Somit schloss ihre Liegewiese bündig mit der Rückseite des Beifahrersitzes ab und bot reichlich Platz zum Strecken der Gliedmaßen. Unter dem Hund, quasi im hinteren Fußraum, fand später dann die besagte Tonne Hundefutter platzt. Enno hatte damals jede Menge Büchsenfraß für seinen Hund bestellt. Leider vertrug er diesen nicht und anstelle dessen nahm es Lola dankend entgegen. Das musste ein gutes Gefühl sein, auf so viel Futter zu sitzen.

Jedenfalls war langsam alles fertig und auch der geliebte Schrank ließ sich wie versprochen mit einer Tür verschließen. Man musste den Fahrersitz vorklappen und konnte ihn anschließend öffnen. Meine paar Klamotten lagen so nicht mehr frei herum und generell bot das Schränkchen mächtig Platz. Ich war stolz wie Bolle auf diese Konstruktion. 3 Scharniere hielten die Tür und als Klinke diente der alte „Angstgriff", der eigentlich hinten im Auto verbaut war. Der Schrank war so groß, dass wir die Innenverkleidung demontieren mussten. Das hatte dann den Vorteil, dass man das Auto wirklich bis zum Außenblech befüllen konnte. Oben gab es dann ein Fach, das wirklich von vorn bis hinten durchgängig war, und man konnte somit auch vom Kofferraum aus reingreifen.

Am Hinterteil meines Wagens ließ ich mir noch einen weiteren Gag einfallen. Genauer gesagt an der Kofferraumklappe, denn hier befand sich mein ausklappbares Außenbad. Was heißt Bad, es war lediglich dieser zurechtgeflexte Spiegel, den ich an ein Scharnier schraubte. Aber trotzdem – löste man den Riegel, klappte dieser ulkige Spiegel nach unten und man konnte sich einwandfrei rasieren. Das war der „Running-gag" bei so manch Schaulustigem. Wenn man dann den Blick schweifen ließ, erblickte man die Zentrale des Autos. Ein Konstrukt aus verschiedensten Hölzern ergab hier 5 jeweils voneinander getrennte Fächer. Da war zum einen das XXL-Hauptfach, in dem schon mein Werkzeug stand. Ein kompaktes Schweißgerät, meinen Akkuschrauber, den Winkelschleifer, Ratschenkoffer und natürlich ein Fahrradreparaturset mit speziellen „Fixie-Tools" konnte man hier bestaunen. Das Zeug war schon fester Bestandteil von mir, quasi das Erste, was ich ins Auto lud und unbedingt mitnehmen wollte. Neben diesem Abteil befanden sich links und rechts am Kotflügel die verwinkelten Essensfächer. Zu guter Letzt gab es da noch die Rückseite des Schrankes, welche die übrigen beiden Fächer entstehen ließ. Eins durchgehend, das andere mit Trennung. Ganz oben, also direkt unterm Dachhimmel, befand sich die sperrige Leiter, welche man leider nicht mit im Dachzelt verstauen konnte. Ich fixierte sie an 3 Punkten mit Winkeln, Flügelmuttern und Klettband. Das sollte sie davon abhalten, mir bei einer Vollbremsung in den Nacken zu rutschen oder gar durch die Windschutzscheibe zu krachen. Oben auf dem Kleinwagen befand sich dann die Dachterrasse beziehungsweise das Schlafgemach. Je nachdem, ob man aufklappte oder nicht.

Tja, das war's auch schon mit der „Roomtour". Ich hoffe du konntest alles einigermaßen visualisieren und dir vielleicht sogar das ein oder andere abgucken. Möglicherweise hast du dir dieses Buch ja genau aus diesem Grund besorgt. Falls es dich inspiriert oder gar zu etwas ermutig hat, würde mich das natürlich sehr freuen. Abschließend kann ich sagen, dass es viel Spaß gemacht hat, an der Karre „rumzupfuschen". Auch wenn die Zeit sehr drängte und man nur eine begrenzte Auswahl an Werkzeugen hatte, war es glaub' ich genau das, was den Reiz ausmachte. Man ließ sich in einen angenehmen „Workflow" fallen, in dem man keine Angst vorm Material haben musste, sondern einfach loslegte. Die Arbeitsbedingungen brachten einem zum logischen Denken und man musste oft den „Daniel Düsentrieb" in sich aktivieren. Ja, manchmal dampfte es regelrecht im Oberstübchen und die grauen Zellen verfärbten sich ins pulsierende Rot. Nur gut, dass Enno immer rechtzeitig mit einem kühlen Eimer Wasser kam und das lodernde Feuer in „Entenhausen" wieder löschte. Nach all den Anstrengungen, dem Rumgekrauche mit krummen Rücken und all dem Gedenke entstand letztendlich etwas ganz Persönliches. Ein greifbares Werk, das vor Funktionalität und Exotik nur so strotzte. „La Fiesta!" Alles war bis aufs Letzte durchdacht, alles war „Low-Budget" und alle Sachen fanden ihr ganz individuelles Plätzchen. Man hatte ein gutes Bauchgefühl. Das Wohnmobil war vollendet!

Attacke

Haferschleim und Rotwein

Heute war glaub ich der 4. September 2021, ein ganz besonderer Tag, denn heute sollte es endlich losgehen. Am Abend wollte ich auf Andys Party kräftig die Hüften schwingen. Doch erst die Arbeit, dann das Vergnügen. Es galt, tagsüber noch dieses logistische Problemchen zu lösen und so standen heute Entrümpeln und Beladen ganz groß und fett auf der „To-do-Liste".

An sich hatte ich immer große Freude beim Packen meiner Rucksäcke. Hier konnte ich meine Anordnungsmacke und den Drang zur Reduktion ausleben. Man durchläuft vorausschauend die kommenden 3–4 Tage im Kopf und wählt dann sorgfältig seine Utensilien aus. Ist man weit entfernt der Zivilisation und besteht keine Waldbrandgefahr, will man vielleicht ein „Feuerchen" machen. Dafür wären dann eventuell eine kompakte Axt und eine Klappsäge angebracht, vielleicht sogar feuerfestes Geschirr, um gleich darauf zu kochen. Will man aber eher unauffällig trockene Gebiete kreuzen, so ist der Gaskocher oder gar Trockenfutter wohl die bessere Wahl. Wie viel Nahrungsrationen benötigt man wohl für diese Zeit? Wie wird das Wetter? Gibt es ausreichend trinkbares Wasser entlang meiner Route? Nachdem man sich Fragen dieser Art gestellt hatte, betrachtete man dann seinen Rucksack und vor allem dessen Volumen. Kann ich das alles mitnehmen oder wird der Hund doch verhungern? In etwa so näherte ich mich meist meinen kleinen

Ausbrüchen in die Natur. Klar kann man auch mal planlos losziehen und sich überraschen lassen. Gucken, ob man's schafft, ganz ohne Vorüberlegungen und alles auf sich zukommen lassen. Für mich stellte sich eine explosive Mischung beider Herangehensweisen als interessant heraus. Einerseits lebte ein kleiner blauäugiger Draufgänger in mir, andererseits auch der strukturierte Planer, der Spaß an der Vorbereitung hatte. Ich zog also gern geordnet in den Wahnsinn. Und da oft allerhand Situationen zustande kamen, die man trotz ausgiebiger Planung nicht kommen sehen hatte, entstand auch meist der gewünschte Mix aus Risiko und Struktur. Ich benutzte gern grundlegendes Equipment, das man kreativ und vielseitig kombinieren konnte. Beispielsweise hatte ich oft Seil dabei. Man hatte immer Verwendung dafür. Man konnte es als Leine spannen, um Wäsche zu trocknen, konnte Sachen am Rucksack fixieren, eine Plane auf Spannung bringen oder sich im Notfall sogar rückwärts die Klippe herunterlassen. Vielleicht wird man ja mal von „Meister Petz" gejagt und der einzige Ausweg ist die Flucht in die Tiefe. „Who knows?"

Dieses mir bevorstehende Abenteuer war jedoch ein ganz anderes. Man musste sehr viel größer denken und vor allem ein ganzes Stück weiter voraus. Es war ganz einfach komplexer. Da man nur sehr schlecht auf eine unbestimmte Zeit vorweg planen kann, betrachtete ich erstmal die kommenden 1–2 Monate. Dazu kam noch, dass es dieses Mal nicht zwangsläufig in die Natur ging, sondern oft der urbane Raum zur Verfügung stand. Unbekannter neuer Raum. Man musste eine Art „Allround-Paket" erstellen, mit dem man breit gefächert agieren konnte. Man wechselte vom abgesicherten Zuhause, in dem einem alles zur Verfügung stand, in eine neue Welt, die man noch nicht so recht vorhersehen konnte. Und zu all dem trug man auch noch Verantwortung für den Hund. Klar hatte man schon viel praktische Erfahrung gesammelt und stürzte sich nich' als reiner Theoretiker ins Unbekannte. Immerhin waren wir schon mal mit dem Auto in Barcelona und man hatte die letzten Monate „Zwischen Tür und Angel" gelebt. Kein schlechter Übergang also.

So manches habe ich ja bereits erwähnt und ich möchte euch gern die „Aufzählerei" ersparen. Man konnte grob in Beschäftigung, Versorgung und Gebrauchsgegenstände unterscheiden. Skurril war im Gegensatz zu anderen vielleicht das kleine Schweißgerät, das ich mit mir führte. Später mehr dazu. Ich hörte von einem Freund, dass das aber noch zu übertreffen war. Beispielsweise hatte ein Reisender in seinem „Kombi" einen echten Pizzaofen installiert. Ja! So richtig zum Anfeuern und mit Hitzeschutz. Der hatte eben etwas andere Prioritäten und wahrscheinlich lagen italienische Gene in der Familie. Jedem seins! Wenn's der Platz hergibt, kann es bestimmt echt cool sein, auf'm Campingplatz ne Runde Pizza zu schmeißen. Somit kann man sich auch die Reise finanzieren. Kreativ musste' eben sein.

Ich belud meinen Flitzer nun anhand meiner und der Prioritäten des Hundes. Nachdem ich stundenlang sortierte und ein und wieder ausräumte, fand ich irgendwann einen Weg, fast all meinen auserwählten Kram in das kleine Auto zu quetschen. Sachen, die man oft benutzte, sollten gut erreichbar sein, wo hingegen Fahrrad-Ersatzteile unter allem begraben waren. Kennst du bestimmt vom Papa, wenn er früher vorm Urlaub im Hawaii-Hemd das Auto eingeräumt hat. Ich benutzte Schuhkartons, um Sachen thematisch zu verpacken. Ich könnte keinen Meter ruhig fahren, wenn ich alles kreuz und quer rein geschmissen hätte. Nach und nach füllte sich die Karosse bis unters Dach und irgendwann war einfach kein Platz mehr. Vielleicht lag das an den 12 Kisten Haferschleim, die unbedingt mitmussten. Als es dann irgendwann langsam dunkler wurde und ich immer noch wie „Rumpelstilzchen" ums Auto rannte, kam meine Mutter zur Hilfe. Sie erkannte meinen inneren Konflikt und redete mir gut zu. „Franz, ist dieser riesige Bürstenaufsatz für den Staubsauger wirklich nötig?" Nein, war er natürlich nicht!

Mit „Ach und Krach" ging dann gerade so alles rein. Und mit „gerade so" meine ich, dass man sämtliche Türen und Klappen mit viel Kraft zuquetschen musste. Dieser Kleinwagen war voll bis oben hin. „Full" wie zehn Bauarbeiter! Die Fußräume waren gefüllt mit Essen und Büchern, auf dem Beifahrersitz standen

Kanister, Rucksäcke und Skateboards und leider musste Lola übergangsweise etwas Platz fürs Essen machen. Der Kleiderschrank knarzte ebenfalls und zwischen den Klamotten waren 3 Flaschen Wein gebunkert. Wie die „Ossis" eben so sind. Als ob's den da unten nich' gäbe. Als ob die Welt grad untergeht und man auf der Flucht vor einer Apokalypse wäre. Aber ich wusste eben nicht, wie lang ich wo bleibe. Vielleicht für immer? Der Unterschied war jetzt nur, dass man das ganze Gerümpel nicht selbst schleppen musste. Das übernahm alles der 50 PS starke Fiesta. Und genau das unterschätzte ich wohl etwas ...

In der letzten Woche fand ich gerade noch so Zeit, um mich von meiner Familie zu verabschieden. Einfach abhauen ist bekanntlich nich' so cool, gehört sich einfach nicht. Die Reaktionen waren durchwachsen, haha. Kann man sich schon denken. Ein Familienteil verteufelte mein Vorhaben von Anfang an. Ich solle erstmal nen richtigen Job finden und arbeiten gehen. „Du kannst doch nicht einfach da runterfahren!" „Und was willst du da machen?" Man guckte äußerst verdutzt und das obwohls die Alten selbst ordentlich krachen lassen hatten. Man sah einfach keinen Sinn in meiner Lebensweise, wünschte aber trotzdem alles Gute und drückte mir Geld in die Hand. „Du wirst es brauchen", riet man mir.

Wenn man solch verrückte Wege wählt, trifft man nicht immer auf Sympathisanten, das ist mir schon klar. Wär auch komisch, oder? Ich glaube, vor allem schätzte man uns Jugendliche von heute als faul und antriebslos ein. „Die machen doch alle nix mehr. Früher musste man noch schuften für paar Kröten und heute liegt man in der Sonne und aalt sich im Sand. Ob die wissen, dass die für unsere Rente zuständig sind?", oder so. Was man leider oft vergisst, ist, dass wir eine ganz andere Generation sind. Die mit „Social Media" und Digitalisierung aufwächst. Gewisse „Vergleichsplattformen" wie Instagram, Facebook und Co. machen uns unterbewusst das Leben schwer. Und generell befinden wir uns im totalen Leistungszeitalter, in dem es alles gibt und jeder jeden übertreffen will. „High pressure!"

Das vergessen die alten „Leutchen" leider manchmal. Und warum sollte man sich als „Jungspunt" nicht erstmal die Zeit nehmen um ordentlich auszurasten? Auch mal im Nachbarsgarten schnüffeln. Wir werden schon noch die Hundehütte aufstellen und unsere Rückgabe leisten. Keine Sorge.

Was mich ebenfalls innerlich auffraß, war diese Sache mit dem Geld. Man unterstützte mich finanziell oft großzügig und dafür war ich immer dankbar. Versteh mich nicht falsch! Manchen stand mehr zur Verfügung als anderen und so gab man gern dementsprechend. Super Sache!! Als Kind fuhren wir oft in ausgiebige Urlaube, in denen ich immer allerhand lernte. Man war sehr bemüht um mich und ich hatte es immer gut! Wahrscheinlich prägte das sogar einen Großteil meiner jungen Jahre. Jemanden aber dann kontinuierlich Scheinchen zuzustecken und ihn in eine Richtung zu lenken, ja sogar eine Erwartungshaltung einzunehmen, das ist eine ganz andere Sache und das geht so Persönlichkeiten wie mir gar nicht gut rein. Ja, da werd ich richtig sauer.

Die Großeltern mütterlicherseits ließen mich wenigstens ehrlich und direkt wissen, dass ich schlichtweg ne Macke hab, haha. Der Opa gab mir noch ein paar Tipps mit auf den Weg, indem er eine Geschichte aus alten Tagen auskramte, bei der ich mich vor Lachen krümmte. Sie waren damals mit dem Auto in Paris im Urlaub. Die reinste Katastrophe, haha! Außerdem schenkte er mir neben all dem Holz noch ein Schneidebrett inklusive Messer und bei der Oma nahm ich ein paar Unterrichtsstunden in Sachen Nähen. Sie zeigte mir, wie ich meine zerrissenen Hosen unterwegs wieder flicken könne und gab mir ein kleines Nähset mit auf den Weg. Was für eine wertvolle Geste! Eine fröhliche und herzliche letzte Umarmung trennte uns.

Die Einzigen, die schon seit Beginn meiner Zeit zu 100 % hinter mir standen, waren meine geliebten Eltern, beziehungsweise auch Onkel Ricky und Tante Annett aus „Leiptzsch". Ich freue mich sehr, sie dir hier kurz vorstellen zu dürfen:

Enno kennst du ja schon. Bei dem kannste dich für diese amüsanten Formulierungen zwischendurch bedanken. Sein

Wortschatz hat glaub ich ziemlich abgefärbt. Er nimmt halt einfach kein Blatt vorn Mund und redet, wie ihm der Schnabel gewachsen ist. Man braucht Enno auf jeden Fall nicht blöde von der Seite vollquatschen, da kommt gut und gern die doppelte Portion zurück. Das schießt's dich weg, aber mit Freudentränen in den Augen. Er war damals wie ein Kumpel für mich und hatte mächtig Vorbildfunktion. Von ihm konnte ich das lernen, was mir mein Vater nie zeigen konnte. Dank ihm wusste ich, wie man austeilt und einsteckt, und dass die Mädels auf Ordnung im Kleiderschrank stehen. Vor allem aber lernte ich, dass „Tattoos" cool aussehen und wie guter „Punkrock" zu klingen hat!

Auf meine Mutter kann ich besonders stolz sein, wir bildeten eine Einheit und hielten auch in harten Zeiten zusammen. Sie hätte alles für mich getan und ich liebte sie von ganzem Herzen. Wenn man so will, war sie meine 2. Hälfte. Sachen, die ich nicht selbst verarbeiten konnte, ließen sich mit ihr besprechen. Sie päppelte mich auf, wenn's mich mal wieder aus den Latschen gehauen hatte. Ich wünsche jedem so ne tolle Mutti!

Bleibt noch die Verwandtschaft aus Leipzig. Schon als Kind und auch heute durfte ich bei ihnen machen, was ich wollte. Ferseh'n bis in die Puppen, im Schlafanzug in den Pool springen oder mit dem Luftgewehr rumballern, alles kein Problem. Mein Onkel ist ein herzensguter, lustiger Mensch, der jedem jederzeit hilft, sogar so sehr, dass er sich manchmal dabei übernimmt und in Schwierigkeiten kommt! Man konnte ihn alles fragen und alles mit ihm machen. Es gab einfach keine Grenzen. Ich durfte sogar als Bengel mal auf seinem Schoß Auto fahren, nachdem wir in Tschechien einen Laserpointer gekauft hatten. Er war der beste Onkel, den man sich wünschen konnte und der Hauptgewinn für jedes abenteuerlustige Kind. Einen Spruch von ihm werde ich nie vergessen: „Du bist du und niemand anders!"

Bei „Tantchen" gab's die weltbesten Eierkuchen oder „Zauberschnecken", wie ich sie immer nannte. Man konnte bestellen, was man wollte, sagen, wonach einem war und sie erfüllte all diese Wünsche. Wie im Schlaraffenland! Ich fühlte mich immer pudelwohl bei den beiden. Sie wären nicht mal ansatzweise auf die Idee gekommen, über mich zu meckern oder mir meine Ideen auszureden. An Ricky und sie kann ich mich noch von frühsten Kindheitstagen erinnern. Einmal schlug ich der Tante mit der Schneeschaufel auf den Rücken und bekam so meine erste „Faunz". Trotzdem spielten wir abends noch „Flugzeug" und ich bestand immer darauf, dass die beiden mich ins Bett brachten. Auch wenn wir später dann auf allen vieren heimkamen und zu nichts mehr zu gebrauchen waren, räumte die Tante hinter uns her, drückte uns einen Teller Nudeln in die Hand (der leider meistens auf dem Teppich landete) und lachte mit uns am nächsten Morgen. Die Betonung lag auf „nächsten" und „Morgen". Annett hatte Nerven stark wie Drahtseile und ließ sich nicht unterkriegen. Man fühlte sich immer frei und lebendig und hatte nie Angst, eingeengt zu werden oder einen Fehler zu machen. Man hatte immer Spaß in Leipzig und erlebte jedes Mal eine erzählenswerte Geschichte. Es war ein spitzen Ausgleich zur strengen Erziehung der Mutter. Keine Sorge, die war äußerst angebracht. Ich war ein echter Rotzbengel.

Zusammenfassend kann man sagen: Was ich auch angestellt hätte, die vier stünden hinter mir wie ein Fels in der Brandung. Selbst wenn ich im spanischen Knast säße, wären sie diejenigen, die mich abholen und die Kaution bezahlen würden. Und dieses Vorhaben verdeutlichte meine Vermutung nochmals kräftig.

Her mit dem Besen!

Enno guckte schon immer ziemlich skeptisch, als ich meinen Krempel im Auto verstaute. Ich fragte mich schon die ganze Zeit, was seine großen, merkwürdig starrenden Augen wohl bedeuten mochten. So wie es aussah schnüffelte seine KFZ-Nase komische Schwingungen, die scheinbar vom Fiesta ausgestrahlt wurden. Doch was war das bloß, was ihn so verstimmen ließ? Hatte ich etwas übersehen, einen Riss in der Scheibe oder gar einen Konstruktionsfehler? Irgendwann erkannten auch meine trüben „Gliesen" das Problem. Ein Problem, das sich zunehmend verschlimmerte. Vor allem, als ich dann mal Probe saß, kam es mir zu Ohren. Es ertönte ein übles, lautes Knarzen. Und – huch – die Handbremse hält ja gar nicht richtig. Wir rollen! Lag das an meinem Fettwanst in Kombi mit dieser schrägen Einfahrt oder war es doch etwas anderes? Ich stieg wieder aus und plötzlich sprang es mich an! Das Offensichtliche wurde deutlich. Eine totale Überladung! „Fuuuuuck!" Die Karosse hing auf halb 8 und die Stoßdämpfer schienen komplett eingefedert zu sein. Sie wurden einfach begraben unter der brutalen Last. Als hätte man ihn aufs Übelste tiefergelegt. Auch Enno stellte fest: „Das Einzige, was hier noch federt, sind die Reifen." Und auch die drückte es schon breit wie Pfannkuchen. Eigentlich wollte ich gar nicht wissen, was das für meine bevorstehende Fahrt bedeutete. Trotzdem fragte ich Enno zaghaft, was passieren könne, wenn ich in dem Zustand Meter mache. Federbruch, Lagerschaden und die totale Abnutzung der Reifen, beziehungsweise das Heißlaufen des Motors könnten auf mich zu kommen. Beruhigende Worte in meinen Ohren. Auch meine ohnehin schon nervöse Mutter wurde kreideweiß, als sie bei unserem Gespräch mithörte. Wir gingen noch kurz durch, was die Lösungen auf diese Eventualitäten wären und dann ging's auch schon los. Jetzt oder nie. Die Mutti mit Tränen in den Augen und Enno äußerlich entspannt und locker wie so oft. Es war ein kurzer schmerzloser Abschied, den keiner von uns unnötig in die Länge ziehen wollte.

Ein dunkler und gruseliger Abend breitete sich aus, an dem ich Lola nun das Kommando zum Absprung auf die Rückbank erteilte. Ich nahm ebenfalls Platz und tippte Andys Adresse ins „Navi". Meine kalten, schwitzigen Pfoten bekamen das grad' so hin. Kupplung, Zündung ... Radio. Als ich versuchte, kurz klarzukommen, trat ich dann endlich zögerlich das Gaspedal. Die

Handbremse war schon gelöst und trotz Fuß auf dem Gas rührte sich nichts. Wir standen auf der Stelle, während der Motor allmählich hochdrehte. Meine Ohren musterten sorgfältig die sonderbare Geräuschkulisse. Als es dann immer lauter wurde und als auch der Hund schon langsam Verdacht schöpfte, dass hier etwas nicht stimmt, fing der Panzer endlich an zu rollen. Vorn unter der Haube meckerte es lautstark. „Du bist doch bekloppt!", schimpften die Zündkerzen, der Vergaser hustete nur erbärmlich. Alle da vorn hatten scheinbar große Wut auf mich, denn ich war es, der diesen untermotorisierten Haufen komplett überladen hatte. Als ich dann über den kleinen Rand der Einfahrt meiner Eltern fuhr, knarzte es furchterregend. Die Karre pfiff aus dem letzten Loch und bewegte sich nur äußerst mühsam vorwärts.

Ich war auf dem Weg Richtung Liebstadt und benutzte die Landstraße. Über die Autobahn wär's ein Umweg gewesen. Was ich allerdings vergaß, war das Gebirge, in dem wir uns befanden und die dementsprechend steilen Straßen, die es hier gab. Steile, enge und durchlöcherte Straßen. Dazu gesellte sich düsterer Nebel, der sich wie ein Schleier über die Wälder legte. Ich war noch nie so angespannt! Wirklich! Jeder Muskel verkrampfte sich, während ich versuchte, dieses Schlauchboot zu lenken. Jede Kurve trieb einem die Schweißperlen auf die Stirn und die steilen Berge ließen entweder den Motor schreien oder die Bremsen glühen. Alles war träge und verzögert und jede noch so kleine Unebenheit jagte einem einen kühlen Schauer über den Rücken. Das Auto gab Geräusche von sich, die man so noch nie zu Ohren bekommen hatte. Als würde es gleich in zwei Hälften zerbrechen, wie bei „Herby", dem Käfer! Geiler Film! Was hab' ich damals gelacht, als ich mir den Film ansah. Jetzt war mir nicht mehr nach Lachen zumute. Meine sich wiederholenden Worte waren: „Damit komm' ich niemals bis zu Andy und vor allem nicht nach Spanien. Da fress' ich eher nen Besen!" Ich war wirklich nicht der sorgsame Typ, der Angst vor grenzwertigen Umständen hatte, aber dieses Auto machte gerade eine kleine Mimose aus mir. Eine, die Todesangst hatte und sich die schlimmsten Horror-Szenarien ausmalte. Mit Mühe und Not kroch ich dann den berühmten Berg kurz vor Andys Bude nach oben und konnte mein Glück kaum fassen. Ich bin echt hier angekommen. Her mit dem Besen!

Ein lachendes Publikum mit offenstehenden Mündern hieß mich Willkommen. Die Leute hier waren scheinbar noch beeindruckter als ich und das lag nicht nur am Alkohol. Einige Erklärungsansätze später schienen grob alle Fragen beantwortet zu sein und man konnte endlich trinken. Und glaub mir, da gab es einige. Obwohl sich hier keine „Normalos" tummelten, fing mein Raumschiff und dessen Inhalt äußerst verdutzte Blicke. Vor allem, als ich dann vorbeugend mein Dachzelt aufklappte, um damit nicht wieder als Alkoholleiche anzufangen, war ich erneut von Schaulustigen umringt. Was für mich reine Schlaf-Routine war, stellte für andere scheinbar eine Art kinoreife Performance dar.

Irgendwann fand ich dann auch Andy. Er saß zusammen mit Albi und Markus hinterm Haus, während das Feuer brannte. Andy war der heutige Gastgeber und Mentor für meine Reise. Ich holte mir viele Tipps bei ihm, da er damals als BMX-Fahrer auf Welttournee ging und auf beachtliche Erfahrungen zurückblicken konnte. Er war ein „Ossi" durch und durch. Den Dialekt und seine Art, sich zu geben, versteckte er keineswegs. Weite Hosen, Cap und Hoodie vollendeten die Figur. Wenn man auf Andy traf, musste man immer mit einem flotten Spruch rechnen, den es zu kontern galt. Tüftler, Discjockey und Moderator beschrieben seine Hobbies. Vor allem aber Bauarbeiter, da er aktuell an seinem Hof rumwerkelte. Er wollte ein altes Gemäuer namens „Wolfsgut" in eine Art Erlebnisort und Unterkunft für Kumpels aus aller Welt verwandeln. Andys Gäste können hier ordentlich was erleben. Ob Skaten in einer riesigen DIY-Rampe, Wandern im ruhigen Umland oder Würstchen grillen überm Lagerfeuer, all das und vieles mehr sollte hier bald machbar sein. „Camp'n roll" soll's vielleicht mal heißen und man kann auch jetzt schon vorbei schnuppern. Ich wünsche ihm wirklich alles Gute für sein finales Projekt und das er vielleicht irgendwann noch seine „Endgegnerin" findet, mit der er auf der „Hollywood-Schaukel" seine alten Tage zählen kann. Er ist ein super Typ und jede Lady hätte es gut bei ihm. Ich könnte wahrscheinlich noch mehrere Seiten über Andy schreiben. Er war ein wandelndes Buch und hatte massig Lektionen für sämtliche Lebenslagen auf Lager. Beispielsweise ließ er mich wissen, wie man korrupte Bullen erkennt. Man trifft in armen Gegenden häufiger auf sie und sollte gut aufpassen, wenn sie mit einem kommunizieren. Falls es dann wirklich nicht mit rechten Dingen zugehen sollte, kann man sie darum bitten, das Problem offiziell auf dem Revier zu klären, da man gerade nicht versteht, warum man hier grundlos 200 € bezahlen muss. Das schreckt die meisten schon mal ab. Außerdem gab er mir den altbekannten Tipp, Kopien meiner wichtigen Dokumente mitzuführen, da sie diese gern mal einbehalten und man schlimmstenfalls ohne Ausweis im fremden Lande steht. Also den komischen „Cops" dann einfach nahebringen, dass man seine Dokumente verloren hat und gerade nur die Kopien vorzeigen kann. Somit geht auch nichts verloren. Ich machte sogar doppelt Kopien und heftete sie zusätzlich Zuhause ab, beziehungsweise versteckte ich sie im Fiesta. Die wichtigste Lektion war aber, stets freundlich zu lächeln und niemanden in Schubladen zu stecken. Auch Angst und was andere sagen, war zweitrangig.

Andy selbst war damals einer der ersten Deutschen, die bei einem amerikanischen „Flatland-Kontest" angetreten ist. Er flog zu dieser Zeit mit dem BMX übers Meer und konnte dabei kaum ein Wort Englisch. Er hat's einfach gemacht, hat sich einfach als „kleener" Ostdeutscher vom Dorf dort drüben behauptet. "Hello, my name is Andy and I'm from East-Germany!", war so ziemlich alles, was er konnte. Und die Betonung lag auf „east", wie er immer so schön sagte, haha. Als er dann bei der Veranstaltung auftrumpfte, bekam er abschließend die Faust einer seiner Idole. Quasi der „Tony Hawk" des BMX-fahrens lobte ihn hier mit: „Good Job, Andy!"

Das abendliche Feuer loderte noch ein paar Stunden vor sich hin und irgendwann ging's ins Nest. Die Nacht war sehr angenehm.

Albi pennte mit seiner „Gutsten" im Hochdach und Markus auf der Couch. Früh morgens gab es „Frühstück à la Andy" und die Sonne schien. Ein guter Tag! Fred und seine Freundin, die die hier eigentlich den Abschied feierten und ich, wünschten uns viel Glück bei unseren Abenteuern. „Holter die Polter", jetzt ging's los!

Strom schnüffeln

Auf Google-Earth hatte ich mich schon länger an einer bestimmten Gegend etwas unterhalb von Barcelona aufgegeilt. Sie stellte mein vorläufiges Ziel dar. Der Plan war, bis hierhin zu fahren und dann auch dort zu bleiben. Die Region bot einen kostenlosen Parkplatz direkt am Meer, Duschen am Strand und 400 Meter hohe Berge im Hintergrund. Als würde man nach Österreich und an die Ostsee zur gleichen Zeit fahren! Das kannte ich so noch gar nicht. Man hätte quasi alles auf einem Fleck und könne hier kostengünstig eine Auszeit nehmen, genau wie damals in Barcelona mit der Freundin. Nur eben länger und noch dazu wär's herrlich warm. Ich malte mir schon meine Tagesroutine aus, welche mit ausgiebigem Schwimmen starten würde und mit Wandern in den Bergen enden sollte. Das Auto wollte ich dort auf dem Parkplatz fest deponieren und mir drum herum mein Camp errichten. Mit dem Fahrrad würde ich von hier aus Erledigungen tätigen und Lola hätte sicher auch ihre Freude. Von zuhause aus spürte ich schon einen Waschsalon und diverse Einkaufsmöglichkeiten auf. Ja, sogar ein angrenzender Campingplatz, auf dem es Toiletten gäbe und wo man W-Lan schnorren könnte. „Was willste mehr? Wenn's kälter wird, fährste einfach noch'n Stück weiter runter", ermutigte ich mich weiter. Mit der App „Park4Night" fand ich sogar noch alternative Stellplätze in der Gegend. Wenn man die 3–4 € vom Waschsalon, das KFZ, die Kosten fürs ergänzende Futter und Lolas Haftpflicht zusammenrechnete, käme man wahrscheinlich auf gerade mal 250–300 € laufende Kosten pro Monat. Das wäre ja der Oberhammer. Die einzige Angst, die hier noch blieb, wäre, mit der abrupten Entschleunigung nicht klarzukommen und vielleicht noch dieses Atomkraftwerk sowie die Motorrad-Rennstrecke, die beide nur wenige Kilometer entfernt lagen und er Idylle schaden könnten. Laut Berichten in der App solle man diese aber kaum hören. So schön, wie das alles klingen mag, ankommen müsste ich trotzdem erstmal.

Nach einer Schönwetter-Übernachtung, samt Outdoor-Probeduschen in Tschechien zog es uns weiter nach Österreich. Nach und nach entkrampfte mein Hals und auch mein fahrbarer Untersatz schien sich an die Pfunde zu gewöhnen. Geil! Endlich frei! Mit fetten 2000er-Beats ging's über die Ösi-Landstraßen Richtung Süden. Nachdem auch die Vignette klebte, brach die nächste Nacht herein.

Heute schien das Glück leider nicht ganz auf meiner Seite zu sein und so verließ mich an jenem Nachmittag das Navigationsgerät. Alle Offline-Karten wollten plötzlich „geupdated" werden und man verwehrte mir den Zugriff auf die App. Karten aus Papier hatte ich nur für Spanien. Als ich mein anderes Handy benutzen wollte, stellte ich fest, dass ich Null Empfang hatte und das, obwohl ich vorher extra nochmal beim Telefon-Shop des Vertrauens vorstellig war und mich versicherte, auch im Ausland meinen „Prepaid-Vertrag" wie gewohnt nutzen zu können. „Gar kein Problem!", ließ man mich wissen. Dass es zweiwöchige Ausfälle des ausländischen Mobilfunks gab, verschwieg man mir allerdings. Neben der Vignetten-Bude strahlte zum Glück etwas W-Lan durchs Gemäuer. Aber wirklich nur ein lausiger Balken, der es mir leider nicht ermöglichte, die besagten Updates zu installieren. Lediglich den Standort einer McDonald's-Filiale konnte ich mit diesem einen Balken ausfindig machen. Nichts wie hin da. Es dämmerte bereits und als ich dann bei Mc'es auf der Ledercouch hockte, war es bereits dunkel. Trotz des „Premium-Wifi" der Burgerbude luden die Downloads nur sehr langsam. Die Warterei nervte ungemein und der heutige Stellplatz, den ich eigentlich noch erreichen wollte, war noch zu weit entfernt. Somit schliefen wir an diesem Abend prompt im angrenzenden Gewerbepark. Hier standen schon ein paar LKWs und alles schien recht ruhig zu sein. Ich löste den Klettverschluss und klappte mein Zelt auf. Ein kalter Abend ließ uns schnell ins Innere kriechen.

Piep, piep, piep – weckte uns nicht etwa der Wecker, nein, ein rückwärtsfahrender Bus übernahm das in diesen frühen Morgenstunden. Der Fahrer machte hier Frühstückspause mit Aussicht auf unser skurriles Schlafkonstrukt. Da wir anscheinend seinen Stammplatz belegten, machte das Heck des Busses heute die Anlieferungs-Einfahrt für „Mäc-Geiz" dicht. Mittlerweile gesellte sich noch ein Müllauto dazu. Die 2 Männer hatten ebenfalls Pause und plauderten mit dem Busfahrer. Irgendwann streckte ich dann meine Käsefüße aus dem Zelt, um auch endlich aufzustehen. Die 3 konntens einfach nicht fassen. Während ich mich die Leiter runter quälte, musste ich lachen und winkte kurz rüber. Das eine führte zum andern und augenblicklich hatte ich die 3 Neugierigen an der Backe. Nach einem Foto ließen sie mich endlich Zähne putzen und frühstücken. Die 3 netten Herren verschwanden anschließend runter zum Kaffeeautomaten.

Nachdem ich Lola Kaninchen aus der Büchse servierte und mich gerade auf meinen Hocker setzen wollte, ertönten lautstark Schimpfwörter. Zu dem Gefluche gesellte sich das mehrmalige Aufheulen eines LKW-Motors, der anscheinend nicht am Bus vorbeikam. Na klar, das war eine Lieferung für „Mäc-Geiz" und der Typ stand anscheinend unter Zeitdruck. Ich ging rüber und erklärte ihm, dass der Busfahrer grad mit den Jungs Kaffee saufen war und hoffentlich gleich wieder käme. Als er dann endlich wieder kam und sich dieser Konflikt gelöst hatte, tauchten mehr und mehr Autos auf. Die ruhige Straße vor meiner Nase entpuppte sich langsam als gut befahrene Einkaufsroute der Österreicher. Ich hatte die Faxen dicke und kippte hastig den heißen Tee hinter. Eins stand fest: im Gewerbepark schlaf' ich nicht mehr!

Wir legten viel Strecke zurück und standen kurz vor der gefürchteten Alpenüberquerung nach Italien. Da ich aber keinen Zeitdruck hatte, verschob ich den „Brenner-Pass" auf morgen und schenkte heute der Schlafplatz-Wahl etwas mehr Aufmerksamkeit. Es war noch recht kalt hier und ich musste dringend mal Duschen. Aus diesem Grund steuerte ich heute einen Campingplatz an. Eine Premiere, denn ich war noch nie so recht auf einem, konnte mir aber vorstellen, dass es hier Duschmöglichkeiten gab. Anscheinend lag dieser in einer noblen Ortschaft und dementsprechend schockierend war dann auch die Preistafel. Nach kurzer Absprache mit Engel und Teufel auf meiner Schulter ging ich einfach hinten rein und duschte auf Kosten des Hauses. Es bot sich an, da es keinerlei Umzäunung gab. Das klingt jetzt ziemlich gemein, und das war es auch. Und kleine Warnung im Voraus: Es wird auch noch n' Haufen mehr Scheiß auf dich zu kommen. Situationen, in denen ich mich rücksichtslos verhielt und reichlich schlechtes Karma einsackte. Aber hey, soll ich's lieber auslassen oder gar irgendwas Netteres erfinden? Ich denke nicht. Da lieber schreib ichs knallhart nieder. Wichtig ist doch, dass ich's hoffentlich irgendwann nochmal lese und zurückblickend denke: „Was für'n ausgekochtes Schlitzohr du doch warst!"

Ich versuchte mich also so zu verhalten, als wäre ich ein Gast und da der Platz recht verwinkelt und weitläufig war, fiel das nicht weiter auf. Man fühlte sich diese Schandtat gut an. Da ich dann auch noch die Toilette benutzte und mich ein schlechtes Gewissen quälte, übergab ich daraufhin der Reinigungskraft etwas Münzgeld. Dankend und gleichzeitig verdutzt nahm sie dieses entgegen. Sauber und gewärmt nahm ich wiederum Platz im Fiesta. Ich kannte die kommende Gegend, da ich hier schon mal im Urlaub war, und steuerte daraufhin den Ort Sankt Martin an, in der Hoffnung, am Rand des Dorfes einen kleinen Feldweg zu finden, auf dem ich ruhig stehen könnte. Gesagt getan, und es gab nicht nur einen Weg, sondern sogar eine Art Wanderparkplatz, auf dem der Münzautomat nicht zu funktionieren schien. Perfekt, da war ich nicht bös' drum! Kleingeld hatte ich grad eh keins mehr. Ich ließ Lola frei und freute mich über diese wunderschöne Lage mit Blick auf die großen Bergfronten, die dieses zierliche Tal umringten. Ein angenehmer Kontrast zum gestrigen Schlafplatz. Nicht weit davon gab es eine Art Quelle, an der ich damals als Kind schon mit dem Hund meiner Großeltern rumturnte. Wir nutzten diese als Ziel der abendlichen Gassi-Runde und ließen die Erinnerungen wirken. Den Trinkwasserkanister füllte ich bei der Gelegenheit randvoll. Nachdem sich das Hündchen erleichterte und auch einen Schluck vom frischen Bergwasser genommen hatte, riss uns eine dunkle, windige Front aus dem melancholischen „Geträume" und wir kehrten zurück zum bereits ausgepackten Gaskocher. Der langsam stärker werdende Wind schickte uns dann endgültig ins Bett. Die Nacht verlief jedoch ruhiger als gedacht, nur am nächsten Morgen gab's dann wieder eine Überraschung.

Lola, welche gern mal selbstständig um die Häuser zog und sich von Gerüchen aller Art lenken ließ, zog es an jenem Morgen hoch auf die Wiese. Die Insekten kreisten verspielt um ihre Nase, entfernt bimmelten die Kuhglocken und die Sonnenstrahlen erwärmten rasch die kühle Morgenluft. Ich hatte sie nur selten angeleint, da sie immer im Radius blieb und ich es nicht mochte, sie so einzuschränken. Es war eh nicht viel los, kaum ein Mensch und keine Autos in Sichtweite. Nur eins vergaß ich: den Elektrozaun!
Und so kam es an diesem scheinbar ruhigen Morgen zur Tragödie. Als ich grad genüsslich den Löffel an die Lippen setzte, ertönte ein furchtbares Jaulen. Es klang erbärmlich und leidend. Ich sprang vom Hocker und sah nur noch die vorbei rasende Lola, die sich tierisch das empfindliche Näschen verbrutzelt hatte und vor lauter Schreck hoch in die Berge rannte. Im Affenzahn war sie verschwunden zwischen Felsen und Bäumen. Ich ließ alles stehen und liegen und machte mich auf die Socken. Eins muss man ihr lassen, sie war flink wie 10 Pferde und kaum hatte man seine trägen Füße aktiviert, war sie auch schon verschwunden. Ich sparte mir vorerst die „Ruferei", da

sie meist eigenständig wieder kam. Heute war es jedoch anders, nach 10 langen Minuten wurde mir dann etwas mulmig. Vom Hund war keine Spur. Nicht die Bohne! Am Wanderparkplatz kam währenddessen eine ältere Dame an, die mein Auto musterte. Ich brach die Suche vorerst ab und kehrte zurück zur Basis. Die Frau war aufgebracht und man sah sie schon aus der Entfernung hastig auf und ab laufen. Als ich dann in Hörweite ankam, setzte es gleich was. Die Frau war anscheinend zuständig für das Einweisen der zahlreichen Touristen und Busse, die gegen Vormittag hier eintreffen würden. Ich teilte ihr mit, dass ich hier eine Nacht verbracht hatte, da keinerlei Verbotsschilder fürs Campen angebracht waren und außerdem gerade mein Vierbeiner verloren gegangen war. „Dos kampieren ist hier neet gstattet und dos Hiendl muss bei uns an dor Leinen gefiehrt wern!", kläffte sie zurück. Ich entschuldigte mich vielmals und wies erneut auf die fehlende Beschilderung hin. Daraufhin erklärte sie mir, dass die Tafeln gerade in Auftrag bei der Stadt seien, dass aber alles seine Zeit dauere. Die Camper blockieren die Wendestelle der Busse und so hatte sie immer allerhand Extraarbeit. Als ich mich dann verständnisvoll zeigte und bereit erklärte, hier so schnell wie möglich die Fliege zu machen, brach das Eis. Hinter der anfänglichen Furie steckte eine liebe alte Dame, die dann extra die Polizei kommen ließ, um meinen Hund wieder einzufangen. Ich sagte ihr, dass das nicht nötig sei, aber keine 5 Minuten später standen die Ordnungshüter schon Gewehr bei Fuß. Ich erklärte ihnen, was sich ereignete und dass Lola eher von der schüchternen Sorte sei, beziehungsweise sogar ziemlich ängstlich gegenüber Fremden. Sie fuhren mit ihrem SUV den schmalen Feldweg hoch und noch in Sichtweite rief mir die Polizistin aus dem Fenster entgegen: „Wir hoam se gfundn!" Ich war verblüfft, wie schnell das ging und flitzte gleich hoch. Lola war fast 25 Minuten weg, viel länger als sonst und ich war ziemlich in Sorge. Um so schöner war dann die Rückkehr. Auch die alte Dame freute sich für uns und wir räumten noch, wie versprochen, vorm „Touri-Ansturm" die Fläche. Man, man, man, was für ein Morgen! Ich glaube, wir hatten beide was gelernt: Strom tut weh und Leichtsinn wird bestraft. Man musste hier einfach etwas vorsichtiger sein als im gewohnten Umfeld und konnte sich nicht überall wie im heimischen Garten fühlen.

Es war gegen 11, als es langsam ernst wurde, denn schon seit mehreren Kilometern ging es stetig bergauf. Der Brenner lag vor uns. Es war der von LKW-Fahrern gefürchtete Bergpass über die Tiroler Alpen. Da diese oft schwer beladen waren, hatten die Motoren dementsprechend zu kämpfen. Auf dem Standstreifen sah man schon den ein oder anderen Trucker mit Blick unter die Haube stehen. Mir stand nun Ähnliches bevor, da ich ebenfalls weit über dem Normalgewicht lag. Und noch dazu wurde die Luft in dieser schwindelerregenden Höhe immer dünner. Das bedeutete die reinste Schwerstarbeit für den 30 Jahre alten Senior. Er hustete ja ohnehin schon grimmig vor sich hin. Da die Motor-Temperaturanzeige nicht so recht funktionierte, konnte ich nur anhand der großen Zehe beurteilen, ob das Auto gerade heißlief. Denn hier unten im Fußraum saß der Lüftungsschnorchel, der allerhand warme Luft aus dem Motorraum ins Innere beförderte. Je nach Einstellung am Regler eben. Ich schob diesen nach ganz links und augenblicklich bekam man warme Füße. Zusätzlich drehte ich die Lüftung auf die höchstmögliche Stufe und öffnete die Fenster. So sammelte sich die warme Luft nicht im ohnehin schon kochenden Vorderen des Wagens. Wir krochen nun mit 60 km/h, im dritten Gang, hinter einem Lastwagen her. Der dadurch entstehende Windschatten kam uns zugute und so erreichten wir nach über 35 Kilometer Steigung mit Mühe und Not den Gipfel. Oben angekommen, verringerte sich die Leistung und selbst bergab kamen wir nicht mehr über die 100. Das verunsicherte mich kurz, aber anscheinend bekam der Motor einfach nicht ausreichend Sauerstoff in dieser Höhe. Egal! Jetzt geht's wieder runter und Tatsache, weiter unten lief er wieder einwandfrei.

Auf meiner Park-App fand ich heute einen coolen, kleinen Stellplatz auf dem Privatgrund eines Pärchens. Auf den Fotos konnte man ein umgebautes Gartengelände erkennen. Alles sah irgendwie DIY-mäßig aus und der Preis pro Nacht war erstaunlich niedrig. Gerade mal 8 € verlangte man hier. Und da ich am nächsten Morgen duschen wollte, steuerte ich dieses Örtchen zielstrebig an. Ich kam an und irgendwie schien mich die App verarscht zu haben, denn ich konnte weit und breit nichts Derartiges finden. Nach dieser anstrengenden Fahrt und Enttäuschung suchte ich nun etwas akribischer nach einer zuverlässigen Ausweichmöglichkeit. Das einzige Angebot im Umkreis war ein 5-Sterne-Campingplatz weiter oben in den Bergen. Ehrlicherweise hätte es schon noch die ein oder andere Ausweichmöglichkeit gegeben, aber irgendwie wollte ich dort hin. Und da die Gegend hier nicht sonderlich schön aussah, überredete ich den kleinen Fiesta, mich doch bitte hoch in die Berge zu manövrieren. Nochmal? Nochmal! Nicht mehr mit 60 im Dritten, sondern mit 30 km/h im zweiten Gang ging es diese enge Passstraße steil bergauf. Wir bildeten die Spitze einer 10–20 Auto starken Kolonne. Die Fahrer im Hintergrund bissen wahrscheinlich schon ins Lenkrad und so fuhr ich ab und zu in eine Haltebucht und ließ die PS-stärkeren Fahrzeuge an mir vorbei. Die Mühe lohnte sich und wir erreichten eine herrliches Bergplateau, eine Art Hochebene umrandet von Gipfeln auf mittlerweile italienischer Seite. Heute stand anscheinend „Gönn-dir-Tag" im Kalender und so blätterte ich stolze 35 € für eine Übernachtung auf die Theke. Musste auch mal sein! Mich interessierte sehr, was es hier alles zu bieten gab. Mit großen Augen erkundete ich das Gelände und traf neben einer hauseigenen Pizzeria und einem luxuriösen Waschsalon auf ein Bad nur für Hunde. Ja richtig, hier konnte man den Vierbeiner über eine Art Anfahrtsrampe in eine große Wanne verfrachten. Alles war schwarz gefliest und indirekt beleuchtet. Ich kam aus dem Lachen nicht mehr raus, als ich Lolas verdutzen Blick dazu sah. Trotz dieses außerordentlich vornehmen Angebotes lehnte sie ab. Sie fühlte sich pudelwohl in ihrem dreckigen Pelz und war generell keine Wasserratte. „Ich dusche wie gewohnt mit Speichel und Zunge", konterte sie aufrichtig. Soll mir recht sein. Auf ihrer Rückbank sah es eh schon aus wie „Hulle" und ich war manchmal froh, dass wir getrennt schliefen. Keine Sorge, trotz der geteilten Räumlichkeiten waren wir immer noch miteinander verbunden. Wenn der Hund sich drehte, wackelte das ganze Auto und umgekehrt genauso. Außerdem ließ ich das Fenster immer einen Spalt auf, da das Dachzelt eine Art Vordach erzeugte, man sie so hören konnte und sie dadurch ausreichend Frischluft bekam. Ich bin ja keiner, der Insekten ins Glas steckt, ohne Luftlöcher reinzumachen!

Der Waschsalon bot neben herrlich warmen Duschen und geräumigen Toiletten auch einen Keller, ausgestattet mit Waschmaschinen und Trocknern. Ich nutze die Gelegenheit und setzte noch vorm Abendbrot ne Trommel an. Zufrieden fiel ich nach einem Plausch mit einem Mathelehrer aus Bayern ins Nest. Er war es, der mir am nächsten Morgen die Fotos seiner letzten Wanderung zeigte und mich damit mächtig beeindruckte. Ich war so aus den Socken, das ich gleich anfing, auf dem Handy eine Route zusammenzustellen. Vom Campingplatz aus sah man einen Gipfel, der mich magisch anzog. Als ich dann noch hörte, dass hinter diesem ein Bergsee lauerte, waren wir Feuer und Flamme. Lola konnte es kaum fassen, als ich ihr während des Frühstücks von unserem heutigen Vorhaben erzählte. Nach so langer Autofahrt war eine große Gassi-Runde die willkommene Abwechslung. Zack, zack, „rubbel die Katz" und schon ging's los. Wir hatten beide Hummeln im Arsch, groß wie Blaumeisen und so marschierten wir im Stechschritt den Berg hinauf. Links, zwo, drei, vier ... links, zwo, drei, vier! Das Auto hatten wir auf einen angrenzenden Parkplatz verfrachtet. Weitere 35 € wären dann doch etwas happig. Außerdem waren wir gut erholt vom vielen Luxus und heute Abend sicher erschöpft vom Wandern. Da schläft man gut, egal wo man steht.

Nachdem Lola auf die zahlreichen Murmeltiere aufmerksam geworden war, bestand Leinenpflicht. Wir waren mittlerweile auf recht ansehnlicher Höhe und Faxen konnt' ich hier nicht gebrauchen. Als wir über einen Bergkamm balancierten, ließ sich dann auch nach und nach der See erblicken. Atemberaubend schön war der! Nicht ganz Türkis, aber Petrol schimmerte er im Glanz der strahlenden Sonne. Nach einer doppelten Portion Kartoffelbrei erklommen wir dann den besagten Gipfel. Um die 2600 Meter maß dieser und bot eine Sicht über die unzähligen Spitzen. Ein super Gefühl, wie schon in Kindheitstagen mit den Großeltern.

Die körperlichen Strapazen steckten uns in den Knochen und wir rochen dementsprechend streng. Obwohl der Aufenthalt im Campingplatz nur bis 12 Uhr Mittag gestattet war, ging ich um 17 Uhr dann nochmal fix duschen. Da es jetzt schon so spät war, entschied ich kurzerhand, gleich im Radius zu bleiben und mir hier ein ruhiges Schlafplätzchen zu suchen. Auf jeden Fall eins umsonst nach all der Opulenz. Nicht dass man noch bequem wurde! An einer Art abseitsgelegenen Freilichtbühne wurden wir fündig. Da diese überdacht war, parkte ich das Auto quer davor und schlief gleich im Freien auf der guten alten Luftmatratze. Durch das Auto sah mich keiner und Regen war so auch nicht das Problem.

Im weitern Verlauf der Reise überquerten wir die schlimmen Straßen Italiens, aber vor allem deren Brücken, in denen handbreitgroße Spalten klafften. Der reinste Horror für's Fahrwerk. Ein netter Opa ließ uns zum Ausgleich auf seinem privaten Parkplatz schlafen. Er war recht einsam, aber gut betucht und wohnte hoch oben in den italienischen Bergen mit Blick auf's Mittelmeer. Anscheinend freute er sich über etwas junge Gesellschaft, auch wenn wir kein Wort voneinander verstanden. Nach weiteren äußerst herausfordernden Autobahnabfahrten in Frankreich, wo sich teilweise 8 Spuren 4–5-fach „aufsplitteten" sah ich zum ersten Mal ein lichterloh brennendes Auto mitten auf der Fahrbahn. Es hatte gerade eben erst gekracht und ereignete sich auf der gegenüberliegenden Seite. Kurz danach kam es zu einem weiteren Vorfall:

Der ohnehin schon stressige französische Verkehr war kombiniert mit zahlreichen Mautstellen. Klar war, dass man hier immer mal den ein oder anderen Groschen loswurde und im Gegenzug schön asphaltierten Belag erhielt. Das war aber wirklich nicht das Problem, schließlich kam man auf der Mautstraße um einiges flüssiger vorwärts. Oder mit den Worten meines Onkels: „Auf der Landstraße fährste' dir doch ne Eule ans Been. Da kommste in 10 Tagen nich' an!" Was aber wirklich störte, waren diese komischen Schilder, die da teilweise an Ketten vor der Mautstelle hingen. Und da ich gerade die volle Aufmerksamkeit auf die Auswahl der Einfahrten und die wild fahrenden Franzosen lenkte, übersah ich kurzerhand ein wichtiges Detail. Es war der 3 Meter hohe Dachaufbau, der scheinbar etwas in Vergessenheit geraten war. Und so fuhr ich an diesem heißen Mittag zuversichtlich in eine 2,5 Meter begrenzte Maut-Bucht. Wir standen in einer Schlange und die Sonne prasselte nur so vor sich hin. Alle wollten einfach nur möglichst schnell Passieren. Man hörte schon die Hintermänner schreien, wenn sich einer bei der Bezahlung zu dämlich anstellte. Alle standen dicht an dicht und es lag Spannung in der Luft. Im Eifer des Gefechts fuhr ich langsam an, um zum Vordermann aufzustocken. Ich wunderte mich etwas über dieses kurze Rasseln und auch das Gas schien etwas zu klemmen, ähnlich wie bei der steilen Einfahrt meiner Eltern. Ich dachte mir nichts dabei und gab eben etwas mehr Gas. „RAAATSCHKRAWUMMSJAUCHTZ!" Es schepperte blechern, wie damals auf den „Tekno-Parties" mit „K"! Ich stieg aus und sah auch gleich das Elend. Anscheinend hatte sich der Fahrradsattel zwischen einem Rohr und dem an der Kette hängendem Begrenzungsschild verkantet. Als ich dann weiter Gas gab, rissen 2 der 3 Fixpunkte des Fahrradträgers komplett ab und der geliebte Drahtesel hing nur noch am Hinterrad. Da ich einfach weiter fuhr, schoss das Bike dann wie ein Flitzebogen im Rückwärtssalto auf die Heckscheibe. Ich fluchte, was das Zeug hielt. Wären Kinder in Hörweite gewesen, hätten sie nen Treffer für's Leben bekommen. Schon während ich ausstieg, sah man mir die Freude im Gesicht stehen. Mir standen die Haare zu Berge, so gebürstet war ich. Als ich dann auch noch die extra lange, dicht auffahrende Schlange hinter mir sah, schrie ich auf vor Wut. Der Hintermann bekam die volle Dröhnung ab. Mit feuerrotem Kopf, wie bei „Tom und Jerry", hämmerte ich auf's Dach und alle Drängler verkrochen sich plötzlich hinterm Lenkrad. Selten brachte mich etwas derart aus der Fassung. Ich war noch nicht mal angekommen und schon hing das liebevoll aufgebaute Fahrrad quer auf der Heckscheibe. Nur gut, dass wenigstens diese noch ganz war. Mit überhitztem Kopf und geballten Fäusten stieg ich wieder ein ins Vehikel. Nach der Mautstelle stand die bewaffnete Rennleitung schon gut sortiert und grimmig guckend an den Ausfahrten. „Na toll, ihr fehlt mir jetzt noch!" „Louis de Funès" und seine Freunde von der „Gendarmerie" ließen mich aber trotz besonderer Auffälligkeit passieren. Anscheinend sah man mir an, dass der Geduldsfaden mehr als gerissen war und nur noch ein kleiner Windhauch das Kartenhaus zum Einstürzen gebracht hätte. Kurz danach fuhr ich rechts auf den Standstreifen, um das Kunstwerk wieder zu richten. Der Greifer, der das Unterrohr hielt, schien noch funktionsfähig zu sein. „Puhhh!" Es war also nur vorn die Ratsche gerissen. Ich hatte zum Glück Kabelbinder und Spanngurte dabei. Zwei zusammen gesteckte Verbinder hielten das Vorderrad wieder relativ gut am Träger. Nur der Sattel schien mächtig was abbekommen zu haben. „Oh man, auch noch der Sattel", meckerte ich vor mich hin. Wer intensiv Fahrrad fährt, weiß, wie lange man braucht, um den richtigen zu finden. Den, der sich optimal am Arsch anschmiegt und keinerlei Schmerzen verursacht. Nun, genau dieser hatte jetzt die Form eines rechten Winkels angenommen. Er war komplett verbogen. „Schööjn dank och!"

Nach diesen Strapazen ging ich in Frankreich erstmal Frust-Shoppen. Ich hatte die Kulinarik noch gut in Erinnerung und zierte den Beifahrersitz daraufhin mit frischem, weichen Brot, duftenden Croissants und ulkig aussehenden Zucchinis. Gelobtes Frankreich! Außerdem kaufte ich eine Orangensorte mit grüner dünner Schale, welche aber keineswegs nach Limette schmeckte und Äpfel mit Kirschgeschmack. Dieses neuartige Futter lenkte mich dann gut ab und nach und nach bekam ich wieder einen klaren Kopf. Einen, dem kurzerhand dieser schöne Strandparkplatz einfiel, an dem ich schon früher mit der Freundin hielt. Es fiel mir genau zur richtigen Zeit wieder ein und so verbrachten wir den Abend dann direkt hinter der Düne mit Sand unter den Reifen. „Zisch!", ploppte auch schon das eklige Büchsenbier. Hier gefiel's Lola besonders gut. Wie wild fetzte sie zur Begrüßung durch den Sand. Es war einfach herrlich hier und wir blieben noch 2 weitere Nächte. Es schien permanent die Sonne und so lud ich die Batterie mithilfe des Solar-Paneels. Wir waren komplett autark, denn vorn am Strand waren Fußduschen, an denen ich meinen Kanister auffüllte. Da es eher eine Brühe als klares Wasser war, pumpte ich mir das Trinkwasser mit einem Filter aus dem Kanister. Ich hatte auch einen so genannten Falteimer am Start, in dem ich „Schlüpper" und Badehose wusch. Die Sonne trocknete sie innerhalb weniger Minuten. Socken benutzte ich kaum, da ich im Auto Barfuß fuhr und sonst immer Flip-Flops trug. Ein T-Shirt brauchte man hier auch nicht. „Easy life"! Mit dem produzierten Strom konnte ich dann mal richtig saugen und mir wieder die gewohnte Glatze verpassen. Sie war pflegeleicht und kaschierte die bereits gut ausgeprägten Geheimratsecken sowie den langsam herannahenden Mönchskreis. Man erbt bekanntlich nur das Beste. Danke Mutti! Ne, Quatsch, deren Haare waren noch ausreichend vorhanden, hahahaha. Duschen ging ich immer abends im Dunkeln. So erschraken sich die Mädels nicht vor meiner „Pfeiff". Es war der erste ausgiebige Testlauf meines Equipments und alles schien gut zu funktionieren. Das gefiel mir gut.

Da in Frankreich gerade Ferienzeit war, füllte sich der Parkplatz oft rasend schnell. Innerhalb einer Stunde rollten hier hunderte Autos an. Zum Glück standen wir etwas abseits und hatten sichere Distanz zum Trubel. Generell war diese warme, lang ersehnte Sonne einfach nur geil. Sie machte glücklich und ließ keinen Platz für schlechte Laune. Die Franzosen lächelten alle nett und wünschten einen angenehmen Aufenthalt. Wie eine dieser asiatischen „Winke-Katzen" saß ich auf meinem Hocker mit an's Auto gelehntem Rücken. Abends spielte man dieses Kugel-Spiel, ich glaube es heißt „Boule", und amüsierte sich herrlich.

„Los Angeles"

Irgendwie gab es in mir einen Gedanken, mit dem ich nicht so recht umgehen konnte. Er war verbunden mit einem Gefühl von enormer Ungeduld und dem Durst nach neuen Eindrücken. Den gab's schon seit Ewigkeiten. Als ob ich erst zur Ruhe käme, wenn ich an diesem Ziel angekommen wäre. Das Ziel, das ich mir auf Google-Earth schon seit Monaten ausgeguckt hatte. Ich musste unbedingt dorthin und hatte starkes Verlangen nach Klarheit, also ob's da wirklich so aussah wie von oben. Ob's wirklich der perfekte Platz war. Wenn ja, müsste das ja viel krasser sein als alles andere, müsste diesen wunderschönen französischen Strandparkplatz noch um Längen in den Schatten stellen.

Ich fühlte mich wie beim Öffnen einer Matrjoschka. Eine Matrjoschka besteht aus mehreren ineinander gesteckten Figuren und stammt aus Russland. Öffnet man die erste, bunt bemalte Puppe, erscheint eine zweite. Öffnet man diese, kommt wieder eine zum Vorschein. Das Spiel geht 6 oder 7 Mal so weiter, bis man bei der kleinsten ankommt. Die kann man ebenfalls halbieren. Auf meiner bisherigen Reise wollte ich immer wieder sehen, was die nächste Figur zu bieten hatte, vielleicht war die ja noch viel krasser als die vorherige, welche ich bereits weggeschmissen hatte. Hätte ich mal richtig drüber nachgedacht, hätte ich feststellen müssen, das alle gleich interessant waren und man am Ende, beim Öffnen der letzten Figur, nichts als warme Luft erhält. Da ist kein Schatz versteckt. Die viele Eile bringt rein gar nichts. Und die großen Erwartungen, die man ans Innere der Holzfigur hat, lösen sich womöglich einfach auf und die Trauer überkommt einen. Stattdessen sollte man sich an jeder einzelnen Hülle erfreuen, jede einzelne mit derselben Neugierde betrachten und nicht alles hastig auseinanderreißen, um einfach nur das Innere zu sehen.

Das wusste ich damals natürlich noch nicht und so wäre ich beinahe direkt zum Endziel durchgeplatzt. Zum Glück war es eine zu lange Strecke und ich musste einen Zwischenhalt machen. Das wäre sonst Quälerei für'n Hund und für meine kognitiven Fähigkeiten. Und als ich da so mit dem Finger auf dem Display meines Handys rumwischte, bemerkte ich kurzerhand ein Bergmassiv. Die Pyrenäen! Dieses atemberaubende Gebirge, für das auf der letzten Reise nicht genug Zeit war. Es lag genau auf halber Strecke und als ich weiter in die Karte zoomte, sprang mich ein Ort namens „Les Angles" an. Das klang fast wie „Los Angeles" und irgendwie wollte ich wissen, wie's da aussah. Es lag zwischen Andorra und dem Mittelmeer. Also nicht zu tief im Landesinneren, aber weit genug drin, um die Landschaft in vollen Zügen zu kosten. Ich war schon mein Leben lang fasziniert vom amerikanischen Look und vielleicht sah's da ja auch so aus. Dass „Les Angles" französisch für „Winkel" war, verdrängte ich. Ab nach Amerika!

Wieder mal krauchte und jauchzte es, das Spiel kennste' ja schon. Im Schneckentempo ging's die beeindruckenden Bergstraßen hinauf. Die waren quasi in den Fels gemeißelt und hatten dementsprechende Abgründe. Vorbei an kargen Ortschaften zogen sich diese unendlichen Kurven bis knapp unter die Wolkendecke. Man konnte dem Wechsel der Vegetation und den fallenden Temperaturen live zuschauen. Auch in den hohen Lagen gab es immer noch die schönen französischen Rastplätze und zahlreiche Waschsalons. Die befanden sich meist ganz praktisch auf dem Parkplatz eines Supermarktes oder eben eigenständig etwas abseits. Es gab fast in jeder Ortschaft einen. Genau wie Stellplätze für Camper. Die Franzosen waren in der Hinsicht sehr zuvorkommend unterwegs. Und in den riesigen Decathlon-Filialen gab es alles, was das Herz begehrte. Man verlief sich zwischen Gaskartuschen, Tarnklamotten und Aufblas-Booten. Frankreich, oder zumindest der mir bekannte südliche Teil, war wie gemacht fürs Schlafen im Freien. Großes Lob!

Je höher ich kam, desto größer wurden meine Augen. Rückblickend betrachtet war die folgende Gegend eine der schönsten, die ich je in meinen Leben bestaunen durfte. Wenn man Berge, Unberührtheit und diesen „90's-american-Holzfällerlook" mag, wird man beim folgenden Abschnitt ins pure Stöhnen kommen. Er war fast wie bei „Dumm und Dümmer" in Aspen. Nur ohne Schnee und Auto, verkleidet als Hund, haha. Lass mich versuchen, es dir möglichst schmackhaft zu beschreiben:

Stell dir eine einsame Straße vor. Grüne Schilder markieren die Ränder dieser grau ausgetrockneten Fahrbahn. Fehlen nur noch die gelben Streifen. Die Fenster sind zur Hälfte geöffnet und frische Bergluft strömt ins Innere deines Wagens. Es ist nicht kalt, denn du trägst deine kuschelige Jacke von Titus. Deine nackten Füße werden von der warmen Luft des Motors gekitzelt, während dir ein lallender „Redneck" feinsten Country in die Ohren trällert. „Wiskey river take my miiiiind ..." verleitet dich beinahe selbst dazu, einen Schluck zu nehmen. Als Trostpreis öffnest du dir ein Alkoholfreies. Du bist so richtig am Cruisen und sitzt bequem wie auf Omas Couch, hast keine Gedanken im Kopf. Nur die Straße, den Vierbeiner, das Auto ... Die Rückenlehne ist im 45-Grad-Winkel nach hinten geleiert und zu deiner Rechten hechelt dir fröhlich ein Hund seinen stinkenden Atem entgegen. Ein Hund, der ab und an neugierig seinen Hals zum Fenster rausstreckt und sich den Fahrtwind um die Ohren sausen lässt. Der Motor ist gut eingelaufen und gibt dir ein sicheres Gefühl. Die Gänge schalten butterweich. Und während du gerade hoch in den fünften wechselst, um auf dieser endlos gerade verlaufenden Straße dem Sonnenuntergang ein Stückchen näher zu kommen, erblicken deine halb geöffneten Augen die brachiale Schönheit der Pyrenäen. Die Augen werden größer und größer und die Pupillen weiten sich. Nachdem sie alles ausgiebig betrachtet haben, kehren sie wieder in ihren halboffenen, entspannten Zustand zurück. Eine Hochebene erstreckt sich vor dir und flüstert: „Komm näher!" Umrandet ist sie von runden Hügeln, zwischen denen spitze Bergkämme in den klaren Himmel stechen. Nur hinter den Felswänden versteckt tummeln sich einige wenige Wolken. Am Fuße dieser Erhebungen wurzeln satt grüne Wälder. Sie klettern an ihnen hoch, bis das steinige Terrain es nicht mehr zulässt. Du fährst weiter auf dieser aalglatten Straße und kommst vorbei an einem Flugplatz, auf dem kleine hübsche Maschinen im Hangar parken. Die Landebahn verläuft parallel zu deiner Fahrbahn und deutet in Richtung orange-roter Sonne. Du stellst dir vor, dein Auto hätte Flügel und hebe gleich ab wie eine Cessna 152. Während du so dahinträumst, näherst du dich langsam einer Kreuzung, in deren Ecke ein mit Neonschrift beleuchtetes Restaurant platziert ist. An diesem biegst du ab, auf eine sich zwischen den Kiefern schlängelnden Straße. Die Wälder hier sind nicht dicht und dunkel, eher offen, mit kleinen Wiesen und Flüssen bestückt. Dir kommen alte Pickup-Trucks entgegen, in denen zerzauste, bärtige Rocker hocken. Trotz ihres rauen Images grinsen und grüßen sie freundlich durch ihre verstaubten Scheiben. Nachdem die Wälder dich langsam wieder ausspucken, macht sich ein Kribbeln in deinem Bauch bemerkbar. Ein breites Lächeln schleicht sich in dein erstauntes Gesicht, denn vor dir liegt das Paradies, die reinste Idylle. Zahlreiche Blockhütten aus Holz türmen sich den Hang hinauf. Skilifte sind noch weiter hoch bis zum Gipfel gespannt. Am Fuße dieses Ortes liegt großflächig ein blau schimmernder See, welcher die Brauntöne der Hütten und das Grün der Wälder wunderbar ergänzt. Das Motiv eines Gemäldes! Es ist ganz ruhig und windstill hier oben. Die Streifen der Fahrbahn, führen dich weiter ins Innere dieses Ortes. Ein Ort wie in den Rocky Mountains. Obwohl du noch nie dort warst, assoziierst du diesen sofort mit deinen Eindrücken. Die Zeit scheint stehen geblieben zu sein, als gucke man einen amerikanischen Film aus den Neunzigern. Aufgrund der Herbst-Saison ist kaum jemand zu sehen im Holzfäller-Dorf. Lediglich 2 Männer, welche in ihrer Werkstatt einen Jeep in Einzelteile zerlegen und eine alte Dame, wartend vor der gelb leuchtenden „Boulangerie", welche einen gedanklich wieder an Frankreich erinnern lässt. Die duftenden Baguettes riechst du schon durch bloßen Blickkontakt ins Schaufenster. Nachdem du sanft wieder aus der geziegelten Altstadt gleitest und dich grün gelbe Wiesen mit zahlreichen Wildblumen umranden, biegst du erneut ab. Eine astreine schwarze Straße führt dich an einem lichten Waldrand entlang. Er umrandet die riesige offene Fläche zwischen dir und dem Dorf. Der frische Asphalt weicht dicken Kiefernstämmen und führt dich weiter zu einem Abzweig mit Schild. Ein Zelt ist auf diesem zu sehen. Ein vertrautes Symbol, welches dir ein gutes Gefühl gibt. Während du dem Schild folgst und dich somit für den Feldweg entscheidest, wirbeln deine Reifen trockenen Staub hinter dir auf. Du siehst diesem im Rückspiegel nach. Es fühlt sich an, als ob man ankäme am Ort seiner Träume und wie durch Zauberhand geleitet wird. Auf der angrenzenden offenen Weide rennen Pferde neben deinem Auto und scheinen dich begrüßen zu wollen. Du fährst weiter auf den See zu und siehst nun von unten die am Hang gelegenen Häuser. Es ist circa 17 Uhr und die zahlreichen Lichter erhellen jede einzelne Blockhütte. Es sieht aus wie ein Meer aus leuchtenden Punkten und gibt dir ein beruhigendes Gefühl. Ein Gefühl, nicht allein zu sein. Zur Linken parkt ganz einsam ein bemalter Camper, vor dem ein Mann seine Gitarre stimmt. Die Frau liegt im Inneren und liest ein Buch. Du biegst ab, auf weichen Waldboden und parkst dein schnurrendes Vehikel unweit von diesem Pärchen. Nicht aufdringlich nah, aber auch nicht abweisend weit davon entfernt. Der Boden ist eben, und während deine nackten Füße den weichen Untergrund abtasten, ertönt der Klang dieser Gitarre und das Wiehern der Pferde. Du parkst zwischen einzeln platzierten Bäumen, deren Zweige sich schützend über dich legen. In einer Mischung aus Wiese und Wald, umgeben von Bergen, kommst du nun endgültig zur Ruhe. Vor dir liegt ein sich in den Nadeln wälzender Hund, welcher die pure Entspannung ausstrahlt. Du schnappst dir ein kühles Bier und lauschst dem lächelnden Gitarristen …

So, Schluss mit dem sentimentalen Geträume. Als die Sonne unterging, wurde es zunehmend kälter. Ich hatte die üblichen Handgriffe gut verinnerlicht und so stand alles im Rekordtempo. „Zisch", „Klick", und schon lief auch der Gaskocher. Während das Nudelwasser erhitzte, widmete ich mich dem bereits quengelndem Hund. Aber erst als er sich wieder beruhigt hatte!

Für Madame gab's heut aufgrund meiner bombastischen Laune etwas ganz Besonderes: Feldhase auf Wildente, drapiert an Bachforelle. Das war eine der teureren Nassfutter-Büchsen von „Real Nature". Die wurden nur zu besonderen Anlässen geöffnet. Verfeinert wurde das Mahl noch mit geriebenem Parmesan, welcher eigentlich für meine Nudeln gedacht war. Wir hatten trainiert, dass Lola sich immer erst hinsetzte und wartete, bis ich alles vorbereitet hatte. Nachdem ich wieder Platz genommen hatte und mir mein Bier griff, hing Lola schon der Speichel am Kinn. Der Zahn triefte nur so und mit Mühe und Not konnte sie diesen durch das Schlecken ihrer Zunge zurückhalten. Sie war gespannt wie ein Bettlaken und wartete nun auf ihr Lieblingskommando. Es war wie im Film mit Brad Pitt und seinem Hund, alias „Cliff and Brandy" im Wohnwagen bei „Once upon a time ... in Hollywood". Eine meiner Lieblingsszenen, zum Schießen! Bevor ich ihr aber diese Genugtuung gab, sollte sie mir noch ein paar Sekunden in die Augen schauen, mir quasi noch kurz Aufmerksamkeit schenken. Nach fünf Sekunden unterbrach ich die Quälerei und die Fressorgie begann. Als wäre sie beinahe verhungert, so schlang sie an diesem Abend. Der Begriff „Kauen" war ihr schon immer fremd. Als dann alles aufgefressen war und der Napf in Hochglanz funkelte, gab es noch einen Knochen als Belohnung. Dieses kurze Training hatte den positiven Effekt, dass Lola auch wirklich alles verputzte und richtig Bock aufs Futter bekam. Die ehemalige Angst vor den Geräuschen des metallenen Napfes schien komplett verflogen zu sein. Außerdem stellte es sich als äußerst effektiv heraus, dem Hund jegliches Denken abzunehmen. Er sollte nicht selbst handeln, sondern immer erst das Herrchen um Erlaubnis bitten und die Fütterung war eine prima Übung dafür.

Wir schliefen besonders gut an diesem Abend. Es gefiel uns hier so gut, dass wir insgesamt ungefähr eineinhalb Wochen an Ort und Stelle blieben. Ich wäre am liebsten für immer geblieben, aber das Wetter kippte zum Ende hin. Es war Mitte September, die Sonne ließ sich kaum mehr blicken und schwarze Gewitterwolken lieferten uns regnerische Nächte.

In diesen schönen ersten Tagen erlebten wir dafür umso mehr. Früh morgens tobten wir erstmal wild auf der Wiese umher. Lola überschlug sich fast vor Freude und grub tiefe Löcher in den Boden. Ich unterstützte sie tatkräftig mit meinem Klappspaten bei ihrem Hobby. Der Spaten war aber nicht primär dafür gedacht. Ich hatte ihn als Ersatz für die heimische Toilette dabei. Wenn es drückte, zog man los, buddelte seine Latrine und hockte sich anschließend darüber. Fertig? Dann bitte alles wieder zuschaufeln, dass der Nächste oder gar man selbst nicht reintritt. Eine super Sache, die ich auch gern meinem Hund beigebracht hätte!

Vormittags stand meistens Schwimmen, Lesen oder die Wasserbeschaffung auf dem Plan. Wir erkundeten schon am ersten Tag die Gegend und trafen so auf den circa einen Kilometer entfernten Bergsee. Auf dem Weg dahin kamen uns einige junge Männer entgegen. Sie waren einheitlich Oliv gekleidet und joggten an uns vorbei. Sie kamen fast täglich an unserem Lager entlang, mal mit Fahrrad, mal zu Fuß. Einmal schenkte ich einem der Jungs einen Müsliriegel. Er sah ziemlich abgequält aus und von den vielen Wanderungen wusste ich, was so ein kleiner Riegel bewirken kann. „Oh très bien! Merci!!", rief er mir zu und nahm diesen heimlich entgegen. Es waren anscheinend französische Gebirgsjäger, die hier im Gelände trainierten.

Ich zog also mit Schwimmbrille und Badehose genüsslich meine Bahnen im See. Einmal kreuzte ich das Gewässer an einer schmalen Stelle und brachte die wasserscheue Lola so zum Schwimmen. Denn um zu mir auf die andere Seite zu gelangen, musste sie an einer Stelle durch hüfthohes Wasser. Sie hatte so gute Laune, dass sie kurzerhand einfach reinsprang. Man sah ihr an, dass sie hoffte, es sei nicht tief und es war umso lustiger, als sie dann bis zu den Ohren in der nasskalten Brühe versank. Wenn wir runter zum Wasser gingen, nahmen wir im selben Atemzug den Kanister und 2 kleine Flaschen mit. „Keine leeren Gänge!", hätte Markus dazu gesagt. Den Kanister trug ich selbst, während Lola die Flaschen in einem speziellen Geschirr mit sich führte. Wir füllten das klare Wasser in unsere Gefäße und wuchteten sie zurück zum Lagerplatz. Mittags ließ ich mir meist ausgiebig Zeit fürs Festmahl. Hier draußen spielte das Kochen eine sehr zentrale Rolle und es machte viel mehr Spaß als zuhause. Man sammelte meist Kräuter aus der Umgebung, pflückte Feigen vom Kaktus oder Granatäpfel vom Strauch. Gemüse und Brot holte ich dann meist aus dem nahegelegenen Dorf. Besondere Delikatessen und Fisch besorgte ich auf dem Wochenmarkt. Manchmal hätte ich gern geangelt und beim nächsten Mal wird auf jeden Fall ein kleines Angelset mit im Gepäck verstaut. Mit solchen Zutaten zu kochen, machte wirklich Spaß. Vor allem gab einem aber dieses Tütenfutter eine super Basis, die man dann kreativ verfeinern konnte, auf der sich aufbauen ließ. Beispielsweise gab es Bacalhau (typischer Fisch hier unten), gebraten in selbstgepflücktem Rosmarin, mit Kartoffelbrei von „Davert" und Auberginen vom Wochenmarkt. Oder eine Portion Couscous aus der Tüte in Kombi mit geklauten Datteln von der Palme. Der Hammer!

Nach einem Nickerchen in der Hängematte benutzte ich bei schönem Wetter oft das Skateboard, um diese schön glatten Straßen zu erkunden. Das Fahrrad war ja leider etwas entschärft. Die Gabelung, von der ich vorhin sprach, führte noch weit in den Wald hinein. Sie passierte neben einem kleinen Staudamm einen offiziellen Campingplatz, auf dem ich fleißig W-Lan schnorrte. Die Straße war etwas abschüssig und man konnte sich ganz ohne pushen einfach treiben lassen. Die „Surfskate-Konstruktion" unter meinem Board ermöglichte es, große lange oder ganz kleine enge Kurven zu fahren. Ich nutzte das W-Lan hauptsächlich, um Filme über den Netflix-Account meiner Ex-Freundin zu laden. Zum Glück hatte sie das Passwort noch nicht geändert, haha. Bei schlechtem Wetter oder einsamen Abenden guckte ich diese mithilfe eines Titus-Hosenbügels im Dachzelt. Dieser eignete sich bestens, um das Handy anzuklippen und dieses dann oben an das innere Zeltgestänge zu hängen. Man konnte mithilfe des Bügels sogar den Winkel des Bildschirms einstellen.

Ich glaube, es war der dritte Tag, an dem ein weiterer Camper diesen Geheimtipp entdeckte. Eine große Mercedes-Karosse kam an diesem Vormittag angefetzt. Es war ein höher gelegtes Offroad-Modell, an dem sogar noch ein Anhänger hing. Ein echter Koloss! Ehrlich gesagt war ich etwas angefressen, da ich gerade dem Vogelzwitschern lauschte und auch Lola in Begriff war, ein Nickerchen zu machen. Vor allem, als dann eine hysterisch fuchtelnde Frau ausstieg und ihren Mann lautstark einwies, rollte ich griesgrämig mit den Augen. Aus der Ferne erspähte ich ein deutsches Kennzeichen und auch die Sprache wies eindeutig darauf hin. „Hat man denn nirgends Ruhe vor denen?", motzte ich in der Hängematte. Anscheinend störten sie meine einsetzende Erholung. Und auch auf Konversationen hatte ich irgendwie grad' keinen Bock. Den Mann schien das nicht zu stören und in der Tat kam er schnurstracks auf mich zu. Mit schlechtem Englisch begrüßte er mich und schien eine Frage zu haben. Ich konterte mit: „Wir könn' ruhig deutsch reden", und dann fing er erleichtert an zu plaudern. Er wollte wissen, ob man Parkgebühren zahlen müsse und ob hier jemand komme und kontrolliere. Da vorn stand ein Schild, auf dem ein Münz-Symbol war, jedoch stand da saisonal bedingt kein Kasten mehr. Lediglich die Betonfläche war da noch zu sehen, auf der er scheinbar im Sommer montiert war. Ich beruhigte den Mann und erklärte ihm, dass ich hier schon die dritte Nacht ohne derartige Störungen verbrachte. Nach kurzer Absprache mit der Frau schienen sie sich auf dieses Risiko einzulassen. Sie stellten sich unmittelbar neben mich und auch die zurückhaltende Frau winkte mir nun. Sie schien sich etwas zu fürchten vor meinem kleinen Kampfhund und hielt erstmal Distanz.

Irgendwann kapitulierte ich und fragte mich, warum ich eigentlich gerade so abwertend war. Das widersprach meiner freundlichen Art. Kurzerhand rappelte ich mich auf und ging rüber zu Karla und Stefan, so hießen die beiden, wie ich erfuhr. Ich wusste, dass sie mindestens noch bis morgen blieben und kam nicht drum herum, mich vorzustellen. Wäre auch totaler Blödsinn, sie zu ignorieren oder derartiges anzustellen. Da sie schon seit längerer Zeit keinen Landsmann mehr getroffen hatten, waren sie sichtlich erfreut über meine positive Wendung.

Ich half ihnen, den Hänger zu manövrieren und ihr Auto möglichst gerade auszurichten. Ein abschüssiges Bett ist wirklich nicht gerade angenehm. Da steigt einem das Blut in' „Kopp"! Wir bestaunten gegenseitig die jeweiligen Vehikel und kamen so langsam ins Gespräch. Stefan war zu Beginn sehr ruhig und orientiert am Errichten des Lagers, während Karla erstmal meckerte, was das Zeug hielt. Es war verständlich, da sie recht wenig von der erhofften Sonne abbekommen hatten und unterwegs von Straßenhunden attackiert wurden. Nachdem Karla all das loswurde und ich ihnen mitteilte, dass das der schönste Ort sei, an dem ich jemals gewesen war, erreichten auch sie langsam die „good vibes" dieses herrlichen Stellplatzes. Wir unterhielten uns nun über die schöne Landschaft und die zahlreichen Radtouren, die sie bereits unternommen hatten. Als wir davon sprachen, bekamen sie anscheinend gleich Lust darauf und stürzten sich, ohne groß zu zögern, auf ihre E-Bikes, die sie im selben Augenblick aus ihrem Anhänger gewuchtet hatten. Karla und Stefan waren ein lebhaftes Pärchen und unternahmen früher viele Motorradtouren durchs Gelände. Sie waren beide recht drahtig gebaut, trugen Outdoor-Klamotten und hatten braun gebrannte Gesichter.

Mein erster Eindruck war komplett verflogen und ich kam mir ein wenig blöd vor. Es waren sehr nette Leute und ich beschloss, als Wiedergutmachung für meine erfundenen Vorurteile, sie mit einem kleinen Feuer und einer Flasche Wein zu überraschen. Sie waren erstmal unterwegs und so blieb mir nachmittags Zeit, um mit Lola etwas Feuerholz zu sammeln. Wir schliffen dicke herumliegende Stämme ins Lager und zum ersten Mal kamen Klappsäge und Axt so richtig zum Einsatz. Ich hackte kleine, handliche Scheitel und schlichtet diese als Stapel übereinander. Neben dem Holzhaufen fing ich an, ein Loch zu graben. Von meinen Zelt-Zeiten war mir das Grubenfeuer noch in Erinnerung geblieben und so schaufelte mein Klappspaten 2 Löcher, welche ich anschließend unterirdisch miteinander verband. Beim Grubenfeuer oder auch Dakota-Feuer brennt das Holz in einem windgeschützten Loch unauffällig unter der Erde. Nur die Flammen züngeln sichtbar heraus. Luft bekommt das Feuer durch das zweite Loch, welches mit einem flachen Stein reguliert werden kann. Ein zusätzlicher Vorteil ist, dass, falls jemand kommt, der sich von meinem Gekokel gestört fühlen sollte, ich dieses Feuer in wenigen Sekunden dem Erdboden gleich machen könnte. Ein Topf Wasser und etwas Erde drüber und es sieht so aus, als ob hier nie was gewesen wäre.

Am Abend kamen die beiden Radler rüber und wir amüsierten uns köstlich. Der Wein lockerte die Zungen und wir redeten, was das Zeug hielt. Was so ein Feuer, etwas „Alk" und die Gesellschaft netter Menschen nicht alles bewirken können. Am Ende hackte ich mir zur Krönung des Abends nochmal in die Pfoten und kurz danach gingen wir schlafen. Ein Glück hatte ich diesen Heilhonig meiner Mutter dabei und so war der „cut" bereits am nächsten Morgen verschlossen. Verrückt!

Stefan und Karla blieben noch 3 oder 4 weitere Tage. Es war wie eine gute Nachbarschaft, die hier in kurzer Zeit entstand. An windigen Tag bildeten ihr Wohnmobil und deren Hänger einen super Schutz und so aßen wir drüben bei ihnen. Sie hatten einen richtigen, großen Tisch und schöne Camping-Stühle. Es tat gut, mal wieder normal zu sitzen. Ich hatte aufgrund des Platzmangels keinen Tisch und lediglich diesen mickrigen Hocker dabei. Dafür musste noch eine Lösung her. Man saß sehr tief und kochte auf dem blanken Boden. Die beiden waren da etwas besser ausgestattet und nachdem Stefan mit großen Augen mein Werkzeug erblickte, zeigte mir auch er seine mobile Werkstatt. Er hatte sogar einen kleinen Schraubstock, mit dem wir versuchten, meinen Fahrradsattel wieder gerade zu biegen. Leider war er nicht groß genug und auch mit Spanngurten ließ sich nix richten. Stefan kam nach langem Grübeln auf die Idee, es oben bei dieser Autowerkstatt zu versuchen. Er wollte mir auf Biegen und Brechen helfen und vielleicht gab es da oben ja einen größeren Apparat.

Gleich am nächsten Tag machten Lola und ich uns auf die Socken. Wir liefen erst wie gewohnt in die Stadt, da ich an diesem Tag die Schlafsäcke waschen wollte. Anschließend visierten wir die Korrektur meines Sattels an. Es gab hier in „Les Angles" einen prima Waschsalon. Er nannte sich „LA" – Laverie des Angles, und das Logo war im bekannten Style der „Los Angeles Dodgers", haha. Nachdem die Schlafsäcke dann wieder einigermaßen angenehm rochen, zogen wir weiter an den Rand der Ortschaft. „Angles Auto Depannage" stand an dieser abgerockten Hinterhof-Werkstatt. Es sah etwas wüst aus und zwei alte Franzosen ließen hier die Ratschen singen. Mit „Bon soir" erschrak ich die beiden zu später Stund'. Sie guckten ziemlich verdutzt, als ob sich hier nur sehr selten jemand her verliere. Ich holte fix meinen verbogenen Sattel aus dem Rucksack, um das peinliche Schweigen zu beenden. Ich zeigte ihnen diesen, sowie ein Google-Foto eines Schraubstockes, und recht schnell begriff der Jüngere von beiden, was der Ausländer von ihm wolle. Er führte mich zwischen Bergen von Schrott und uraltem Werkzeug zu einem riesigen Schraubstock. Jawoll! Jackpot! Während eine Dame auf Französisch die Nachrichten im rauschenden Radio verkündete, hing ich mich mit aller Kraft an den Griff und bog das Gestänge wieder gerade. Meine dürren Arme waren gerade so ausreichend, um ihn in die Ausgangsposition zurückzubringen. Das verdeutlichte gut, welche enormen Kräfte da auf meinem Dach gewirkt hatten. Ich war heilfroh, drückte dem Franzosen ein 2-Euro-Stück in die Hand und präsentierte stolz das Ergebnis.

„Sche scherschee la rü dü lack!", fragte ich daraufhin eine Frau nach dem Weg zum See. Wir waren etwas abseits vom gewohnten Pfad und die Dämmerung kündigte sich an. Ich wollte daher keine waghalsigen Entdeckertouren starten. Der Rückweg führte uns durch die wilde Natur und über enge Pfade erreichten wir bald wieder den See und somit auch unsere Behausung. Gleich am nächsten Tag juckte es mir in den Zehen. Ich pumpte meine Reifen randvoll und bretterte freudig los. Es fühlte sich verdammt gut an, „Vollhahn" über die Schotterwege zu preschen oder sich in die asphaltierten Kurven zu legen. Der Sattel war funktionsfähig und es kribbelte im Bauch, als ich wieder und wieder mit voller Kraft in die Pedale trat und dabei immer schneller wurde. Die Landschaft zog in einem Schleier an mir vorbei und ich fühlte mich so frei wie nie zuvor. Ein herrliches Gefühl!

Die Tage verflogen erschreckend schnell und das Wetter wurde leider immer schlechter. Manchmal zogen angsteinflößende „Gangs", bestehend aus mehreren fetten, schwarzen Wolken über die Bergkämme und ergossen sich in heftigen Ausmaß über uns. Solche Tage waren dann immer sehr zäh, da man nicht viel machen konnte, beziehungsweise jeder Gang abseits des Autos eine Regenjacke erforderte. Auch der Hund roch unangenehm und schleppte allerhand Dreck auf die Rückbank. Alles war nasskalt und klamm und man bekam stark zu spüren, wie abhängig man von der lieben Sonne war. Ich las an solchen Tagen sehr viel und versuchte, stets das Beste draus zu machen. Glücklicherweise bot das weit überstehende Dach ausreichend Schutz für's Kochen und man konnte sogar darunter stehen. Einmal positionierte ich einen Stein in der Mitte des Daches und so fungierte es als Trichter im XXL-Format. Alles Wasser sammelte sich am Stein und floss geradewegs in meinen darunter stehenden Falteimer. „Geil, da musste' nicht runter zum See bei dem Wetter", faselte ich.

Solange es still und senkrecht regnete, war das eine prima Sache und äußerst beruhigend. Stell dir mal vor, die liegst erhöht in einer Art sicherem Baumhaus. Dein Dach ist wasserdicht und du kannst jeden Tropfen auf der Haube hören. Es ist ein sanfter gleichbleibender Klang, wie in einem dieser Einschlaf-Videos auf YouTube. Du liegst flach auf dem Bauch und guckst raus in die saftig grüne Umgebung. Du siehst die Pferde versteckt im Wald und alles ist sehr ruhig und friedlich. Im Hintergrund läuft ein Film. Der Hund liegt unten auf der Rückbank und lässt seinen Kopf schräg zur Tür raushängen.

Alles gut und schön, nur auf Dauer eine echte Zumutung. Vor allem, als dann noch stärkerer kalter Wind den Tag einleitete, hatte ich die Nase endgültig voll. Das Duschen war wirklich unangenehm bei diesem Wind und Kacken auf der Wiese machte auch keinen Spaß, wenn man währenddessen halb absäuft. Durch den starken Wind hatten die Exkremente eine schwer einschätzbare Flugbahn. Am Anfang musste man lachen, später eher weniger. Das war wirklich nicht mehr so gemütlich und als ich die zahlreichen Schneeflocken für die kommende Woche auf meiner Wetterapp entdeckte, beschloss ich gezwungenermaßen, weiterzuziehen. Ich nutzte die mir zur Verfügung stehende Freiheit, das Wetter durch einen Standortwechsel bestimmen zu können und packte schweren Herzens alles wieder ins Auto.

Der Untergang

An einem relativ sonnigen Vormittag ergriff ich die Chance und klappte das Dachzelt zusammen. Ich sackte den Kanister ein, verstaute alles Gepäck und auch meine Wäscheleinen samt Müllsack entfernte ich wieder von den Bäumen. Ich hatte mich sehr häuslich eingerichtet, es mir bequem gemacht und nun ging es fort von hier. Trotz des traurigen Abschieds von dieser herrlichen Gegend fühlte es sich immer sehr gut an, alles beisammenzuhaben und wieder ins nächste Abenteuer zu starten. Der Plan mit dem Endziel stand noch immer, die Route war ins Navi eingetippt und es lief „Summer of '69" von Brian Adams. Let's go!

Wir nahmen jede Menge neue Eindrücke mit, als wir die vielen kleinen Bergdörfer kreuzten. Je weiter man abwärts fuhr, desto stärker bekam man die Auswirkungen der ausgiebigen Niederschläge zu spüren. Mir fielen fast die Augen raus, als sich halbe Flüsse über die engen Bergstraßen ergossen. Ich hatte noch nie so recht ein Hochwasser miterlebt und umso beeindruckter saß ich auf dieser Fahrt hinterm Steuerrad meines Kutters, der hier ab und an fast bis zum Türeinstieg unter Wasser stand. Auch wenn Unwetter nichts Gutes sind, fand ich sie schon seit jeher faszinierend. Vor allem, wenn man sich in einer sicheren Umgebung, in dem Fall meinem Auto befand. Auf dem Weg nach unten schüttete es wieder ausgiebig. Die Wischer kamen selbst im höchsten Gang kaum hinterher und auch die beiden Lecks im Fiesta wurden bei diesem Unwetter wieder aktiviert. Wir kreuzten unter Wasser stehende Brücken, welche von Bächen überspült wurden, überflutete Felder, und von Felsbrocken übersäte Straßenabschnitte. Es regnete so stark, dass ich beim kurzen Pissen an eine Hecke bis auf'n „Schlüppi" durchnässt zurück ins Auto stieg. Komplett, wie nach'm Duschen. Ein Glück, hatte ich nur Flip-Flops und Badehose an. Die beste Kombi bei Monsun-Wetter. Ich kann dir grad leider gar nicht sagen, wo wir bei diesem Wetter schliefen oder ob wir gar durchgefahren sind nach „L'Ametlla de Mar". Eins weiß ich aber, das Wetter wurde sehr viel besser und wir erreichten das Mittelmeer bei atemberaubendem Sonnenuntergang. Ich schrie im Auto und freute mich wie sonst was, als wir in diesem Abendrot die Autobahn runter tuckerten und sich vor uns das blaue Meer erstreckte. So war mir Wasser viel lieber als von oben kommend. Die typische „Latina-Mukke" war mittlerweile volle Pulle aufgedreht und auch Lola nickte ab und an passend zum spanischen Gegentakt. Ich rastete komplett aus, als mein Traum von Google-Earth dann näher und näher rückte. „Dort! Das Atomkraftwerk! Und hier die Rennstrecke, wie off'm Foto! Alter wie geil!! Juuuunge ich kann's nich' glauben! EEEENDLICH! Fuck man, ich liebe mein Leben!!!" In etwa so klangen meine Ausraster, während wir dann nur noch wenige Kilometer vom Ziel getrennt waren. Ich bog ab und freute mich schon tierisch, in den vollen Genuss zu kommen. Alles kribbelte in mir und ich filmte mich, wie ich im Auto meinen Innenraum zerlegte. Schade, dass man an der Stelle keine Videos zeigen kann, du würdest dich totlachen.

Jedenfalls war ich im 7. Himmel und freute mich derb, gleich all die Erwartungen zu befriedigen. Rennen mit Lola am Strand, Schwimmen, Duschen, Essen und zufrieden Einschlafen. Es war der Platz meiner Träume und ich wollte hier noch 1–2 Monate bleiben, solange es warm war. Wir passierten eine steile Senke und wurden mithilfe dieser katapultartig auf diesen paradiesischen Parkplatz geschleudert. Mir blieb die Luft weg vor lauter Freude. Mein ohnehin schon breites Grinsen verdoppelte sich nochmals und ich stieg lachend und jubelnd aus dem Auto. Mich guckten alle komisch an und fanden mein übertriebenes Verhalten wohl etwas merkwürdig. Irgendwann mussten dann auch alle anderen lächeln und man winkte sich freundlich. Die Konturen der Berge im Hintergrund waren noch zehnmal schöner als auf den Bildern. Es war eine sehr karge, von Büschen und Gräsern bewachsene Landschaft, mit ausschließlich Palmen am Strand. Nachdem ich Lola freiließ, suchte ich den optimalen Standort fürs Auto. Am Rand, mit Überblick und nicht zu abschüssig. Ich wurde oben in der Ecke fündig. Man guckte direkt in Richtung untergehende Sonne. Sie stand nur noch knapp über dem Horizont und so beschloss ich, glücklich und zufrieden nochmals in die Salzbrühe zu „huppen", um mich dann erfrischt ans Essen zu machen. Es war ein herrliches Gefühl, sich im orangegefärbten Wasser treiben zu lassen. Unter der Wasseroberfläche sah man klaren, weißen Sand und das Gestein der Küste strahlte orange wie die Sonne. Auf ihr befanden sich die typisch leuchtend grünen Sträucher. Es war die totale Reizüberflutung. Ich war wunschlos glücklich und zufrieden, wusste gar nicht wohin mit diesen vielen Schmetterlingen im Bauch. Ich konnte ebenfalls nur sehr schwer begreifen, dass mein Plan nun wirklich so problemlos funktionierte. Ich malte mir schon aus, wie geil die nächsten Tage werden würden. Alles war perfekt.

Noch in den Pyrenäen schrieb ich über Instagram mit einer Dresdnerin, welche mich in circa einer Woche besuchen kommen wollte. Ich konnte hier somit in Ruhe alles erkunden und sie dann herholen. Wir kannten uns nicht und es war spontaner als spontan. Sie war damals ab und an am „Lingner" skaten und so ist man sich vielleicht schon 1–2 Mal über den Weg gelaufen. Geredet hatte man aber noch nie so recht miteinander. Es war verrückt, denn als ob wir uns schon ewig kannten, schrieb sie total entschlossen, dass sie mit runterkommt. Sie fand cool, was ich hier grad fabriziere, und hatte eine Woche Urlaub.

Ich willigte ein und wir ließen uns auf dieses Experiment ein. Es war total aufregend, da man ja sehr intim zusammen hausen müsste und es könnte entweder sehr angenehm oder aber die reinste Qual werden. Wir wussten beide nicht, was uns erwartete. Ich wusste nur eins: Ich sollte sie am 28.09.2021 vom Flughafen in Barcelona abholen. Aus komischen Gründen verwechselte ich das Datum mit dem 25.09. und war dann sogar 3 Tage zu früh dort. Peinlich, peinlich, doch dazu später mehr …

So und jetzt das abscheuliche Pendant zu diesem heutigen Erfolgserlebnis auf dem Parkplatz: Kurz nach dem Abendbrot gesellten sich zwei kleine Wohnmobile neben mich. Sie parkten komisch dicht an dicht und zogen irgendwelche Schutzwände zwischen ihren Fassaden in die Höhe. Es war total ruhig und windstill hier. Ich begriff daher nicht so recht, warum sie hier so einen Schutzbunker errichteten. Es waren 2 spanische Familien, mit jeweils 2 Kindern. Ich schluckte kurz, ließ mich aber nicht aus der Ruhe bringen. Es war viel zu schön hier. Auch der Müll, der hier an den Rändern lag, brachte mich nicht aus der Fassung. Den könnte man ja am nächsten Tag aufsammeln. Lola und ich waren ziemlich geschafft von der langen Fahrt hierher, vor allem aber überwältigt von den vielen neuen Eindrücken. Wir legten uns schlafen, während der Vollmond schon weit über dem Horizont stand. Er leuchtet sanft ins Zelt und es war ungefähr halb 10, als ich meine Augen schloss.

So, stell dir jetzt Ludwig van Beethovens 5. Sinfonie vor. Das ist dieses klassische, böse klingende Orchesterstück, das immer läuft, wenn grad' die Welt untergeht. Warum? Nach einer guten Stunde wurde ich aus dem Schlaf gerissen, denn die Fiesta bei meinen spanischen Nachbarn kam so langsam auf Touren. Es lief Musik, man lachte laut und die Kinder schrieen und tobten herum. Als ich schlafen ging, fing in Spanien erstmal das Abendessen an. Es ist alles etwas nach hinten verlagert, aufgrund der heißen Mittage. Das erfuhr ich hier zum ersten Mal live. An sich ja kein Problem, nur diese ebenfalls verschobene Party, die hier grad stieg, machte mir etwas zu schaffen. Dazu kam ich mit Kindern einfach nicht klar und steigerte mich rein in böse Gedanken. Du fragst dich sicher, warum ich hier gerade diese 5. Sinfonie eingeleitet habe. Mit der Lautstärke an sich kann man sicher leben. Mit orkanartigem Wind wohl eher weniger. Ja richtig, zum „Getobe" gegenüber gesellten sich Windböen der Stufe 20. Sie waren plötzlich einfach da. Ich kannte den Wind bereits aus dem Gebirge, aber diese Art hatte ich nur sehr selten erlebt. Es war, als versuche die Natur, mein Auto zu entwurzeln. Mein Dachzelt war wirklich stabil und flach gebaut. Zufälligerweise hatte ich es sogar entgegen der Windrichtung positioniert. Die geöffnete Seite guckte also in Richtung Meer und aus den Bergen kam der Wind. Doch selbst das tat nix zur Sache. Du musst dir nun vorstellen, wie ich da oben drin lag und mich eine Schelle nach der anderen vom Schlaf abhielt. Es war, als startet alle 10 Sekunden ein Flugzeug seine Triebwerke neben dir. Man musste sich mit aller Kraft an den inneren Metallrahmen hängen, um zu verhindern, dass es die Konstruktion vom Dach reißt. Die Schnallen knarzten, der Stoff jauchzte und das Dach flatterte in ohrenbetäubendem Lärm. Mit so einer Intensität hätte ich im Traum nicht gerechnet. Ich war müde, mir war kalt und ich war gequält von Entscheidungen. Sollte ich versuchen, wieder einzuschlafen, das Zelt zusammenklappen oder einfach erstmal Ohrfeigen bei den Spaniern verteilen? Ich rappelte mich auf und sah durch's Moskitonetz ebenfalls gegen den Wind kämpfende Leute. Sie hatten ein Dachzelt von „Front Runner", das erkannte ich schon von weitem. Es war die leichte, günstigere Alternative und blöderweise hatten sie es in den Wind gestellt und ebenso wenig mit diesem gerechnet. Ich sah, wie sie wild mit Taschenlampen umher fuchtelten und versuchten, irgendwie alles einzupacken. Sie standen direkt auf einer Anhöhe an der Küste und hatten im Gegensatz zu mir nicht mal schützende Sträucher hinter sich. Der Wind fegte so stark unter ihre Konstruktion, dass er sie blitzartig zusammenklappte und das, während sich oben noch einer drin befand. Ich schluckte stark, als ich das sah. Nach einer gefühlten Ewigkeit hatten sie alles verstaut und verknotet bekommen und fuhren auch direkt runter vom Parkplatz. Als ich ihnen hinterhersah, kam auch gleich die nächste Attacke. Eine Böe knallte mir eine Stange gegen den Kopf und holte mich zurück in die Realität. Ich stieg die Leiter runter und als ich den Fuß von dieser nahm, drehte der Wind leicht und hob meine Klappkonstruktion ähnlich wie beim Pärchen. Ich fluchte, was das Zeug hielt, schlimmer noch als in Frankreich an der Mautstelle. Vor allem, als die beiden Familien gegenüber noch anfingen, über den dummen Deutschen zu lachen, zündete in mir das Feuerwerk. Ich brüllte wie ein Bär und schenkte ihnen die grimmigsten Blicke, die ich auf Lager hatte. Doch dafür blieb gar keine Zeit, denn ich bekam herumfliegendes Geäst ab und fraß aufgewirbelten Sand. Und als ich mich wieder rumdrehte, sah ich mein entstelltes teures Zelt, das eine ganz andere Form angenommen hatte als sonst. Das Dach hing nicht mehr in der Unterkonstruktion und war im Begriff, jeden Moment davonzufliegen. Auch die eigentlich starr stehenden Stangen bogen sich krumm wie Bananen. Mir raste das Herz, und ich versuchte, irgendwie einen Anfang zu finden. Normalerweise entklippt man das Dach vom eigentlichen Zelt und halbiert das Gestänge mithilfe von Knöpfen. Hätten man das getan, wäre alles ins Meer geflogen. Ich musste also die Ruhezeit abpassen und dann so schnell wie nur möglich alles zurückbauen. Es klappte gerade so und ich verstaute alles provisorisch.

Nun stand ich da wie ein Schluck Wasser. In Buchsen und T-Shirt grübelte ich, wie ich jetzt wohl bestmöglich die Nacht überstehe. Im Auto stand grad ein Haufen Zeug und ich wollte bei diesem Sturm jetzt nicht alles umräumen. Zum Glück lag Lola ganz friedlich und vom Wind geschaukelt auf der Rückbank. Ich entscheid kurzerhand, die Luftmatratze aus dem Kofferraum zu holen und mich auf dieser neben's Auto zu legen. Da kann nix wegfliegen und ich bin einigermaßen durch die Karosse geschützt. Da lag ich nun im Dreck auf Asphalt. Mir wurde permanent Sand ins Gesicht gefegt und auch der spanische Müll sammelte sich am Rand meiner Matratze. Bei lauter Musik und pfeifendem Sturm schlief ich nun ein im Paradies. Mehr oder weniger. Innerlich brach in dieser Nacht eine Welt für mich zusammen. Ich hatte so viel Erwartungen an diesen Ort und nun das. Es war wie eine Achterbahnfahrt der Gefühle. Am Abend noch so glücklich wie nie zuvor und jetzt der totale Umschwung.

Auch am nächsten Morgen war es hier alles andere als schön. Hauptsächlich lag das an 3 Sachen: Fliegen, Polizei und Wind. Dinge, die man hier draußen absolut nicht gebrauchen kann. Auch am Vormittag hörte es einfach nicht auf zu stürmen. Der Platz hier war verhext. Eifrig blätterte ich in einem meiner Outdoor-Bücher und informierte mich über das Wetter, genauer gesagt, über die Entstehung von Wind. Irgendwann schien ich dann zu begreifen, warum mir hier gerade das Essen vom Löffel flog. Das ist wirklich so passiert und ich musste übergangsweise im Auto kochen und essen. Ich fand also heraus, dass es meist an Küsten zu diesen starken Winden kommt. Der Erdboden und das Meer bestehen aus verschiedenen Stoffen und erhitzen sich somit auch unterschiedlich. Nachts kühlt das Festland schlagartig ab, während das Wasser noch relativ konstant die Wärme hält. Dabei steigt also die warme Luft über dem Meer nach oben und die kalte vom Land nach unten. So entsteht ein Kreislauf, der erst gegen Vormittag wieder zur Ruhe kommt oder tagsüber dann die Richtung wechselt. Ich hoff', hier liest gerade kein Physik-Professor mit und ich habe das einigermaßen gut erklärt. Die sogenannten Seewinde waren in meinem ausgewählten Küstenabschnitt sehr stark ausgeprägt und der karge, von Sträuchern bewachsene Boden begünstigte die Konstellation nochmals. Der Wind nahm gegen späten Abend also schön Anlauf auf den 400 Meter hohen Bergspitzen und schoss dann mit Karacho ungebremst in meine Bude. „Schön' Dank ooch!"

Als sich der Wind dann langsam legte, kam auch schon die nächste Nervensäge: die gemeine Fliege, Brachykera, Insekt mit Rüssel oder auch summende Bakterienschleuder. Über 6 Millionen Krankheitserreger schleppen sie mit sich herum und lassen sich gern mal auf dem Menschen oder dessen Mahlzeit nieder. Fliegen spucken sogar auf unser Essen, wenn sie dieses nicht aufsaugen können. Die Säure, die sie spucken, löst dieses auf und erleichtert so den Verzehr. Sie sind damals aus Asien abgehauen und man hat nur noch auf wenigen abgelegenen Inseln oder in der Antarktis Ruhe vor ihnen. Nun bin ich leider nicht auf einer dieser Inseln, sondern im warmen, von Fliegen übersäten „Spananien". Ich kannte sie bereits aus Frankreich und Italien, aber DAS war nicht mehr normal. Der Körper wies nur noch wenige hautfarbenen Stellen auf und sie kamen ganz gezielt in kleinen Banden, um mir das Leben schwer zu machen. Ich mochte Tiere. Eigentlich. Diese kleinen schwarzen Mistviecher waren jedoch bösartig und aggressiv. Ich hatte ihnen nichts getan und trotzdem kamen sie zu zwanzigst angepresscht. Und das mehrmals hintereinander ins Gesicht, in die Nase, in die Ohren, in den Mund, einfach überall hin. Öffnete man den Mund zum Essen, saß eine von ihnen gleich mit drin. Ich hätte ihnen am liebsten die Flügel und Beine ausgerissen. Jeglicher Versuch, die Ruhe zu bewahren scheiterte. Ich war ein reinstes Nervenbündel. Ich dachte, man raubt mich aus oder das Auto gibt den Geist auf, aber das hab' ich absolut nicht kommen sehen. Gezwungenermaßen hielt ich mich bei brütender Hitze im Auto, beziehungsweise im Dachzelt auf. Es war die reinste Qual. In den Pyrenäen ging das mit den Fliegen noch klar, da die Temperatur dort nur selten über 15 Grad stieg. Ab diesen 15–20 Grad rasteten die Biester jedoch komplett aus.

Zu allem Übel kamen jetzt auch noch meine blau-weiß gestreiften Freunde und wiesen mich auf diverse Vorschriften hin. Man durfte auf diesem Parkplatz keinerlei „Camping-Aktivität" zeigen. Das hieß, Hocker, Gaskocher, Pfanne, Teller, Löffel, all das musste im Gefährt bleiben. Schön für die, die hier mit Wohnmobil standen, schlecht für den Heini im Fiesta. Ich war echt „abgefuckt". Das setzte dem Ganzen noch die Krone auf. Ich fühlte mich unwohl, verzweifelt und am Boden zerstört. Ich hätte jetzt auf den angrenzenden Campingplatz umziehen können, aber das war ja nicht der Plan und kostet übermäßig Kohle. Ich konnte mit den Ordnungshütern etwas verhandeln und sie duldeten wenigstens Dachzelt und Luftmatratze. Das war aber auch kein Zustand. In mir überschlugen sich die Gedanken. Ich hinterfragte sogar die Art, wie ich schlief und wollte schon anfangen, im Auto eine Liegefläche einzurichten. Was hättest du getan? Was auch sehr störte, war, dass man sich hier nicht so recht zurückziehen konnte, um in Ruhe zu überlegen. Man musste möglichst zeitnah große Entscheidungen treffen und hatte keinen richtigen Backup-Plan in der Tasche. Bald ging die Sonne unter und ich müsste womöglich nochmals hier im Dreck schlafen. Anne kam ja auch in wenigen Tagen am Flughafen an und ich musste somit im Umkreis bleiben. Hier, wo überall Fliegen lauerten und der Wind mich aus dem Schlaf riss. Außerdem wollte ich ihr stolz zeigen, wie und wo ich mich hier niedergelassen hatte und ihr eine schöne Woche ermöglichen. Ich wollte nicht verzweifelt dastehen und Schwäche zeigen, nicht wissen, wo's lang geht. Während Lola im Müll rumschnüffelte, verzweifelte ich mehr und mehr. Sollte ich Anne absagen? „Quatsch, komm mal klar, Franz!" Mein Hund spürte meine Unruhe und wurde ebenso nervös. Ich schrie die Arme sogar manchmal an, da sie einfach nicht aufhörte, sich irgendwelche Essensreste reinzuziehen und immer nach hinten ins Gebüsch abhaute. Ich hatte gerade keine Geduld, ihr das abzugewöhnen oder permanent ein Auge auf sie zu werfen. Sie war leider gerade diejenige, die meinen Frust abbekam.

Umdenken

Verstrahlt unter'm Fels

Als ich dann die absolute Tiefphase überstanden hatte, nahm ich mir Lola, die Powerbank und mein Handy. Ich schlich drüben auf den Campingplatz und ließ mich in einer ruhigen Ecke nieder. Ich brauchte W-Lan, um zu recherchieren. Als ich erfolglos ein paar Passwort-Kombis eintippte und auch in Rezeptions-Nähe keinen „Key" fand, traf ich zufällig auf ein paar Deutsche. Getarnt als Camper schilderte ich ihnen meine Vergesslichkeit und bat sie um das Passwort. Na also! Es war meist der Name des Platzes und das Jahr der Eröffnung. Ich fand heraus, dass Lavendel-Öl gegen Fliegen half und studierte die Windkarte von Spanien. Außerdem durchforstete ich meine „Park-App" nach Stellplätzen in Richtung Barcelona. Wenn ich kostenlose Flächen, am besten mit Trinkwasserquelle aufspürte, checkte ich diese anschließend auf Google-Earth mit der „Streetview-Ansicht". Ich suchte nach dichten Wäldern oder hohen Fassaden, hinter denen ich einigermaßen Windschutz hätte und beruhigt parken könnte. Ich fand 5–6, die auf den ersten Blick nicht schlecht aussahen. Einige boten sogar Duschen und Toiletten „4 free". Das wäre natürlich der Hammer. All diese Punkte erstreckten sich zwischen Tarragona und Barcelona. 1–2 sogar direkt am Rand von Barcelona. Mir fiel ein Stein vom Herzen und ich nahm mir vor, diese am nächsten Tag nacheinander anzufahren. Ich hatte ja mehrere zur Auswahl und nicht nur einen einzigen, bei dem ich wieder einen Nervenzusammenbruch bekäme, wenn dieser ein Reinfall wäre. So konnte man systematisch einen nach dem anderen abklappern und streute das Risiko, enttäuscht zu werden.

Da es heute zu spät war, um nochmal aufzubrechen, entschied ich, hier eine weitere Nacht zu verbringen. Aber nicht wieder mit Sand im Gesicht auf dem dreckigen Boden – nein, nein – hinten am Atomkraftwerk! Ich entdeckte bei einer Nachmittagstour mit Lola ein paar herrliche private Strände entlang der Küste. Einige von ihnen waren umrandet mit diesem orangefarbenen Gestein, welches teils weit überstand und somit einen geschützten Schlafplatz für mich darstellte. Da der Wind nachts von oben angesaust kam, hätte man hier absolute Ruhe vor diesem, keine lästigen Kontrollöre und mächtig Privatsphäre mit Blick auf das Mittelmeer. Andere würden viel Geld bezahlen, um bei Meeresrauschen direkt am Strand zu pennen. Mir bot sich dieser willkommene Luxus ganz umsonst. Es war ein witziges Bild, das ich an diesem Abend schoss: Eine Luftmatratze mit Schlafsack unter einem Felsvorsprung, daneben der eingerollte Hund und im Hintergrund die Kuppel des Kraftwerkes.

Ich hatte an jenem Abend wieder bessere Laune, da ich kurz zuvor auf ein paar echt nette Spanier traf. Ich wollte gerade schon mal meinen Rucksack fürs morgendliche Frühstück packen, da kamen 2 wie Dick und Doof. Sie fuhren einen rostigen alten Van und parkten direkt neben mir. Ich musste lachen, als sie ankamen und winkte, ohne dass ich es meinem Körper befahl. Es sah einfach ulkig aus, wie die beiden da mit einem Heidenkrach auf den Parkplatz eintrudelten. Auch sie lachten schon im Auto und anscheinend zog man sich telepathisch an. Sie stiegen aus und man kam sofort ins Gespräch. Vor mir standen ein kurzer Katalane mit großen freudigen Augen und Strohhut und passend dazu ein langer dunkelhäutiger Spanier mit „Paulaner Spoiler" (Bierplautze [dicker Bauch]). In einem Comic wären sie ein kleiner flippiger Hase und ein großer träger Bär. Es war die erste schöne Begegnung mit Einheimischen, da sie ununterbrochen gestikulierten und sich gegenseitig auf die Schippe nahmen.

Man verstand sich, obwohl man verschiedene Sprachen sprach. Zu dem Zeitpunkt konnte ich kaum einen Brocken Spanisch, sie hingegen weder Englisch noch Deutsch. Trotzdem lachte man viel und es gelang ihnen, mir zu zeigen, was sie meinten. Der Große wollte beispielsweise fragen, wie viele Tage ich hier bleibe und als mir nach mehreren Anläufen immer noch die Fragezeichen im Gesicht standen, erklärte er es anders. Er versimpelte seine Frage auf die Worte „muchos" und „dias" und hing ein fragendes Gesicht hinten ran. Das Wort „dias" kannte ich von „Buenos Dias". Es hieß also „Tage". Für das andere Wort nahm er erst einen Stein und parallel dazu mehrere Steine in die Hand. Den einen nannte er „una" und die andere Hand betitelte er als „muchos" und hielt sie freudestrahlend nach oben. Mir schoss es plötzlich in den Sinn: „Ahhhh, muchos dias? Mañana el coche ... adios", antworte ich mit traurigem Gesicht. Es hieß so viel wie „Morgen Auto Tschüss". Sie fragten daraufhin nach „comida", also dem Essen und guckten fragend umher. Nachdem ich das kleine Wörterbuch meiner Oma aus dem Auto kramte, welches kurz für großes Gelächter sorgte, verstand ich allmählich, dass sie Hunger hatten und eine passende Einkaufsmöglichkeit suchten. Ich zeigte auf mein Essen und bat sie herzlich, etwas davon zu nehmen. Meinen Gemüsefraß lehnten sie jedoch dankend ab und waren stattdessen auf der Suche nach Brot für ihren Schinken. Ich schickte sie zum nahegelegen Supermarkt und als sie wiederkamen und mir erklärten, dass dieser bereits geschlossen hatte und sie nochmal mit dem Auto aufbrechen, verabschiedete ich mich schon mal. Es war eine wirklich schöne Konversation mit viel Gelächter und aufgrund ihrer offenen geschickten Art, konnte man sich recht simpel verständigen. Irgendwann kam man aber trotzdem nicht weiter, oder ich suchte zu lang nach Vokabeln im Buch. Ich ärgerte mich über meinen kargen Wortschatz.

Es wurde langsam dunkel und ich musste noch 500 Meter entlang der Küste klettern, um mich vorm Wind in Sicherheit zu bringen. Ich sagte ihnen: „Dormir aqui!", was heißen sollte, dass ich da drüben übernachte. Wir freuten uns auf ein eventuelles morgendliches Wiedersehen. Leider verschlief ich dieses dann aber und sie waren bereits wieder „on the road" mit ihrer „Hämorrhoidenschaukel". Schade, schade! Die Nacht überstand ich super und wir konnten ununterbrochen und erholsam schlafen. Früh morgens küsste uns die Sonne wach. Ein wunderschönes Erlebnis. Ich blinzelte aus dem Schlafsack und beobachtete die orange angeleuchtete Lola, wie sie sich langsam entrollte und genüsslich streckte. Wir waren ganz allein am Traumstrand und Lola forderte mich neckend zum Spiel auf. Das ließ ich mir nicht 2 mal sagen und wir tobten, was das Zeug hielt. Weit und breit war niemand zu sehen oder zu hören. Nur das Meeresrauschen und das Köcheln des Haferschleims.

Edgar, Shakira und Abdul

„Ratatattatatatattat", rasselte meine Zwiebacksäge an diesem schönen Vormittag. Alles war verpackt und wir fuhren der Küste entlang in Richtung Barcelona. Wir klapperten mehrere der ausgesuchten Stellen ab und erst die vorletzte war ein Treffer. Zum Glück gab es heute eine größere Auswahl. Immer mehrere Spots auf Lager zu haben, war eine Faustregel, die ich mir dick und fett hinter die Ohren schrieb.

Ich kam am frühen Nachmittag am Rand von Barcelona an und ließ mich wieder auf dem bekannten Strandparkplatz nieder, auf dem ich damals schon das Nudelwasser versalzen hatte. Schon entlang der herrlichen Küstenstraße bemerkte ich verrückte Wolkenkonstellationen am Himmel. Es schoben sich dichte, weiße Berge am Horizont entlang und mischten sich mit dem gelben Licht der Sonne. Nach dem mich ein deutscher „Sunny-Boy" mit seinem umgebauten Transporter willkommen hieß und ich alles windsicher aufgebaut hatte, verstärkte sich dieses spektakuläre Naturphänomen nochmals.

An der gut begangenen Strandpromenade blieben plötzlich mehr und mehr Leute stehen und zückten die Kameras. Auch ich hatte so etwas noch nie gesehen: Es sah aus, als würde der Himmel vor lauter Wolken platzen, als hätte Gott höchstpersönlich eine fette Party laufen, auf der 10 Nebelmaschinen im Dauertakt feuerten. Dazu kamen noch die Flugzeuge, welche gerade alle 10–15 Minuten in dieser weißen Masse verschwanden. Und als wäre das noch nicht genug, ging die Sonne Stück für Stück weiter gen Horizont und färbte den Himmel orangerot, und das, während Blitz und Donner dicht überm Meer aufleuchteten. Mehr ging nicht. Es polterte dumpf in der Ferne. Glücklicherweise spielte sich all das weit draußen auf hoher See ab. Wer da gerade im Kutter rumjuchtelte, musste echt dicke Eier in der Hose haben.

„Mr. Vanlife" beklagte sich mehrfach über die schlechten Windverhältnisse hier und würde noch heute rüber zum Atlantik heizen, da für die komplette kommende Woche ruhiges, warmes Wetter angesagt war und er hier keinerlei Beschäftigung sah. Er reiste, um zu surfen, war abhängig vom Wind und den Wellen und lag schon die ganze Zeit gelangweilt auf der Matratze. „So'n Mist aber auch ...", meckerte ich mit ihm, während ich innerlich Freudensprünge machte.

In den nächsten Tagen konnte ich ruhig schlafen. Der Wind war wirklich kaum spürbar. Alles war gut. Nur einmal war ich im Krankenhaus, da ich mir eines morgens so blöd in den Finger schnitt, dass die Blutung einfach nicht mehr stoppte. Das machte mich irgendwie nervös und ich fuhr nach langem Überlegen ins Krankenhaus. Als ich dann den zentimeterdicken Verband vor den aufgeregt guckenden Krankenschwestern löste, war jedoch kein Tropfen mehr zu sehen. Es war äußerst merkwürdig, denn ein paar Minuten eher floss es noch ununterbrochen und ich hatte schon mindestens 5 Pflaster wechseln müssen. Ich warnte die Schwestern sogar vorm vielen Blut, das gleich zum Vorschein kommen würde, wenn sie den Verband lösten. Da saß ich nun in der Notaufnahme, mit einem kleinen harmlosen Schnitt. Schön blöde.

An unfallfreien Tagen erwanderte ich mit Lola die Berglandschaft im Hintergrund, ging schwimmen und traf am Strand auf so manch Schaulustigen. Darunter waren eine als Clown verkleidete Frau, mit der ich zick Selfies machte, ein trinkfester Ire oder auch eine Mutter mit Sohn, dessen Traum es war, irgendwann mal kostengünstig nach Europa zu reisen. Ich ließ ihn hoch in mein Dachzelt klettern und beantwortete ihm all seine Fragen. Die Menschen hier waren alle offen, zum Schießen komisch und hatten stets gute Laune. Mit Englisch kam man hier in Großstadt-Nähe schon deutlich weiter. Es gefiel mir recht gut hier am Strand, auch wenn einen die vielen Blicke etwas durchlöcherten. Dafür war es schön warm, man konnte an der Promenade gut skaten und es gab hier viele hübsche Mädels. Zu dumm nur, dass alle die, mit denen ich ins Gespräch kam, einzig und allein Spanisch sprachen. Verzweifelt zückte ich einmal mein kleines Wörterbuch und suchte hektisch nach den „Smalltalk-Floskeln". Bis auf „Wie geht es dir?" oder „Sind Sie verheiratet?", fand ich aber nix auf die Schnelle. Naja egal, haha.

Eines Abends zog es mich in die Innenstadt von Barcelona. Von „Castelldefels" bis ins Herz der Millionenstadt waren's gute 25 Kilometer. Mein Tätowierer war hier auch gerade per Flugzeug eingetroffen und wir wollten uns am Fuße des „Mt. Juic" treffen. Er hauste hier bei Kumpels im Viertel „El Raval". Als ich mit Lola von einer ausgiebigen Wanderung wiederkam und diese am Abend ins Auto verfrachtete, hatte ich mächtig Pfeffer im Hintern. Endlich wieder Fahrrad fahren! Vor lauter Vorfreude platzte ich ohne Werk- und Flickzeug los und fuhr mir dummerweise 5–10 Kilometer entfernt nen fiesen Platten ein. Und das auch noch auf dem Standstreifen einer 3-spurigen Schnellstraße. Frag mich nicht, warum ich ausgerechnet diese Route wählte, anscheinend war ich noch nicht so recht vertraut mit dem spanischen Straßennetz und einen Radweg gab es irgendwie auch nicht. Mir blieb an diesem Abend nichts anderes übrig, als den Drahtesel wieder an' Strand zu schieben und mich schlafen zu legen. Nix mit saufen heut'!

Aus dem Verlangen heraus, mir meinen Traum zu erfüllen, in Barcelona endlich mal „Fixie" zu fahren und meinen Dresdner Kumpel zu besuchen, zog ich am nächsten Tag weiter in Richtung Stadt. Direkt im Inneren konnte man laut Erfahrungsberichten einiger Leute nicht stehen. Wenn man danach ginge, was dieses sagten, stünden gewaltsame Einbrüche in Wohnmobile an der Tagesordnung. Die schlimmste Story, die ich zu Ohren bekam, war, dass man Scheiben einschlug, um an die Wertsachen zu kommen und das, während sich Leute im Gefährt befanden. Selbst als diese sich bemerkbar machten, hörten die Gangster nicht auf. Darauf kann man glaub' ich verzichten und ich würde im Leben nicht mehr froh, wenn Lola so etwas widerfahren würde.

Ich wurde lustigerweise hinterm Flughafen fündig. In 2–3 Tagen wollte ich hier Anne abholen, man war relativ sicher vor den Bandidos und es war nicht mehr so weit in die ersehnte Innenstadt. Du wirst jetzt sicher schmunzeln, da „Flughafen" nicht sonderlich angenehm klingt – aber es gab hier einen riesigen Parkplatz, umrandet von grüner Vegetation, einen 100 Meter entfernten Strand, Duschen, Toiletten und Trinkwasserhähne. Da kann man den Lärm der startenden Turbinen schon mal verkraften.

Zudem hausten hier 3 sehr interessante Charaktere. Zum einen ein Pärchen mit einer starken Neigung zu Rottönen. Der Camper war komplett weinrot lackiert und alles andere in knalligem Pink gehalten. Selbst der mehr als knappe Slip des muskulösen Mannes, die Kehrschaufel oder auch die Pantoffeln der hübschen Lady waren pink. Die Frau schmückte zudem ein weißer Pelz und eine breite, dreieckige Sonnenbrille. Auf der Rückseite des Wohnmobils war ein FKK-Sticker. Anscheinend hatten sie gerade ein Problem im Motorraum und der Mann lag diesbezüglich unterm Auto. Es waren Franzosen und ich erkundigte mich aus der Ferne, ob sie denn Hilfe bräuchten. Die Frau lehnte zufrieden ab und lächelte daraufhin wieder in ihr Magazin. Größtenteils bekam man ja nur die klassischen „Stino-Camper" zu Gesicht. Die Flamingos da drüben waren hingegen mal eine willkommene Abwechslung zum gewohnten Bilde.

Ich fühlte mich wohl hier und entschied irgendwann, mit vollem Bauch die Waagerechte aufzusuchen und etwas Sonne und Bier zu tanken. Eine super Kombi, kann ich dir sagen! Fehlt nur noch die Hängematte für's perfekte Mittagsschläfchen. Nur wo befestigt man diese auf dem kargen Parkplatz? Hier gab es nur ein paar zu weit entfernte Palmen und einen Münzautomaten mit angrenzender Laterne. Scheinbar die einzige Möglichkeit weit und breit. Ich ergriff die Chance und legte mich zwischen Kleingeld und Laterne schlafen. Als ich dann noch das gut gekühlte „Estrella" zischen ließ, hörte man es laut aufschreien und klatschen. Ich erschrak. Was war das? Die Flamingos guckten zwar neugierig und lächelten rüber zu mir, doch das Klatschen kam von woanders. In einem uralten, abgerockten Wohnmobil, welches eher einer fahrenden Schrankwand glich, erblickte ich einen quirligen Kerl und dessen Hund. Sie streckten die Hälse aus den maroden Fenstern und jubelten mir zu. Anscheinend fand er meine Hängematten-Konstruktion voll geil und hatte keine Angst vor Fremden. Er schlug die Tür seines Pappkartons auf und brüllte mir Englisch etwas entgegen. Seine Worte überschlugen sich und hatten starke spanische Würze. Ich verstand nur „Salut" am Ende und rief auch „Salut" zurück. Die Neugierde fraß ihn auf und 1–2 Minuten später kam er rüber, um ein Foto zu machen. Er hieß Edgar, hatte einen großen Boxer-Mischling namens Anthrax und lebte hier schon seit Jahren in seinem Camper am Flughafen. Er war total fröhlich und aufgedreht, sah etwas aus wie ein Pirat und war gebürtiger „Barcelonianer". Wir verstanden uns prächtig und er sprach relativ gutes Englisch. Alle paar Minuten gab er mir einen High-Five, wenn wir beide etwas lustig fanden. Einmal schnitt ich gerade Gemüse fürs Curry mit meinem überdimensionierten Messer, während er zu mir rüberrief und langsam näherkam. Er entdeckte die riesige Klinge, klaute sie vom Schneidebrett und rannte laut schreiend um mich rum. Er hatte schon früh erkannt, dass ich ein Spaßvogel war und ihm auch solche Scherze nicht krumm nahm. Somit lachten wir laut und ich stieg mit ein in die Vorlage. Ich holte meinen Baseballschläger aus dem Kofferraum und so jagten wir uns an jenem Nachmittag tanzend ums Auto. So grenzwertig das klingen mag, es fühlte sich nicht komisch an. Ich fühlte mich nie unwohl in seiner Nähe und er war auch nicht aufdringlich, wusste, wann Schluss war. Wir waren wohl beide etwas verrückt und man verstand sich auf dieser Ebene bestens. Man merkte ihm jedoch auch den gelegentlichen Drogenkonsum an. Er redete so schnell, viel und laut, dass das keine natürlichen Charakterzüge sein konnten. Auf der Schiene konnte ich ihn noch nicht ganz einschätzen. Ich begegnete ihm daher von Beginn an etwas vorsichtiger und nahm mir ausreichend Zeit, um mir ein Bild von ihm zu machen.

Trotz extremen Turbinen-Lärm bis spät in die Nacht und lautstarken Konversationen mit Edgar konnte ich mich hier recht gut sammeln. Die Flugzeuge starteten einen knappen Kilometer entfernt und machten ordentlich Krawall. Vor allem beim Starten der größeren Maschinen vibrierte manchmal der ganze Boden. Es war so banal, dass es schon wieder komisch war. Ich fragte Edgar mehrmals, wie er das hier schon seit Jahren ertrage. Er sagte, er bemerke das schon fast nicht mehr. Einmal lag er ratzend im Heck seiner Behausung, mit offenen Fenstern und das, während die Flugzeuge im Minutentakt abhoben. Wahnsinn. Die brütende Mittagshitze schien ihn auch nicht zu stören. Er betonte immer wieder, dass er hier umsonst wohne und mit seinem Hund super Spazieren gehen kann. Vorn am „Infopoint" dieses Naturschutzgebietes gab es sogar das begehrte W-Lan. Er sagte, dass ich alles richtig mache und mir hier alles zur Verfügung stehe: „If you have to shit just go to the house over there and you can sit down! Paper is for free amigo!" Der perfekte Ort zum Bleiben! Unterschwellig hörte man aber auch etwas Einsamkeit in seinen Worten. Als ich ihm dann sagte, dass ich morgen eine Freundin vom Flughafen hole und wir vielleicht nicht wieder hier herkommen werden, war er dann sichtlich enttäuscht. Wir tranken am Abend nochmal ordentlich auf unser Kennenlernen. Er rief sogar noch Viktor an, einen guten Kumpel aus dem Krankenhaus, und wir feierten zu dritt bis spät in die Nacht. Ehrlich gesagt glaube ich, dass Viktor nicht nur ein Kumpel war, sondern vielmehr der Koks-Lieferant. Die beiden verschwanden manchmal verdächtig lang in Edgars Bude und irgendwann war es offensichtlich. Viktor nannte ihn schon immer „loco loco", wenn er wieder dementsprechende Andeutungen machte.

Einmal bat mich Edgar sogar mit rein in die gute Stube. Es reizte mich nicht sonderlich und roch schon immer von weitem nicht grad angenehm, aber ich wollte nicht unhöflich sein und war auch irgendwie interessiert, wie's da drin wohl aussah. Ich stieg also mit hoch in den Türrahmen und lunzte aus sicherer Entfernung hinein. Was soll ich sagen, eine typische chaotische „Baracke" eben. Es sah aus, wie es roch. Falls jemandem die Serie „Breaking Bad" von Begriff ist, kann man die darin vorkommenden Inhalte wohl gut damit vergleichen. Ein paar „Locals" am Strand nannten ihn sogar Heisenberg. Stolz zeigte er mir seinen heiligen Laptop und 2 große Boxen, mit denen er immer Musik machte. Er war früher DJ in Tschechien und hatte dort auch eine Freundin, die er in einer Woche besuchen wollte. Er wusste daher sogar, wo „East-Germany" lag. Neben dem wertvollen Musikequipment waren riesige „Zockersessel" und ein Glastisch positioniert ... Alles war dunkel abgehangen und unaufgeräumt. Zwischen Essensresten und dicken Decken lag Anthrax, der Hund. Ich tolerierte Edgars Behausung, konnte es ja von draußen schon ahnen, nur der Hund tat mir etwas leid. Er schnüffelte den Zigarettenqualm und wurde manchmal echt ruppig gemaßregelt. Einmal merkte ich das an und er entschuldigte sich daraufhin sofort. Anscheinend war es ihm unangenehm. Er habe manchmal so seine Probleme mit der Ruhe und der Geduld, sei aber stets bemüht im Umgang mit seinem Hund. Er zeigte mir kurzerhand sogar Fotos aus Indonesien, wo er mal als Koch gearbeitet hatte und wo es die verrücktesten Geschöpfe gab. Darunter auch seine Freunde, die Affen, mit denen er immer seinen Spaß hatte. Auch die Wespe im Camper führte er ohne Fliegenklatsche wieder heraus. Er konnte mir sogar genau erklären, welche verschieden Tier- und Baumarten es hier in der Umgebung gab und dass man diese schützen müsse, da sich der Flughafen laut Plan noch weiter vergrößern solle.

„Walter White" im Wohnmobil

Abschließend kann ich sagen, dass Edgar ein sehr netter Gastgeber war. Einmal kochte er sogar für mich eine Portion Nudeln mit Ketchup und ich gab ihm im Gegenzug ne Büchse „Estrella". Es entstand wieder mal eine gute Nachbarschaft und er beauftragte mich sogar, ab und an ein Auge auf seinen offenen Camper zu werfen, während er kurz in die Stadt verschwand. Er schien mir also zu vertrauen. Ich vertraute ihm erst später und testete ihn am Anfang mehrmals. Ich ließ zum Beispiel einmal offen Bier rumstehen, stellte quasi Fallen und sagte ihm dann, dass ich kurz an den Strand duschen gehe. Als ich zurückkam, war alles noch da. Es war eine verrückte Bekanntschaft und ich lernte viele neue Vokabeln, natürlich nur die schlechten. Nur zum Fahrrad fahren kam ich irgendwie nicht so richtig.

Heute war der 25.09.2021 und ich brach fest entschlossen zum Flughafen auf. Wie schon erwähnt, lief da bei der Abholung ganz schön was schief. Warum auch immer stand ich da nun 3 Tage zu früh vorm Terminal und schickte Anne meinen Standort über WhatsApp. Sie antwortete mit diesen Smileys, die so verdutzt große Augen machen. „Ich komm doch erst Dienstag!", schrieb sie weiter. Tatsache, das stand auch so in meinem Kalender. „Oh man ey, was bist'n du für'n Kunde!", redete ich laut vor mich hin. Ich antwortete mit „Lachsmileys" und schrieb „Fuuuck" mit 3 „u". Da stand ich nun mit Schlips und Kragen, geschniegelt und gestriegelt und konnte schön wieder abtanzen. Vor lauter Aufregung war ich sogar extra nochmal duschen. Alles für die Katz'.

Ich nutzte die Extra-Tage, um die Randgegend von Barcelona abzuklappern und vielleicht noch ein schönes Plätzchen zu finden. Ich wollte Anne am liebsten 3 verschiedene Orte vorschlagen, von denen sie sich einen aussuchen könne, um dort dann die erste Nacht zu verbringen. Alle guten Dinge sind bekanntlich 3. Ich stieg also wieder ein und ließ die Zündung knattern. Mein Gehirn lief ebenfalls auf Hochtouren, um mir auf die Schnelle noch ein schönes Plätzchen zu organisieren. Es war bereits Nachmittag und ich wollte auf jeden Fall noch vor der Dämmerung ankommen, um entspannt aufzubauen und zu kochen.

Wenn man im Dunkeln ankam, war mir das immer nicht ganz geheuer. Man hatte zwar Licht und seinen Hund, aber irgendwie saß einem die Angst auf der Schulter und man beeilte sich mit allem, um schnell hoch ins Bett zu kommen.

Auf „Maps" zoomte ich also rein und raus, hin und her und irgendwann kamen mir diese schönen Hügel in den Sinn. Die, die Barcelona umrandeten. Da müsse man einen super Blick haben, man findet vielleicht eine Art „Dead-End", in dem man stehen könnte und war relativ sicher vor den Dieben. Mein Look sorgte zwar sowieso dafür, dass diejenigen, die Böses im Schilde führten, meist nur lachten und man am Ende noch zusammen Bier trank, aber ich wollte es trotzdem nicht riskieren. Die Stadt ist immer so laut und man hörte im Dachzelt jeden Mucks. Vom Flughafen hatten meine Ohren auch genug. Ich markierte also einen Punkt im Navi und begab mich auf die Straße. Von der Autobahn aus ging's daraufhin steile private Straßen hinauf. Die waren mitunter so steil, dass man mehr lag als saß und die Reifen ruckelten. Im ersten Gang kroch ich hier zwischen Luxusbuden den Berg hinauf. Anscheinend wohnte hier die „High-Society" und jedes Haus war mit „Securitas-Schildern" bepflanzt. Gar nicht schlecht, das hieß schon mal viel Ruhe vor den Ganoven. Und wie es der Zufall so wollte, traf ich dann auf eine dieser Sackgassen. Sie ging in einen Wanderweg über und bot einen affengeilen Blick über die Metropole. Es war wirklich ein Traum. Nachdem ich kurz feierte, wie ich hier ganz umsonst zwischen den Luxusvillen der Reichen stand und deren Ausblick genoss, machte ich mich zufrieden ans Abendessen. Während die Nudeln köchelten, beschriftete ich mithilfe der Übersetzter-App ein Pappschild. Ich klemmte es gut sichtbar für passierende Anwohner unter den Scheibenwischer. Formuliert war darauf Folgendes: „Hallo, ich hoffe, es ist in Ordnung, dass ich hier stehe. Falls nicht, dann ruf bitte an! Franz aus Deutschland." Natürlich alles in spanisch und darunter meine Telefonnummer. So konnte ich unbesorgt mit Lola noch eine große Runde gehen und die schönen Hügel im Licht der untergehenden Sonne bestaunen. Als ich wieder zurückkam, traf ich sogar einen älteren

Herrn, der tatsächlich astrein Deutsch sprach. Auch das junge Pärchen, das kurz danach noch meine Behausung passierte, konnte ein paar Brocken Deutsch. Sie erklärten, dass ich mich hier in einer Wohnsiedlung befinde, in der neben berühmten Fußballern zahlreiche Deutsche siedeln. Alle waren nett und wünschten mir eine gute Nacht. Ich schlief extrem gut und hatte sogar einen luziden Traum. Das weiß ich noch ganz genau. Es ist sehr selten, dass uns das zufällig passiert. Bei solch einem Traum rafft man quasi während des Schlafes, dass man gerade träumt und kann dann seinen Traum teils mitbestimmen. Ich war die ganze Zeit aufs Fliegen aus. Das war total abgefahren!

Früh morgens machte ich Frühstück im Auto, da's die Fliegen wieder auf mich abgesehen hatten und der Wind am Berg ganz schön sauste. Ich saß im Auto, es lief „smoother Jazz" und ich konnte in Ruhe dinieren. Anschließend zog ich ganz entspannt durch die Siedlung. Mir kam das Pärchen von gestern im Auto entgegen und sie winkten freudestrahlend. Außerdem machte Lola Bekanntschaft mit einem hübschen Dobermann. Sehr elegante Tiere. Lola warf scheinbar ein Auge auf ihn. Die Kette hielt ein farbiger 2-Meter-Mann. Es war gut gepflegt, zog eine Wolke teures Parfüm mit sich und hatte seidene schwarze Klamotten an. Als ich danach noch auf eine riesiges, in den Hang gebautes Haus traf, das von weißen extra hohen Mauern umringt war und die Fläche von 5 Häusern aufwies, wurde ich langsam neugierig. An jeder Ecke hingen Kameras und als ich die Karten-App öffnete, las ich „Mansion de Shakira". Kraaaaaass, genau die mit der sexy Stimme, die so mancher im Kinderzimmer hängen hatte. Ich fand's irgendwie total witzig, dass ich hier unmittelbar neben ihr mit meiner Schrottkarre parkte.

Die anderen beiden Tage verbrachte ich in „El Masnou", ein Vorort von „BCN". Ich fand hier nen günstigen Campingplatz zum Duschen. Er war einer der einzigen mit solch praktischer Nähe zur Stadt sogar einer der ersten in ganz Spanien, wie ich später erfuhr. Er sah aus wie auf den Fotos. Nur der Pool war Corona bedingt geschlossen und fasste ungefilterte grüne Brühe. Die Fensterläden der Rezeption waren ebenfalls komplett verschlossen, es gab keine Schranke und im Areal war hier und da Absperrband angebracht. Irgendwie hatte ich die Vermutung, er sei komplett geschlossen und man könne hier umsonst parken. Ich fuhr also einfach mal rein. Der Platz war terrassenartig angelegt. Ganz oben siedelten ein paar echt „abgespacete" Einheimische in kleinen, durchlöcherten Wohnwägen im Edgar-Style. Diese waren mit mehreren Vorzelten erweitert und wenn man hinein lunzte, sah man die skurrilsten Persönlichkeiten. Eine von ihnen zeichnete, was das Zeug hielt. Überall standen riesige Gemälde. Sehr interessant. Nur die dazugehörigen Personen waren eher bedeckt unterwegs und hielten sich meist im Inneren auf.

Ich parkte meine Karre vorerst ab und lief mit Lola die gesamte „Area" ab. Wir ließen uns ab und an nieder und entschieden zusammen, wo wir uns am wohlsten fühlten. Eine kleine abgeschiedene Sackgasse unter Granatapfel-Bäumen stellte sich als Volltreffer heraus. Lola konnte hier alles gut einsehen und hinter uns lag eine praktische Wand, auf der ich den Kanister abstellen konnte. Laut Kompass schien hier sogar den ganzen Tag die Sonne zwischen den Obstbäumen hindurch. Perfekt!

Als wir uns dann ausbreiteten und alles aufgebaut war, erschrak mich Abdul. Er war derjenige, der sich um den Platz und vor allem um die Kasse kümmerte. Der kostenlose Traum löste sich in Luft auf und er bat mich, mit runter zur Rezeption zu kommen. Abdul war wie alle hier ein Scherzkeks und stammte ursprünglich aus Marokko. Er trug immer Jeans und T-Shirt und hatte gegelte dunkle Haare. Er sprach nur ein paar Brocken englisch, hatte aber trotzdem ein erstaunliches Repartier an schmutzigen Witzen auf Lager. Er fragte ab und an, wo meine „Chica" sei und was ich da oben wohl in meinem Zelt so treibe, wenn's dunkel ist. Er sagte, ich solle zum Strand gehen und mir ein Mädchen holen. Ich fragte den Kameltreiber, ob wir nicht zusammen zum Strand gehen sollten, da er ja auch nur alleine hier rumschlich. Wir amüsierten uns oft hervorragend und er drehte jeden Tag mehrere Runden über den Platz. Wir redeten sehr locker miteinander und so ließ sich auch immer am Übernachtungspreis was machen. Im Gegenzug half ich ihm wiederum mit der Baumpflege und beim Wuchten von schweren Stämmen. Einmal stand er früh morgens schon mit der Kettensäge hinter mir und gab sich als der Typ vom Horrorfilm aus. Er hatte manchmal echt ne Macke, haha. An sich verstanden wir uns aber super und lachten immer viel. Er hatte so eine witzige, langsame Mimik und brachte einen oft mit wenigen Worten und lustigen Gesten zum Schmunzeln. Mir gefiel's hier bis auf die tägliche Bezahlung sehr gut. Ich lernte sogar den Don, also Abduls „el Cheffe" kennen, der mich ebenfalls herzlich willkommen hieß und damals zwischenzeitlich in Deutschland gewohnt hatte. Er hieß Huan und war sehr nett. Das „H" spricht man als würde man fauchen, während man dabei „Rrrrrr" sagt. Ich durfte alles pflücken und essen, was ich sah, und es gab hier Waschmaschinen, in denen ich nochmal meine Schlafsäcke waschen konnte, bevor Anne dann endgültig aufkreuzte. Ich fuhr eines Tages sogar nochmal zum Baumarkt und organisierte unter anderem eine dünne Sperrholzplatte, die uns in der nächsten Woche als Tisch dienen sollte.

Rettung in der Not

Irgendwann war's dann soweit. Heute kam sie wirklich an! Ich versicherte mich noch mehrmals im Kalender und fuhr schließlich los. Das klingt grad so, als wäre ich total vergesslich und zu nichts zu gebrauchen, aber du glaubst nicht, wie oft man hier draußen auf's Handy guckte: Gar nicht! Wozu auch? Also mal abgesehen von der Kamerafunktion oder von Standort-Apps nutzte man das Ding eigentlich kaum. Somit ist man auch nie auf dem Laufenden. Wenn, dann diente es als Allzweckwerkzeug, mit Funktionen wie Spiegel, Kamera oder

Kompass. Außerdem war die Sonne eine prima Uhr. Steht sie ganz oben und tropfen die Schweißperlen von der Stirn, dann ist wohl Mittagszeit. Ich lebte teilweise ohne jegliche Uhrzeit einfach in den Tag hinein und war auch immer gut beschäftigt damit. Ich hatte nicht einmal das gefürchtete Gefühl der langen Weile in mir. Da in Spanien sogar sonntags die Läden offen hatten, wusste ich oft nicht mal, welcher Tag, geschweige denn welches Datum war. Es war mir schlichtweg egal. Essen gab es, wenn ich Hunger hatte und schlafen ging ich, wenn's kalt und dunkel wurde. Es rasselten leider so gut wie alle Geburtstage an mir vorbei und Nachrichten beantwortete ich oft erst Tage später. Zum Glück wussten alle, dass ich grad blaumachte und nahmen mir das nicht übel. Anrufen konnte man mich ja, wenn's was Dringendes gab.

Es tat so gut, das glaubst du nicht. Falls auch du mal in den Genuss kommen solltest, dich fürn paar Monate abzusetzen und dir keine Verpflichtungen mehr hinterherrennen, kann ich nur empfehlen, alle Messanger-Apps mal stumm zu schalten. Quasi Mitteilungen – AUS. Somit zwingen dich keine Nachrichtentöne mehr, eine App zu öffnen. Wenn man es dann noch schafft, den Drang zu unterbinden, sich ständig mitteilen zu wollen oder „up to date" sein zu wollen, kann einen das auf ganz neue Wege führen. Man erlebt die Abenteuer mal wieder wirklich selbst mit den Personen vor Ort und muss nicht erst Hinz und Kunz zeigen, was man hier macht, um wirklich glücklich zu sein. Man macht sich keine Gedanken mehr, ob anderen gefällt, was sie sehen. Das kann alles sehr befreiend sein, vor allem in der heutigen Zeit. Aber keine Sorge, auch ich hing oft genug in Kneipen mit W-Lan stundenlang auf Instagram. Echt verrückt, wie man da manchmal reingesaugt wird. Klickst'e das an, kommst'e dahin. Jeder kennt's, glaub' ich. Zum Glück hatte ich nur einen sehr kleinen Daten-Tarif am Laufen. Früher ärgerte ich mich darüber, jetzt find ich cool, was Mutti mir damals aufgequatscht hatte. Das alles geht natürlich nur, wenn man nicht gerade darauf angewiesen ist oder zum Beispiel jemanden vom Flughafen holen muss. Da hat das Telefon schon Sinn und Zweck. Keine Frage.

Da stand ich nun also ... zum zweiten Mal. Ich lehnte möglichst cool am Auto und versuchte, mir keinerlei Nervosität anmerken zu lassen. Da ich nicht mehr rauchte, knabberte ich wie gewohnt eine Möhre, quasi der Ersatz fürs Qualmen. Funktioniert bei mir irgendwie erstaunlich gut. Irgendwann trafen sich unsere Blicke und sie kam auf mich zu. Es entstand eine wilde Mischung aus Freude, Neugierde und purer Aufregung in mir. Sie hingegen wirkte ziemlich zufrieden und entspannt. Wir beschnupperten uns kurz und fanden zum Glück gleich viele Gesprächsthemen: Der Flug, das verrückte Auto und der Hund. Der Hund! Ein Glück hatte ich den dabei. Sie war total tierlieb und erfreute sich sehr an Lola. Wir luden alles ein und setzten uns rein. Lola guckte die ganze Zeit vor über Annes Schulter und ließ sich von ihr streicheln. Sie sah Lola dabei nicht an und so bedrängte sie sie auch nicht zu sehr. Ich war froh, dass die 2 sich so gut verstanden. Es war fast schon untypisch. Eigentlich war Lola ja eher sehr vorsichtig gegenüber Fremden. Anne jedoch strahlte irgendne liebe Gelassenheit aus und wirkte von Beginn an sehr angenehm auf uns. Sie lächelte außerdem auffällig viel.

Als ich ihr dann die 3 Optionen vorschlug, einigten wir uns auf Abdul. Ich war da gar nicht bös' drum, da heute morgen ein sehr nettes Pärchen aus den Niederlanden dort eingetroffen war. Sie kamen gerade an, als ich losfuhr und wir bedauerten es sehr, nur 10 Minuten miteinander geredet zu haben. Ich freute mich also über Annes Entscheidung und wir fuhren wieder zurück nach „El Masnou". Ich erlaubte meiner Begleitung, alles zu tun, wonach ihr war, und bot ihr ein Bier von der Rückbank an. Sie war noch verkatert von gestern und drehte sich erstmal ne Kippe. Je weiter wir fuhren, desto angenehmer wurde unsere Konversation. Wir schwammen voll auf einer Länge und redeten beide sehr offen. Es dauerte nicht lang und man fragte sich nach seinen Gewohnheiten und wie man am liebsten schlafe. Ich war echt erfreut, dass wir beiden Fremden uns gleich so gut verstanden. Als wir nach kleineren Staus dann irgendwann ankamen und aus der aufgeheizten Karre stiegen, hießen auch die beiden Niederländer Anne willkommen. Alles war perfekt und wir 4 verstanden uns prächtig. Die pure Harmonie! Wir gingen sogar gleich darauf noch zusammen essen am Strand.

Die beiden hießen Martin und Sonja. Ich glaube, er war Geografie-Lehrer und sie Biologin. Sie waren hier auf dem Campingplatz schon vor 20 Jahren und nun kamen sie zufällig wieder vorbei mit ihrem Kartoffelkäfer. Sie hatten einen weißen Transporter mit Hochdach und diesen schwarz-orange, im „Look" dieses Käfers, angesprüht. Ich weiß gar nicht mehr, warum genau der Kartoffelkäfer. Egal. Sah auf jeden Fall echt fetzig aus!

Wir 4 machten also mächtig einen drauf am Strand und es gab das ein oder andere Getränk. Anne brachte sich super ein und wir unterhielten uns permanent über interessante Dinge. Holländer sind einfach cool. Immer witzig, aufgeschlossen und Englisch sprechend. Also zumindest die Reisenden, die wir trafen. Irgendwann fielen wir zufrieden ins Bett und klärten nochmal ab, dass kuscheln ok sei. Lässt sich auch schwer vermeiden auf so engem Raum. Am nächsten Tag stellte sich ein Haufen weiterer super Eigenschaften von Anne heraus. Sie war quasi ein Festival-Kind und ihre Eltern nahmen sie schon früh mit. Camping und das Verlassen der Komfortzone waren daher keine Hürde für sie. Im Gegenteil, sie half sogar eigenständig und erkannte anfallende Aufgaben selbstständig! Ekel vor den spanischen Sanitäreinrichtungen gab es auch keinen. Total geil! Klingt bisschen wie ne Praktikums-Einschätzung, aber war wirklich hilfreich und ich kannte das so noch gar nicht. Man agierte im Team und sie ging sehr respektvoll mit meinen Utensilien um. Sie war fokussiert auf das, was sie machte, und konnte mir quasi von den Lippen lesen. Eine Hexe! Es war wirklich ne Mega-Erleichterung und ich war sehr froh über all das, was hier gerade passierte. Zudem brachte sie mich an diesem herrlichen Morgen sogar zum Yoga. Ich war eigentlich ein langes Elend, ein Ungelenk und sah mich noch nicht so recht darin. Enno nannte mich gern mal „Brechstange". Probieren wollte ich es trotzdem schon seit jeher und sie war anscheinend ein Yoga-Pro, hatte sogar früher im Fitnessstudio „Workouts" gegeben. Sie führte mich super in die verschiedenen Übungen ein, während Lola ganz entspannt neben uns lag. Es war die breite Mauer eines Yacht-Hafens, direkt am Meer, auf der wir da zusammen rumturnten.

Nach dem Yoga fühlten wir uns super. Es war ein total geiles erleichterndes Gefühl, das sich da in einem breit machte. Ich hatte anschließend ein großes Bedürfnis, ihr zu sagen, wie dankbar ich für all das war, was hier vor sich ging. Sie freute sich sehr darüber und bedankte sich ebenfalls. Sie schätzte, hier mit unterwegs sein zu dürfen und bot eigenständig an, das Essen zu bezahlen. Als wir dann mal einkaufen waren, packte sie den Korb randvoll. Wir befanden uns in einem „Carrefour", ähnlich wie Globus oder Kaufland bei uns und ließen uns allerhand Zeit. Anne mochte ausgiebiges Einkaufen und wir naschten gern mal auf Kosten des Hauses. Nüsse, Weintrauben, alles, was eben so lose rumlag. Sie hatte anscheinend genauso wenig Scheu vor den Securities wie ich. Wir schlenderten durch die Gänge, legten uns auf Stühle und probierten Zeug an Ständen. Wir waren zwar nur einkaufen, aber irgendwie fühlte sich auch das verdammt gut an.

Da sie überzeugte Veganerin war und ich so ne Art Hobby-Vegetarier, konnten wir uns super einigen. Tiere lagen ihr sehr am Herzen und sie besetzte schon damals aus Protest nen Hühnerstall in Barcelona. Anschließend wurde sie sogar verhaftet und saß mal kurz im spanischen Knast. „Sexyyy, die hat's ja faustdick hinter den Ohren!", murmelte ich in mich hinein. Irgendwie standen wir beide auf Blödsinn. Als wir weiterfuhren, saßen wir fast schon wie Bonnie und Clyde in der Karre. Zwei „Hobby-Gangster" „on the road"! Ich hatte echt ne Schwäche für solche Mädels. Wirklich schlimmes Zeug hatten wir aber nie angestellt, das konnte man alles noch mit dem Gewissen abklären.

So, ich hab grad' ne Lücke in der Geschichte und musste kurz in den Fotos nachsehen, um die Reihenfolge abzuklären. Ich glaube nämlich, dass wir erst an Tag 3 einkaufen waren, als wir schon weiter zum nächsten Spot zogen. Ich bin aber gerade zu faul, ums nochmal zu ändern. Du wirst das schon im Kopf sortiert bekommen. Es war echt ne Menge los und ne sehr intensive Zeit, die sich doll eingebrannt hatte. Die Woche nimmt fast schon ne zentrale Rolle hier im Buch ein und prägte die weitere Reise sehr. Ich will daher versuchen, alles möglichst gut auf die Kette zu bekommen und gleichzeitig angenehm für dich zu verpacken:

Nach einem von Anne erstellten „Workout" lasen wir still nebeneinander in unseren Büchern und genossen das schöne Wetter. Sie konnte hier auf dem Campingplatz gut ankommen und einchecken. Mit ihr konnte man, ohne groß zu quatschen, ganz entspannt nebeneinandersitzen und es gab nie einen peinlichen Schweigemoment. Es harmonierte einfach gut. Ich bin sowieso oft ein ruhiger Typ, der auch mal nix sagt und Anne schien das gar nicht zu stören. Im Gegenteil, sie merkte sogar an, dass sie genau das sehr angenehm fand. Sie studierte gerade und pflegte ein hektisches Sozialleben, wo ihr die Worte nur so um die Ohren flogen. Da tat das alles gerade ganz gut. Auf dem Buch, das sie las, stand „Leben im Jetzt". Irgendwie konnte ich damit noch nicht so recht was anfangen und ich fragte sie, was da so drinstand. Sie schien zu spüren, dass ich ab und an noch nicht so recht klarkam hier draußen und scheinbar befand sich im Buch die Lösung dafür. Sie freute sich über mein Interesse an ihrem Gelesenen und brachte mir das nun ab und an näher. „Lies mal den Abschnitt hier", sagte sie immer, als ich neugierig rüberschielte. Es war nicht nur der Inhalt dieses Buches, sondern viel mehr ihr ganzes Wissen, was sie mit 25 Jahren (ich hoff', ich lieg hier grad nicht falsch) so angesammelt hatte und mir nun schrittweise übermittelte. Das Buch war nur ein Puzzlestück darin.

Anne beobachte mich immer, wie mir ab und an blöde Gedanken das Leben schwer machten und ich steigerte mich damals noch oft in sie hinein. Ich schilderte ihr beispielsweise meine „Achterbahnfahrt" unten am Atomkraftwerk. Du weißt schon, da, wo ich erst so glücklich und dann am Boden zerstört war. Nach dem Reinfall wurde ich ja total nervös und wusste nicht so richtig, wohin mit mir oder wie's jetzt weitergehen sollte. Ich hing mit den Gedanken ganz wo anders. Entweder noch im schönen „Les Angles", das ich mir sehnsüchtig zurück wünschte oder schon ne Woche voraus, mit der Überlegung Anne abzusagen, weil ich hier grad absolut nicht klarkomme. Anne war zufälligerweise genau die richtige Ansprechpartnerin für meine Sorgen und freute sich, mir damit helfen zu können. Sie hatte meine vollste Aufmerksamkeit, da das Leben, seitdem sie mit mir unterwegs war, scheinbar problemlos verlief. Ich war deshalb sehr neugierig auf das, was hier gerade vor sich ging. Später mehr dazu.

Wir gingen am nächsten Morgen runter zum Strand und machten zusammen mit Sonja und Martin Yoga. Es gefiel mir so gut, dass ich beschloss, jeden Tag mitzumachen. Auf dem Weg dahin kletterten wir mit Lola über die Schienen, da der Durchgang zum Strand erst 500 Meter weiter vorn war. Anschließend sagte mir Anne, dass sie noch kurz meditiere und ich gern mitmachen könne, wenn mir danach sei. Ich saß also neben ihr und schloss ebenfalls die Augen. Ich hatte keinen blassen Schimmer, was ich hier machen sollte und merkte einfach nur, wie anstrengend es war, so zu sitzen. Naja egal. Nach dem Sitzen gingen wir dann quasi als frisch gebackene Hippies schwimmen. Anne fragte, ob es ok wäre, wenn sie „oben ohne" reingehe. Sie hatte nur nen Slip und n T-Shirt an und wollte jetzt nicht nochmal hoch zum Auto. Sie war generell frei von jeglichen Sorgen um ihr Äußeres und scherte sich nen feuchten Dreck, was Fremde jetzt wohl darüber dachten. Ich hatte auf jeden Fall kein Problem damit. Warum auch? Plitsch, platsch, rannten wir alle ins Wasser. Lola natürlich nur bis zum Rand der Salzbrühe. Es fühlte sich echt gut an! Die Sonne strahlte, das Wasser war warm und man sah in der Ferne die Umrisse der Wolkenkratzer von Barcelona. Wir überlegten uns bei dem Anblick, heute vielleicht mal in die Stadt zu fahren …

So schön der Ausblick auch war, er hielt mich nicht so recht ab von Anne, die hier gerade neben mir ihre Bahnen zog und als sie das irgendwann bemerkte, lächelte sie mich an. Ich gab ihr als Antwort ein Kompliment. „Geile Möpse!", rief ich rüber. Ne, quatsch, das sagte ich nur unter Wasser, wo sie's nicht hörte. Ich hatte, glaub' ich, irgend ne andere Formulierung dafür. Ich weiß es nicht mehr genau. Sie musste lachen und merkte mir das Verklemmtsein wohl etwas an. Auf jeden Fall sorgte diese Aktion nur für weitere Pluspunkte in unserer „Fremdenbeziehung". Wir öffneten uns fast komplett in diesen ersten Tagen und hatten kaum noch Scheu vorm Gegenüber. Voll krass. Ich hätte nie gedacht, dass man das Kennenlernen so fix und trotzdem angenehm runter brechen konnte.

Ich glaube, heute war schon Tag 3 und wir hingen immer noch auf'm Campingplatz rum. Abdul hatte sich gerade von hinten angeschlichen und wollte Anne Wasser über'n „Kopp" gießen. Wir bemerkten das zum Glück noch rechtzeitig und ich verjagte ihn wieder, da Anne gerade ein hammergeiles Mittagsessen zauberte. Ich solle mich schon mal auf's „Frühstück à la Anne" freuen, es würde das hier noch um Längen übertreffen.

Wir entschieden, heute Nachmittag den Ausflug nach Barcelona zu machen und Morgen dann langsam weiterzuziehen. Schließlich bezahlten wir zu dritt trotz Verhandlung stolze 17 € pro Tag. Außerdem jagte Lola einmal die Katze hoch zum hauseigenen Hahn und es bestand seitdem strenge Leinenpflicht im Areal.

Da es von den Temperaturen heute recht angenehm war und ich am Anfang ein paar Zugtickets geschenkt bekommen hatte, passte der Ausflug gut in den Plan. Ich hatte 2 Einzelkarten und ein Gruppenticket erhalten. Benachbarte Camper schenkten mir diese, da sie leider schon los mussten und keine Zeit mehr für'n City-Trip hatten. Wir schon!

Wir schickten Lola ins Auto, ich startete die Zweitbatterie samt Ventilator und ließ die Fenster ein Stück runter. Das Auto stand im Halbschatten und bot so ein relativ angenehmes Plätzchen für den Hund. In der Stadt hätte sie wahrscheinlich nen Kollaps bekommen. Sie war einfach nicht der Hund für solche Aktionen.

Als wir gerade los wollten, bemerkte ich die dunklen Wolken am Himmel und kehrte nochmal zurück, um abzuchecken, ob alles regendicht abgesichert war. Ich nahm auch gleich noch meine Schlechtwetter-Jacke mit. Auf meiner App sah's ebenfalls nicht so rosig aus und der Ärger überkam mich. Im Smalltalk mit den Nachbarn warnte ich diese auch gleich noch vor dem düsteren Gemisch da oben, als mir Anne plötzlich ins Wort fiel: „I don't think so ... the sun is still shining! I mean, look at the sky!" Sie beruhigte die aufgebrachten Nachbarn und guckte mich dabei relativ grimmig an. Auf dem Weg zur Bahn klärte sie mich dann auf: „Nur weil deine Apps das anzeigen und es vielleicht gerade etwas danach aussieht, muss das noch lange nicht heißen, dass der Fall auch eintritt. Und wenn schon, es bringt jetzt nichts, sich verrückt zu machen und sinnlos zu ärgern, da du kleiner Hampelmann da eh nix dran ändern kannst. Oder willst'e dir ne Leiter holen, um mit dem Frosch da oben Tacheles zu reden? Ist wohl nicht möglich. Nimm's wie's kommt." Das waren nicht die originalen Worte, aber so ähnlich fasste ich das damals auf. Sie hatte vollkommen recht. Ich hing mit den Gedanken so dermaßen im Wetter, dass ich fast noch, ohne zu gucken, auf die Straße lief und das kühle Bier, das wir gerade geöffnet hatten, kaum wahrnahm. Wir stiegen irgendwann an der von Huan empfohlenen Haltestelle aus. Als wir uns von den unterirdischen Gängen aus langsam nach oben ans Tageslicht kämpften, empfing uns die strahlende Sonne und ein blauer Himmel. Wir waren im Zentrum der Stadt, hatten schon leicht einen sitzen und das Wetter hätte kaum besser sein können. Hexerei!

Um erstmal anzukommen, setzten wir uns auf die äußeren Bänke eines größeren Platzes und ließen alles auf uns wirken. Wahnsinn! Was für ein Trubel. Was für hohe Häuser. Anne googelte währenddessen nach möglichen Restaurants. In Absprache mit mir einigten wir uns auf die „Vegan Junk Food Bar". Ich war eigentlich offen für alles und freute mich über ihre Eigeninitiative. Neben der Bar lagen sogar ein paar Skateshops, die ich gern abklappern wollte und so war das die Richtung, die wir ungefähr anpeilten. Nachdem wir meinten, den Weg zu kennen, schlug ich vor, ohne Hilfsmittel zu laufen. Quasi mal so richtig suchen, nur anhand einer Richtung. Wir ließen uns durch die verwinkelten Gassen treiben und hatten mächtig Glücksgefühle im Bauch. Ihr gefiel es sehr, hier und da mal reinzuschnuppern, den Blick schweifen zu lassen und allerhand neue Eindrücke zu sammeln. Die kleinen Balkons und Dekorationen an den Fenstern hatten es ihr besonders angetan. Wir ließen's uns echt gut geh'n! Für mich war es ebenfalls sehr angenehm. Ich war seit Ewigkeiten nicht mehr ohne Hund unterwegs und es fühlte sich verdammt gut an, ohne Verantwortung einfach rumziehen zu können. Kein „Langsam", kein „Pass auf die Scherben auf" und kein „Hier kannst du nicht mit rein". Man konnte hin, wo man wollte, tun was man wollte. Nur die hübsche Lady und die Stadt. Fremdgehen, während der Hund das Auto bewacht. Ich hoffte, Lola nahm mir das nicht übel. In ein paar Stunden würd' ich sie eh wieder vermissen.

Irgendwann erreichten wir dann das Restaurant und hatten echt Bock, geilen Scheiß zu essen. Geld war mal egal. Also rein da! Der Laden glich eher einem Graffiti-Shop als einem Restaurant und war Pink vollgesprüht. Es lief Hip-Hop und überall stand so „Hipster-Kram". Wir bestellten riesige Cocktails, ne Quesadilla, 2 Burger mit Beilagen und Nachtisch. Es war die totale Geschmacksexplosion! Alles leuchtete frisch und saftig und war überzogen mit reichlich knallbunten Saucen. Ohne Mist, ich hatte noch nie so verdammt gut gegessen. Ich war zum ersten Mal in einem veganen Restaurant und war umso verblüffter, dass das hier alles nur aus Pflanzen bestand. Es war total widersprüchlich, da sie die fettige Junkfood-Küche durch dieses Grünzeug ersetzten und es trotzdem wie im „American Diner" schmeckte. Das war echt mal ne Erfahrung wert. Mit vollen Bäuchen und leeren Taschen zogen wir weiter durch die Gegend. Wir hielten dabei einen gewissen Grundpegel und naschten überall, was da Zeug hielt. Fressen bis Anschlag!

Irgendwann fielen wir auf bequeme Stühle und ich schrieb meinem Dresdener Landsmann, ob er nicht zufällig auch in der

Gegend wäre. „Ich hab's endlich mal in die Stadt geschafft!", ließ ich ihn wissen. Keine 5 Minuten später kam er mit dem Bike um die Kurve „gecruist". Wahnsinn! Bei High-Five und Umarmung sah man gleich, wo er gerade herkam. Die Pfoten waren bunt belackt und er roch nach Entspannung. Das war hier alles genau sein Ding und er kam aus dem Schwärmen kaum mehr raus. Man erkannte ihn gar nicht wieder im Vergleich zu unseren Sitzungen in Dresden. Er war wie geladen vor lauter Freude. Da er nicht zum ersten Mal hier war, kannte er sich bereits gut aus und konnte uns allerhand zeigen. Eine private Führung quasi.

Ich weiß noch, wie ich von einer Mauer runter in den Yachthafen pisste. Da trieben Boote, mit deren Gesamtpreis man wahrscheinlich den Welthunger stillen hätte können. Sie waren dicht aneinandergereiht und standen, wie sie standen. Vor ihnen liefen überall „Gorillas" rum. Einige der Luxusdampfer waren höher als die Häuser in der Stadt und wurden nichtmal gefahren, sondern hier einfach nur wie Trophäen präsentiert und geputzt. Danach kauften wir noch eine Sonnenbrille bei marokkanischen Freunden. Irgendwie gefiel Anne da eine und wir handelten einen super Preis raus. Was nicht alles geht, wenn die Zunge locker sitzt. Auch die waren alle lustig drauf und ziemlich gewieft. Sie hatten all ihre „Markenwaren" auf einem großen Tuch ausgebreitet und wenn „La Policia" in Sichtweite war, griffen sie die Ecken und hatten im Handumdrehen alles auf dem Boden liegende als Sack auf dem Rücken. Jetzt nur noch schnell die Fliege machen. Gar nicht schlecht.

Später dann verabschiedete sich unsere Begleitung, da noch eine Verabredung auf seinem Plan stand. Wir steuerten daraufhin wieder in Richtung Innenstadt. Da gab's nen Spot, den alle nur „Magba" nannten und irgendwie tummelte sich dort nachts die komplette Skateszene aus „BCN". Den wollten wir unbedingt noch erleben. Wir fanden ihn erst nicht und blieben kurz im „Nevermind" hängen. Ein typisches Trinklokal, unmittelbar neben dem Spot. In der Kneipe sah es wirklich krass aus. Jede noch so kleine Stelle an der Wand war „zugetaggt", besprüht oder plakatiert. Der Club strahlte regelrecht vor Sympathie. Hinten auf der Toilette verewigten wir uns dann ebenfalls und gafften anschließend wie die Weltmeister. Im Eck war sogar eine Rampe, in der man skaten konnte. Vollgestopft mit krassen Eindrücken fragten wir draußen dann ein Mädel nach dem Weg zum sagenumworbenen „Magba". Kurz darauf kamen wir an und wurden erneut überwältigt. Dieser Platz strotze nur so vor jugendlicher Lebendigkeit. Überall lief Musik, alle tanzten und das Bier floss in Strömen. Hier liefen ebenfalls wieder Marokkaner in Dauerschleife, nur nicht mit Sonnenbrillen, sondern mit Bier. Sie verdienten sich ne goldene Nase am lauffaulen Publikum, welches den Stoff vorzugsweise direkt vor Ort kaufte. Ein netter Spanier lotste einen der Marokkaner zu sich und kaufte 3 Estrella. 2 für die Neulinge und eins für ihn. Was für eine Gastfreundschaft! Er war Künstler und ein Eis am Stiel sein Markenzeichen. Es war sozusagen wie ein „Tag", ein Autogramm mit Wiedererkennung also, und zierte so manche Wand in den Straßen. Er bemalte aber auch Objekte wie Schuhe oder Leinwände. Er hatte ein Board dabei und wir „unterschrieben" beide auf diesem. Als er sah, dass ich auch „taggte", verstand man sich umso besser und wir machten ein Foto. Während Anne den Auslöser seines Handys drückte, zündete er eine Spraydose an und so erhellte diese das Bild.

Wir bedankten uns nochmals für's Bier und zogen irgendwann endlich wieder zum Ausgangspunkt. Hier gab es sowas wie einen Hauptbahnhof, nur eben unterirdisch, an dem wir dann standen und bemerkten, dass wir um Haaresbreite den letzten Zug nach „El Masnou" verpasst hatten. Ja, so richtig klassisch, mit Hinterherrennen, obwohl die Türen schon zu waren und er bereits fuhr. Etwas enttäuscht erkundigten wir uns bei Bauarbeitern nach einer anderen Möglichkeit in so später Stund'. Sie schlugen uns den Bus vor und so warteten wir mit einem anderen sehr netten Mädchen an der Halte. Ich hatte da irgendwie so gar keinen Bock drauf, wollte einfach heim und stellte aus langer Weile irgendwelchen Quatsch an, um die Zeit rumzukriegen oder vielleicht noch eine andere Lösung zu finden. Wer wartet schon freiwillig 45 Minuten. Nachdem ich „hardde", wie ich war, versuchte, einen dieser „Ausleih-Roller" zu knacken und dieser Alarm machte, stiegen wir auf meinen erzwungenen Willen in einen Bus, der jetzt schon fuhr. Er fuhr nicht genau zum Endziel, aber die Richtung stimmte schon mal grob. Das Ende der Geschicht' war, dass wir auf dem Standstreifen der Autobahn entlangliefen und den Daumen raushielten. Frag mich nicht, wie wir dahin gekommen sind, aber der Plan funktionierte letztendlich. Ein Franzose machte eine starke Bremsung, legte den Rückwärtsgang ein und nahm uns schließlich mit bis fast vor die Haustür. Wir konnten unser Glück kaum fassen. Als wir ankamen, freuten wir uns tierisch, Lola endlich aus dem Auto zulassen und tobten wie wild über den Platz. Es war eine Hammer-Nacht und ich freu mich, noch Erinnerung an diese zu haben!

Nevermind – halb Bar, halb Skatepark

Tag 4 konnte man folgendermaßen zusammenfassen:

Wir brachen zufrieden auf nach „Sant Pol de Mar", um dort ausgiebig zu „brunchen". Mein Tätowierer gab uns gestern den Tipp und so platzten wir voller Vorfreude die Küste hoch. Mit Anne an meiner Seite hatte ich irgendwie kaum noch Sorge um unseren heutigen Schlafplatz. Es lief alles wie am Schnürchen und sie hatte nie schlechte Laune. Nur die Fliegen ärgerten uns noch wie gewohnt. Das tat aber nix zur Sache, denn heute gab's „Frühstück à la Anne". Wer sie kennt, wird verstehen, warum ich hier so schwärme. Es war ein Göttermahl, das an diesem warmen, sonnigen Vormittag auf einer Mauer direkt an eine Steilküste serviert wurde. Sie war eine gute halbe Stunde mit der Vorbereitung beschäftigt. Heute gab es keinen Haferschleim, nein, heute gab es ein Riesen-Buffet mit verschiedensten Köstlichkeiten. Von Süßem, über salzig bis hin zu Brot, Obst und Gemüse. Überall standen Schälchen, aus denen man sich sein ganz individuell belegtes Brötchen erstellen konnte. Sie hatte außerdem einen Spekulatius-Aufstrich besorgt, den ich vorher noch nie gegessen hatte und der mir nun einen geschmacklichen Organsums bescherte. Dazu gab es noch Müsli und Kaffee und ich glaube wir hatten die allseits zur Verfügung stehenden Croissants organisiert. Ihren Kaffee trank sie aus einem meiner Weingläser, die ich schon von Anfang an mit mir rumschleppte. Diese Lady hatte echt Stil, haha. Als dann alles wieder aufgeräumt war, legten wir uns runter an den Strand und tauchten an den Felsen. Herrlich!

Irgendwann kam aber diese blöde Achterbahn doch wieder ins Rollen, denn wir fanden keinen Platz. Wir beschlossen, erstmal Abendbrot zu machen und dann weiterzusuchen. Keine schlechte Idee. Nur übersahen wir dabei eine Regenfront, die dieses Mal nicht wieder kehrtmachte. Wir hatten bereits alles ausgebreitet, Kanister, Kocher, Essen, Stühle und genau da spürten wir die ersten seichten Tropfen auf der Haut. „Wird schon, das zieht vorbei", redeten wir uns ein. Es half jedoch nix. Im Gegenteil! Hier kamen gerade nicht nur ein paar Tropfen, hier kam der

Weltuntergang in voller Pracht! Von einer Minute auf die andere hob die Natur ihre Lefzen. Sie knurrte und bellte regelrecht. Über uns ergossen sich in kürzester Zeit mehrere Kubikmeter Wasser. Wir hofften, dass es einfach weiterziehe, aber als der Baum, unter dem wir kauerten, dann auch keinen Schutz mehr bot, mussten wir alles wieder ins Auto verladen. Die Gnocchi waren bereits gebraten und das Gemüse schon geschnibbelt. Es half alles nix. Während ich zusehen musste, wie mein Fiesta beim Einladen halb absoff und ich ebenfalls durch war bis „off'n" „Schlüppi", lud ich, so schnell ich nur konnte, alles rein in die „Karre". Dieses Mal ohne System, einfach kreuz und quer. Es war mittlerweile dunkel und ich rannte mit Taschenlampe umher. Da ich, wenn's ums Essen geht, unausstehlich werde, schrie ich Anne an, bitte einfach schnell einzusteigen und mich hier machen zu lassen. Sie hatte immer noch ihre gute Laune und war irgendwie so gar nicht aufgebracht. Wütend lagerte ich alles auf ihrem Schoß. Noch dazu hatten wir massig Einkäufe neben Lola auf der Rückbank stehen. Die Klapperkiste war also voll bis oben hin. Irgendwann hatte ich dann alles beisammen. Das änderte jedoch nix an meiner Laune. Ich war im totalen Film und die Schimpfwörter überschlugen sich nur so in meinem Mund. Wir wollten unbedingt schnellstmöglich ein trockenes Plätzchen finden. Es reichte Mutter Natur jedoch noch nicht, uns so leiden zu sehen und so streute sie nochmals Salz in die Wunde. Auf der Straße sah man nix mehr. „Nada", „finito"! Es war mit Abstand eine meiner gefährlichsten Autofahrten hier unten. Die Lichter der entgegenkommenden Fahrzeuge verschwanden komplett im Regen. Was heißt Regen, es war eher, als gieße man eimerweise Wasser über uns. Ich konnte kaum die Spur halten, da die Straße einem Fluss glich und im Innenraum beschlugen die Scheiben. Na klar, 2 Personen und ein hechelnder Hund, das siehste' nix mehr, Junge! Ich war auf 180 und die Adern zeichneten sich deutlich vom Hals ab. Ich weiß gar nicht mehr, warum ich mich da so reinsteigerte. Auf jeden Fall machte ich Anne anscheinend mächtig Angst und sie saß mucksmäuschenstill, begraben unter dem halbgekochten Essen, welches sie geschickt balancierte. Sie sagte wirklich gar nix mehr und beobachtete nur noch. Irgendwann kam dann glücklicherweise eine Tankstelle, die ausreichend Schutz vor der Nässe bot. Nachdem ich mich lautstark mit dem Tankwart anbrüllte, der es anscheinend nicht gestattete, dass wir hier standen, watete ich durch die knöcheltiefe, regenbogenfarbene Brühe zurück zum Auto. Ich schlug auf's Lenkrad ein und wir fuhren weiter. „Das kann doch nicht wahr sein! Was für ein Vollspast, der sieht doch was hier grad los ist ... so ein ... dem hätt' ich am liebsten die Fresse grün und blau geschlagen!!" „Da, noch eine!", unterbrach mich Anne plötzlich. Hier war eine „Selbstbediener-Tanke", vor der kein Idiot Terz machte und diese bot uns endlich die ersehnte Rettung. Wir standen im Trockenen! Was für ein Erfolg! Ich konnte Anne endlich befreien. Das ließ mich wieder runterfahren und als sie mich dann aus sicherer Entfernung angrinste, musste ich auch wieder lachen. Vor allem, als die „Gutste" dann den Regenradar öffnete und mir zeigte, dass die Wolke über uns winzig klein und anscheinend die einzige im Umkreis von 50 Kilometern war, brach das Gelächter aus uns heraus. Was für ein dämlicher Zufall. Das ging doch nicht mit rechten Dingen zu!

Während Anne unser Mahl zwischen den Zapfsäulen vollendete, schlich ich rüber zum Asiaten. Irgendwie hatte sich da was angebahnt und ich musste mal dringend auf's Örtchen. Lustig daran war, dass ich all unsere Klamotten zum Trocknen aufgehangen hatte und somit nur in Flip Flops, „Schlüpper" und Regenjacke rüberstiefelte. Das stand ich langes Elend nun, komplett durchnässt mit meinen lustigen Flamingo-Buchsen. Ich bettelte die lachende kleine Asiatin an, mich auf ihre Toilette zu lassen. Mein Gesichtsausdruck war anscheinend so wehleidig, dass ich hinter flitzen durfte. Anschließend hing ich noch gute 5 Minuten unter diesem „hammeraffenobergeilen" Lufttrockner, der mir viel warme Luft ins Höschen pustete. Anne saß lachend und essend unter der Tanke und ich bot ihr ebenfalls dieses „Wellnesspaket" an. „Du warst jetzt nicht ernsthaft so dort drin, hahah?", fragte sie mich. „Gibt's was auszusetzen an meinem ‚Outfit'?", fragte ich zurück. Wir hatten an diesem

Abend noch mächtig Spaß und parkten unmittelbar neben dem Asiaten, um uns schlafen zu legen. Es lief ein guter Film auf dem Handy und wir machten glaub' ich zum ersten Mal rum. Ich war aber eigentlich von Anfang an dagegen, da sie ja nur eine Woche hierblieb und wir uns dadurch zu stark aneinandergebunden hätten, so gut, wie wir uns verstanden. Es war aber gar nicht so einfach, auf diesem engen Raum die Pfoten bei sich zu halten. Kann man sicher nachvollziehen.

Auf der Fahrt in die favorisierten Berge zerlegten wir diese gestrige Ausnahmesituation nochmal. Ich entschuldigte mich bei ihr für meinen Ausraster und fragte sie im Gegenzug, warum sie so ruhig und gelassen geblieben war. „Ehrlich gesagt fand ich's voll cool, was da gestern passiert ist! War doch aufregend und werden wir sicher nicht vergessen!", guckte sie mich freudestrahlend an. „Alter, was sagst du da ... das war doch voll schlimm und so ...?!", stammelte ich wiederum. Ich verstand einfach nicht, wo sie diese Gelassenheit hernahm. Es erschloss sich mir einfach nicht. Wäre ich auch auf ihrem Level geblieben, hätten wir womöglich noch Freudentänze in Regen gemacht. Für mich war es aber unvorstellbar, ruhig zu bleiben. Wir waren nass, das Essen stand unter Wasser und der Hund stank wie die Pest. Noch dazu wären fast meine Boxen im Kofferraum abgesoffen und beinahe hätten wir einen Unfall gebaut. Umso unheimlicher war mir da ihre gute Laune. Wir redeten noch viel auf dieser Fahrt. Anne spielte wieder DJ und es lief stets gute Musik im Wagen. Herrlich war das!

Passend dazu tuckerten wir über endlos gerade Straßen. Da fuhr man teilweise einfach 10–15 Kilometer schnurstracks geradeaus. Sowas kannte ich nur aus Filmen und Erzählungen. Als es dunkler wurde, kamen wir langsam aber sicher in den ersehnten Bergen an. Leider sahen wir davon nur nicht mehr viel. Es war stockduster und selbst die Zusatzscheinwerfer hatten hier zu kämpfen. Irgendwann bogen wir dann auf losen Untergrund ab und legten uns schlafen. Dieser Weg glich eher einem ausgetrockneten Bachlauf und so musste mich Anne diagonal über die tiefen Rillen lotsen. Beim Aufklappen des Dachzeltes ließen wir heute die zweite Schicht mal weg und öffneten nur das innere Zelt. Dieses bot die Möglichkeit, den hell leuchtenden Sternenhimmel beim Einschlafen zu betrachten. Man konnte die Moskitonetze sogar ganz aufziehen und so oben rausgucken oder gar stehen. Da fühlte man sich wirklich wie ein Kind im Baumhaus.

Am nächsten Tag kam dann das böse Erwachen. Man hatte uns ausgeraubt! Nein Spaß, diese Mal lief alles super. Wir wachten auf im Paradies. Alles, was am Abend in tief schwarzem Licht verschwand, leuchtete jetzt lebendig und hell. Wir hatten hier ganz zufällig einen super Stellplatz entdeckt und profitierten nun davon. Früh strahlte die Sonne ins Zelt und erwärmte uns 2 Frostbeulen. Außerdem bot sich ein Blick auf einen blau-grün schimmernden See, hinter dem eine Eisenbahn fuhr. Umrandet war dieser Ort von orange leuchtendem, schroffem Felsgestein, welches oben schräg abgesägt war. Man fühlte sich, als wäre man auf einem ganz anderen Kontinent. Der Ausblick glich wirklich einem Foto im Album meiner Oma. Die übereinanderliegenden Felsebenen hatten starke Ähnlichkeit mit dem „Grand Canyon". Je weiter sie entfernt waren, desto bläulicher schimmerten sie, während die Schichten im Vordergrund eher einen rot-orangen Farbton hatten. Man war fast mutterseelenallein in dieser Gegend und es führte nur eine einzige Straße weit und breit entlang. Sie schlängelte sich hoch bis zu einem weiteren See, der sich entlang der Schlucht als Fluss ergoss. Dort hoch tuckerten wir heute. Auf dem Weg dahin kam ich so ins Staunen, das Anne mehrmals ins Lenkrad greifen musste. Diese Schlucht war einfach atemberaubend schön. Am See entdeckten wir dann aalglatte Straßen, die wir mit unseren beiden Boards einweihten. Anne war richtig gut und übte gerade schon Kickflips.

Die glückliche Lola hoch oben mit Blick in die Schlucht

Später dann fuhren wir fast direkt bis ans Wasser und standen versteckt zwischen Sträuchern und Bäumen. Eigentlich war hier „Camping" verboten. Das Verbotsschild fiel aber ganz zufällig bei unserer Ankunft vom Baum und verschwand wie von Zauberhand im Gebüsch. So konnte uns keiner mehr ans Bein pissen und wir beruhigt schlafen. Da wir aber in einem kompakten kleinen Auto unterwegs waren, passten wir sogar zwischen den eng stehenden Bäumen durch und parkten nun schöner als im Bilderbuch. Ich könnte seitenlang über den heutigen Platz schwärmen. Der Bootssteg, der Blick übers klare Wasser ... es war ein Traum und Annes absoluter Lieblingsplatz. Lola symbolisierte ebenfalls, wie wohl sie sich fühlte, als sie sich zufrieden hier und da niederließ oder einfach nur vorm Wasser saß und entspannt in die Ferne guckte. Wie toll das Leben doch sein kann. Ich glaube, ich war noch nie so glücklich wie in diesen Tagen. Wir lagen zusammen mit Lola auf dem blanken weichen Waldboden und guckten hoch in die wankenden Baumkronen, als es Stück für Stück dunkler wurde. Ich glaube, wir hatten sogar ein kleines „Feuerchen" brennen. Vor lauter Romantik konnten wir die Pfoten wieder mal nicht bei uns behalten. Heute Nacht floss mehr Wein als sonst und es überkam uns. „Alder wie zwee Karnickel, wenn de' verstehst, was ich meene!" Ein Glück schlief Lola schon im Auto.

„Bonnie Parker" beim Auslecken einer zerlaufenen Tafel Schokolade

Das Ende nahte. Anne äußerte mir einen Wunsch. Sie wollte unbedingt nochmal die breiten Strände zu Gesicht bekommen und ein bisschen Salzwasser schlucken. Da sie schon die ganze Zeit sehr bescheiden war und sie sich meist nach ihrem Gegenüber richtete, wollte ich ihr diesen Wunsch auf jeden Fall noch erfüllen. In wenigen Tagen musste sie zurück ins graue Deutschland und so gab ich mir alle Mühe, ihre Erholungsanzeige randvoll zu füllen. Bonnie, Clyde und Lola waren wieder „on the road" und machten mächtig Meter.

Als Zwischenstopp hielten wir nochmal in Barcelona. Annes Freunde hatten hier ne Bude angemietet und verbrachten eine Woche in der Stadt. Wir wollten sie besuchen und machten dann am Abend Bekanntschaft mit ihnen. Es waren 3 Leute, die wir da trafen. Alle hatten ein Board unterm Arm und einer davon lebte sogar hier. Den Fiesta parkten wir neben einem Polizeirevier und Lola blieb im Auto. Zu 5. streunten wir nun durch die Gänge. Obwohl es alles Skater waren, wurde ich nicht so ganz warm mit ihnen. Keine Ahnung warum. Ich hatte glaub' ich Sorgen um Lola und das Auto im Kopf und vor allem darum, wo wir heute pennen. Auf der anderen Seite wollte ich aber auch nicht die Stimmung killen und Annes Leuten meine Aufmerksamkeit schenken.

Irgendwann schüttete es dann leider aus Eimern und wir suchten nen trockenen Spot. Wir wurden unter einem auf Säulen stehendem Gebäude am „Magba" fündig und standen da dicht an dicht mit 100 anderen Typen. Anne fragte immer, ob alles ok sei und was wir nun machen. Weiter runterfahren, bei den Homies im „Airbnb" schlafen, oder am Flughafen bei Edgar pennen. Ihr war es komplett egal, nur ich konnte irgendwie keine Entscheidung treffen. Keinen Plan, was da los war in meinem Kopf, aber ich konnte grad einfach nix entscheiden. Ich stellte mich vor an den Rand und beobachtete die Leute, während mein Kopf weiter vor sich hingrübelte, was wohl die angenehmste Entscheidung wäre.

Neben mir traf gerade ein verrückter Typ mit seinem Fahrrad ein. Er kam im Regen angefahren und stellte sich 2–3 Meter neben mich. Er sah echt ein bisschen gruselig aus. Es war ein klassischer Junkie. Er hatte ne dunkle Sonnenbrille auf, die Cap weit runtergezogen und um seinen Oberarm ein Tuch gebunden. Das Tuch war so eng gezurrt, dass sich am Unterarm die Adern abzeichneten. Meine Vermutung, dass er hierher kam, um sich jetzt im Trocknen einen Schuss zu setzen, kam aber nicht zustande. Er rauchte seinen Stoff stattdessen durch seine kleine versüffte Glaspfeife. Mein Blick fixierte sich total. Ich guckte mir das komplette Ritual an. Er hatte solche Scheuklappen auf, dass er alle anderen kaum wahrnahm. Stattdessen war er vollkommen versunken in seiner Welt und konzentriert auf die Zubereitung seiner „Mahlzeit". Als er dann das Feuerzeug drunter hielt und die gelblichen Dämpfe inhalierte, sah man ihn breit grinsen, bis er dann zufrieden in den Sattel seines Fahrrads fiel. Um ihn herum hielt man mehr und mehr Abstand. Das störte ihn jedoch nicht. Ihm war auch nicht kalt, obwohl er nur seine Kutte und zerfetzte Hosen anhatte. Nach ein paar Minuten fuhr er dann wieder los und verschwand um die nächste Ecke.

Ich hatte mir mittlerweile einen Ruck gegeben und ging zurück zur Gruppe. Obwohl ich immer noch nicht in Feierstimmung war und vor mich hin schwieg, entschied ich, mit Anne in der Bude zu schlafen. Warum eigentlich nicht, war ja voll die coole Gelegenheit. Lola nehmen wir einfach mit hoch und das Auto kriegen wir schon irgendwo hier abgestellt. Das Parken war aber dann doch gar nicht so einfach. Es gab hier irgendwie verschiedenfarbige Zonen und man fand nur nach langer Suche mal ne Lücke. Auch die „Ticket-Logik" konnten wir uns nicht ganz erklären. Selbst die, die hier wohnten, hatten nicht so richtig Ahnung wie das funktioniere. Wir hätten laut Automat alle paar Stunden runter gehen müssen, um nachzulösen. So'n Scheiß aber auch. Wir kauften einfach eins und legten uns dann schlafen. Einer der Jungs war ein echter Gentleman und überlies uns sein Bett. Dafür bekam er am nächsten Morgen nen „Sixpack" Bier und mächtig Anerkennung. Lola schlief unten an Annes Füßen und genoss die Ruhe und Sicherheit dieser 4 Wände. Es war das einzige Mal während des gesamten Trips, dass wir in einer richtigen Wohnung schliefen und dementsprechend gut fühlte es sich auch an. Die weichen Betten, die großen Kissen und die Gewissheit, hier die Tür schließen zu können, waren wirklich eine angenehme Abwechslung. Der reinste Luxus in unserer Lage. Früh's stand ich total verwirrt in der Küche: „Alter, ein Wasserkocher! Und was ist das bloß für eine komische Maschine, in die man seine dreckigen Teller stellt? ... Wo ist hier bloß das Gas? ... fließend Wasser aus dem Hahn? Häää?"

Es war echt interessant, mal in einer spanischen Wohnung zu schlafen. Meist bestanden die Viertel aus quadratischen Blocks, mit Balkonen in Richtung Innenhof. Ich konnte mich kaum daran satt sehen. Diese zerflederten Markisen an diesen wüst übereinander gestapelten Etagen waren einfach ein echter Blickfang. Unten im Hof sah man mit Wellblech überdachte Gärten und Garagen und ganz oben auf den Dächern schiefe Antennenmaste neben kastenförmigen Klimaanlagen. Alles war kreuz und quer angeordnet. An den Fassaden schlängelten sich dick zusammengebundene Kabelschläuche wie Anakondas zu Boden. Von Balkon zu Balkon waren Wäscheleinen gespannt. Es war dieser typisch spanische, städtische Look, der mich irgendwie total faszinierte und von dem ich zig Fotos schoss.

Der Blick hinter die Fassaden

Da der obere Küstenabschnitt ziemlich überlaufen war und wir auch die windige Region weiter unten umgehen wollten, trieb uns die Laune heute noch weiter runter. Ein Örtchen namens „Peñíscola" hatte es uns angetan. Ob da wirklich nur Typen lebten und Cola becherten, wollten wir unbedingt herausfinden. Neben diesem war ein angrenzendes Naturschutzgebiet, das man über Schotterwege mit kleinen Vehikeln befahren durfte. Laut Bildern ein Ort, an dem man bleiben könnte. Für immer. Das Einzige, was es nicht gab, waren Trinkwasser, sanitäre Einrichtungen und Futter. Wir ließen den Kanister also nochmal ordentlich volllaufen und kauften bei Lidl ein. Gut bewaffnet zogen wir dann los in die Wildnis. Und Tatsache, die Bilder hatten keineswegs zu viel versprochen, eher zu wenig. Uns blieb die Luft weg, als wir dort „offroad" die staubige Küstenstraße lang krochen. Links das blaue Meer, rechts die leuchtend grüne Vegetation und dazwischen das rötliche Gestein. Ein echter Augenschmaus! Leider gab es hier aber nur mickrige steinige Strände und nur vereinzelt kurze Sandabschnitte. Ich ärgerte mich innerlich sehr. Zu gern hätte ich meinem Besuch noch nen ordentlichen Strand gezeigt. Ich meine, wir waren in Spanien.

Irgendwie war ich noch ziemlich in Sorge um die bevorstehende Nacht. Ich war noch nie hier und konnte somit den Wind auch noch nicht einschätzen. Sicherheitshalber schnürte ich das Zelt schon mal an Heringe. Anne wurde es ebenfalls etwas mulmig, als abends dann ein laues Lüftchen aufkam. Es blieb zum Glück aber dabei und alles stand, wie es stand. Man, war ich froh darüber!

Am folgenden Tag fuhren wir noch ein Stück weiter rein und parkten zwischen Kiefern, fast direkt am Meer. Es kam im 2-Stundentakt mal jemand mit dem Fahrrad oder Auto vorbei, sonst hatten wir aber komplette Ruhe. Nur Meeresrauschen und Vogelzwitschern!

Es gab an sich nur einen Zwischenfall, der wirklich störte. Dieses Mal hatte es Lola erwischt. Am Vorabend lag sie neben dem Auto und hielt uns den Rücken frei, während wir kochten. Sie guckte in die finstere Umgebung. Es war wirklich dunkel.

Nicht mal der Mond leuchtete. Plötzlich rannte sie bellend los und verschwand in der Dunkelheit. Sie rannte, als wäre es Ernst. Ich stand auf, lief ihr nach und ungefähr 50 Meter weiter sah ich sie stehen. Sie stand einfach nur auf dem Weg und als ich sie anmeckerte, wieder herzukommen, fing sie an zu humpeln. Falls du dich noch erinnerst, sie hatte schon seit Beginn ein Problem mit ihrer rechten hinteren Pfote. Alle 2–3 Monate kam es vor, dass sie mal zu doll fetzte und das gebrochene Pfötchen etwas überanstrengt war. Heute war es jedoch anders. Das war keine Überanstrengung, denn als ich ihr Bein griff, um nachzusehen, hatte ich Blut an der Hand. Es waren mehrere kleine offene Stellen zu sehen. Mein Gemecker verstummte plötzlich und schwenkte schlagartig um in Mitleid. Ich hatte keine Ahnung, was hier gerade passiert war, aber eins war klar: Da muss ein Verband drum. Wir konnten die Blutung zum Glück stoppen. Ich war ganz still und half Lola vorsichtig ins Auto. Erschöpft rollte sie sich ein und schlief auch gleich. Ich legte ihr noch eine Kaustange an die Seite und schloss leise die Tür. Lola hatte uns an diesem Abend vor irgendetwas beschützen wollen.

Auch am nächsten Morgen lief sie noch nicht so recht normal. Anne und ich beäugten sie die ganze Zeit, während wir in der Sonne Eierkuchen fraßen. Als ich dann alles wieder im Auto verstaute und Anne auf dem Weg zu diesem Leuchtturm war, verloren wir Lola aus den Augen. Ich belud konzentriert den Wagen und merkte nicht, wie sie Anne nachsah und anschließend hinterher trabte. Als ob sie unser Rudel zusammenhalten wollte. Als ich da so räumte, kam auf einmal ein älterer Herr mit Hund vorbei. Der Hund war ohne Leine und machte sich sofort über unseren Müllbeutel her. Als der Mann rief, tat sich nix. Ich musste ihn selbst wieder vertreiben. „Nimm ihn doch an die Leine, wenn du keine Kontrolle über ihn hast", murmelte ich vor mich hin.

Irgendwann kam Anne dann wieder, sie hatte Lola im Schlepptau. Lola hinkte auf einmal noch viel stärker als vorher und ich fragte aufgebracht, was passiert sei. „Fuuck, na klar, der Hund von dem Typen ... ich hab' absolut nicht dran gedacht, dass Lola gerade unten bei dir war!", stammelte ich. Anne erzählte, wie der Rotzbengel Lola gejagt hatte. Sie hatte die schlechte Angewohnheit, vor anderen Hunden wegzurennen, wenn diese größer sind und auf sie zukommen. Das treibt natürlich den Jagdtrieb des andern Hundes noch mehr an. Lola rannte anscheinend um ihr Leben und so hatte sich der Zustand ihrer Pfote nochmals verschlimmert. Es tat mir so weh, meinen Hund so zu sehen, das kannst du dir nicht vorstellen. Als Reaktion darauf fing es in mir an zu kochen. Ich bekam auf einmal echt gruselige Wesenszüge und wurde immer ruhiger. Ich stieg ins Auto und fuhr los wie ein Besengter. Ich fragte Anne die ganze Zeit, wo dieser Typ langgelaufen sei und ob das dieser Hund war, der Lola so verletzt hatte. Ich fragte immer lauter, als sie nicht antwortete. „Dieser alte Sack mit Cap oder nicht? Warum der seinen scheiß Köter auch nicht an die Leine nimmt!" Kurz darauf trafen wir dann auf eine Gruppe von Wanderern. Anne saß total verängstigt neben mir und sagte die ganze Zeit, dass sie sich nicht sicher sei, ob es wirklich der gewesen sei. Ich fuhr dicht hinter ihm und überlegte, auszusteigen und ihm mit meiner Leine eins überzubraten, ihm quasi eintrichtern, dass mein Hund verletzt war und er gefälligst seinen Hund anleinen sollte. Das Problem war nur, das er seinen Hund bereits angeleint hatte. An sich ja nicht schlecht, er hatte anscheinend schon verstanden. Nur wäre meine Leinenaktion jetzt sinnlos und bei meinem schlechten Spanisch würde der wohl kaum verstehen, warum ich ihn eigentlich gerade schlage. Ich war hin und her gerissen. Anne wiederholte die ganze Zeit, dass sie glaube, es sei ein anderer gewesen, und als dann von hinten noch Autos drängelten, schlug ich aufs Armaturenbrett und fuhr weiter. Als diese Kunden hinter uns immer weiter drängelten, öffnete ich die Tür und schrie sie an. Meine Wut musste gerade irgendwo hin. Kurz darauf schlug ich die Tür wieder zu. Sie krachte so laut wie noch nie. Fast wär' sie aus den Angeln geflogen. Nachdem ich mich nochmal mächtig über die Situation aufregte, erkannte ich Stück für Stück, dass da die Wut gerade aus mir sprach. Das war nicht ich. Ich ließ meinen Hund genauso freilaufen und es war beidseitige Schuld. Irgendwie war ich froh, nicht ausgestiegen zu sein und auch Anne war es. Sie verriet mir kurz darauf, dass das auf jeden Fall der Typ war, sie nur nicht wollte, dass ich aussteige. Das half Lola auch nicht weiter.

Später dann widmete ich mich voll und ganz meiner tapferen Hündin. Sie lag gerade im Schatten, als ich mit Salbe und Verband ankam. Wir schnitten vorsichtig den alten ab und inspizierten das Gelenk. Ich rieb es mit meinem Arnika-Gel ein und umwickelte es wieder, damit sie nicht dran rumleckte. Blut floss da zum Glück keines mehr. Sie ließ ganz brav alles über sich ergehen und machte keine Anstalten. Das kühlende Gel tat anscheinend gut. Für heute war Ruhe angesagt. Ich achtete nun akribisch auf ihr Wohl.

Uns ging heute beinahe noch das Wasser aus und so spülten wir Geschirr im salzigen Ozean. Die Idee war gar nicht so gut, wie wir später bemerkten. Die Welt war allmählich wieder heile und der Hass verflogen. Wir genossen alle noch unseren letzten gemeinsamen Tag und lagen zu zweit in der Hängematte. Abends wälzten wir uns bei Sonnenuntergang im Sand und dann am nächsten Morgen hieß es: Zurück zum Flughafen. Anne musste ca. um 2 dort sein und wir hatten noch ne ansehnliche Strecke vor uns liegen. Da passte es gut, dass wir erstmal verschlafen hatten. Egal. Los jetzt. „Wenn wir gut durchkommen, müssten wir um 2 easy schaffen ... klar ... wir schaffen das." Die Tanknadel stand kurz vorm letzten Viertel und es lagen noch gute 200 Kilometer vor uns. „Das müsste grad' so hinkommen", faselte ich mit zusammengekniffenen Augen. Das Ende vom Lied war, dass es zeitlich so knapp wurde, dass wir nicht mal mehr eine Tanke mitnehmen konnten und mit dem letzten Tropfen Sprit am Flughafen ankamen. Ein echter Höllenritt. Zum Glück konnte man direkt neben dem Flughafen tanken. Aber erst nachdem ich Anne vernünftig verabschiedet hatte!

Wir umarmten uns lange. Ihr fiel es wirklich nicht leicht, in diesen Flieger zu steigen. Auch Lola wollte sie nicht mehr missen. Sie waren mittlerweile beste Freunde, ein Herz und eine Seele. Irgendwie war es aber auch gut, dass wir uns trennten.

Noch ne Woche länger und man hätte sich womöglich verliebt. Das war aber nicht machbar. Sie studierte gerade in Dresden und ich hatte meine altbekannten Bindungsängste, war eh ein ganz ulkiger Beziehungstyp. Die einzige Beziehung, die ich wirklich führen konnte, war die zu meinem Hund. Alles andere ging meist eher in die Hose. Wir freuten uns einfach auf ein eventuelles Wiedersehen und klammerten uns nicht aneinander. War doch ne super Woche! Kann man gern mal wiederholen. Als sie dann wirklich wegging, stand ich nun doch etwas geknickt vor'm Terminal.

Anne war echt ne außergewöhnliche Person und ich konnte in dieser Woche viel von ihr lernen. Sie war die Rettung in der Not. Sie behielt den kühlen Kopf, erklärte mir Gedanken und Gefühle, sie bereicherte ganz einfach unser Leben. Sie vervollständigte mich ein Stück weit und ohne sie wäre der Rest der Reise womöglich ganz anders abgelaufen. Ich fühlte mich immer wohl an ihrer Seite, als ob man ganz friedlich und ruhig durch sie werde. Sie ließ einem ausreichend Platz zum Atmen, konnte sich selbst beschäftigen und selbst mitdenken. Genauso gut machte sie aber auch sämtlichen Quatsch mit uns mit. In der gesamten Woche mit ihr quälten mich kaum Sorgen und Ängste. Sie zeigte mir, wie es sich besser leben lässt, wie man glücklich wird und dieses Glück dann an sein Umfeld weitergibt. Sie zeigte, wie sich einem Türen öffnen, wenn man so durchs Leben geht. Ich lernte dem Leben ein Stück weit mehr zu vertrauen und mich einfach treiben zu lassen.

Sie gab mir ein Stück gute Laune ab und ich strahlte nur so vor Freude. Das erkannte ich an den Reaktionen meiner Mitmenschen. Ich lernte, mit diesen noch freundlicher umzugehen und das Gute im Gegenüber zu sehen, Menschen zu schätzen. Einmal erzählte ich ihr von einer Person und geriet dabei mehr und mehr ins Lästern. Ich hatte voll die negative Sichtweise eingenommen und geriet mehr oder weniger ungewollt in einen Fluss. Ich merkte Dinge an, die einfach oberflächlich waren und wofür diese Person nichts konnte. Anne ließ mich reden, guckte dabei aber zunehmend skeptisch. Anschließend sagte sie mir, dass das gerade nicht so cool war und ich aufpassen solle, nicht zu vereinsamen. Wahre Worte.

Anne war eine echte Gangsterbraut. Das bewies sie auch nochmal ganz am Ende. Ich bat sie, in Dresden doch bitte bei meinen ehemaligen Mitarbeitern im Titus vorbeizuschauen und schöne Grüße auszurichten. Als nette Geste gab ich ihr etwas Geld, damit sie im Flughafen noch ein paar spanische Büchsen Bier kaufe und diese mit nach Dresden schmuggele. Als ich gerade an der Tanke stand und Sprit in die Karre füllte, schickte sie mir ein Bild. Auf diesem sah man ihre Tasche und darin 4 große Büchsen. Da am Flughafen so manch bekloppte Regel herrschte und man von außerhalb kein Bier mit reinnehmen durfte, musste man dieses teuer im internen Geschäft kaufen. Da man dort für 4 Bier 16 € blechen sollte, vergaß sie in der Eile zu bezahlen und bemerkte dies dann erst im Flieger, haha. Anne war einfach nur geil! Sie traute sich ganz schön was und stand selbstbewusst auf eigenen Beinen. Sie war echt pfiffig. Die Abzocke hatte sie somit umgangen und die Dresdner Jungs freuten sich auf's Feierabendbier! Danke Amiga!

Hier zu sehen: ein ehemaliges Verbotsschild

Wüste

Auch wenn hier Wüste steht, machten wir heute keine großen Sprünge mehr. Nach diesem Höllenritt peilte ich nur noch den altbekannten Flughafenparkplatz an und stellte mich wieder neben Edgar, der anscheinend schon auf dem Weg nach Tschechien war. Der wollte dort wie gesagt irgend ne Freundin treffen. Ich nahm Platz auf meinem mickrigen Hocker, ließ ne Büchse zischen und während ein Flugzeug nach den anderen abhob, hob auch ich den Arm: „Auf dich, Anne!"

Am nächsten Tag nahm ich mir vor, mit dem Bike in die Stadt zu fahren. Die Temperaturen waren super, es hatte sich dreckige Wäsche angesammelt und ich musste einkaufen. Also runter vom Dach mit dem Drahtesel. Ich pumpte ordentlich Luft in die Schläuche und ölte die Kette. Lola blieb brav im Auto. Sie musste eh noch ihre Pfote auskurieren. Heute hielt mich nix mehr ab vom Traum und ich schwang mich in den Sattel. Der Rucksack war voll mit Klamotten und so gab mir ein städtischer Waschsalon die Richtung an. Nur, erstmal dort hinzukommen war gar nicht einfach. Wie ich auch die Karte betrachtete, es bot sich einfach kein Fahrrad tauglicher Weg in die City. Ich fuhr also durch große Gewerbegebiete und über mehrere Stückchen Autobahn. Es waren keine richtigen „Autopista", aber immerhin diese mehrspurigen Schnellstraßen, die mich die ein oder andere Schweißperle kosteten. Was für ein Nervenkitzel! Das coole war, dass alle hier etwas entspannter fuhren und teilweise schleichender Stau neben mir her tuckerte. Es war, wie ich mir es immer erträumt hatte, denn dadurch, dass die Autos teilweise alle nur 30–50 km/h fuhren, konnte man super Slalom zwischen den Fahrzeugen fahren oder sich auch ab und an mal vom LKW oder Bus ziehen lassen. Sie boten mächtig Windschatten und so schloss man relativ schnell zu ihnen auf, um sich anschließend unauffällig daran festzukrallen. Im „Fixie-Bereich" nennt man diese Methode, möglichst schnell und effizient durch den Verkehr zu kommen, „skitchen". Hier unten störte das kaum jemanden, da alle ziemlich mit dem Fahren beschäftigt waren. Und selbst wenn sie es bemerkten, lächelten sie durch den Seitenspiegel. Nur wenigen passte das nicht in den Kram und sie machten eine Bremsung, um den geisteskranken Biker abzuschütteln. Nach dem ich massig Adrenalin ausgeschüttet hatte, ging's erstmal zum „gelben M". Die hatten bekanntlich gute Toiletten, auf denen man sogar Internet hatte. Und da sich durch die verrückte Raserei ganz schön was angebahnt hatte, machte ich einen kurzen Abstecher zum kostenlosen Klo. Hier auf der Toilette fand ich dann mein nächstes Ziel: „Bardenas Reales", eine Halbwüste in Nordspanien. Ich recherchierte ne gute viertel Stunde und machte das Ding fest. Die Fotos sahen alle super aus und ich geriet mehr und mehr ins Schwärmen.

Klopapier, Spülung, Rucksack, Seife, unauffällig die Fliege machen, Schlüssel, Fahrradschloss und zurück auf die Straße. Beim Reintreten hörte man die Reifen über den Asphalt schrubben, während in der Ferne Sirenen und Autolärm ertönten. Man, war das geil. Fahrrad zu fahren war eine meiner größten Leidenschaften. Ich war in einer ganz anderen Welt, wenn ich auf's Rad stieg. Man geriet oft in einen ekstatischen Fluss und fuhr wie von allein. Je schneller, desto besser. Die unzähligen Eindrücke zogen ganz angenehm an einem vorbei und man war stets fokussiert auf die bestmöglichste „line". Vorausschauendes Fahren also. Man war über puren Stahl mit dem Asphalt verbunden. Man konnten seinen Untergrund spüren und testen. Wie weit kann ich mich wohl hier in die Kurve legen? Hier spring ich drüber! Den Laubhaufen kick ich zur Seite! Ich war manchmal wie in Trance und süchtig nach diesem Flow-Gefühl. Dieser Nervenkitzel. Das Fahren am Limit, während eine Ampel auf gelb schaltet und man um Haaresbreite drüber schießt, um nicht in den Stillstand zu geraten. Die hohe Kunst beim „Fixie" fahren! Diese Fusion aus mechanischem Antrieb und reiner Muskelkraft. Das Kennen und Trainieren seines Körpers. Das Stechen in der Lunge. Hören, wie man keucht, wie man arbeitet und fühlen, wie sich das Material abnutzt ... bis an die Verschleißgrenze. Die unzähligen Schuhe, die ich beim Bremsen schon schmoren ließ oder den Antrieb, den man alle paar Monate wechseln konnte. Es war genau mein Ding und ich preschte fröhlich durch die breiten Straßen Barcelonas. Ein Gefühl, das mir selbst jetzt beim Schreiben noch Gänsehaut beschert. Es kribbelt gerade im ganzen Körper, während die Tasten klimpern.

Ein frisches Paar „Vans Old School Pro", die Schuhe, die ich nie wieder ausziehen werde! ... an der Sohle duftender Gummiabrieb der schwarzen Slicks

Irgendwann näherte ich mich der Innenstadt und peilte einen dieser hilfreichen Waschsalons an. Ich kam gut durchgeschwitzt an und die Oberschenkel pulsierten noch vom Treten. Ich kannte meinen Körper und wusste, wie weit ich ihn ausreizen konnte. Ich kann dir sagen, man spürte die Auszeit, aber trotzdem ging noch was. Die Freude und der Durst nach neuen „Hotlines" durch die Stadt trieben einen fast unermüdlich an. Man will ständig dranbleiben am Verkehr und wirklich Spaß macht's eben nur im Vollrausch. Ich fuhr an diesem Tag noch hoch auf den „Mt. Juic" und genoss die Aussicht über die verschachtelten Buden. Auf dem Rückweg nahm ich noch nen Supermarkt mit. Den Brokkoli hatte ich am Schlüsselkarabiner hängen, da ich beim Einkaufen wieder viel zu große Augen bekommen hatte. Später kam ich freudestrahlend wieder „zuhause" an. Ich ließ Lola raus und wir rannten zusammen vor zur Dusche. Das eiskalte Wasser war nicht schlimm, da mein Körper noch ordentlich aufgeheizt war. „Ahhhh, das tat echt gut, man!" Wer kalt duschen geht, kennt bestimmt diese angenehme Wärme, die sich kurz danach in einem ausbreitet. Hammer! Wir liefen noch eine schöne große Runde durch's Flughafen-Biotop und zum Abendbrot gab's wieder eine dieser besonderen Futterdosen für Lola. Die Entschuldigung für's lange Warten quasi.

Ich fiel zufrieden auf den Stuhl und dachte daran, was Anne wohl grad machen würde. Sie war wieder angekommen in Berlin und kam dort noch übergangsweise bei Freunden unter. Ich schickte ihr viel gute Laune per Telepathie und sank zufrieden auf den Stuhl. Die Trauer war verflogen, das Loch wieder gefüllt. Ich konnte beim „biken" super abschalten und Dinge verarbeiten. Wo andere Leute zum Beispiel Musik hörten, um mit Gefühlen oder Umständen klarzukommen, setze ich mich auf's Fahrrad. Ich konnte sogar Hass oder angestauten Druck durch's Treten ablassen. Andere würden da wahrscheinlich die „Deathmetal-Playlist" starten. Wer weiß. Ich hoffe, auch du hast ein Ventil, ganz egal, ob sportlich oder akustisch. Was auch immer …

In den kommenden Tagen erlaubte mir das Wetter nochmals, die Straßen unsicher zu machen. Lola konnte ich bei den Temperaturen im Auto lassen. Ich schleppte ne ganze Menge Leckerlis an, um mein tägliches Verschwinden wieder gutzumachen. Zum Glück funktionierte das so gut mit ihr. Ich erzählte ihr abends zum Einschlafen immer von dieser schönen Wüste, in der sie bald wieder den ganzen Tag frei rumflitzen dürfe.

Am letzten Tag trieb sich noch eine coole Surfer-Clique am Flughafen herum. Sie mussten genau wie ich auch gerade Flüssigkeiten unter der Haube auffüllen. Leider war der Bowdenzug für die Entriegelung gerissen und so kamen sie nicht ran ans Herzstück. Nach langem Grübeln kamen sie irgendwann rüber und wollten sich mein Werkzeug leihen. Ich gab ihnen alles, was sie brauchten, und dank gemeinsamem Köpfchen ließ sich die Motorhaube schon bald öffnen. Wie wir das gemacht hatten, willst du lieber nicht wissen. Wir bohrten mehrere Löcher durch's Metall, die wir dann miteinander verbanden. Wir missbrauchten den Bohrer dabei als Winkelschleifer, in dem wir ihn schräg ansetzten. Schön polnisch eben. Ich lief dabei gute 5 Mal hin und her, um die 2 Akkus im Wechsel an meiner Zweitbatterie zu laden. Irgendwann entstand dann ein ausreichend großer Krater, um mit der Zange drin rumzustochern und die Haube zu entriegeln. Wir jubelten und tanzten, was das Zeug hielt.

Lola und ich wollten nun langsam weiter. Wir wurden am nächsten Morgen von 3 Polen geweckt. Es war noch verdammt früh und sie kamen gerade mit 3 identischen weißen Transportern auf den Parkplatz gedonnert. Quietschende Reifen und ein Hupkonzert konnten sie anscheinend nicht unterdrücken. Sie freuten sich wohl, endlich angekommen zu sein. Ich stand bei der Gelegenheit auch gleich auf. Es war noch dunkel und wir wollten sowieso zeitig los. Ich mochte es, ganz früh morgens oder spät abends Auto zu fahren. Nur Lola zeigte mir zu dieser frühen Stund' die Mittelpfote. Als sich die Polen dann schlafen legten und ich alles verladen hatte, fuhr ich dicht an ihnen vorbei und ließ die alte Fiesta-Hupe mehrmals aufheulen.

Heute stand mal wieder ne längere Etappe auf dem Plan und es gab aus dem Auto raus mächtig was zu sehen. Lehn dich zurück und mach's dir gemütlich. Genau wie ich, der damals entspannt durch die ruhigen dunklen Straßen zuckelte. Ich glaube, es war Sonntag und generell nicht viel Verkehr zu erwarten. Ich liebte es! Man konnte ein bisschen langsamer fahren und Lola wurde hinten nicht so durchgeschüttelt. Sie schlief ganz ruhig die Nacht zu Ende, hatte bereits gefressen und lag weich gepolstert in ihrer Kuhle. Ein herrlicher Anblick. Wir überquerten heute hohe Berge, auf denen uns dichter Nebel einhüllte. Es fühlte sich gut an, dabei in kurzen Hosen und gut gewärmt im Auto zu sitzen. Eine Packung Kekse, von der ich einfach nicht die Finger lassen konnte, lag ebenfalls auf dem Beifahrersitz. Wir fuhren parallel zu den Ausläufern der Pyrenäen. Die Sonne ging weit entfernt über dem Horizont auf und präsentierte die Steppe, in der wir uns mittlerweile befanden. Für mich war es sehr beeindruckend. Überall diese Sandberge, gemischt mit rötlichem Gestein und verziert mit ausgetrockneten Büschen. Dazwischen kleine Ortschaften, bestehend aus brüchigen Häusern, an denen alte Wellblechschuppen lehnten. Verbunden waren diese durch die endlos gerade verlaufenden Straßen, die alle sehr rechtwinklig angelegt waren.

„no cars, no cops and endless streets … bon appeteet!"

Es gefiel mir alles sehr gut, nur die übermäßige Landwirtschaft schadete dem Auge etwas. Wo man auch hinsah, waren diese bepflanzten oder umgegrabenen Felder. Unberührte Natur wurde im Inneren von Spanien zur Seltenheit. Alles war umgeackert und glich einem Schachbrett. Umso mehr freute ich mich, als wir uns irgendwann dem Reservat näherten. Hier bekam man mehr und mehr das Gefühl, wirklich ab vom Schuss zu sein, wie im „Outback". Das hatten wir mal wieder nötig.

Vorher ließ ich's aber nochmal krachen! Im wahrsten Sinne des Wortes. Es war eine Angelegenheit, die ich unbedingt mal machen wollte. Anne wollte eigentlich auch mitmachen, nur fanden wir keine rechte Zeit dafür. Als ich da also am Straßenrand ein auf dem Kopf liegendes Wrack fand, hielt ich kurz an und stieg aus. Es war ein liegengebliebenes Auto, welches dort schon halb eingewachsen war. Ich öffnete meine Heckklappe und zog den Schläger aus dem Kofferraum. Du wirst dir bestimmt denken können, was jetzt passiert. Vielleicht juckt's dir ja grad auch in den Pfoten. Sofort zog es mich hin und ich drosch direkt auf die Karre ein. Was für ein geiles Gefühl. Die Scheiben klirrten und die Scherben flogen. Die Mittagssonne stand ganz oben und weit und breit war keine Menschenseele zu sehen.

Hier zu sehen:/vandaˈlɪsmʊs. Vandalísmus oder auch blinde Zerstörungswut

Glücklich und zufrieden tingelten wir weiter die Straße entlang. Wir hielten kurz darauf an einer filmreifen Tankstelle. Die sah so cool aus, dass ich gute 20 Fotos davon schoss. Es war wie eine Oase mitten im Nirgendwo. Eine kleine rechteckige Zelle mit Stäben vor den Fenstern war längst geschlossen und verwittert. Man hatte alles auf Automaten umgerüstet. Überall lag Sand und hoch oben zog sich ein riesiges Flachdach, auf dem ausgeblichene Schrift schimmerte. Beim Tanken fing ein Rädchen an, sich zu drehen und dabei zu pfeifen. Es hatte alles totalen Charme. Fehlte nur noch die Horde Biker, die hier angedonnert kommt und Zigarren kauft. Wäre hier nicht so ein Wind gewesen, wäre ich direkt hiergeblieben. Hinter dem Betonwürfel gab es sogar fließend Wasser umsonst.

Am frühen Nachmittag erreichten wir dann die ersehnten Schilder. Sie standen mehrfach am Straßenrand, immer dann, wenn ein Feldweg von der Hauptstraße wegführte. Etwas übermütig bogen wir ein und ich übersah den Allrad-Hinweis gekonnt. „Das schaffst du schon, mein Kleiner!", flüsterte ich, während ich das Lenkrad streichelte. Es dauerte nicht lang und wir kreuzten einen seichten Flusslauf. Er war zum Glück frei von Felsbrocken und matschigem Untergrund. Ich fuhr einfach mal rein. Die Straße war noch in Reichweite und man hätte können Hilfe holen. Der Mut machte sich bezahlt und wir passierten nahezu problemlos. Kurz danach wurde es aber weniger angenehm. Der Feldweg ging über in groben Schotter, Brocken und Spurrillen. Ich ließ Lola raus und sie rannte nebenher, während ich im Fiesta permanent durchgeschaukelt wurde. Trotz Vorderradantrieb und Hecklast kam das Fahrzeug erstaunlich gut vorwärts. Ich war echt baff, wie gut das ging und fuhr immer weiter rein in die Pampa. Wir passierten verlassene Hütten und in der Ferne sah man die typischen Spitzberge des Nationalparks. „Bardenas Reales" befindet sich im Süden von Navarra und zeichnet sich durch diese merkwürdigen Sandhügel aus, die wie Säulen im Flachen stehen. Es gab hier außerdem tief ausgewaschene Flussbetten, die wieder mal verdächtige Ähnlichkeit mit dem „Grand Canyon" hatten. Als wäre man irgendwo im amerikanischen Hinterland. Google gern mal danach, ist sehr sehenswert. Vielleicht kannst'e dir auch gleich durchlesen, warum's dort so aussieht, denn ich geografisches Genie hab's irgendwie nicht so richtig verstanden und will hier jetzt kein Halbwissen verbreiten. Irgendwas mit Erosion, Wasser und Lehm ist da wohl vorgefallen.

Jedenfalls fanden wir nach unzähligen grenzwertigen „Offroad-Passagen" ein abgeschiedenes Plätzchen im Canyon. Man hatte nen super Ausblick runter in die Wüste und lag trotzdem geschützt vorm Wind, der hier nachts über uns fauchte. Da wir uns am Randgebiet befanden, kamen maximal 4–5 menschliche Wesen an unserem Lager vorbeigeschlichen. Nicht pro Minute, 5 am ganzen Tag! Ansonsten sagten sich hier „Roadrunner" und „Koyote" abends gute Nacht. Es tat fürchterlich gut und wir machten es uns hier bequem. Solange, bis das Wasser alle war. Nachts wurde es sehr kalt und tagsüber brütend heiß. Mit der Hitze kamen die Fliegen und so aß ich meist im Dachzelt. Es waren Fliegen, die ich so noch nicht kannte. Du wirst mich jetzt für verrückt erklären, aber diese Fliegen, die mich da ärgerten, konnten beißen oder stechen. Keine Ahnung, was von beiden. Jedenfalls tat es weh, wenn sie sich auf die Haut setzten. Je länger sie saßen, desto unangenehmer wurde es. Sie ließen sich auch viel schwieriger verjagen als die üblichen Fliegen. Das kuriose war, dass sie 1 zu 1 wie die ganz normale Fliege aussahen. Vielleicht bekam mir die Hitze nicht, ich weiß es nicht. Vielleicht habe ich aber auch eine Neuentdeckung gemacht.

Bei einer Wanderung fanden wir einen kleinen Tümpel, an dem ich etwas Spülwasser auffüllte. Trinken konnte man das nicht und mein Filter wäre womöglich schnell verstopft. Während Lola zwischen den Rosmarin-Sträuchern entlang zog, kam ich auf die Idee, Brot zu backen. Ich hatte in Barcelona „Backing-Powder" und Mehl gekauft und ein Pfannenbrot-Rezept entdeckt. Wie geil würde das wohl mit diesem Rosmarin schmecken. Ich sammelte eine Hand voll Nadeln, hackte sie klein und hob sie unter den Teig. Man brauchte nur noch etwas Wasser und erhielt „smoothen", aalglatten Teig. Ich dachte eigentlich, das wird ne riesen Sauerei, war dann aber doch verblüfft, wie sauber alles ablief. Man konnte problemlos kleine Fladen formen und diese in der Pfanne mit dem Gaskocher erhitzen. „Hokus pokus", fertig war das Brot vom Wüstenbäcker. Ich machte echte Freudensprünge, da ich für gewöhnlich täglich Brot fraß und schon langsam zittrige Hände bekommen hatte.

Die Sucht war gestoppt und als Mittagsbesuch kam Horst vorbei. Ja, ein Deutscher! Ein „Oppa" mit E-Bike, der hier alleine durch die Wüste zog und mich am Wegesrand stehen sah. Wir waren erfreut, uns hier im Nirgendwo getroffen zu haben. Ihm tropfte anscheinend der Zahn und so versprach ich ihm, morgen oder übermorgen mal runter zu seiner Basis zu kommen und ihm noch mehr frisches Brot mitzubringen. Er stand ganz legal unten am offiziellen Eingang des Parks und klärte mich auf, dass er hier damals von „Parkrangern" verscheucht wurde. Ich solle daher auf der Hut sein. Bis jetzt war aber noch nichts passiert. Nur einmal kam eine tätowierte Tourführerin vorbei und erzählte mir, dass alles cool sei und ich ruhig stehen bleiben könne. Sie gab mir sogar noch einen Tipp mit auf den Weg: „Andalusia, Orgiva ... free people, free party ... check this out!" Ich schrieb also groß auf die „To-do-Liste": Andalusien. Das war ganz unten, im Süden von Spanien. Na, mal sehen ...

Horst gab mir also eine kurze Wegbeschreibung zu seinem Camper: „Ein großer Sprinter mit Umbau ... das Kennzeichen lautet ‚KK' – Königreich Kempen ... müsstest du sehen!" Ich erwiderte: „Alles klar, vielleicht bis morgen, Horst!" Ich bot ihm noch an, wieder herzukommen, falls er eine Fahrradpanne haben sollte. Er trug lange Jeans und hatte das Hemd ordentlich in die Hose gesteckt. Der Helm saß etwas schief und das Fahrrad hatte eher Straßenbereifung. Ich schätzte ihn auf gute 60 Jahre. Trotzdem preschte er anständig los und verschwand wieder über die Bergkuppe.

Das Leben hier war schön. Man sah nachts die Sterne hell strahlen und es war eine Totenstille. Ein sehr angenehmer Kontrast zum lauten Flughafen. Tagsüber machte ich meine Yoga-Übungen, las Bücher oder kletterte mit Lola hoch auf die

Lehmberge. Einmal waren wir auf einer bröckeligen Spitze und ich rutsche beim Runterklettern ab. Der Untergrund geriet ins Rollen und ich schlitterte über die rauen Lehmbrocken 5–6 Meter nach unten. Es war verdammt steil und hätte können mächtig in die Hose gehen. Lola hätte sich wahrscheinlich erst zum fehlenden Abendbrot bemerkbar gemacht. Zum Glück blieb alles bei „hätte" und ein paar kleinen Schürfwunden. An ruhigeren Tagen stand Körperpflege, Sonnenbaden, oder Staubsaugen auf dem Plan. Es war ein gutes einfaches Leben, das dann leider durch einen etwas strengeren „Parkranger" unterbunden wurde. Er sagte, ich solle bis Sonnenuntergang die Fliege machen. Es war bereits 17 Uhr. Schön Dank auch. Mehr oder weniger hektisch sammelte ich mich und verpackte alles wieder mühsam. Ich hatte es mir ziemlich gemütlich gemacht und war fast eine Stunde mit dem Verladen beschäftigt.

La Fiesta a la „Grand Canyon"

Wenigstens freute sich Horst über meine Ankunft. Ich parkte in seinem Windschatten, da mir sonst das Zelt weggeflogen wäre. Hier unten war es irgendwie weniger schön als oben. Es gab viele Straßenhunde und Höhlen in den Bergen. Horst erzählte, dass hier vor circa 50 Jahren echt noch Menschen gewohnt hatten, da die Mieten in der Stadt zu hoch waren. In einigen standen sogar noch Reste der Küche, wie Herd oder Esstisch. Wir munterten uns mit etwas Wein und gekochten Nudeln wieder auf. Es war echt kalt und windig draußen und ich genoss es sehr, hier im gewärmten Wohnmobil sitzen zu dürfen. Ich war fast neidisch. Man brauchte keinen Windschutz für den Gaskocher, konnte ohne Fliegen essen und hatte es angenehm warm hier drin. Nicht mal ein Loch musste man draußen graben.

Horst erzählte, dass er damals in Polen mit Gas gehandelt hatte. Er wurde von Deutschland aus rübergeschickt, um dort Fuß zu fassen und Geschäftsbeziehungen aufzubauen. Wenn ich mich recht erinnere, hatte er sogar mal mit einem namenhaften Softdrink-Hersteller um den Preis verhandelt. Sie benötigten ja ebenfalls Gas für ihr Getränk und es gab zu dieser Zeit erheblichen Mangel. Horst konnte auftrumpfen und einen guten Deal aushandeln. Seine Frau war eine ehemalige polnische Praktikantin seiner Firma, wie er erzählte. Nun lebten sie beide in Deutschland. Da er schon im Ruhestand war und die Frau noch arbeitete, fuhr ab und an mal ne Woche runter ins Warme. Er hatte 2 Söhne, welche ähnlich wie ich durch die Gegend zogen und Horst war damals selbst mit dem Käfer auf Europa-Tour. Ich glaube, er fuhr sogar durch Afrika. Er betonte stets, dass er es schade fand, heute keine richtigen Abenteuer mehr erleben zu können. Früher zog man los in unerschlossenes Gebiet, entdeckte Aktivitäten, die es so noch nicht gab und die Welt war noch endlos groß. Heute ist nahezu alles möglich. Die heutigen Kids taten ihm etwas leid. Horst lachte an diesem Abend noch über die Weingläser, die ich mit zu ihm rüberbrachte. Er war relativ spartanisch ausgerüstet und aß und trank aus Plaste. Glas hatte er sich nicht getraut mitzunehmen. Ich erzählte, dass sie in meinem Kleiderschrank gut gepolstert lagen und so auch bei Buckelpiste nicht zu Bruch gingen.

„Raschel, raschel, knaaaarz ..." Ich riss die Augen auf. Das war doch nicht der Wind, der hier meinen Müllbeutel wackeln ließ. Ich spähte durchs Moskitonetz und sah einen der Straßenhunde. Er machte sich an der Tüte zu schaffen und leckte Lolas alte Büchsen aus. Gezwungenermaßen sprang ich in die kalte Morgenluft und verscheuchte den Hund, ehe er sich noch die Zunge am Metall aufschnitt. „Renn doch nich' weg, ich hätte dir schon was gegeben!", entschuldigte ich mich kurz darauf.

Nachdem Horst in Richtung Atlantik aufbrach, überkam auch mich langsam das Fernweh. Es wurde wieder zu einem dieser Tage, an denen wir erst über Umwege einen schönen Platz erreichten. Wir stießen heute von Navarra ins Baskenland vor. Viele schwärmten von dieser Region, mir gefiel sie jedoch irgendwie gar nicht. Das lag vielleicht auch etwas am nebeligen Wetter, aber hauptsächlich kam ich einfach mit diesem Look nicht klar. Hier sah es aus, als würde man das kalte, ländliche England mit dem bergigen Bayern kombinieren wollen. Jedenfalls wirkte es so auf mich nach dieser Wüstenaktion. Noch dazu kam, dass man hier eklige Sachen aß und eine komplett aus dem Zusammenhang gerissene Sprache sprach. „Ongi Etorri" stand an diesem Campingplatz, den ich heute ansteuerte. Das sollte sowas wie „Willkommen" heißen. Des Weiteren schob man in manche Worte einfach den Buchstaben „x" mit rein und es entstanden Sachen wie „Txapela". Frag mich nicht, was das heißt. Die nette Empfangsdame sprach zum Glück gutes Englisch und da der ganze Platz, bis auf einen Besucher, wie leergefegt war, konnte ich stehen, wo ich wollte und den Preis noch etwas drücken. Da es nun tagsüber nur noch von 11–16 Uhr angenehm warm war, wählte ich den sonnigsten Platz, den es gab. Dieser lag direkt am Eingang neben dem Sanitärhaus und gefiel mir richtig gut. Hinter einem wuchsen große Koniferen und links und rechts trennten kleine Hecken die Parzellen. Der erste Tag war super ruhig und angenehm und ich entschied, noch länger zu bleiben.

Der Platz war wirklich schön und umrandet von kunterbunt gefärbten Laubbäumen. Es war Saisonende und der Herbst stand vor der Tür. Das hieß, morgens viel laufen mit Lola, am Gaskocher die Füße wärmen, mittags Sonne tanken, abends heiß duschen und nachts 2 Schlafsäcke kombinieren. So ließ sich die Kälte am besten überbrücken. Kälte, die nicht mehr schön war. Sie kroch so fies und langsam in den Körper. Das mit dem Duschen war auch gar nicht so einfach. Ich lernte mehr und mehr, dass Wasserhähne in Spanien eher luxuriös waren. Diese gab es nur selten mal und stattdessen hatten die Duschen hier kleine schwergängige Knöpfe, die dafür sorgten, dass das Wasser maximal 3–4 Sekunden lief. Alter, das war Brühe hoch zehn. Gerade bei diesen Temperaturen wollte man das Wasser eigentlich gern etwas länger laufen haben. Wasserknappheit hin oder her, ich drückte so oder so 20 Mal den Kopf. Noch dazu kam, dass manche Duschhäuser mit Bewegungsmeldern ausgestattet waren und so das Licht nur für eine bestimmte Zeit leuchtete. Die härteste Nummer war mal eine 3-Sekunden-Dusche, die ne Stunde, brauchte eh sie warm war und das in Kombi mit nem 30-Sekunden-Licht-Bewegungsmelder, bei dem der Sensor 5 Meter von der Duschkabine entfernt war. Da wirste' wahnsinnig, kann ich dir sagen. Echte Sparfüchse, die Spanier! Da überlegte ich ernsthaft, wieder draußen unterm Kanister zu duschen. Wenn man Wasser im Topf erwärmte und das dann da reinfüllte, hatte man schon mal permanent laufendes, warmes Wasser. Für die Privatsphäre sorgte ein Titus-Duschvorhang und gehisst wurde das ganze mittels eines gebogenen Hakens am Fahrradlenker. Leider ging da immer nur viel Gas drauf.

Ein weiterer „Gag" auf diesem Campingplatz war die „Putze". Sie war nett und lächelte immer freundlich, keine Frage. Nur hatte sie diese unangenehme Angewohnheit, früh morgens, kurz nach Sonnenaufgang, den Putzwagen einmal über den kompletten Platz zu schieben. Weiter hinten waren noch kleine Holzhütten, die sie anscheinend täglich reinigte und so musste sie den ganzen grob asphaltierten Weg dort hinter. An sich ja kein Problem, nur hatte dieser klapprige Wagen ganz kleine harte Rollen wie beim Skateboard. Den Rest kannst du dir selbst zusammenreinem.

Was auch noch nicht so cool war, waren Lolas Schnüffeltouren über den Platz. Du merkst schon, ich hatte ganz schön viel zu meckern und mir stieg das alles etwas zu Kopf. Auf jeden Fall war es hier erlaubt, Hunde frei laufen zu lassen und ich mochte es immer nicht, das Tier so anzupflocken und einzuschränken. Da passte der freie Ausgang also gut. Sie verhedderte sich eh immer in der Leine und guckte dann wie: „Bitte bind' mich wieder los, ich kann wirklich nichts dafür." Generell gefiel es uns beiden aber auch besser, frei zu sein. Sie war ein Tier und wenn man halbwegs im Team agiert, war es auch kein Problem, ohne Leine dicht beisammen zu sein. Es war der Zustand, den ich immer erreichen wollte. Eine ganz natürliche, ungezwungene Verbindung von Mensch und Tier. Ein Hund, der einen ganz von selbst begleitet. Meine Mutter sagte mal: „Ein Penner wird nie einen Hundetrainer aufsuchen müssen." Dadurch, dass beide auf der Straße leben und ursprünglichen Tätigkeiten wie Nahrungs- oder Schlafplatzsuche nachgehen, sind sie ein eingespieltes Team und werden somit auch nie ein Problem bekommen. Mal abgesehen davon hat ein Penner auch gar kein Geld dafür. Aber auch die Stimmung eines Obdachlosen wirkt da mit ein. Ihn schreckt nichts so schnell auf. Schlimmer kann es ja eh nicht kommen. Jedenfalls waren wir beide ja auch fast tagtäglich zusammen unterwegs und auf der Suche nach einem Schlafplatz. Teilweise verstanden wir uns blind und der Hund wirkte oft wie ein Spiegel. Dementsprechend spiegelte er jetzt meine einsetzende Unruhe wieder, die sich in den kommenden Tagen noch etwas verstärkte. Wir arbeiten nun weniger gut zusammen, da ich schnell genervt reagierte. Lolas Antwort auf meine ungeduldige Gereiztheit war, dass sie einfach immer öfter und länger verschwand. Immer, wenn ich mal weggückte, zog sie los auf Erkundungstour. Sie war mittlerweile echt selbstsicher. Was mich dabei aber störte, war, dass sie manchmal Essensreste aufspürte und sich diese heimlich in der Ecke reinzog. Erst dran rumlecken, ob's noch gut war, und dann schnell hinterschlucken. Hoffentlich hat's der blöde Glatzkopp' nicht gesehen. Das ging mir echt zu weit und es musste schleunigst eine Lösung her. Ich widmete nun fast einen ganzen Tag einer selbst zusammengereimten Methode. Ich legte unsere Parzelle als Aufenthaltsort für Lola fest. Ich tat nun so, als ob ich beschäftigt sei und sie nicht wahrnehme. Setzte sie nun eine Pfote über die imaginäre Grenzlinie, lief ich direkt schnurstracks auf sie zu, packte sie am „Schlawittel" und zog sie zurück auf die Wiese. Stand sie kurz darauf wieder auf, pflockte ich sie, ohne zu zögern eng an. Strafsitzen. Mindestens 15 Minuten. Schön war das nicht, kann ich dir sagen. Das Gute war, dass Lola schnell verstand, wenn sie wollte. Es dauerte keinen Vormittag und ich bekam das Problem in den Griff. Ich belohnte langes braves Sitzen und Laufen innerhalb der Parzelle zusätzlich mit Leckerlis. Etwas Geduld und Disziplin braucht's eben.

Zwei Zellen neben mir war der zweite und einzig weitere Besucher hier. Der schlief im Wohnanhänger und schloss schon immer die Fenster, wenn der Putzteufel wieder loszog. Er hatte eine Knie-OP hinter sich und war eine Woche allein hier. Er sollte eigentlich leichte sportliche Übungen machen, um nach und nach wieder Muskelmasse ums Gelenk herum aufzubauen. Fahrrad fahren und laufen im schönen angrenzenden Wald also. Stattdessen war aber die Satellitenschüssel ausgefahren und es wurde den lieben langen Tag in die Glotze geguckt. Er war echt witzig und meinte immer, dass ich das ja nicht seine Frau wissen lassen sollte. Sie war Sportlehrerin und wollte ihn in ein paar Tagen wieder abholen kommen. Lächelnd schlich er immer an mir vorbei, um vorn am Kiosk Snacks zu kaufen und sich anschließend wieder in die Waagerechte zu begeben. Anscheinend hatte er daheim nichts zu lachen und ließ es sich hier mal so richtig gut gehen, haha.

Sonst war aber keiner hier, nur die typischen Dauercamper, die am Wochenende Zuflucht suchten. Sie hatten hier richtige Trailer stehen und kleine Vorzelte angebracht. Heute war Freitag und ich kam nun also in den Genuss, den ein oder anderen weiteren Besucher kennenzulernen. Ich unterschätzte das alles jedoch etwas, denn es kamen erst ein Auto, dann zwei weitere und irgendwann noch eine Großfamilie, die hier Geburtstag feierte. Im Handumdrehen war's das mit der Ruhe. Zu den herumrennenden Kids kamen noch Handwerker, die vormittags ein Gebäude renovierten. Da ich noch meine Wäsche waschen wollte und es hier das beste Internet weit und breit gab, blieb ich trotzdem noch und hoffte, der Lärm würde bald ein Ende nehmen. Das Gegenteil war aber der Fall, es kamen immer mehr Leute. Einmal sprang ein Kind hoch, um mit der Hand gegen ein Schild zu schlagen. Dabei sprang Lola auf und rannte weg. Das war eindeutig zu viel des Guten. Ich plärrte kurz über den Platz und man distanzierte sich daraufhin. Ich wäre am liebsten direkt losgefahren, nur wusste ich noch nicht wohin, und meine Wäsche musste auf jeden Fall morgen nochmal in der Sonne trocknen.

Ich hatte echt ne grimmige Miene aufgelegt und guckte ziemlich abweisend. Das hielt eine der spanischen Großfamilien trotzdem nicht ab, mich zum Mittagessen einzuladen. Ich wusste gar nicht, was ich sagen sollte, als sie mich fragten. Ich sagte, ich überlege es mir, hätte aber eigentlich noch Essen vom Vortag unterm Auto stehen. Ich stammelte ganz schön rum und es war mir echt unangenehm, kein klares „Ja sehr gern, vielen Dank!" auszusprechen. Auf der einen Seite war das ein super nettes Angebot, auf der anderen fühlte ich mich gerade zunehmend bedrängt und hatte so gar keinen Bock, mit ihren nervigen Kindern am Tisch zu sitzen. Da ich versprochen hatte, noch Bescheid zu geben, ging ich kurzerhand hinter zu ihnen und stand dann vor versammelter Mannschaft. Das war so peinlich, denn sie hatten schon extra einen Platz für mich gedeckt und saßen da alle freudestrahlend am Tisch, um mir ein typisches spanisches Gericht zu präsentieren. Ich sagte ihnen nun allen Ernstes, dass ich lieber meine Nudeln von gestern fresse, es aber ein sehr nettes Angebot gewesen sei. Ich kehrte ihnen den Rücken und ging zurück zum Auto. Was für'n Typ ich da war? Oh man. Aber ich konnte mich einfach nicht dazu überwinden, mich zwischen diese Rotzbengel zu setzen, die gerade noch meinen

Hund aufgeschreckt hatten und mir den letzten Nerv raubten. Noch dazu sprachen nur die Frau und der Mann Englisch. Es wäre mir unangenehm gewesen, vor den 10–12 Köpfen da halb spanisch oder gar Baskisch rumzustammeln. Im Nachhinein ärgerte ich mich aber etwas über mein Verklemmtsein und ich nahm mir den Mann nochmal zur Seite. Irgendwie musste ich das noch klarstellen und ihn darüber informieren, dass ich gelogen hatte. Ich erzählte ihm, dass ich sehr gern mit ihnen gegessen hätte, nur gerade aus dem lauten Barcelona kam und hier auf der Suche nach etwas Ruhe war. Er verstand das und daraufhin senkte sich auch der Geräuschpegel etwas.

Irgendwann war klar, dass es hier zu kalt war, ich gern mal den Atlantik sehen wollte und Lola wieder Futter brauchte. Zu dem Zeitpunkt googelte ich wie verrückt nach Läden für Tierbedarf in Spanien. Warum auch immer fand ich aber nichts so richtig. Es gab hier in Spanien in jedem Supermarkt eine Hundeabteilung, in der tonnenweise Trockenfutter lagerte. Nassfutter war jedoch die totale Seltenheit und wenn, dann nur im Großformat verfügbar. Ich erinnerte mich an das schöne Frankreich, in dem es riesige Filialen mit der Aufschrift „Maxizoo" gab, quasi der französische Fressnapf. Und genau da fuhren wir auch hin. Da gab es mehrere Regale Nassfutter und einer dieser Läden lag ganz unten an der Grenze zu Spanien. Noch dazu vermisste ich die Camper-freundliche Einstellung und die duftenden Backwaren in den „Boulangerien". Wahrscheinlich fuhr ich aber auch rüber, weil mir das laute, impulsive spanische Volk etwas zu Kopf stand.

Ein „Stell dich mal dahin-Foto" von Lola kurz vor ihrer Skate-Session

„Zwee Ossis" am Atlantik

Wer hätte es gedacht! Ich wurde tatsächlich fündig. Hinten im Fußraum stapelte sich nun massenhaft Büchsenfutter, ich hielt an einem Bäcker und fand schließlich sogar einen der besten Stellplätze dieser Reise. Herrlich war's hier! Da ich wie versprochen immer möglichst ehrlich sein will, solltest du folgendes wissen:

Anscheinend tobte in mir wieder die kleinkriminelle Energie und ich schlief nun 1 1/2 Wochen kostenlos auf dem besagten Platz meiner Träume. Er war eigentlich kostenpflichtig und ich hätte auch schon beinahe bezahlt, als ich da eine Lücke sah. Verzeiht mir, ihr netten Franzosen, aber ich musste diese Chance ergreifen. Der Platz war ein reiner Stellplatz ohne sanitäre Anlagen. Es gab lediglich eine Entsorgungsstelle für Wohnmobile, Stromanschlüsse und einen Wasserhahn. Aufseher gab es somit keine. Es lief alles automatisch ab. Vorn waren 2 große Maschinen mit Bildschirmen und darauffolgende Schranken, die sich hoben, nachdem man sein Kennzeichen eingetippt hatte und ein Ticket ausgespuckt bekam. Das hatte ich beim Passieren von anderen Campern beobachten können. Beim Verlassen dieses überschaubaren Parks hätte man dann je nach Aufenthaltszeit blechen müssen. 18 € pro Tag waren echt happig. Das wären für meine Zeit fast 200 € geworden, also schon 3–4 Tankfüllungen … oder ungefähr acht „12er-Packen" Büchsenbier. Auf der anderen Seite war die Fläche sehr gepflegt, hübsch beleuchtet und erst frisch gebaut. Sie lag außerdem fast direkt am Ozean und war umrandet von hohen Kiefern. Man fühlte sich einfach wohl hier. Man hatte das gesamte Gelände eingezäunt und am Eingang mit Kameras bestückt. Als ich ankam, war es bereits dunkel und ich hielt zufälligerweise schon vor den Lichtern, die mein Kennzeichen angestrahlt hätten. Und als ich da kurz vorlief, um zu sehen was mich hier erwartete und ob die Sicherheit den Preis wert wäre, bemerkte ich einen kleinen Durchgang unmittelbar neben den massiven Schranken. Er ermöglichte Radfahrern oder kleinen Motorrädern die Durchfahrt. Klar, stände man hier für längere Zeit und würde nur mal kurz mit dem „Mopped" zum Supermarkt fahren wollen, hätte man jedes Mal an der Schranke bezahlen müssen und das System wäre durcheinander gekommen. So, nun war dieser besagte Durchgang unbeleuchtet und ich schätzte ihn per Augenmaß so breit wie meinen kleinen Fiesta. Aus Versehen verwechselte ich nun diesen kleinen Pfad mit der eigentlichen Einfahrt und fuhr nun ohne Ticket auf den Platz. Es war die reinste Millimeterarbeit. Links und rechts von den Spiegeln war wirklich nur noch eine Handbreite Platz. Aber egal! Ich hatte es geschafft! Ich konnte endlich mal von der kompakten Größe meines Wagens profitieren. Auch das Fahrrad blieb nicht oben am Baum hängen und gesehen hatte man mich auch nicht so richtig. Ich hatte die Scheinwerfer ausgemacht und bin quasi im Blindflug durchgekommen. Was ich im Auto feixte! Ich stand nun zwischen riesigen Luxuskarossen mit meinem abgefuckten Fiesta und schlief zufrieden im Dachzelt ein.

Das Schöne an diesen kostenpflichtigen Plätzen war, dass man im Gegensatz zum „Wildcampen" viel ruhiger schlief. Man konnte sicher sein hier keinen zu stören und nicht von Ordnungshütern geweckt zu werden. Also hoffentlich, hahaha! An den ersten beiden Tagen war ich mir gar nicht so sicher dabei. Aber es verging ein Tag nach dem anderen und der Typ, der vor den Bildschirmen der Überwachungskameras saß, hatte anscheinend geschlafen als ich hier ankam. „Super! Hier kannste' also erstmal bleiben!"

Es war wirklich traumhaft hier. Es gab keine Kinder, nur liebe Hunde und generell strahlte jeder auf dem Platz eine gewisse Ruhe aus. Keiner machte Lärm und alle achteten auf ihr Gegenüber. Wie per Telepathie konnte man hier vom Nachbarn ablesen, ob dieser jetzt Lust auf eine kurze Konversation hatte oder eher sein Ding machen wollte. Im Gegensatz zu Spanien war ich gerade sehr dankbar für dieses achtsame Publikum und konnte mal wieder richtig runterfahren. Und selbst wenn einem mal nach ner' fetten Party war, konnte man vor an die Strandbar watscheln. Die Temperaturen waren super, es ging kaum Wind hier und die Fliegen ließen sich auch nur kurz am Mittag blicken. Ich konnte es kaum fassen. Es war genau das, wonach ich mich gesehnt hatte. Noch dazu gab es hier traumhafte Strände. Die waren einfach doppelt so breit wie am anderen Ufer. Überall lagen große Muscheln und der Sand war viel heller als drüben und auch weitaus sauberer. Lola und ich wälzten uns darin und rannten freudig umher. Man merkte sofort, wie gut ihr das alles tat und wie sehr sich unsere beidseitige Zufriedenheit reflektierte. Es lag so eine wunschlos glückliche Stimmung in der Luft und man fühlte sich einfach gut.

Noch dazu las ich gerade ein Buch, das maßgeblich zu diesem Zustand beisteuerte. Es hieß „Mach mal Platz im Kopf" und war von einem Engländer Namens „Andy Puddicombe". Es ergänzte super die Ratschläge, die mir Anne bereits gegeben hatte und die bei all dem Trubel schon wieder etwas in Vergessenheit geraten waren. Darüber hinaus erklärt der Autor dieses Buches mit einfachen Worten, wie sich der gestresste Allgemeinbürger am besten dem Thema Meditation nähern kann. Er hatte einen großen Teil seines Lebens der Reise durch verschiedenste buddhistische Klöster gewidmet und trug all sein Wissen im Taschenbuch-Format zusammen. Er sprach dabei mit unzähligen Meistern, welche ihr Wissen über Jahrtausende weitergetragen und perfektioniert hatten. Klingt erstmal so als drifte ich jetzt gleich in irgend nen religiösen Hokuspokus ab, mit Glaube oder Beten hatte das aber nix zu tun. Ich werde dir jetzt auch nicht erzählen, wie ich im Schneidersitz hocke und Holzbretter mit'm „Kopp" zerschlage, keine Sorge.

Ich las dieses Buch schon seit längerer Zeit. Man konnte es nicht über wenige Tage verschlingen, wie ich es bei meiner Mutter manchmal beobachtete, nein, für dieses Buch musste man sich Zeit lassen. Es war eine Art Anleitung, mit dem Leben besser klarzukommen und half so besorgten und aufgeregten Leuten wie mir, endlich mal runterzufahren. Nich' den Rückwärtsgang einzulegen, aber ein paar Gänge zurückzuschalten. Einfach wieder fokussiert auf das zu sein, was man gerade tut, das innere Gequassel mal abzustellen und seine Gedanken und Gefühle zu verstehen. Man lernte aber auch, achtsamer und vor allem geduldiger durch's Leben zu gehen, das, was mir total schwer fiel und eigentlich essentiell auf so einer Reise war. Ohne dieses Buch hätte ich wahrscheinlich auch mein eigenes Geschreibe nicht mal ansatzweise soweit gebracht, da ich vor lauter Ungeduld wohl alles aufs Kürzeste runtergebrochen oder es gar sein gelassen hätte. Mithilfe dieses Autors konnte ich mich nun auch großen, langwierigen Projekten mit viel Liebe zum Detail nähern.

Und selbst wenn man richtig schlimme Dinge erlebt hatte, schaffte man mittels dieses Buches einen inneren Raum, zu dem man immer kommen konnte. Ein Raum, der einem immer zur Verfügung stand. Ein Raum, der bleibt, selbst wenn einem alles genommen wurde. Für mich war dieses Wissen unbezahlbar und ich würde es gern in meinem eigenen Buch kurz anreißen. Ich bin ganz fest davon überzeugt, dass der Inhalt dieser Seiten die Lösung für fast jedes Problem ist, und ohne dieses Buch wäre ich wahrscheinlich im weiteren Verlauf meines Abenteuers zu Grunde gegangen. Ein Glück, dass ich das dabei hatte! Ich hätte nie gedacht, dass ich sowas mal behaupten würde, aber es war einfach total abgefahren, was das Lesen dieser Seiten in mir bewirkte. Es war die totale Explosion, als verschwinden plötzlich alle Wolken am Himmel und man sieht die Sonne strahlen. Ein Leben lang fischte man im Trüben und plötzlich ... „baaam": Sonne! Man wusste, dass es sie gab, nur sah man sie die ganze Zeit nicht, weil fette, schwarze Wolken vor ihr hockten. Bis auf Anne konnte mir bis zu diesem Zeitpunkt keiner so richtig zeigen, wie man mit seinen Gedanken klarkommt und hier stand es ganz einfach erklärt. Nochmal zum mitmeißeln quasi. Es war einfach überwältigend, als sehe man nun mehr und mehr in sich hinein und könne seinen Geist und Körper hören ... laut und deutlich ...

Ehrlich gesagt weiß ich gerade zum ersten Mal nicht, wie ich hier weiterschreiben soll. Ich hab' gerade schon ne Seite geschrieben und wieder gelöscht und sitz' irgendwie in der Falle. Das liegt wahrscheinlich daran, dass ich jetzt eigentlich gern 10–20 Seiten über dieses besagte Buch schreiben würde und dich als Leser möglichst gut damit vollpumpen will, weil ich denke, dass es die Antwort auf alles sei. Auf der anderen Seite ist das Buch aber auch sehr „meditationslastig" und ich will dich hier ungern mit diesem „Hippie-Kram" vollquatschen, da ich ja gar nicht weiß, ob du da überhaupt Bock drauf hast. Einen Mittelweg find ich grad' auch nicht. Eigentlich will ich dich ja mit auf meine Reise nehmen und mit dir zusammen lustigen Scheiß erleben. Noch dazu bin ich hier mittlerweile weit über 200 Seiten und hab' etwas Angst, alles unterzubekommen. Dir also möglichst schrittweise nahezubringen, was in diesem Buch steht, würde hier viel zu viel Platz einnehmen und das Maß komplett sprengen. Falls mein wirres Gerede hier gerade Interesse in dir geweckt hat oder du nicht so recht klar kommst mit dir und dem Leben, dann ließ es gern selbst. Vielleicht geht dir danach ja auch so'n Licht auf oder erspart dir gar einen Gang zum „Dok". Auf jeden Fall möchte ich mich recht herzlich beim Autor dieses Buches bedanken und kann seine Sicht der Dinge nur empfehlen und sehr gut nachvollziehen. Ich komme seitdem einfach besser klar und wünsche das auch jedem anderen. Lassen wir das einfach erstmal so stehen und kommen zurück zum illegalen Abenteuer im Franzosenland:

Wir lebten uns hier echt gut ein und genossen jeden Tag recht aufregende Sachen. Zum einen die Kulinarik: Ich aß hier mit netten Franzosen zu Mittag, bekam von Deutschen einen Topf Miesmuscheln geschenkt und zog mir vorn am Strand hammergeiles Eis rein. Außerdem war dieses Gebiet hier super zum Spazieren geeignet und bot ewig lange Radwege. Über die Radwege erreichte man die circa 10–15 Kilometer entfernten Campingplätze, um mal richtig zu Duschen oder größere Kleidungsstücke waschen zu können. Außerdem gab es zahlreiche Einkaufsmöglichkeiten in Reichweite. Darunter war ein „Bricomarché", bei dem ich mir neben Vogelfutter endlich mal einen Liegestuhl holte. Die hatten da echt eine super Auswahl und alles war ganz „clean" und penibel sortiert. Darunter gab es sogar einen Mini-Liegestuhl, der total platzsparend war und bei dem man nur ganz knapp über dem Boden gehockt hätte. Leider aber Voll-Plaste. Die Klappfunktion hätte wahrscheinlich nicht allzu lang gehalten. Außerdem gab es dann noch eine Art Bodenmatte mit Rückenstütze. Ich bereute es im Nachhinein, diese nicht gekauft zu haben. Man hätte sie ideal oben im Dachzelt nutzen können. So lehnte man immer nur senkrecht am Zeltgestänge, welches trotz Schlafsack als Polsterung nicht immer 100-pro angenehm war. Neben vielen weiteren Modellen fand ich dann aber doch noch den „Dacia" unter den Stühlen. Er hatte alles, was man brauchte, kostete nicht die Welt und hielt einigermaßen. Es war ein genietetes Metallgestänge, bespannt mit einem PVC-Gitternetz. Falls die Nieten mal brechen sollten, könnte man sie durch Schraube und Mutter ersetzen. Das Netz war schnelltrocknend und wasserbeständig und dank der Klappfunktion verwandelte man das Konstrukt in eine dünne Platte. Eine, die exakt die Breite vom Dachzelt hatte und somit einfach flach mit obendrauf gezurrt werden konnte. Die Klettbänder der Hülle reichten, um sie zu fixieren und so musste man nicht erst Spanngurte rausholen. Eine echte Erleichterung! Ich hatte die „Hockersitzerei" satt und es gab nicht immer eine Möglichkeit, seine Hängematte zu verknoten. Da war dieser Liegestuhl der reinste Luxus. Wirklich wahr, ich war noch nie so froh über eine Sitzgelegenheit! Ich rief sogar meine Mutter an und berichtete ihr von diesem geilen Teil, schickte sogar ein Foto davon. Abends kniete ich dann immer vor ihm nieder und betete ihn an, den Stuhl meiner Träume ... nein Spaß haha. Da hätte mich dann wahrscheinlich endgültig das Gummiauto mit den viereckigen Rädern geholt.

Ich glaube, es war gleich einer der ersten Tage, als ich dann auch mal schwimmen ging. Schwimmen war ein großes, vernachlässigtes Hobby und ich wollte es hier so oft wie nur möglich ausüben. Zum Glück hatte ich hier einen Platz am Gewässer und der Sache stand nun nichts mehr im Wege. Barfuß stiefelte ich eines warmen Nachmittags vor zum Wasser. Lola schwänzelte freudig neben mir her und ich hatte die Schwimmbrille bereits auf dem Kopf sitzen. Die Badehose saß stramm und ich rannte überzeugt einfach rein. „Geil, keine Sau im Wasser heute!" Lola legte sich währenddessen ganz entspannt in den Sand und beobachtete mich aus sicherer Distanz. Schon beim Reinlaufen bemerkte ich, dass hier etwas anders war als drüben am Mittelmeer. Die Wellen waren irgendwie größer und ich hatte ganz schön zu tun, einen Moment abzupassen, um mal ein Stückchen rauszuschwimmen. Draußen wurde es dann wieder etwas ruhiger und man schluckte nicht mehr ganz so viel Salzwasser. Trotzdem zerrte die Strömung ganz schön an meinen Kräften und ich entschied, wieder Richtung Ufer zu schwimmen. Als ich wendete, sah ich bereits mehrere Menschen am Strand stehen. „Komisch, vorhin lagen die doch alle noch in der Sonne ...", dachte ich mir. Alle hielten die Hand an die Stirn und schienen mich zu beobachten. „Hää?! Ist da ‚Loch Ness' hinter mir her, oder was?" Ich schwamm immer weiter und plötzlich wurde es ernst. Anscheinend hatte ich beim Reingehen eine äußerst ruhige Minute abgepasst und mittlerweile war es wohl eher weniger so. Ein fataler Fehler. Die Wellen wurden auf einmal gefährlich hoch und ich bekam kurz darauf direkt die erste Klatsche in den Nacken. Ich hätte im Leben nicht gedacht, dass das Wasser hier so eine Kraft entwickeln könnte. Ich geriet in eine Art Waschmaschine und wurde heftig unter Wasser gedrückt. Als ich Luft ringend wieder auftauchte, türmte sich schon die nächste Welle auf. Dieses Mal sah ich ihr direkt ins Gesicht und sie war wirklich beängstigend. Kein Scheiß, ich hatte wirklich Angst! Aus der Frosch-Perspektive heraus schätze ich sie auf gute 3 Meter. „Wrussssschhh!", wieder drückte es mich nieder. Dieses Mal noch stärker. Die Schwimmbrille hing mir nur noch um den Hals und ich hörte kaum noch was durch das ganze Wasser in den Ohren. Als ich jetzt wieder auftauchte fing ich an zu rudern wie ein Weltmeister. In mir mobilisierten sich auf einmal Kräfte, die ich so noch gar nicht kannte. Trotzdem war es, als stünde man auf der Stelle und käme einfach nicht vom Fleck. Nach 2–3 weiteren Attacken bekam ich kaum noch Luft. Die Leute an Strand liefen schon aufgebracht umher. Irgendwie schaffte ich es trotzdem, weiter in Richtung Ufer zu gelangen. Aber eben nur sehr mühsam. Das Schlimme war, je weiter man kam, desto heftiger schlugen die Wellen auf einen nieder. Selbst als ich wieder stehen konnte, gelang es mir nicht, vorwärts zu laufen, da massenhaft Wasser wieder ins Meer floss und versuchte, mich wieder mit reinzuzerren. Ich musste noch 2 echt harte Treffer einstecken, ehe ich wieder trockenen Sand unter den Füßen spüren durfte.

Nach dieser letzten Welle fühlte man sich wie nach einer Schlägerei. Sie kam mit geballter Kraft an und haute mich komplett um. Ich überschlug mich 2 Mal rückwärts unter Wasser und küsste dabei mehrfach den Boden. Wie hart der doch sein konnte! Mit blutiger Schläfe kroch ich aus dem Atlantik, wie Klitschko aus dem Ring. 1:0 für'n Ozean. Ich zeigte den Leuten den Daumen nach oben und ließ mir nichts anmerken. „Komm Lola, wir gehn wieder … reicht erstmal!"

Auf dem Rückweg sprang ich mehrfach von einem Bein aufs andere, um diesen Liter Wasser wieder aus den Ohren zu bekommen. Ich konnte schon gar nicht mehr klar denken bei diesem Geplätscher in den Löffeln und sank am Camp erleichtert in den Liegestuhl. „Was für ne Aktion!" Als ich da so anfing zu sitzen, rollten mehr und mehr neue Besucher auf den Platz. Es war Nachmittagszeit. Darunter war ein 13 Meter langes Wohnmobil, das genauso viele Jahre wie mein Fiesta auf dem Buckel hatte. Es war top gepflegt und hatte 3 ebenerdige Panorama-Fenster. „Du hast hier also den Längsten …?", fragte ich den Mann, als er neben mir samt Anhänger einscherte. Er musste lachen und nutzte meine Vorlage: „… haha, und du den Kürzesten oder wat?" „Vorsichtig, mein kleiner roter Teufel verputzt Fischköppe wie dich als Vorspeise!", wäre mir beinahe rausgerutscht. Zwischen uns Scherzkeksen traf noch ein junges Pärchen aus Thüringen ein. Sie hatten einen klassischen Transporter umgebaut. Der Freund der Lady war Tischler und so war alles sehr gut verarbeitet und professionell verschraubt, ganz im Gegensatz zu meinem abstrakten Innenausbau. Machte aber nix, die beiden fanden den Typen vor'm Fiesta trotzdem cool und man kam kurz darauf ins Gespräch. Selbst unsere Hunde verstanden sich bestens. Es waren beides zurückhaltende Straßenhunde und so machte Lola zum ersten Mal keine Anstalten. Sie ging einfach auf den neuen Kumpel zu, als kannten sie sich schon seit Jahren. Die Harmonie färbte auch auf die Besitzer ab und so fuhr ich später noch mit … „fuck", ich hab die beiden Namen vergessen … dem Tischler vor zum Supermarkt, um eine Palette Bier zu holen. Er hatte so ne Art „Klappi" mit Gepäckträger, welches wir an diesen frühen Abendstunden beluden. Als wir wieder ankamen hatte die Dame … oh man, wie hieß sie denn nur, das werden mir die 2 echt übel nehmen … bereits ein total leckeres Essen vorbereitet und ich war gleich mit eingeladen. Echte Gentleman, die beiden Thüringer. Es schmeckte hervorragend! Als wir da so saßen und uns das ein oder andere Bier aufmachten, kam noch ein weiterer Besucher. Er stand schon die ganze Zeit hinten im Areal und fuhr immer mit dem „Mopped" in den Wald. Er hatte keine Toilette im Camper und den Rest kannst du dir selbst erklären. Auf jeden Fall hatten wir schon kurz geredet und so stieß er am Abend mit zu uns. Er hatte als nette Geste etwas „Tetra-Wein" mitgebracht und wir unterhielten uns gut. Irgendwann ergriff er aber mehr und mehr das Wort, hielt immer längere Reden und spielte den totalen Alleinunterhalter. An sich kann das ja sehr spannend sein, wenn's etwas Interessantes zu erzählen gibt, in seinem Fall fing er aber an, das Corona-Thema zu wälzen. Das, was zu dem Zeitpunkt eigentlich keiner hören wollte, was allen schon zu den Ohren rauskam. Dazu gesellten sich noch sehr eigensinnige politische Ansichten. Als man dann versuchte, das Gespräch etwas zu lenken oder gar anderer Meinung zu sein, entwickelten sich in Kürze starke Diskussionen. Er bestand die ganze Zeit darauf zu diskutieren und wurde teilweise lauter. Die Stimmung sackte langsam ab, das Pärchen saß nur noch schweigend oder zustimmend auf der Ersatzbank. Mir stieg das Gequatsche allmählich zu Kopf. Es gehörte schon viel dazu, dass ich gegenüber fremden Menschen mal laut werde. Unser Kumpel hier schaffte das an diesem Abend allerdings noch. Ich fand es echt schade, da das nette Pärchen gleich am nächsten Tag weiterwollte. Sie wollten runter bis Gibraltar und ich ja vielleicht nach Andalusien. Wir wünschten uns beiderseits ne gute Reise, tauschten Kontakte aus und umarmten uns: „Auf ein Wiedersehen!"

Sie fuhren also rüber nach Spanien und ich heute mal zur Abwechslung in einen Freizeitpark. Nicht etwa zum Rutschen, nein, gleich daneben war ein Campingplatz und ich wollte fragen, ob ich deren Duschen kurz benutzen könne. Leider kam es gar nicht dazu, da er saisonal bedingt schon geschlossen war. Es dauerte nicht lange, bis ich mich hinten in den Wasserpark schlich und einfach dessen Duschen nutzte. Keine Sorge, dieses Mal fragte ich sogar vorn nett am Eingang. Nur saß da eine hochnäsige, grimmige Dame, die anscheinend keine Schmutzfinken im Park wollte. Wer weiß, vielleicht roch ich wirklich schon etwas. Ich bekam eine gepfefferte Absage und durfte nicht mal gegen Geld kurz die Dusche nutzen. Es war jedoch mal wieder nötig und draußen mittlerweile echt zu kalt zum Duschen. Vor allem, wenn man weiß, dass es in der Nähe eine warme Möglichkeit geben könnte, wird man sich nicht unter den blöden Kanister stellen. Es half also alles nix und ich sprang ein paar Meter weiter über die Mauer. Die diente eh nur als Attrappe und zum Glück war hier nicht viel Betrieb. Kontrollöre und bewachte Eingänge gab es komischerweise auch nicht. Allerdings war im Gelände noch eine separate Absperrung zu den Rutschen und Pools, an denen man seinen Chip halten musste. Egal, die Tür einer Behinderten-Kabine stand offen und ich flitze schnell rein. Auf dem Rückweg ergatterte ich noch W-Lan und lud 1–2 „Filmchen" runter. War keine schlechte Idee, da der Himmel gerade zuzog und ich den Abend wahrscheinlich oben im Dachzelt bei Regen verbringen würde. „Wat' willst'e auch machen, wenn's schüttet."

Irgendwie erwischte ich auf der gesamten Reise keinen einzigen Fehlgriff. Es waren nur gute, inspirierende Filme und

Biografien dabei. Oben im Dachzelt nahm man die ganz anders wahr. Zum einem war man total dankbar für jede einzige Minute, da man gerade 10 Kilometer mit dem Bike unterwegs war, um diese zu downloaden und zum anderen machten sie mir Mut. Ich zog mir zum Beispiel einen dieser Mt. Everest-Bergsteiger-Dinger rein. Als da Menschen die Zehen schwarz anliefen, waren die eigenen kalten Füße oder der Sturm, der gerade am Zelt rüttelte, totale Lappalien. Klingt ein bisschen abgedroschen, aber das gab mir echt ne Menge Kraft in so selbstkritischen Minuten. Die Minuten, in denen man grad keinen Bock mehr hatte und das Zelt am liebsten abfackeln würde, weil man endlich mal wieder auf ner' ordentlichen Matratze schlafen wollte.

Obwohl ich schon gut im Hippie-Buch vorangekommen war und bereits viel netter, offener und rücksichtsvoller mit meinen Mitmenschen umging, reizte mich doch noch eine Schandtat. Als ob man nicht mal dankbar sein konnte, hier schon umsonst auf Kosten des Hauses zu parken, wollte ich dem noch eins drauf setzen. Ich war wirklich nicht auf Schwierigkeiten aus und wollte keinem was Schlechtes, aber (jetzt kommt das aber) vorn am Strand bot sich folgende Möglichkeit. Mir lief immer das Wasser im Mund zusammen, als ich vorn an der Promenade Gassi ging und der Eisladen bereits geschlossen hatte. Man wollte es nicht wahrhaben. Es gab ein gläsernes Rolltor, dass schon immer viel zu zeitig runtergelassen wurde und dem Kunden die Leckereien verwehrte. Man stand ganz dicht vor diesem Tor, konnte gestochen scharfe Bilder dieser bunten Köstlichkeiten visualisieren, berührte schon imaginär die Vitrine und leckte daran rum. Und doch musste man sich die süßen Träume wieder aus dem Kopf schlagen und morgen einfach etwas zeitiger wiederkommen. An einem Abend wollte ich das irgendwie nicht wahrhaben und blieb länger gaffend stehen als sonst. Leuchtend rotes Erdbeereis, Mango-Vanille in saftigen Orangetönen oder dunkelbraunes Wallnusseis, verziert mit Schokosauce und kleinen Nusssplittern ... „Aaaalter!" Und da bin ich nicht mal der „Hardcore-Eisfan".

Ich merkte plötzlich, wie mein Kopf ganz automatisch anfing, verschiedenste Einbruchoptionen durchzugehen. Es dauerte nicht lange und der böse Teufel auf meiner Schulter schien mir die Lösung auszuspucken. Es hatte wirklich keine 5 Minuten gedauert und ich hatte einen vollständigen Plan für einen Weg ins Schlaraffenland ausgearbeitet. Es machte mir erschreckend viel Spaß, über solche Dinge zu „brainstormen":

Die beiden Wände des Eisladens bestanden aus einem hölzernen Gerüst. Unten waren diese dicken Holzbalken mit robusten Latten vernagelt. Weiter oben, ich denke es war in 2,5 Metern Höhe, da hörten die Latten auf und anstatt dessen waren bunte, robuste LKW-Planen angebracht. Und mit angebracht meine ich, dass diese lediglich an elastischen Bändern in den Metallösen eingehangen waren. Man hätte die Stopper an den Gummibändern quasi kinderleicht aus den Ösen ziehen können. Macht man das 5 oder 6 Mal hintereinander, hätte man einen ausreichend großen Einstieg durch eine der Planen. Von außen wäre man prima mit meiner Teleskop-Leiter vom Dachzelt hochgekommen und innen standen mehrere Bierkästen an der Einstiegstelle, auf die man hätte treten können, um nach unten zu gelangen, beziehungsweise auf dem Rückweg wieder raus zu kommen. Es war sooo verlockend, das kannst du dir nicht vorstellen. Ich meine, träumt nicht jeder davon, mal in ein Süßwarengeschäft einzubrechen oder darin eingeschlossen zu werden? Wer nein sagt, der lügt, oder hat Herzprobleme.

Die große Herausforderung wären die Besitzer gewesen, die direkt im Hinterhaus wohnten. Das Haus war mit dem Holzanbau verbunden und dazu kam noch, dass gleich daneben 2 weitere Strandkneipen standen, die bis spät in die Nacht geöffnet hatten. Wenn man den Überfall durchziehen wollte, müsse man also spät nachts antanzen und bräuchte mindestens einen, der Schmiere steht. Lola? Wohl eher nicht. Zeitlich wäre wohl 3 oder 4 Uhr morgens sinnvoll gewesen. Möglich wär's auf jeden Fall.

Was hättest du jetzt getan? Wärst du eingestiegen und hättest dich ordentlich bedient oder hättest du es bei einem Gedanken belassen? Keine Sorge, Entwarnung an die nachtragenden

Polizisten, die hier mitlesen, ich zog den Schwanz ein! Mir war es schlichtweg zu riskant und ich hätte ein echt schlechtes Gewissen bekommen, da dieser Ort mir so viel Gutes gegeben hatte. Hätt' ich's getan, dann hätte ich womöglich etwas Geld auf dem Tresen hinterlassen. Gut fürs Gewissen wär' das schon gewesen, nur hinterlässt die nette Geste womöglich Spuren am Tatort. Am Ende hätten die Besitzer wegen dieses unbekannten Geldscheins wahrscheinlich noch Wind bekommen und die Polizei gerufen. Keine Ahnung, wer weiß. Klar könnte man sich auch einfach so ein Eis kaufen und hätte dadurch genau dasselbe erzielt, aber das wär' ja nicht Sinn der Sache.

So, als Dank für die schlimmen Gedanken ging ein paar Tage später mein Solarpanel kaputt und auch der Netzstecker funktionierte nicht mehr. Ich konnte meine Zweitbatterie nun nur noch über „Ziggianzünder" im Auto laden. Egal, Hauptsache, eine der 3 Möglichkeiten ging noch.

Um dem Kapitel aber noch seinen Sinn zu geben und dir als Leser zu erklären, warum es „Zwee Ossis am Atlantik" heißt, möchte ich dir jetzt Hermann vorstellen: Hermann lernte ich am besagten Eisstand kennen. Aufgrund meines miserablen französischen Akzents sprach er mich einfach gezielt Deutsch an. Man konnte quasi schon hören, wo ich herkam, als ich mit schlechter Fremdsprache versuchte, mit der Eisdame zu flirten. Ich glaube, er stand direkt hinter mir und konnte so alles mithören. Wir waren gerade zufällig beide vorn am Strand und orderten auch jeweils ein Bier. Als ich da saß und mit Lola das Kommando „bleib" an der gut begangenen Promenade übte, setzte er sich direkt neben uns: „Prost!" Er war noch ein Stück größer als ich, hatte seine zotteligen Locken mit einem Haarreif zurückgehalten und besaß sehr freundliche und einladende Gesichtszüge. Ich glaube, er war um die 40 Jahre alt, wirkte aber noch sehr jung. Als wir nun langsam ins Gespräch kamen und Gefallen an der Person gegenüber fanden, trudelten plötzlich 3 weitere Charaktere ein. Wir kannten sie beide nicht. Irgendwie waren sie total fixiert auf ihn und noch dazu voll high ...

oder gut angetrunken, keine Ahnung. Die Frau setzte sich kurz darauf dicht zwischen uns und nahm Hermanns Hand in ihre. Sie hielt sie nun ganz nah vor ihre Augen und tat so, als ob sie daraus lesen könne. Während die Frau damit weitermachte, redete der andere permanent mit Hermann auf Französisch. Beide beherrschten die Sprache ziemlich gut. Der Dritte im Bunde lachte die ganze Zeit nur. Irgendwie waren sie gerade auf dem Weg zum Strand und wollten nun unbedingt, dass wir mitkommen. Ich war nur gerade ne „Riesen"-Runde mit Lola, konnte nicht so recht mitreden und verabschiedete mich deshalb kurz darauf. Hermann wies im Weggehen auf seinen dunkelgrünen „VW Crafter" hin, mit dem er gleich um die Ecke parkte. Ihm war dieser Wohnmobilplatz zu teuer und so stand er einfach hier auf dem Strandparkplatz.

Ich hatte das Thema eigentlich schon verworfen und war erstaunt, dass er dann immer noch dastand, als ich zufällig mit Lola entlang lief. Mir fiel seine offenstehende Schiebetür auf und ich lunzte kurz rein, um einen guten Morgen zu wünschen. Er saß gerade am Laptop und war total erfreut. Wir unterhielten uns wieder gut und fanden heraus, dass wir beide aus Sachsen kamen. Er war Chef seines eigenen nachhaltigen Elektronik-Online-Shops und arbeitete gerade über seinen Laptop aus dem Bus heraus. Vom Strandparkplatz aus programmierte er an den Algorithmen rum, um so manchen Fehler im Bestellprozess wieder auszumerzen. Dadurch, dass sein Shop auf der Ökoschiene lief, sah auch sein Innenausbau dementsprechend aus. Die Wände waren mit einer creme-weißen Korkmischung besprüht und dämmten dadurch etwas besser. Gleichzeit reduzierte dies aber auch den Schall. Alles war recycelt und rein funktionell zusammengeschustert. Der Ausbau war sozusagen noch im Prozess stecken geblieben, funktionierte aber schon prima. Trotz dieses halbfertigen Looks sah es total cool aus und ich gaffte regelrecht hinein. Ich gab ihm bei der Verabschiedung noch kurz durch, dass ich vorn im Park stehe und er gern mit vorkommen könne, falls ihm der Saft seiner riesigen Zweitbatterie mal ausgehe. Tatsächlich mangelte es ihm gerade etwas an

Strom und er müsse spätestens morgen wieder laden, um weiter arbeiten zu können. Am Abend dieses Tages kam er dann zu Fuß vorbeigeschlichen. „Mal gucken, wie's hier so aussieht und ob's das Geld wert ist", dachte er sich wahrscheinlich. Durch den Fußgängerdurchgang passte sein „Crafter" ja leider nicht. Die Beschreibung meiner Behausung hatte ihn anscheinend neugierig gemacht und so erwischte er mich noch beim Zähneputzen. Ich rechnete gar nicht mit ihm, da er hier nur auf dem Sprung war und alles so klang, als ob er noch heute weiterziehe. „Das kann ja nur der Fiesta sein!", kam er lächelnd angeschlendert. „Und Tatsache – Doppel D – Dresdner Kennzeichen, so trifft man sich also irgendwo am Arsch der Welt", sprach er weiter. Sein aktueller Wohnsitz war in Leipzig und sein Auto lief auf Merseburg. Er hatte lustigerweise das Kennzeichen „MER CI ..." Da standen wir nun und machten Witze über meine Karre. Wir redeten wieder nur kurz, aber sehr angenehm miteinander. Er sagte, dass er vielleicht morgen Abend rüberkomme, um etwas Strom zu tanken. Noch dazu war es hier viel ruhiger als vorn am Strand. Trotz der Position als Chef in seiner Firma ging er aber sehr sparsam mit dem Geld um und man merkte ihm an, dass er ungern 17 Euro für den Tag zahlen wollte.

Am nächsten Abend kochte ich dann einen großen Topf Nudeln. Trotz seiner 50:50 Angabe, ob er heute vorbeikommen würde, hatte ich im Gefühl, dass er später noch aufkreuzen wird. Irgendwie wünschte ich es mir auch, da ich ihn schlichtweg mochte und wir immer sehr nette Gespräche geführt hatten. Ich kochte also eine ganze Packung Nudeln zusammen mit Brokkoli im Topf und kippte anschließend ne Büchse Pesto ran. Parmesan drüber – „fertsch"! Gerade als ich den Löffel zum Mund führen wollte und schon gar nicht mehr mit ihm rechnete, fuhr er dann vor. Es dämmerte bereits und er winkte fröhlich durchs offene Fenster zum mir rüber. Er fragte, ob ich Bock auf'n Baguette hätte. Ich konterte und hielt dabei den Topf in die Höhe. Es war total cool, dass wir uns doch noch trafen und beide an den anderen gedacht hatten. Er war heute den halben Tag unterwegs, um eventuell noch ein schöneres Fleckchen zu finden. Am Ende musste er aber feststellen, dass hier bereits der beste Spot war und so kam er zu später Stund' wieder zurück.

Diese 3-4 Tage mit Hermann waren wirklich schön. Wir saßen abends zusammen und quatschten bis spät in die Nacht bei gutem Wein aus echten Gläsern. Es war ein Geben und Nehmen und man hockte sich nicht unangenehm auf der Pelle. Immer, wenn er Pause hatte und mal kein Meeting oder derartiges anstand, zogen wir gemeinsam los. Ich war total entsetzt, wie cool er in seinem Alter noch war und wie jung er dachte. Auch der Lifestyle, den er an den Tag legte, ähnelte stark meinem. Wir waren wie Kumpels und das, obwohl er mein Vater hätte sein können. Er hatte immer ein Lächeln auf den Lippen und ich wurde total ruhig und entspannt in seiner Gegenwart. Wir waren aber auch durch dieses „Meditationsding" ziemlich auf einer Höhe und hatten diesbezüglich ähnlich Erfahrungen auszutauschen. Er war auch interessiert am Inneren seines Körpers und was man damit alles so anstellen konnte. Ich glaube, vor allem hatten's ihm diese Tantra-Kurse angetan. Ich war neugierig und fragte ihn, was man da so mache. Ich hatte dieses Wort nur einmal in Zusammenhang mit einer damaligen Freundin zu Ohren bekommen, verstand zu dem Zeitpunkt aber so gar nicht, was sie da von mir wollte. Er erzählte, wie man sich bis ins Unermessliche öffnet und dabei meist in Gruppen miteinander interagiert. Man zeigt seinem Gegenüber sein tiefstes Inneres und er beschrieb, wie er dabei einem anderen in die Seele gucken konnte und umgekehrt genauso. Man löste alle Blockaden, ließ alles raus, man verschmolz quasi mit seinem Gegenüber. Klang total abgespacet und interessant, gleichzeitig aber auch voll gruselig. Neben solchen Gesprächen redeten wir aber auch viel über unsere aktuellen Situationen und wie wir gerade so klar kamen im Leben. Er war etwas unzufrieden mit seiner Firma und wollte am liebsten einen Massagesalon im Kofferraum seines Busses eröffnen. Warum auch nicht, haha. All die Verantwortung einfach verkaufen und nicht mehr so viel um die Ohren haben. Keine 20 Angestellten mehr versorgen und sich um Dies und Das kümmern.

Ich war ebenfalls etwas gespalten. Das Wetter sollte nächste Woche kippen und es wurde zunehmend kälter. Ich musste also weg von hier, ob ich wollte oder nicht, weiter in den Süden ziehen und dort den schlagartig näherkommenden Winter überbrücken. Ich heize mittlerweile abends schon mit dem Gaskocher das Dachzelt. Es war arschkalt, Anfang November! Da feuerten meine Eltern bereits den Kamin und schoben den ersten Schnee über'n Parkplatz. Und ich Kunde saß hier mit Flip-Flops und Snowboard-Jacke auf meinem Klapphocker, während meine Camping-Nachbarn in ihren beheizten Wohnmobilen den Sektkorken knallen ließen. Fuck you! Haha. Die Kälte zwang mich sogar dazu, nachts in die Flasche zu pinkeln. Wenn man schon abends um 8 ins Bett kletterte und früh bis 9 liegen blieb, ergab das teilweise fast 13 Stunden Zeit dort oben. Ich nahm abends schon Zahnbürste und Frühstückszeug mit hoch und lud alle paar Tage wieder Filme runter. Wenn die alle waren, mussten die Bücher herhalten und wenn man dann mal musste, ging man gewiss nicht raus in die Kälte. Leider hatte ich zu wenig Druck auf der Leitung, um gleich oben aus dem Zelt heraus an den Zaun zu „seechen" und so blieb nur noch die gute alte Plastikflasche. Natürlich nur die mit extra großer Öffnung! Die konnte man dann sogar in den Schlafsack legen und als Fußwärmer zweckentfremden. Entleert wurde das Teil nur am Abend, wenn's keiner sah. Immer gegen 7 trug ich da also meine Zitronenlimo hinter an den Zaun und kippte sie hastig in die Sträucher.

Bevor ich aber das Lager wieder abriss und diesem wunderschönen Plätzchen den Rücken kehrte, erlebten Hermann, Lola und ich noch das ein oder andere coole Abenteuer. Neben einer Yoga-Session am Strand zog es uns eines Tages raus in die Wellen. Hermann hatte ein sogenanntes Body-Board und ein Einsteiger-Surfbrett in seinem Bus verstaut und konnte bereits etwas Erfahrung aufweisen. Ich hingegen hatte noch so gar keine Ahnung, hatte höchstens als Kind den Hummer von Spongebob im Fernseher surfen sehen. Das Thema stand also groß und fett auf meiner Bucket-List. Es war eine Sache, die ich unbedingt mal gemacht haben wollte und hier bot sich gerade die beste Chance dafür. Freundlich wir er war, drücke mir Hermann eines Nachmittags sein Brett in die Hand. Einen Neoprenanzug hatte er auch noch für mich am Start. Da stand ich nun. Der frisch gebackene Surfer-Boy. Fehlten nur noch die langen „Loden". Am Surfboard war immer einer Schnur, die man mit seinem Fuß verbinden musste. Falls man runterflog, spülte das Meer das Brett so nicht sonst wohin. Als Gag band ich mir das Klettband um den Hals und fragte Hermann, ob's endlich losgehen kann. Wir lachten beide und machten uns anschließend auf die Socken. Mit Lola im Schlepptau zogen wir vor an den Strand. Heute waren super Bedingungen und die Wellen waren beständiger als an den letzten Tagen. Sie brachen quasi nicht schon nach 1–2 Sekunden, sondern blieben lange Zeit standhaft. Als wir ankamen, tummelten sich bereits mehrere Surfer im Wasser. Neben Body-Boardern und den klassischen Surfern konnte man da noch eine andere Gattung beobachten. Eine die anscheinend total geisteskrank war und zu viel Salzwasser geschluckt hatte. Diesen lebensmüden Leuten waren scheinbar Schwimmhäute gewachsen … keine Ahnung. Die, von denen ich hier gerade berichte, waren der Meinung, einfach nur mit ihrem Körper zu surfen. Der Bauch diente also als Brett. Sie hatten nur Neoprenanzüge an und trugen riesige Flossen, mit denen sie ordentlich in Fahrt kamen. Als dann eine Welle kam, paddelten sie, was das Zeug hielt, spreizten die Arme wie Jesus und surften anschließend nur mit dem gespannten Körper entlang dieser monströsen Wellen. Mir fiel dabei fast die Kinnlade runter, da ich wusste, wie sehr es kracht, nachdem man wieder von der Welle verschluckt wurde. Aber vielleicht hatten sie auch einfach eine viel bessere Technik als ich und tauchten irgendwie unter dieser Waschmaschine hindurch. Sie sahen jedenfalls nicht so aus, als ob sie gleich absaufen würden.

Wir 2 „Ossis" liefen ein Stück weiter hinter, da wo die Wellen nicht so hoch waren und wo nicht so viele Schaulustige standen. Hermann gab wie schon beim Yoga eine super Anweisung in die „Basics" und ich startete voller Vorfreude. Keine Sorge, jetzt kommt nicht gleich wieder eine extreme Wende der Geschichte. Ich hielt mich relativ gut und fraß weniger Sand als beim letzten Mal. Aufstehen konnte ich aber noch nicht. Es blieb beim reinen Liegen. Aber das war auch schon verdammt spaßig, da man schon nach kurzem „Gepaddel" eine Welle erwischte und wie verrückt beschleunigte. Ich hätte im Leben nicht gedacht, das man dabei so schnell wurde und so Meter machte. Es war ein Hammer-Gefühl und man wurde direkt süchtig danach. Schon nach kurzer Zeit schrie in mir der Leichtsinn und ruderte weiter raus. Mir machte schon allein dieses Rudern mit den Armen Spaß und wie man dabei von den Wellen auf und ab gehoben wurde. Ich rief also zu Hermann, dass ich jetzt ein Stück weiter rauswolle und er gab mir das „OK". Weiter draußen dann wurde das Wasser sehr ruhig. Hier wurde ich nicht ständig vom Brett geschmissen und konnte mich auf das reine Armkreisen und die Balance konzentrieren. Hermann hatte währenddessen ordentlich „fun" am Ufer. Irgendwann stand er dann aber am Strand und winkte. Ich verstand gar nicht, was er nur hatte. Aus meiner Perspektive sah alles sehr entspannt aus. Lola lag neben ihm und die Wellen schienen nicht viel größer als vorher zu sein. Als er dann zusätzlich noch rief, trat ich doch langsam wieder die Rückreise an. Je näher ich dem Ufer kam, desto stärker spürte ich die Wellen. Ich hatte nicht aus meinen Fehlern gelernt und hatte anscheinend noch nicht genug. Die Wellen waren ähnlich wie beim letzten Mal wieder doppelt so hoch geworden. Und das innerhalb kürzester Zeit! Auf meinem Brett fühlte ich mich jetzt allerdings etwas sicherer. Ich setzte den Baywatch-Surfer-Blick auf, strich mir elegant durch die Glatze und fing an zu paddeln. Zum Mittag gab es anscheinend zu viel Spinat und ich dachte ernsthaft, ich würde jetzt wie im Bilderbuch diese Wellen bezwingen. Fette „Turns" schlagen und so. Am besten bis vor an den Strand und dann noch cool absteigen. Aus „cool absteigen" wurden dann aber doch eher „cool absaufen". Ich fing zwar eine dieser riesigen Wellen und sie trug mich auch ein paar Meter, leider wurde sie aber nach kürzester Zeit schon so groß und gewaltig, dass es mich nach wenigen Sekunden ins Wasser wrackte. Es fühlte sich so an, als ob die Welle mich höher und höher trug, ich ganz oben das Gleichgewicht verlor und dann samt Brett einfach runterknallte. Dadurch, dass diese Welle schon ziemlich nah am Strand war, zog sie dabei mächtig Wasser an und ich flog dabei ins knietiefe Weißwasser. Das war nicht nur schlecht für mich, sondern auch schlecht für's Brett. Es hätte in zwei Hälften brechen können. Ich entschuldigte mich daraufhin bei Hermann. „Du verrückter Hund!", entgegnete er. Trotz all dem machte es mächtig Spaß und man konnte nicht genug bekommen. Mit einem Brett unter dem Bauch fühlte man sich auch schlichtweg mutiger.

Am Abend gingen wir noch lecker im Restaurant neben der Eisbude essen. Ja, ganz ohne klauen und gegen Bezahlung. Es war ein super Abschlussabend, den wir am darauffolgenden Tag noch mit einem Spaziergang abrundeten. Die Gegend hier hatte mächtig was zu bieten und so luden Lola und ich unseren Hermann zur Dünen-Wanderung ein. Selbstsicher preschte Lola voraus und zeigte uns den Weg, den wir schon oft in diesen 2 Wochen gelaufen waren. Er war wunderschön, wieder und wieder. Du kannst dir Umgebung folgendermaßen vorstellen: Man stieg ein über eine große offene Fläche. Vereinzelt sprossen hier grüne Halme, hauptsächlich hatte man aber Sand unter den Füßen. Die große Fläche mündete in einen Trichter, welcher in ein parallel zum Strand verlaufendes Wegenetz führte. Man lief quasi zwischen Düne und Kiefernwald, in einem ganz dicht zugewuchertem Dschungel. Er war so stark bewachsen, dass man teilweise auch über'm Kopf Blätter und Geäst hatte. Es war aber keinesfalls beklemmend, eher total sehenswert. Man verschwendete keinen einzigen Gedanken an ein Gefühl der Angst, weil man sich hier gerade verirrte oder den Himmel nicht mehr sah, da dieser Tunnel aus Pflanzen einfach wie Sex für die Augen war. Er variierte aller paar Meter. Zwischen den vielen verschiedenen saftig grünen Sträuchern sprossen die wildesten farbigen Gewächse in die Höhe. Auch Lola gefiel das gut und sie schnupperte an den duftenden Blumen, wenn sie nicht gerade fetzte wie „Speedy Gonzales". Sobald sie Sand oder Schnee unter den

Pfoten hatte, legte es ihr eh immer die Hebel um. Der Untergrund in Kombi mit den verwinkelten Gängen machten ihr einen Heidenspaß und sie kam aller paar Sekunden knapp an uns vorbeigeflitzt. Hin und her. „Kommt und fangt mich doch!", rief sie immer, als sie uns anrempelte. Irgendwann spuckten uns die Tunnel wieder aus. Man lief immer noch parallel zum Strand. Das dichte farbige Spektakel ging nun also über in eine buschige, hügelige Umgebung. Es war, als öffnete sich dieses dichte Geäst und führte Stück für Stück zurück an den wunderschönen weiten Strand. Rechts ging es hingegen in den Kiefernwald, und so konnte man entscheiden, ob man unter den Baumkronen oder bei Meeresrauschen zurück zum Parkplatz laufen wollte. Lola übernahm diese Entscheidung heute ausnahmsweise. Auf der Strand-Strecke gab es oben an der Düne eine Art Sandkessel, in dem sie immer im Kreis rannte, bis sie nicht mehr konnte. Hermann und ich feuerten sie kräftig an und anschließend rannten wir zu dritt die Düne runter, bis uns das Meer empfing. Nach einem letzten kurzen Sprint, bei dem eindeutig Lola gewann, kamen wir langsam wieder vorn am Eisladen an. Hermann zog sich hier abschließend noch dieses geilen „Churros" rein und gab mir 1-2 zum Probieren. Später dann verabschiedeten wir uns.

Ich blieb noch ein paar Tage, ließ die letzten kargen Sonnenstrahlen auf der Haut brutzeln und brach dann gezwungenermaßen ebenfalls das Camp ab. Natürlich fuhr ich nicht wie ein normaler Mensch vom Platz, nein, du kannst es dir denken, ich fuhr wie ein „Assi" davon. Ich stellte mir den Wecker auf 4 und als ich aufstand, war schon alles vorbereitet. Ich musste nur noch ein paar Hangriffe tätigen und „schwub die wubs" war ich fahrbreit. Trotz Dunkelheit nahm ich sicherheitshalber noch meine Kennzeichen ab und fuhr wieder durch die Lücke, durch die ich auch schon reingekommen war. Ich fuhr dieses Mal allerdings rückwärts raus. Vorwärts wäre der Lenker meines Fahrrades am Baum hängen geblieben. Als das wirklich alles so funktionierte wie geplant, musste ich daraufhin noch aussteigen und der Kamera meinen blanken Arsch zeigen. Ich konnte einfach nicht anders. Schnell stieg ich wieder ein und fuhr ein Stück die

Straße runter. Zum Glück war die Gendarmerie hier nicht zufällig unterwegs und ich konnte meine Kennzeichen problemlos wieder montieren.

Kurz darauf fuhr ich noch über einen kleinen Umweg zum besten Bäcker der Welt. Kein Scheiß! Dort betrat man den Himmel auf Erden, sobald man die Ladentür öffnete. Er befand sich in einem kleinen Örtchen namens „Guéthary". Ich hatte ihn auf dem Weg hierher entdeckt und stand nun eine halbe Stunde zu früh dort. Das war aber kein Problem. Ich konnte kurz mit Lola gehen und sogar live die Lieferung und die Vorbereitung mitverfolgen. Als wär' ich vom Fanclub, so stand ich dort durchs Fenster glotzend. Der Chef bemerkte mich und wir kamen ins Gespräch. Er begriff erst beim dritten Anlauf, dass ich hier liebend gern eine halbe Stunde wartete, obwohl der Nachbars-Bäcker bereits offen hatte. Er freute sich sehr über diesen verrückten Deutschen und gab mir sogar schon eine Kostprobe zur Hintertür raus. Als dann vorn endlich offen war, kaufte ich für um die 38 € ein. Alles war ganz frisch gebacken und duftete vom Allerfeinsten. Da tanzten die Härchen in der Nase vor Freude! Vor allem hatte ich es auf ein Wallnuss-Brot, den Schoko-Blätterteig und eine Art Aprikosenbaguette abgesehen. Die ganze Karre roch anschließend nach dem Zeug und ich fraß noch vorm Bäcker einen beachtlichen Teil meines Einkaufs zusammen.

Die Katastrophe

Angst

Ich will hier noch kurz eine Angsterfahrung anreißen, bevor wir dann zum wirklich abscheulichen Teil dieses Buches kommen. Der Teil, vor dem ich großen Respekt habe und weswegen ich überhaupt erst auf die Idee gekommen war, diese vielen Seiten zu schreiben.

Naja egal, erstmal gibts hier für dich noch eine Gruselgeschichte. Ich nehm' dich jetzt mit zu Maria in den Wald, da wo sich folgendes ereignete:

Wir waren „back on the road". Es fühlte sich gut an, mal wieder in Bewegung zu sein und wir waren noch beide ziemlich erholt von Frankreich. Dementsprechend zog es uns dieses Mal bis weit hoch in die Ausläufer der „Picos". Die „Picos de Europa" waren eine spanische Berggruppe am Atlantik und wurden mir schon mehrfach empfohlen. Ich war etwas skeptisch, da ich alles bereits auf „Google-Earth" „gestalked" hatte und nicht so ganz warm wurde mit den immer noch sehr baskischen Landschaftszügen. Ich wollte aber so oder so dort an der Atlantik-Küste entlang, um nicht wieder den Weg zu fahren, von dem ich bereits kam. Nach langer unnötiger Grübelei hatte ich mir jetzt in den Kopf gesetzt, eine Art Runde zu fahren. Eine, die vielleicht sogar Portugal oder West-Spanien miteinschließen sollte. Jetzt waren wir aber erstmal noch hier oben in der Kälte und mussten zur Abwechslung mal wieder Meter machen. Es lief gut und wir fuhren viel Strecke. Irgendwann begannen die Laubbäume schlagartig aufzuhören und anstatt dessen empfingen uns reine Kiefernwälder. Wirklich nur noch leuchtend grüne Nadeln, soweit das Auge reichte! Ich weiß nicht warum, aber ich ging immer total steil auf diese Nadelbäume und beschloss dementsprechend immer weiter ins tiefe Dickicht abzubiegen. Ich bekam nicht genug und wollte unbedingt hier, mitten in dieser strahlend grünen Landschaft, einschlafen. Lola war das auch recht. Sie war immer begeistert, wenn's in die Natur ging und man möglichst wenig Menschen traf. In Absprache mit ihr beschlossen wir eine Art Rastplatz in den Bergen anzusteuern. Dieser war sogar überdacht und ich bekam große Augen, als ich ihn auf meiner App entdeckte. Warum? Weil es heute Nacht derbe regnen sollte! Da war ein Dach über'm Dach äußerst hilfreich, um nicht isoliert im Zelt bleiben zu müssen.

Wir waren mittlerweile echt weit ab von Schuss und trotzdem gab es noch sehr gut asphaltierte Straßen hier im Nirgendwo. Links und rechts davon bogen Schotterwege ab. Irgendwann kam dann eine S-Kurve, in der man schon von weitem 2 Dachgiebel erspähen konnte. Wir bogen ab auf den rauen Weg, der runter zu diesen beiden Häusern führte. Es war der einzige Hinweis auf Zivilisation in großem Umkreis. Das größere Haus war eine Art Ferienlager mit Toiletten und Feuerstelle. Saisonbedingt war aber alles schon außer Betrieb und irgendwie auch etwas verfallen. Neben diesem großen Haus gelangte man über einen Parkplatz zu einem weiteren kleineren. Beide Buden waren recht offen gestaltet und wurden zur Hälfte von massiven Betonsäulen getragen. Diese standen relativ weit auseinander und erlaubten es so, mit dem Auto zwischendurch zu fahren. Da alles aber auf einem erhöhten Betonplateau gebaut war und einen harten Absatz aufwies, kam der kleine Fiesta leider nicht hoch. Ich versuchte es vorwärts und rückwärts mit kleinen Anfahrtsrampen. Die Zeit verging und die Wolken wurden dunkler. Irgendwann hatte ich die Schnauze voll und probierte es unten an dieser kleineren Hütte. Sie stand etwas abseits am Wald und man konnte sehr bequem reinfahren. Du fragst dich jetzt bestimmt, warum ich mich nicht gleich für die leichtere Alternative entschieden hatte. Nun ja, diese Hütte war scheiß gruselig! Es gruselte einem schon beim bloßen Anblick. Irgendwie sah sie düster aus und hinter dem Plateau, auf dem ich nun stand, verschlossen 2 große Metalltüren eine Art Kapelle. Du weißt schon, diese kleinen religiösen Hütten. Durch die Gitterstäbe der Tür sah man eine weibliche große Figur stehen. Wahrscheinlich war das Maria. Die Gute wurde von hinten mit Licht eines kleinen mickrigen Fensters angestrahlt. Darin stand so allerhand Gerümpel. Auf dem Boden lagen merkwürdige Säcke, es gab einen Stuhl in der Ecke und an der Wand hingen Kreuze und so'n Kram halt. Zwischendrin flimmerten 1–2 dieser Friedhofskerzen vor sich hin. Und jetzt pass auf: Vollendet wurde das Gruselkabinett durch eine klassische, im Wind quietschende Tür. Eine der beiden schwankte immer hin und her, da sich gerade das schlechte Wetter näherte. Man ey, war das beängstigend. Alter, so ne Angst hatte ich das letzte Mal, als ich als Kind bei Oma nen Krimi geguckt hatte und danach nachts durch's dunkle Treppenhaus schlich. Hätte ich oben an diesem Ferienlager gestanden und dieses Kabuff aus sicherer Entfernung betrachten können, wäre ja alles halbwegs entspannt gewesen. Aber so musste ich nun einen knappen Meter neben dieser quietschenden Tür mit Blick auf die Horrorfigur im Gewand einschlafen. Noch dazu wurde es immer dunkler. Bis auf das ganz leichte Säuseln des Windes und das Quietschen war hier eine Totenstille. Sonst war ich immer froh, wenn's mal ruhig war, hier war es aber die reinste Folter. Man bekam jedes Mal Herzrasen, wenn man einen Ast knacken hörte oder irgendein anderes Geräusch musterte. Mein Rücken war schon ganz nass vom kalten Schauer und ich fing an, mit Lola zu reden. Ich nahm sie dicht an mich und fragte sie, ob alles ok wäre und sagte ihr, dass wir das hier zusammen überstehen werden. Sie wirkte hingegen total entspannt und sah mich mit verdattertem Blick an. Sie guckte nicht mal in der Gegend rum, sondern fraß einfach genüsslich ihre Portion und leckte sich anschließend ausgiebig die Felljacke.

Zum Glück hatte ich dann irgendwann alles aufgebaut und musste nicht mehr hinters Auto, um irgendwas vor zu holen. Ich saß nun vorn mit Scheuklappen vorm Kocher und wartete, bis endlich dieses blöde Wasser kochte. Ich wollte einfach nur noch schnell hoch ins Zelt. Alles gut verschließen und ja erst wieder aufstehen, wenn's hell war. Mit zittrigen Pfoten schob ich mir noch kurz die Zahnbürste in den Mund. Ich hatte noch nie so schnell geputzt wie an diesem Abend. Als ich dann endlich oben war, saß die Angst noch immer in mir. Dieses Gequietsche und dieser Wind. Das war alles total unheimlich. Ich hatte mich echt stark reingesteigert. Erst nach und nach konnte ich mich aus meinem Film wieder befreien, indem ich schlichtweg anfing zu beobachten wie mein Körper gerade aufdrehte: Folgende Szenerie werde ich nicht mehr vergessen, denn ich schaffte es, etwas Wissen aus meinem Buch anzuwenden, suchte dann also in mir nach meinem Grusel-Gefühl. Tiefer und tiefer. Das Gefühl, das ich die ganze Zeit zu verdrängen versuchte. Je mehr ich im Bauch wahrnahm, wie es kribbelte, desto mehr drängte ich es in die Ecke. So lang, bis es nur noch mit erhobenen Händen dastand und langsam verblasste. Irgendwann musste ich sogar lachen über das, was mir mein Hirn da gerade vorgespielt hatte. Natürlich ist das gerade ziemlich einfach erklärt und es braucht eine gewisse Vorarbeit um so etwas anzuwenden. Diese Erfahrung, das Gefühl der Angst einfach auszutricksen, klingt vielleicht gerade nicht weiter bewegend. Wenn man aber mal genau darüber nachdenkt, und erkennt, was für ein mächtiges, universelles Werkzeug das ist, und das man diese Fähigkeit sogar trainieren kann, wird es einem gehörig vom Stuhl hauen …

Zurück zur Story: Trotz all dem bahnbrechendem Gequatsche fragte ich mich, kurz bevor ich die Augen schloss, ob ich morgen früh wieder aufwachen werde. Das hab' ich mich wirklich ganz ernsthaft gefragt. Ich weiß es noch ganz genau, haha. Die Frage war allerdings berechtigt, denn in jener Nacht passierte doch noch Übernatürliches. Nachts rüttelte eine Hand an meinem Reißverschluss. Ich wurde bewusstlos vor lauter Schreck. Als ich wieder wach wurde, lag Maria nackt neben mir.

Sie flüsterte mir ... ach Quatsch, das ist gerade nur Gelaber, hahaha. Ich wachte wohl behütet auf und alles war bestens. Nicht mal Albträume hatte ich.

Da ich durchgeschlafen hatte, bemerkte ich auch kaum den Regen, der nachts auf uns niederprasselte. Alles war noch nass, aber es regnete morgens nicht mehr. Die Sonne zeigte sich sogar etwas und so beschloss ich, schön unter meiner trockenen Kapelle zu frühstücken und anschließend mit Lola eine extra große Runde zu gehen. Als ich da so saß, kamen 2 Autos. Die Wanderer stiegen lächelnd aus und wanken zu mir rüber: „Buenos dias!" Was für ein schöner Morgen! Ich rechnete gar nicht damit. Schließlich endete mein Kennzeichen mit 3 Sechsen und ich stand hier gerade mit dem Auto halb in einer Kapelle. Das musste doch total geisteskrank ausgesehen haben.

Später dann zogen wir durch die saftig grünen Wälder. Es war herrlich. Die nassen schwarzen Straßen, die strahlende Sonne, die die feuchten Baumkronen zum Dampfen brachte, der hellbraune Lehmboden und die rötliche Rinde der Bäume boten ein Farbspektakel fürs Auge. Auch Lola hatte mächtig Bock zu flitzen. Ich konnte sie am Anfang kaum halten. Als sie sich wieder einigermaßen beruhigt hatte, durfte sie dann wie gewohnt frei nebenher traben. Was sollte hier auch passieren? Wir trafen einen Geländewagen und einen halbnackten Mann, der gerade durch die Wälder joggte. Sonst war hier keine Sau. Weiter oben öffnete sich der Dschungel dann und spuckte uns auf eine Hochebene aus. Man hatte Ausblick über die hügelige Gegend und weiter oben an den Bergen stachen vereinzelt Laubbäume hervor. Sie färbten die Berghänge mit herbstlichen rot-orange Tönen. Es sah aus wie auf'm Bildschirmschoner! Falls dich diese Umschreibung gerade heiß gemacht hat: Wir waren oberhalb von „Burgos" in einem Nest namens „Cantabrana" unterwegs. Nordspanien also. Vielleicht steht ja eine Mutprobe auf deiner „Bucket-List" und du möchtest auch gern mal mit Maria kuscheln.

Auf unserer kleinen Wanderung bemerkte ich neben all dem aber auch steile matschige Wege. Und als uns da ein weiterer Geländewagen entgegenkam, packte mich irgendwie das

„Offroad-Fieber". Ich weiß, ich hatte nur nen Fiesta mit 2Rad-Antrieb, bei dem der Auspuff etwas hing und wo die Reifen glatter als ein Aal waren. Trotzdem wollte ich's wissen. „Mal gucken, wie weit er hochkommt! Zur Not kannst'e dich ja rückwärts wieder runter rollen lassen ..." Voller Vorfreude stieg ich ein und preschte mit etwas Anlauf eine der matschigen Pisten nach oben. Du wirst es nicht glauben, aber es ging erstaunlich gut. Ich dachte, durch die Hecklast würde ich keinen Meter vorwärtskommen, jedoch war das Gegenteil der Fall. In meinem Auto schlummerte ein kleiner Geländewagen! Wir fuhren steile Wege hoch und kraxelten an Abhängen entlang. Leider kamen wir irgendwann an einem unpassierbaren Abgrund an. Die Straße endete hier einfach. Trotzdem war ich voll am Grinsen. Ich war geladen vor Freude, da es einfach nur Spaß machte, hier in der Gegend rumzuplatzen. Ich gab ordentlich Gas, zog ab und an die Handbremse und der Dreck spritze bis hoch aufs Dach. Als ich dann ausstieg, war vom dunkelroten Lack keine Spur mehr zu sehen. Ich musste laut lachen und beschloss, heute hier nur noch auf diesen Feldwegen zu fahren. Ich bekam so langsam ein Gefühl für den Kleinen und wir trauten uns immer mehr zu. Enno hätte wahrscheinlich die Hände über'm Kopp zusammengeschlagen. Wir kreuzten heute herrliche Landschaften und einsame Dörfer. Ja, solche, wo es nur 3 zerfallene Häuser gab und Zahnlücken-Omis mit Kopftuch am Straßenrand die Zeit abstanden. Sie guckten, als hätten sie gerade ein Marsmännchen gesehen, als ich lachend an ihnen vorbeituckerte. Die gute Lola guckte ebenfalls immer neugierig über'n Beifahrersitz zum Fenster raus. Wir nahmen uns heute alle Zeit der Welt und fuhren teilweise weit in die Pampa, bogen in sämtliche kleine Wege ab und erlebten dabei richtige Abenteuer. Echtes Safari-Feeling war das. Irgendwann kam nur der Pfeil auf meinem Navi nicht mehr klar. Ich hatte ihn scheinbar überfordert und er drehte sich nur noch wild im Kreis.

Wie du bereits weißt, krieg ich manchmal einfach nicht genug und so fuhren wir dann gegen Nachmittag einen Weg, der es gewaltig in sich hatte. Große Felsbrocken schüttelten uns durch. Es ähnelte kaum noch einer Fahrbahn, viel mehr einer steinigen Buckelpiste, die sich ab und an im offenen Feld verlor. Man konnte nur noch erahnen, wo es lang ging, und ich musste permanent Schrittgeschwindigkeit fahren. Diese monströsen Felsbrocken zwangen mich zu starken Lenkmanövern und diagonalen Fahrwegen, um nicht aufzusetzen. Ein Glück war alles sehr trocken und so hatten die Reifen guten Halt. Lola ließ ich dabei draußen nebenherlaufen. Das machte ihr mehr Spaß, als drin im Auto zu hocken. Ich hingegen ruderte wie verrückt am Lenkrad und war langsam echt knülle. Die Spaßkurve fiel allmählich bergab. „Bei der nächsten Gelegenheit gehts wieder auf die Straße!", flüsterte ich vor mich hin. Wir waren sehr weit ab vom Schuss und eigentlich hatte ich mir geschworen, umzudrehen, wenn es grenzwertig werden sollte. Irgendwie hatte ich da aber keinen Bock drauf und nun fuhren wir eine Route, die eindeutig nicht mehr „Ford Fiesta-tauglich" war. Einmal kratzte es gefährlich am Auspuffrohr und wir standen teilweise so schräg, das ich Angst bekam, umzukippen. Als ich dann ausstieg, sah alles aber gar nicht so wild aus, wie es sich anfühlte. Ich räumte ein paar Brocken aus dem Weg, winkte einem lustigen Bauern im Traktor und kam letztendlich wieder zurück auf Asphalt. Es dämmerte bereits und ich hatte ganz schön viel Zeit vertrödelt. In solchen Situationen merkte man mal, wie kurz ein Tag sein konnte, wenn man früh entspannt startete und abends noch vor kompletter Dunkelheit mit allem fertig sein wollte. Schnurstracks fuhr ich zur nächsten Tanke, kaufte 2 „Mahou" (Nordwest-spanisches Bier) und steuerte daraufhin den nächstbesten Campingplatz an. Ich war seit Frankreich nicht mehr duschen und fühlte mich echt unwohl. Noch dazu entstellten mich überlange Bartstoppeln. Passenderweise war heute Halloween und die Kinder gingen mir wieder mal auf die Nüsse. Auch ihre aggressiven Hunde konnten die Spanier nicht anleinen und so musste ich erst wieder laut werden. Naja, wenigstens warme Duschen, Toiletten und W-Lan gab es hier. Dank dem Internet konnte ich in Ruhe nach dem nächsten Ziel suchen und irgendwie fühlte es sich gut an, nach dieser

Horror-Nacht in der Pampa wieder mal in zivilisiertem Gebiet zu übernachten. Nur beim Zähne putzen bemerkte ich dann eine Sache, die mich etwas beunruhigte ...

Mein gebrechlicher Körper

Ich hatte eine sehr lebhafte Kindheit und so kam es oft zu Stürzen und zahlreichen Unfällen. Irgendwie wollte ich damals noch nicht so recht auf die Uroma hören, die mir immer sagte, ich solle mehr auf mich achtgeben und nicht immer nur Blödsinn machen. So kam es neben blauen Flecken und Schotterflechte auch zu diversen Brüchen. Ich gab mir immer äußerst Mühe, es den Ärzten schön kompliziert zu machen, und so renkte ich mir eines nachts den Ellbogen im Hochbett aus. Zu meiner Verteidigung konnte ich da ausnahmsweise mal nichts dafür. Es passierte ganz zufällig, als ich mich im Schlaf drehte und dabei der Arm zwischen den Latten raushing. Du weißt schon, diese Begrenzungslatten, damit man nachts nicht rausfällt. Genau die wurden mir zum Verhängnis, und so stand ich früh mit weinerlicher Stimme vor meiner Mutti. Wir fuhren ins nächstgelegene Krankenhaus. Dieses Krankenhaus hatte leider nicht den besten Ruf in unserer Familie, da gewisse Ärzte schon so einiges verzapft hatten. Meinem Opa lief zum Beispiel zuhause mal der Arm blau an und das, nachdem er bereits entlassen wurde. Später stellte sich heraus, dass aus Versehen irgendwas abgeklemmt wurde. Auch bei den anderen Großeltern lief nicht immer alles glatt. Die Oma trug aufgrund schlechter Gene schon mehr Metall als Knochen im Körper und auch sie verließ den OP-Tisch manchmal etwas eigenartig zusammengebaut. Als hätte man die Bedienungsanleitung nicht richtig gelesen. Wahrscheinlich gab es aber auch erheblichen Personalmangel oder Überarbeitung und Stress. Keine Ahnung. Da es aber immer häufiger zu

Komplikationen mit diesem Krankenhaus kam und es nicht bei zufälligen Ausrutschern blieb, wechselten wir, wann immer es ging, in andere Kliniken. Nur leider war das bei meiner Hochbett-Aktion nicht möglich. Ich hatte ziemliche Schmerzen und wir benötigen schnelle Hilfe. Als wir dann ankamen, trafen wir ausgerechnet auf eine bereits bekannte Dame. Der Hausdrache, wenn man so will. Ich saß nun also im „Einrenke-Raum" und musste meinen verdrehten Arm hinhalten. Meine Mutter wurde bereits etwas nervös. Am liebsten wär' sie mit mir woanders hingefahren. Als die gute Frau dann Hand anlegte, konnte ich ein Wimmern nicht unterdrücken. Ich wurde ermahnt, nicht solche Anstalten zu machen und ja still zu halten. Als meine Mutter anfing, mich zu verteidigen und sich die Situation mehr und mehr anspannte, unterlief der grobmotorischen Ärztin ein Fehler. Anscheinend war heute nicht ihr bester Tag und sie brach beim Einrenken ein gewisses Radiusköpfchen im Gelenk ab. Das merkten wir aber erst zu einem späteren Zeitpunkt. Die Kugel war wieder in der Pfanne und so verließen wir vorerst das Folterzimmer. Da ich als Kind anfing, BMX zu fahren und meinen Arm größeren Belastungen aussetzte, kam immer deutlicher zum Vorschein, dass da etwas schiefgelaufen sein musste. Da es echt kompliziert zu diagnostizieren war, klapperten wir dabei die verschiedensten Universitäten ab und wurden dabei unzählige Male vorstellig. Ich konnte diese weißen, sterilen Hallen echt nicht mehr sehen. Immer musste man stundenlang in überfüllten Wartezimmern sitzen und fuhr dabei sonstwohin. Einmal räumte sich meine Mutter auf Arbeit eine Lücke ein, um mit mir in ein Klinikum in Chemnitz zu fahren. Wir wurden bei einem neuen Arzt vorstellig, der anscheinend auch keinen Plan hatte und uns weniger erzählen konnte, als wir bereits wussten. Völlig umsonst waren wir da bis spät abends unterwegs.

Neben dem immer öfter schmerzenden Ellbogen, der bei jeder Bewegung laut und deutlich knackte, verunstaltete ich darauf auch noch meinen Finger. Mit dem konnte ich nach der OP in der Geisterbahn auftreten. Das ist aber nochmal ein ganz anderes Kapitel. Ich war knapp zehn Jahre und mein rechter Arm war somit eigentlich zu nichts mehr zu gebrauchen. Bei vielen weiteren Nachuntersuchungen kam nun mehr und mehr zum Vorschein, dass ich ihn unbedingt schonen solle und sämtliche Eingriffe nichts bewirken würden. Ich hatte es echt satt. Dieses vielen Besuche in großen Kliniken, die kritischen Blicke der Ärzte und vor allem diese Verbote. Ich durfte den Arm nun kaum mehr belasten, sprich nicht BMX fahren, und viele andere sportliche Aktivitäten waren Tabu. Im Sportunterricht die Mädels mit Klimmzügen beeindrucken? Fehlanzeige. Eigentlich sollte ich jegliche Erschütterungen und Druck oder Zugbewegungen vermeiden. Das passte mir so gar nicht in den Kram. Jetzt, wo man mich so eingeschränkte, fiel mir erstmal auf, wie blöd das eigentlich war. Erst jetzt wurde mir klar, was ich nun alles noch gern gemacht hätte. Ich will dir aber jetzt nicht die Ohren voll heulen. Es gibt Menschen, die würden Freudensprünge machen, wenn sie nur ein Problem mit dem Arm hätten. Als Kind fiel mir das aber immer recht schwer zu verstehen. Immer als ich es trotzdem übertrieb, rächte sich mein Körper am Abend dann. Lautes, schmerzhaftes Scheppern im Gelenk war nun die Folge meines Bewegungsdrangs. Nach vielen Überweisungen trafen wir dann irgendwann auf hoch spezialisierte Ärzte und man empfahl mir, Stück für Stück Muskulatur ums Gelenk herum aufzubauen. Ich solle versuchen zu schwimmen oder ähnliches, um den Arm nicht zu sehr zu überlasten und trotzdem „Muckis" zu bekommen. Zum Glück ging Enno sowieso jedes Wochenende planschen und so nahm er mich immer fleißig mit. Auch wenn ich mal nicht wollte. Irgendwann erzielte ich dann aber Erfolge und lernte Stück für Stück meinen Körper nun anders einzusetzen. Ich schlug mir diverse Träume aus dem Kopf und fokussierte mich nun mehr aufs Schwimmen. Das BMX verfrachteten wir in die Garage und stattdessen widmete ich mich wieder mehr dem Mountainbiken. Auf langen Touren arbeitete ich viel mit den Beinen und die leichten Erschütterungen verkraftete mein Arm viel besser als die Metzelei auf dem harten BMX-Rad. Durch diese leichten Belastungen wurde das Gelenk geschont und trotzdem gestärkt. Irgendwann konnte ich dann sogar wieder mal paar Liegestütz machen oder mit dem Rennrad durch Dresden ballern. Übertrieb ich es mal, wurde der Abend eben etwas unangenehm. Egal! Am nächsten Tag war's schon besser. Vor allem, als ich dann mit Lola wandern ging oder mit dem Snowboard ordentlich rasierte, fiel mir auf, dass ich trotzdem noch in der Lage zu größeren sportlichen Leistungen war. Man musste nur etwas umdenken und aufhören zu jammern!

So, zurück in die spanische Pampa. Hier ruderte ich ja den ganzen Tag am Steuerrad wie „Käpt'n Blaubär". Durch die fehlende Servolenkung im Auto, musste man teilweise ganz schön Kraft aufbringen, um bei langsamen Geschwindigkeiten eine Kurve zu fahren. Da ich das den ganzen Tag gemacht hatte, rächte sich mein Ellenbogen an diesem Abend etwas stärker als sonst. Er hatte die Faxen dicke. Das war ihm einfach zu viel. Und so stand ich an jenem Abend beim Zähne putzen ganz schön blöde da. Warum? Ich konnte die Hand nicht mehr zum Mund bewegen! Ging einfach nicht. Irgendwie hatte es da was durcheinander gehauen und ich konnte meinen so schon verkürzten Winkel nochmals halbieren. Sprich, der Arm knickte nur noch zur Hälfte ein und öffnen ließ er sich auch nicht mehr so richtig. Das war noch nie passiert. Als ich versuchte, ihn weiter zu bewegen, stieß man auf eine Art Blockade, die höllisch zechte. Es war ein beißender Schmerz, kombiniert mit starkem Knacken. Als gäbe es keine flüssige Bewegung mehr, sondern nur noch Punkte, an denen das Gelenk schmerzhaft einrastete. Vergleichbar mit einer Autotür, die an 2–3 verschieden Positionen stoppt. Das Problem war jetzt eben nur, dass die Autotür nur noch einen Spalt aufging und ich nicht mehr rauskam.

Oben im Dachzelt trug ich dann eine extra dicke Schicht kühlendes Arnika-Gel auf. Schon als Kind lernte ich von meinem Opa viel über Naturmedizin, Kräutertees und so'n Zeug eben. Ich hatte sogar einen kleinen Schuppen, in dem ich Kräuter trocknete und in Gläser füllte oder mir kleine Steinschleudern baute. Dieses Wissen kam mir nun zugute und ich wusste, mit welcher Pflanze man sich natürlich und wirksam verarzten konnte oder dass sich mit zerkautem Spitzwegerich Kratzer und Insektenstiche bekämpfen ließen. Danke Opa!

Es tat verdammt gut, als die Salbe dann nach und nach einzog. Ich hoffte, dass es am nächsten Tag besser sein würde. Was denkst du? War es besser? Natürlich nicht. Es war noch viel schlimmer als am Vortag und mir wurde echt mulmig. Das war kein gutes Gefühl, das sich da mehr und mehr in mir ausbreitete. An diesem Arm hing nämlich ne ganze Menge. Hier draußen war ich abhängig von einem einigermaßen funktionierenden Körper. Das ging beim Zähne putzen los und endete abends beim Aufbau meines Lagers. Ich wurde echt nervös, da ich den Arm erst nach ein paar Minuten wieder 2–3 Zentimeter bewegen konnte. 2–3 Zentimeter!! Das war so gut wie nichts und noch viel schlimmer als gestern. Dazu kam noch, dass alles, was ich irgendwie greifen wollte, ein Stechen im Gelenk auslöste. Zähne putzen: von wegen, das machst'e doch mit links. Du kannst es ja gern mal probieren. Da kommt nur unkontrolliertes „Rumgerühre" raus. Ich war nun einarmig unterwegs! Mit Mühe und Not bekam ich gerade so das Dachzelt verpackt. Lolas morgendliches Geschäft blieb heut mal liegen. Das war mir einfach zu kompliziert. Nachdem ich den Haferschleim einigermaßen kontrolliert in den Schlund geschoben hatte, stieg ich ins Auto. Noch ne Nacht wollte ich nicht bleiben.

Heute war der erste Tag meiner Reise, bei dem mir nach dem Aufstehen ein ganz bestimmter Gedanke durch den Kopf schoss. Ich fühlte mich hundeelend und hatte starkes Verlangen nach gutem Schlaf, Ruhe, einem sicheren Ort, an dem ich mich sammeln und auskurieren konnte. Ich wusste, dass ich viel Wärme brauchte und den Arm, so gut es ging, schonen musste. Auch meinem Fuß ging es nicht gut. Dadurch, dass ich so lange „Gräten" hatte und verdammt oft mehrstündig Strecken ohne Tempomat fuhr, stand meine Ferse permanent punktuell auf dem vibrierenden Unterboden. Es war mittlerweile so schlimm, dass ich manchmal leicht humpelte. Auch der Schwamm, den ich unterlegte, half nur noch sporadisch. Ich recherchierte also nach Unterkünften mit Badewanne. Eine davon konnte ich telefonisch erreichen. Ich wollte unbedingt abgeklärt haben, dass es eine Wanne auf dem Zimmer gab und ob ich heute Nachmittag kommen könnte. Erst nachdem ich ein hundertprozentiges „Ja" erhielt, schwang ich meinen maladen Kadaver in die Karre. Irgendwie legte sich eine mentale und körperliche Erschöpfung über mich und ich hatte Mühe, bei der Sache zu bleiben. Gleichzeitig fühlte ich mich aber auch geerdet, zurückgeworfen, als wär' ich vom hohen Ross gefallen und säße nun auf dem blanken Boden. Stillstand. Ein Wendepunkt der Reise.

Auf der Fahrt spürte ich immer wieder, wie ich in ängstliche Gedanken abschweifte. Wird man mir hier helfen können, wenn es noch schlimmer wird? Muss ich abbrechen? Ist es überhaupt möglich, einarmig Auto zu fahren? Ja, das war es! Ich lenkte und schaltete einfach mit links. Wenn ich in den Kurven schalten musste, hielt ich das Lenkrad mit dem Knie in Position. Zu blöd nur, dass mich die heutige Route über einen Bergpass schickte. Ich sag nur Serpentinen „en masse ..."

Bei düsterem Nebel kam ich dann etwas später als geplant am besagten Hotel an. Um mich etwas aufzumuntern, hatte ich bei der Auswahl größtenteils auf's Optische geachtet. Internet, um zu recherchieren, wie es wohl weiter ging, kostenloses Frühstück und die Toleranz von Hunden stand natürlich auch mit auf der Wunschliste. Vor allem aber diese verkackte Badewanne! Du musst dir nun vorstellen, wie ich mit meinem alten, abgerockten Fiesta bei einem 4-Sterne-Spa-Hotel vorfuhr. Ich parkte zwischen teuren Sportwägen und kassierte auch direkt die ersten Blicke. Eine Lady im Pelz und ihr schnuckeliger Freund wurden auf mich aufmerksam, als ich am Kofferraum stand und versuchte, alles Notwendige in meinen Rucksack zu laden. Warte, warte, den Kofferraum hast du ja noch gar nicht gesehen. Diese randvollgeladene Heckansicht war fast schon ein Kunstwerk für sich. Hier das Foto dazu, um dir die Blicke der beiden Hübschen auch bildhaft vorstellen zu können:

Ich griff unter anderem 2 Büchsen Hundefutter, Gaskocher für's Abendbrot und den Kulturbeutel. An der Rezeption musste ich noch kurz hinter dem Pärchen warten. Das nervte mich etwas, da es bereits 16–17 Uhr war und ich eigentlich schon längst in der Wanne liegen wollte. Ob ich mittags gegen 12 gekommen wäre oder erst spät abends, die saftigen 79 € pro Nacht hätte ich so oder so gezahlt. Lieber wäre es mir natürlich gewesen, möglichst lang oben im Zimmer zu sein und die kostbare Zeit voll auszunutzen. Diesbezüglich sprudelte in mir gerade der Geiz und vor allem die Ungeduld. Irgendwann kam ich dann aber an die Reihe und knallte kurz darauf die Kreditkarte auf den Tresen. Als ich dann mit Lola die luxuriösen Treppen aufstieg, hob sich die Stimmung wieder etwas. Die Bude war der Oberhammer! Ich war noch nie so richtig in einem so dermaßen schicken Hotel. Es war sehr elegant und gemütlich gestaltet. Man fühlte sich direkt wohl. Draußen war totales Scheißwetter und innen war alles warm und winterlich mit Holz verkleidet. In der Empfangshalle hingen Geweihe. Mein Zimmer war ganz hinten im langen, hohen Gang. Es lief Musik von Michael Bublé, während ich die letzten Schritte setzte. Lola musste ich noch etwas überzeugen. Sie wollte anfangs lieber wieder raus. Als sie dann aber mit hoch aufs weiche Bett durfte, war ihr das dann schon recht so. Es war unbegreiflich, nach gefühlt so langer Zeit nun in einer solch beheizten Designerbude zu liegen. Das reinste Kontrastprogramm! Es gab alles, was ich brauchte und es dauerte nicht lang, da lief heißes Wasser in die Wanne. Ich lag da bestimmt 1–2 Stunden drin und stieg mit mächtig „Schrumpelhaut" wieder aus dem Wasser. Damit hätte ich der Uroma Konkurrenz machen können! Auf der Kommode köchelte Wasser über'm Kocher, auf dem Balkon lag Lolas Nassfutter und im Fernseher lief „Lone Survivor" auf Englisch. Alles andere war spanisch. Ich kannte den Film schon, guckte ihn dieses Mal aber mit vollster Aufmerksamkeit. Es war dieser Kriegsfilm nach wahrer Begebenheit, in dem Mark Wahlberg sich als einziger Überlebender mit letzter Kraft durch die Berge kämpfte. Dieser Film in Kombi mit der Badewanne und dieser kompletten gedämpften Ruhe hier gab mir so viel Kraft, das kannst du dir nicht vorstellen. Ich realisierte wieder einmal, dass meine Leiden reinste Lappalien waren. Glücklich und zufrieden schliefen Lola und ich heute im weichen Bett ein. Sie lag in meinem Arm und man merkte, wie gut ihr die Ruhe und das Feeling hier taten. Ich genoss die Matratze ebenfalls sehr, da im Dachzelt nur eine dünne Schaumstoffmatte lag. Wenn man da längere Zeit auf der Seite schlief, tat einem irgendwann die Schulter weh. Hier hingegen versank man metertief im weichen Nest. Noch am Abend beschloss ich, das Ganze hier voll auszukosten, den Service voll in Anspruch zu nehmen. Ich wollte morgen bis 12 Uhr mittags bleiben und erst dann wieder das Paradies verlassen, mich quasi rausschmeißen lassen. Am nächsten Morgen spachtelte ich beim Frühstück also ordentlich rein. Ich nahm sogar meine Jacke mit. Die hatte große Taschen und ich hing sie hinter mich über die Lehne. Immer wenn dann mal keiner guckte, landete eine Leckerei nach der anderen in den geräumigen Taschen. Nebenbei fraß ich, so viel ich nur konnte. Da ging es kurz richtig durch mit mir und ich rannte bestimmt 7–8 Mal zum Buffet. Ich glaube ich hatte noch nie so viel gefressen. Als Kind hatte ich mir immer die Frage gestellt, was wohl passieren würde, wenn man zu viel isst. Platzt man dann? Nein! Dank meiner heutigen Intelligenz kann ich dieses Rätsel nun endlich lösen: Man bekommt plötzlich einsetzende Hitzewallungen und ein Gefühl des Aufstoßens. Schlagartig rennt man dann zum Fahrstuhl, fährt hoch in sein Zimmer und übergibt sich dort noch gerade so in die Kloschüssel. Da lag nun also das halbe Frühstück wieder im Porzellan. „Verdammte Scheiße nochmal! Alles für die Katz'!", rief ich da auf Knien aus dem Bad. Kurz vor Mittag ging ich nochmal heiß duschen und zog dann weiter. Der Ellbogen schien sich glücklicherweise gebessert zu haben. Es dauerte noch ein paar Tage bis zur Normalisierung.

„No muerto"!

Heute stand ein Großeinkauf bei „Tienda Animal" auf dem Programm. Lolas Vorräte waren stark geschrumpft und vor uns lag ein Gewerbegebiet, in dem es auch diesen Tierbedarf-Shop gab. Neben unzähligen schmackhaften Dingen schenkte ich Lola ein Stück Pappe mit einer Katzenabbildung. Ich hing es hinter ihr auf, um sie etwas zu ärgern. Ich alter Scherzkeks. Fand sie irgendwie nicht ganz so lustig. Sie konnte jedoch froh sein, dass ich ihr nicht dieses riesige Katzenkissen gekauft hatte.

Daraufhin kreuzten wir blöderweise eine Berggruppe. Ich glaube, sie gehörte noch zu den „Picos" und war vergleichbar mit der Alpenüberquerung auf dem Brenner. Fast noch schlimmer sogar. Ein Glück hatten wir das Auto gerade mit tonnenweise schwerem Nassfutter beladen. Ging aber nicht anders, da der nächste „Tienda" erst käme, wenn Lola bereits verhungert wäre. Mit „Ach und Krach" kämpfte sich der alte Wagen die endlos lange Steigung nach oben. Ich feuerte ihn mehrfach an und streichelte fleißig das Lenkrad meines zuverlässigen Flitzers. Irgendwann erreichten wir eine stolze Höhe. Hier oben sah es aus wie in einer nepalesischen Hochregion. Wir sind vom Meeresspiegel über die „A-66" auf über 1000 Meter Höhe nach oben gekraxelt. Es knackte sogar in den Ohren. Alles war sehr rau hier. Die Menschen sahen gezeichnet aus und waren teils nur mit Lumpen gekleidet. In gefühlt jedem Grundstück bellte armselig eine „Alarmanlage". Zu mehr taugten Hunde hier scheinbar nicht. Manche hatten sogar Grundstücke irgendwo draußen in der Pampa und sperrten dort ein zwei Hunde ein, damit sich niemand am Privatgelände zu schaffen machte.

Wir fanden heute ein recht schönes Plätzchen am Ortsrand. Es war neben einer hübschen kleinen Apotheke mit angrenzendem Arztgebäude und grenzte an ein kompaktes Wohngebiet. Ins Dorf war es auch nicht weit. Ich ging abends nochmal vor an die Bar. Hier hockten nur harte Kunden, die Fremden nichts abgewinnen konnten. „Abgebrühte Dorf-Motherfucker". Ich quatschte daher bloß kurz mit einem Trucker am Tresen, während hinter uns besoffene Prügelkerle laut auflachten und kräftig die Gläser hoben. Man sah ihnen an, dass es hier oben nicht viel gab außer harter Arbeit auf dem Feld und eben der Sauferei am Abend. Kurz darauf schlich ich also im kalten Dunst zurück zu Lola und trank mit ihr noch den letzten Schluck meiner noch halb vollen Flasche.

Wir standen am Rand einer offenen Fläche. Früh morgens war diese dann mit dem ein oder anderen parkenden Auto bestückt. Anscheinend öffnete der Doktor schon früh zeitig und die Menschen hier hatten allerlei Beschwerden. Vor allem viele alte Leute schleppten sich hier in die heiligen Hallen. Ich beschloss, zusammen mit Lola joggen zugehen, dem morgendlichen Trubel etwas zu entfliehen und anschließend vorn um die Ecke zu parken. Hier ließ es sich etwas privater und ruhiger frühstücken. Wie ich erst später bemerkte, war hier sogar der offizielle kostenlose Stellplatz für Wohnmobile mit Trinkwasser und Entsorgung. Das passte gut, denn der Kanister war so gut wie leer ...

Ich merke, wie ich mich gerade davor drücke, die Geschichte weiterzuschreiben. Meine Finger wollen einfach nicht das tippen, was gleich in den nächsten Minuten passieren wird ...

So, ich habe das Thema jetzt nochmal 1–2 Tage verschoben. Eigentlich schrieb ich bis jetzt so gut wie jeden Tag. Es wurde quasi zur Routine. Ich hatte ein Video von „Stephen King", dem Lieblingsautor meiner Mutter geguckt und der meinte, man solle jeden Tag ein paar Seiten schreiben. Das funktionierte bis jetzt erstaunlich gut und das Buch schrieb sich teilweise fast von allein. Nur jetzt steh ich vor einer Blockade, einer großen Herausforderung. Ich hoff die Mauer fällt und du wirst hier gleich weiterlesen können ...

Im Auto war es echt gemütlich. Die Morgensonne schien quer durch und machte den aufsteigenden Dampf meiner heißen

Tasse Tee gut sichtbar. Lola lag hinten eingerollt und schlief noch etwas aus. Wir waren gerade zum ersten Mal joggen. Ich hatte heute irgendwie Verlangen danach. Sonst sah ich immer wenig Sinn darin und Lolas Nase mochte das auch nicht so recht. Die wollte lieber ab und an stehen bleiben und bei „Hinz und Kunz" am Gartenzaun schnüffeln. Da die Gegend hier hinten sehr offen und ruhig war, probierten wir es aber mal aus und rannten frei und ohne Leine um die Wette. Ich rief sie immer und feuerte sie an. So blieb sie auch nicht ständig stehen, um zu schnuppern. Das war mal ein ganz anderer Start in den Tag. Eigentlich aß ich verfressener Sack erst nen Happen und ging anschließend ne Runde. Lola freute sich heute also besonders und sprang freudig um mich herum. Sie forderte mich mehrmals zum Spiel auf und es gefiel ihr sehr, schon direkt nach dem Aufstehen rumzutoben. Zurück im Auto setzte bei uns beiden dann die Entspannung ein. Die Entspannung nach der Anstrengung. Ein herrliches Gefühl! Passend dazu lief sanfte Musik und es saß sich äußerst gut im warmen Auto. Kein kalter Wind. Der konnte schön am Fenster kratzen. Diverse „Fressereien" standen griffbereit und es war einfach ein guter Start in den Tag.

Leider musste ich meinen faulen Arsch dann doch wieder erheben, um draußen am Wasserhahn das Geschirr zu spülen und alles Benutzte wieder im Auto zu verstauen. Je länger man damit wartet, desto schwieriger putzt es sich dann bekanntlich. Als ich kurz die Beifahrertür öffnete, da dort die Seife verstaut war, sprang Lola gleich mit heraus. Das war eigentlich streng verboten und das wusste sie auch. Ich entschied, wann es rausging. Dafür gab es sogar ein eigenes Kommando. Heute drückte ich aber komischerweise ein Auge zu. Ich glaube, ich war gerade ziemlich beschäftigt mit dem Abwasch, und sie rannte direkt rüber zur Wiese. Wer weiß, vielleicht musste sie nochmal. Ich hatte aber auch einfach gerade keinen Bock, sie zu rufen, da sie sich manchmal erst beim 3. Anlauf wieder zu mir oder eben ins Auto bewegte. Ja, diese Nase bereitete mir manchmal echt noch Kopfzerbrechen.

Mit vollen Händen wandte ich mich also wieder dem laufenden Wasserhahn zu. Ich nahm das Messer in die Hand und schrubbte es mit der Bürste. Während ich das tat, sah ich Lola auf der Straße stehen. Es war eine Art ruhige Spielstraße. Sie ähnelte fast schon einer friedlichen Sackgasse. Ich guckte sie kurz an und schätzte die Situation als harmlos ein. Ich hörte auch weit und breit kein Auto. Sie stand einfach nur da und guckte in die Ferne. Man hätte sie jetzt können herrufen oder gar wieder ins Auto schicken. Irgendwie wollte ich aber erst dieses dämliche Geschirr zu Ende spülen. Ich wollte mich gerade darauf konzentrieren und nicht meinen eigensinnigen Hund wieder herlotsen. Ich hatte ihr tausend mal gesagt, dass der Fußweg die Grenze war. Ich wollte es nicht schon wieder sagen. Ich wandte mich wieder dem Geschirr zu und setzte erneut die Bürste an. Ich stand circa 3–4 Meter entfernt von Lola und hatte sie im Augenwinkel. Plötzlich kam aus dem Nichts ein schwarzer Kleinwagen. Es war ein alter Alpha Romeo. Während das Wasser lief, sah ich ihn ebenfalls im Augenwinkel ankommen. Alles ging sehr schnell und ich begriff nicht, warum er kaum langsamer wurde. Als ich meinen Kopf dann vollständig vom Wasserhahn rüber zum Auto gerichtet hatte, knallte es auch schon dumpf. Es war ein lauter dumpfer Aufprall. Der Wagen schob Lola gute 3–4 Meter vor sich hin. Sie hing quasi an der Stoßstange. Ich denke, bis hierhin wäre sie mit einer starken Prellung davongekommen … hätte der Fahrer gebremst. Leider aber war dem nicht so. Der Fahrer fuhr mit gleichbleibender Geschwindigkeit weiter. Es dauerte nur einen Augenblick und der kleine Körper kam nun unter die Räder. Erst unter das vordere und dann unter das hintere Rad. Ich begriff nicht, was ich da sah. Noch unter dem vorderen hörte man sie laut jauchzen. Es war ein jämmerliches Geräusch. Das Auto fuhr gute 30–40 km/h und so schaffte sie es nicht, aufzustehen und sich zu distanzieren. Sie versuchte es nur und wurde daraufhin auch vom zweiten Rad erwischt. Erst jetzt wurde das Auto langsamer. Eine fürchterliche Geräuschkulisse bot sich mir. Lola stand eine Sekunde später direkt wieder auf. Als ich zu realisieren begann, was gerade passiert war, fing ich laut an zu schreien. „Neeeeeeeein!" Immer wieder und wieder. Ich ließ das Messer und die Bürste fallen und lief los. Zum Glück ließ ich das Messer fallen. Das Auto hatte angehalten und ich näherte mich von der rechten Seite. Der Fahrer saß auf der linken. Ich sah Lola im Augenwinkel angehumpelt kommen und riss daraufhin die Tür des Wagens auf. Im Auto saß ein etwas zerzauster, kräftiger Mann mittleren Alters. Schwarzes T-Shirt und Jeans. Er hatte das Handy noch in der Hand und ich schrie ihn einfach nur mit „nein" an. Ich hatte die Tür noch gar nicht richtig geöffnet, da sprang Lola schon hoch auf den Beifahrersitz dieses Wagens. Bis heute weiß ich nicht, warum sie das tat, sich in das Auto ihres Mörders zu setzen. Er fing direkt an, sie wieder rauszuschieben und ich schrie noch immer. Lola war verwundet und sie sah mitgenommen aus. Er wollte sie unbedingt aus dem Wagen haben und guckte total verwirrt. Er war extrem fixiert auf sie. Als wäre das gerade ein absolutes Tabu. Als hätte er irgendwelche Designersitze in seiner Schrottkarre und Lola die Pest. Er drückte sie mit aller Kraft, doch sie lag bereits auf dem Sitz und rührte sich nicht vom Fleck. Ich schrie noch immer und guckte dem Mann verzweifelt in die Augen. Mir schossen mittlerweile die Tränen und der Schock setzte voll ein. Ich fragte immer wieder, warum das passiert war, und erst als Lola dann wieder aus dem Wagen war, sagte er irgendetwas auf Spanisch. Endlich eine Antwort. Ich verstand ihn jedoch nicht. Ich fragte immer wieder. Es war eine lange Straße in einer 30er-Zone. Er hätte sie müssen sehen! Selbst wenn nicht, hätte er doch schon viel eher bremsen müssen.

Irgendwann krachte ich seine Tür zu und rannte Lola hinterher. Sie war bereits 5–10 Meter vor uns und schleppte sich immer weiter. Als ich auf ihrer Höhe war, umkreiste ich sie. Ich hielt mir beide Hände an den Kopf und faselte irgendetwas. Ich wollte ihr irgendwie helfen, sie aber gleichzeitig nicht verletzten. Ich war einfach überfordert und griff dann vorsichtig nach ihr. Ich wollte, dass sie anhält, um sie abzutasten oder so. Als sich ihr meine rechte Hand näherte, biss sie aber zu. Sie biss mit voller Kraft in meine Hand und ließ nicht wieder los. Ich spürte den Schmerz kaum, wusste jedoch, dass das nicht gut für meine Hand war und versuchte, ihr daraufhin mit der linken Hand das Maul wieder zu öffnen. Sie hatte solche Kräfte entwickelt, dass ich große Mühe dabei hatte. Nach einer gefühlten Ewigkeit ließ sie endlich wieder los. Sie musste große Schmerzen haben und zeigte mir das durch ihren Biss. Sie sagte mir damit in etwa: „Lass mich! Komm mir nicht zu nahe! Fass mich nicht an! Es tut so weh." Kurz darauf schleppte sie sich rüber auf die andere Straßenseite. Sie sah mittlerweile echt verstörend aus. Wie ein Zombie taumelte sie da über den Asphalt. Man sah das rote Fleisch hinter ihrer Schulter und sie blutete am Rücken und an den Hinterpfoten. Ich erkannte noch eine weitere tiefe Wunde hinten am Oberschenkel. Auch der Kopf hatte Scharten. Das Maul stand ihr offen und sie hatte große schwarze Pupillen. Es waren bereits mehrere Minuten vergangen und noch immer lief sie da.

In meinem Kopf verankerte sich der Gedanke, dass sie wieder werde. Meine Augen analysierten jede einzelne Verletzung und versuchten einzuschätzen, ob sich diese nähen lassen würden. Der Gedanke, dass sie bereits tödlich verletzt war, wurde stark unterdrückt. Und trotzdem war er irgendwie da. Es lässt sich sehr schwierig beschreiben. Gegenüber stand eine Frau mit Hund und auch am Fenster lehnte eine Zuschauerin. Erst am hohen Bordstein der gegenüberliegenden Straßenseite brach Lola dann langsam zusammen. Sie legte sich auf den Boden mit dem Rücken an den Bordstein. Ich lief ihr nach und schrie immer noch, dass das alles nicht wahr sein konnte. „Du wirst schon wieder Lola! Wir schaffen das!" Direkt neben ihr stand bereits der Mann, der sie überfahren hatte. Mit blutiger rechter Hand lief ich auf ihn zu. Ich winselte und mir liefen die Tränen das Gesicht herunter. In mir war gerade irgendwas zerbrochen. Ich ging auf ihn zu und fragte, wie das passieren konnte. Ich fragte immer wieder, warum er nicht gebremst hatte. Wir sprachen allerdings zwei verschiedene Sprachen und so verstand er mich nur schwer. Ich brüllte eh mehr als dass klare Worte aus meinem Mund kamen. Ich packte ihn daraufhin am Kragen und schrie ihm meine Frage noch viel lauter ins Gesicht. Mit großer Mühe versuchte er, sich aus meinen verkrampften Händen zu reißen. In seinen Augen sah ich groß den Schock und die Angst stehen. Meine Hand blutete bereits stark auf sein T-Shirt und das fand er ziemlich abstoßend. Er riss sich irgendwann los und sprang ein paar Meter zurück. Er hielt nun Abstand zu mir und zeigte sein Handy. Er hielt es vor sein Gesicht und ich verstand nun, warum es zu diesem Unfall kam. Ich beschimpfte ihn aufs Allerletzte. Wahrhaben wollte ich es aber immer noch nicht. Plötzlich schoss mir wieder Lola in den Sinn. Sie lag immer noch da, während ich die Zeit damit verschwendete, mich mit diesem Idioten auseinanderzusetzen. Ich bekam plötzlich starke Schuld- und Mitleidsgefühle und lief schnell rüber zu ihr. Meine laute Stimme drosselte sich. Ich kniete mich nieder und streichelte ihr vorsichtig über den Kopf. Sie atmete schnell und schwer und starte halb tot in die Leere. Es tat mir so leid, dass ich erst jetzt wieder bei ihr war und so laut geschrien hatte. Meine Tränen tropften ihr auf den Kopf. Ich legte meinen darauf und flüsterte ihr zu: „Alles wird gut. Du machst das super. Du schaffst das." Während ich das sagte, kam eine Frau hinzu. Sie und der Mann standen im Hintergrund und sahen uns zu. Ich fühlte mich hilflos und schrie sie immer wieder an, ihr zu helfen. Gleichzeitig wollte ich aber auch ruhig und liebevoll sein, um Lola nicht zu stressen. Es war eine komische Mischung aus beiden Zuständen in mir.

Die beiden unterhielten sich und ich hörte nur die Worte „muerto" heraus. Was das hieß, wusste ich aus Filmen. Ich schrie darauf mit voller Kraft: „No muerto! No muerto!" Die Adern zeichneten sich an meinem Hals ab und ich guckte dabei mit tiefstem Zorn in deren Richtung. Am liebsten hätte ich den beiden die Mäuler gestopft, damit sie dieses Wort nie wieder in den Mund nehmen. Ich wollte damit aber keine wertvolle Zeit mehr verschwenden. Das war es mir nicht wert, mich mit diesen Vollpfosten auseinander zu setzen, während mein Hund hier gerade halbtot auf der Straße lag. Ich entschied nun, hin und her gerissen, bei ihr zu bleiben. Ich war immer noch fest davon überzeugt, dass sie noch werde. Man muss ihr nur endlich helfen. „Necesitas ayuda ... hospital ... donde, donde??" Das war das Einzige, was aus mir raussprudelte. Irgendwann tippte die Frau dann auf dem Handy rum und schien jemanden anzurufen. Sie schüttelte daraufhin mit dem Kopf. Das konnte doch nicht wahr sein. Ich verstand einfach nicht, wie man so teilnahmslos neben dem Geschehen stehen konnte. Kurz darauf musste ich irgendwie handeln. Ich konnte dem doch nicht einfach so zusehen. Es war bereits viel Zeit vergangen. Ich rannte rüber zu diesem Arzt-Gebäude. Da hatte ein Krankenwagen gehalten und ich rief schon von weitem. Ich sah bestimmt ziemlich krank aus und fing direkt an wild zu gestikulieren. Sie sollten bitte mit zu Lola kommen und ihr helfen. Sie zögerten etwas und stiegen dann doch ein. Ich hatte Mühe, sie zu überzeugen und erst als sie meine Hand sahen, schienen sie sich in Bewegung zu setzten. Sie hielten dann direkt neben Lola mit laufendem Motor. Ich sackte wieder auf die Knie, entschuldigte mich bei Lola, weg gewesen zu sein, und redete dabei auf die beiden Sanitäter ein. Sie standen nur da und sahen sich alles an. Lediglich meine Hand wollten sie verarzten. Ich hielt sie immer wieder davon ab und zeigte stattdessen auf meinen Hund: „Ihr Idioten! Ihr sollt ihr helfen, nicht mir!! Die Hand ist doch gerade scheißegal, man!!"

Wenig später machte sich Lola bemerkbar. Die Pupillen wurden klein und groß und sie streckte den Kopf in den Nacken, während sich ihr Maul dabei öffnete. Als sie kurz darauf wieder leblos zusammensackte, musste ich laut weinen. In ihr war nun keine Spur mehr von Leben. Die Zunge hing heraus. Es war, als ob ich gerade mein eigenes Kind sterben sehen hätte. Ich hatte noch nie solche Schmerzen in mir gespürt. Ich krümmte mich und schluchzte, bis ich nicht mehr konnte. Es klang total krank, als würde ich mich totlachen. Wieder und wieder. Ich hatte noch nie so derb geweint. Auch der Mörder meines Hundes hatte nun Tränen in den Augen. Ich legte meinen Kopf wieder auf Lolas. Der war bereits ganz nass von meinen vielen Tränen.

Die beiden Lebensretter standen noch immer da und taten nichts. Gar nichts! Klar waren Hunde nicht ihr Spezialgebiet, aber sie zeigten rein gar keinen Einsatz. Sie hätten sonst was machen können, irgend ne Kochsalzlösung spritzen oder so. Das hätte mich ja schon wieder beruhigt. Ich hätte gesehen, dass meinem Hund geholfen wurde. Aber nein, stattdessen standen sie nur da. Hunde waren hier einfach nichts wert. Man trat sie quasi mit Füßen und war froh, wenn sie mal ihr Maul hielten. Fast wie eine nervige Plage. Etwas Abartiges, was keiner so recht brauchte. Dementsprechend verstanden sie auch nicht, was ich hier so einen Aufstand machte. Sie gucken auf mich herab, als wäre ich ein Witz, eine Lachnummer. Als wäre das alles eine Show. Der eine von beiden fing aus irgendwelchen Gründen noch an zu grinsen. Ich weiß nicht warum. Keine Ahnung. Er hatte ein leichtes, schäbiges Grinsen auf den Lippen. Der Mörder zeigte wenigstens Einsicht und entschuldigte sich. Er hingegen war einfach nur herzlos. Ein mieser Typ. Ich sah zwar ein, was passiert war und erkannte auch ziemlich früh, dass sich durch Gewalt nichts mehr rückgängig machen ließe, dieses schäbige Grinsen hätte man jedoch unterbinden können. Ein gezielter Schlag direkt zwischen die Lichter und aus wär's mit dem Gegrinse ...

Du denkst jetzt vielleicht, dass ich ihn halb totgeprügelt hatte. Das Gegenteil war jedoch der Fall. Ich kann dich leider in keine filmreife Hollywood-Schlägerei einweihen. Der Gedanke dazu entstand nicht mal in mir. Er köchelte vielleicht ganz sanft im Hinterstübchen, mehr aber auch nicht. Ich hatte einfach keine Kraft. Ich war zu nichts Derartigem mehr fähig. Das war ein echt beängstigendes Gefühl, welches ich so noch nie erlebt hatte. „Knock out"! Als versuche man, einen Hebel umzulegen und nichts passiere. Ich blieb neben Lola hocken und guckte nur böse in seine Richtung. Es war aber eher ein weinerlicher Blick als ein böser. Ach man ... ich war echt am Ende. Eigentlich will ich mir nicht eingestehen, keines dieser Arschlöcher zur Rechenschaft gezogen zu haben. Ich muss es aber. So viel Schwäche zu zeigen, kostet mich gerade echt Überwindung. Es war, als hätte man mich komplett zerstört und mir mit diesem Blick den letzten Rest gegeben. Irgendwie bin ich aber auch froh, dass alles so ablief und ich nicht über einen Ausraster meinerseits berichten muss. Ich habe mich beherrscht und schnell erkannt, dass es eh nichts mehr bringt.

Schmerz und Mitgefühl dominierten nun wieder stark in mir. Der Hass auf den „Sani" war verflogen. Ich war ein reinstes Nervenbündel. So schnell hatten Emotionen noch nie in mir gewechselt. Ich deutete mehrfach auf meinen Hund und sagte dabei „la familia". Ich übersetzte mit dem Handy „alles, was ich hier habe" ins Spanische. Der Mann im schwarzen T-Shirt fing nun mehr und mehr an, sich zu entschuldigen. Es tat ihm furchtbar leid. Ich fiel ihm um den Hals und wir weinten beide. Das war der erste Moment, in dem ich mich kurz ein ganz kleines bisschen besser fühlte.

Trotz allem war ich immer noch davon überzeugt, dass man meinem Hund noch helfen könne. Das konnte jetzt nicht einfach vorbei sein. Ich ging nun also zu Lola und hievte sie vorsichtig in die Höhe. Alle deuteten mir, ich solle das ja nicht machen und sie da liegen lassen. Ich hob sie trotzdem hoch und wollte sie nun in mein Auto tragen. Als ich sie anhob, knackte es im ganzen Körper. Wieder fing ich an stark zu weinen. Ich legte sie vorsichtig auf eine Tischtennis-Platte und ging mein Auto holen. Ich rannte nicht hektisch umher. Irgendwie wusste ich schon, dass es bereits zu spät war. Trotzdem steuerte mich mein Körper zum Auto. Ich wollte ihr irgendwie helfen, irgendetwas musste ich machen. Ich konnte es noch nicht akzeptieren. Lola war wie ein Teil von mir und ich hatte mich extrem an sie gebunden. Viel zu sehr …

Ich parkte mein Auto mitten auf die Straße. Da mich aber alle davon abhielten, sie auf die Rücksitzbank zu legen, lief ich nun mit ihr im Arm rüber zu diesem Ärztehaus neben der Apotheke. Als ich dort reingewankt kam, schickte man mich aber auch gleich wieder raus. Ich sah wahrscheinlich aus, als käme ich gerade aus einem Kriegsgebiet. Total jämmerlich mit diesem toten Kadaver in den Händen. Es war zwecklos. Man sagte mir nur „Veternaria" und deutete auf den Ausgang. Allerdings konnte mir keiner erklären, wohin ich musste. Ich verstand nur, dass es sehr weit wäre. Ich fühlte mich so hilflos, das kannst du dir nicht vorstellen. Keiner schien mich zu verstehen und das quälte mich ungemein. Als ich zurücklief, stand dann auch noch die Polizei mit da. Sie schickten den Mörder heim und boten mir mit sehr schlechtem Englisch an, mich zum besagten „Veternaria" zu führen. Der Tierarzt also. Ich legte Lola in mein Auto. Im Hintergrund hörte ich nochmal das Wort „muerto". Plötzlich schossen wieder die Wut und der Zorn durch meine Adern. Ich schlug daraufhin noch eine tiefe Delle in den Fiesta und schrie in deren Richtung, dass es nicht so sei. Ausgerechnet das Auto traf es nun also.

Ich hatte noch ein paar flüchtige Fotos vom Tatort gemacht und fuhr dann hinter den „Cops" her. Man sagte mir, dass den Mann wohl keine Strafe erwarte und wir nun schnellstmöglich zum Tierarzt müssten. Ich war so zerstreut, dass ich einfach nur ins Auto stieg und wie ferngesteuert fuhr. Letztendlich war es mir aber auch egal, ob der Mann eine Strafe bekommen würde. Was würde das noch am Tod ändern? Nichts. Auf Rache war ich auch nicht aus. Ich denke, das bringt rein gar nichts außer Krach im Kopf oder gar weitere Probleme. Außerdem war es keine Absicht und ich denke, der Mann hat seine Lektion tief verinnerlicht. Der Hund hätte auch ein Kind sein können …

Auf der Fahrt zum Arzt redete ich Lola zu, wie tapfer sie sei und dass sie wieder werde. Wir fuhren dabei durch eine wunderschöne Gegend. Es war bizarr, hier mit so viel Trauer einen der schönsten Orte unserer Reise zu kreuzen. Irgendwann erreichten wir dann die nächste größere Stadt und eine kleine Dame stand bereits am Eingang und hielt die Tür offen. Sie war stark geschminkt und hatte kurze rote Haare. Sie trug einen Arztkittel. Ich schleppte Lola auf den Metalltisch im Hinterzimmer und ließ die Frau machen. Ich bat sie immer wieder, vorsichtig zu sein, und fragte die ganze Zeit, was sie da tat. Hauptsächlich heulte ich aber immer noch wie verrückt. Sie hörte den kleinen Körper mit dem Stethoskop ab und gab ihr eine Adrenalin-Spritze. Nichts tat sich. Irgendwann überwand sie sich und blickte auf.

Sie sah mir in die Augen und schüttelte dabei den Kopf. Auch ihr liefen jetzt die Tränen, als sie mich jämmerlich schluchzen hörte. Ich war so am Ende, das glaubst du nicht.

Trotzdem war ich froh, da diese Frau die erste war, die so richtig einfühlsam war. Sie schätze Tiere und machte es zu ihrem Beruf, ihnen in dieser rauen Gegend zu helfen. Respekt! Sie nahm sich auch meiner verletzten Hand an und gab mir ausreichend Verbandszeug und Salben mit. Salben für Tiere. Sollte aber beim Menschen genauso gut funktionieren, meinte sie. Mehrfach fragte sie, ob alles ok sei. Ich winkte immer wieder ab. Es war mir schlichtweg egal. Kurz und schmerzlos griff sie im nächsten Augenblick nach einer Rolle schwarzer Folie. Ich fragte, was sie da vorhabe, und wir klärten über Google-Übersetzter, ob ich sie verbrennen wolle oder mitnehme und vergrabe. „Ufff." Eine Entscheidung, vor der ich mich drückte. Ich fragte sie mehrfach, ob ich nicht einfach so mit ihr nach Deutschland fahren könne. Das war aber natürlich nicht möglich und sie hielt sich dabei symbolisch die Nase. Irgendwann ergriff sie Eigeninitiative und wickelte meinen Hund in diese schwarze Folie. Kurz und schmerzlos. Ich könne nun mit ihr irgendwohin fahren und mich in Ruhe entscheiden. Ich bedankte mich bei der Frau. Geld wollte sie ums Verrecken nicht annehmen. Wir umarmten uns und ich sah der Tatsache langsam in die Augen.

Draußen im Auto saß ich dann total fertig auf dem Sitz. Ich konnte nicht mehr. Hinter mir lag mein Hund, eingewickelt in Folie, und ich sollte jetzt irgendwo hinfahren, um ein Loch zu graben. Das bekam ich einfach nicht hin …

Ich wählte daraufhin die Nummer meiner Mutter. Sie spürte gleich, dass etwas faul war und meinte, dass ich komisch klinge. „Ich muss Lola jetzt vergraben …", stieß ich knapp heraus. Kurz danach überkam es mich und ich fing wieder an, so schauerlich zu jammern. Ich heulte so stark, dass es weh tat und ich Atemnot bekam. Am anderen Ende hörte ich es auch weinen. Meine Mutter fragte immer wieder, was passiert sei und irgendwann bekam ich ausreichend Luft, um ihr eine grobe Zusammenfassung in den Hörer zu jammern. Es tat so gut, endlich mit jemandem darüber reden zu können. Jemand, der verstand, was hier gerade passiert war. Sie spielte eine entscheidende Rolle im Verlauf meiner Regeneration. Ich fing immer wieder an, zu sagen, dass das alles war, was ich hatte. Sie konterte und redete mir streng ein, dass das nicht so sei. Mit wem rede ich wohl gerade am Telefon? Sie erinnerte mich außerdem an diesen Zettel, den ich meinen Eltern hinterließ. Das stand unter anderem drauf, dass ich mich nicht unterkriegen lasse und ich sehr glücklich sein werde. Kein Grund zur Sorge also. Schließlich begibt dich alles Schlechte nur in einen Lernprozess, aus dem man stärker wieder hervorkommt! Ich sagte ihnen auch, dass wir Menschen uns nicht einfach hinlegen werden und sterben. Dafür sind wir nicht gemacht. Und selbst wenn uns beiden was zustoße, wären wir bei dabei glücklich gewesen. Wir wussten, worauf wir uns einließen und hätten es wieder und wieder getan. Das Einzige, was bis heute noch in mir rumschwirrt, war, dass ich für Lola die Verantwortung trug und dabei nicht immer ganz bei der Sache war.

Ich war so unendlich froh, dass ich meine Mutter hatte und sie mir in jeder Lebenslage zur Seite stand. Sie fragte, ob ich heimkommen wolle und bot mehrfach an, mir Geld für eine Feuerbestattung zu schicken. So könne ich die Asche mit heimbringen. Es sei egal, wie viel das koste. Ich verzichtete. Irgendwann nahm ich alle Kraft zusammen und sagte, dass ich jetzt in die Berge fahre und sie begraben werde. Hier oben war es so schön. Sie war ein Outdoor-Hund und fühlte sich immer wohl, wenn es raus ins Gelände ging. Sie kletterte für ihr Leben gern und so entschied ich, zurückzufahren. Hier zwischen dem Unfallort und dem Tierarzt war diese unbeschreiblich schöne Gegend, die wir vorhin gekreuzt hatten und hier wollte ich sie beerdigen. Zum Glück gab mir das Gespräch mit meiner Mutter wieder einigermaßen Kraft. Wir gingen gemeinsam kurz alles durch. Es stand sogar zur Debatte, dass ich anschließend heimfahre. Das hätte aber vom jetzigen Standpunkt aus keinen Sinn gemacht und ich beschloss, weiterzufahren. Ich wollte mich auch irgendwie meinem Schmerz stellen und mich selbst damit auseinandersetzen. Was bringt es, der Familie damit auf der Pelle zu liegen. Ich hätte eh mehrere Tage gebraucht, um wieder zuhause anzukommen. Ich musste jetzt und hier selbst klarkommen und stark sein. Trotzdem fühlte ich mich erstmal allein und hilflos, konnte Mutti zum ersten Mal nicht auf Knopfdruck herbestellen.

Irgendwann erreichten wir dann einen hohen Punkt. Links bog ein Feldweg ab. Ich packte den Klappspaten, Lolas Spielzeug, einen großen Knochen und eine Muschel vom Strand in Frankreich in meinen Rucksack. Der Strand, an dem wir zum letzten Mal so richtig glücklich waren. Hier oben wehte starker Wind und am Horizont stiegen dunkle Gewitterwolken auf. Ich zog die verpackte Lola aus dem Auto und trug sie nun den Berg hinauf. Es war unser letzter gemeinsamer Weg. Ich wurde sehr sentimental, genoss aber gleichzeitig diese letzte Zeit mit ihr. Es war mir eine Ehre, sie hier auf die Spitze des Berges zu tragen. Auf dem Weg nach oben fand ich irgendwann eine geschützte Kuhle. Ich dachte mir, dass, wenn wir zusammen unterwegs wären, wohl hier unser Zelt aufgeschlagen hätten. Hier hatte man einen super Ausblick und konnte alles gut einsehen. Gleichzeitig war man aber auch sicher und der angrenzende Baum bot ebenfalls etwas Schutz. Ganz bestimmt hätte sich Lola hier mit mir niedergelassen. Ich legte sie ab und fing nun an, zu graben. Der Boden war hart und steinig. Irgendwann hatte ich ein ausreichend großes Loch erzeugt und legte sie nun vorsichtig hinein. Kurz dachte ich daran, sie aus dieser Folie auszupacken, damit sie eins mit dem Boden werden könne und sich nicht so beengt fühle, Luft bekäme. Ich ließ es dann aber bleiben. Neben den schwarzen Sack legte ich ihr die bereits erwähnten Dinge und schloss das Loch anschließend wieder.

So traurig das war, so gut tat es gerade, das alles hier niederzuschreiben. Während des Schreibens fühlte ich erneut in mich hinein, ließ meinen Fingern freien Lauf und überwand dabei meinen letzten Schmerz, bekam ein letztes Mal feuchte Augen. Ich las die vorherigen Seiten sogar insgesamt fast 10 Mal nach und merzte diverse Fehler aus, ergänzte Sachen. Durch das gründliche Formen dieses Kapitels spüre ich mittlerweile fast gar nichts mehr. Maximal noch ein ganz kleines Unwohlsein unterhalb vom Brustkorb. Ist eben schon ne traurige Story. Vor allem aber dank dem damaligen Gespräch mit meinen Eltern und dank meinem Meditations-Buch war bereits schon vorher nicht mehr viel übrig von diesem Schmerz. Trotzdem wollte ich mich dem nochmal stellen, um zu wissen, wie es um meine Gefühle steht, um Klarheit zu bekommen, alles richtig verarbeitet zu haben. Gleichzeitig will ich Lola hiermit meine letzte Ehre erweisen. Ich will zeigen, was für ein unglaubliches Wesen sie war und wie tapfer sie bis zum Ende hin gekämpft hatte. Lola war mein Kind, meine beste Freundin und meine treue Begleiterin. Hunde haben sehr menschliche Züge und denken dabei aber sehr einfach, sehr unkompliziert. Das liebe ich an ihnen. Ich würde mich freuen, wenn dieses Buch vielleicht irgendwann mal veröffentlicht wird und alle sehen könnten, was für eine tolle Hündin sie war.

Vielleicht kann ich ja hier sogar mal dazu aufrufen, mehr „gebrauchte" Hunde aus dem Heim zu retten. Es gibt bereits reichlich Hunde und hier habt ihr das beste Beispiel, dass auch solche Felle glänzen können, nachdem sie ihren dreckigen Pelz abgelegt haben. Vielleicht sogar viel mehr, als man auf den ersten Blick denkt!

Ich bin froh, nun endgültig damit abgeschlossen zu haben. Vielen Dank an dieses Buch. Es hat mir ermöglicht, das Ereignis noch ein letztes Mal voll und ganz zu durchlaufen. Auch wenn es für dich als Leser womöglich viele harte Details gab, tat es mir sehr gut, alles ausführlich zu beschreiben. Danke, dass du somit auch einen Teil meines Schmerzes auf dich genommen hast. Vielen Dank auch an meine Eltern, die Meditation und die freundliche rothaarige Dame. Ich fuhr nach der Beerdigung nochmals zu ihr und fing an, diese 20–30 Nassfutter-Büchsen vor ihrer Ladentür zu stapeln. Lolas Vorräte. Was wollte ich noch damit? Sie kam heraus und beobachtete mich mit zufriedenem Blick. Anschließend bedankte sie sich und wir umarmten uns. Ich wünsche jedem einen solchen Trost in schlimmen Zeiten.

Ausnüchtern

Der Tag danach

Die Geschichte ist noch nicht vorbei! Keine Panik. Ich will ihr noch ein rundes Ende verpassen. Das wünscht du dir als Leser bestimmt auch insgeheim. „Na denne Antenne", zurück zur Story: „Rums", schlug mir der Wind die Tür zu. Es war komisch, Lola hier zu lassen. Als ob irgendetwas fehle. Leere. Stille. Kein Hecheln mehr auf der Rückbank. Man fühlte sich jetzt ganz eigenartig und total geerdet. So komisch das klingt, es war ein interessantes Gefühl, welches etwas Angenehmes an sich hatte. Ich für mich war gerade meinem absoluten Tiefpunkt extrem nahe. Es gab kaum etwas, was man mir noch nehmen konnte. Es war vergleichbar mit dem Zustand, den ich einnahm, als mein Ellbogen den Geist aufgegeben hatte. Nur eben weitaus intensiver. Ein Zustand der totalen Gelassenheit. Trauer, Schmerz und gleichzeitig Gelassenheit. Man hätte mich jetzt können niederprügeln, mir das Auto abfackeln oder mich bis auf die Unterwäsche berauben. Nichts davon hätte mich noch stärker kränken können. Und genau mit dieser Gelassenheit saß ich nun hinterm Lenkrad und fuhr zurück auf die Straße. Zurück auf den harten Asphalt, der Lola das Leben gekostet hatte. Der Asphalt, auf dem alles startete und der Asphalt, der mich nun weiterführte.

Es half alles nichts. Ich fuhr nun also auf den Campingplatz, den ich heute früh beim Frühstück bereits ins Navi getippt hatte. Es ging Richtung Leon. Ja, genau wie der Kleinwagen von Seat. Es war an sich eine schöne Strecke. Viele ewig lange Straßen über weite Felder und durch dichte Wälder. Perfekt, um einfach nur entspannt in der Karre zu sitzen und seinen Blick melancholisch schweifen zu lassen. Dazu lief „Jonny Cash", „Being as an Ocean" und „Mukke" von „Night Beats". Das weiß ich noch ganz genau, da sie so gut passte. Das machte es echt erträglicher, Abschied zu nehmen. An einer Tankstelle erzählte ich einem wildfremden Tankwart von Lola. Er war interessiert und guckte sich mein ganzes Auto an. Er selbst hatte auch einen „abgerockten" Camper und war ganz aus dem Häuschen. Nur als er dann fragte, für wen die Rücksitzbank wäre und ob ich ganz allein reise, kam ich kurz ins Straucheln. 2 Fragen, auf die ich ab jetzt noch öfters eine angenehme Antwort finden musste.

Gegen späten Nachmittag stürzte ich dann in einer Ruine rum. Eine Art alte Pension mit Restaurant, welche einfach leer auf einer Anhöhe thronte. Man hatte Blick über die Stadt. Eine willkommene Ablenkung. Anschließend bog ich noch ein paar Mal ab und trudelte am frühen, kalten Abend auf diesem Campingplatz ein. Er lag in einem Kiefernwäldchen und ich bekam direkt große Augen als ich ihn dann zu Gesicht bekam. Es sah aus wie „off'm" Foto, war aber arschkalt. Auch der Tankwart meinte vorhin, es wären noch 300–400 Kilometer in die Wärme. Die Saison war schon mehr als vorbei und somit sah alles ziemlich leer aus. Das Tor stand allerdings offen. Ich fuhr rein und beim Aussteigen bemerkte ich einen alten Mann im Rücken. Er starrte von seinem Balkon herunter und wohnte hier mutterseelenallein. Nur seine 2 Schäferhunde hatte er noch. Wir kamen ins Gespräch, er schenkte mir ein Bier aus und wir handelten einen akzeptablen Preis aus.

Ich glaube, am heutigen Abend lief die Outlaw-Country-Playlist, während ich da hockte und meine Hand mit Büchsenbier kühlte. Währenddessen machte ich glaub' ich zum ersten Mal Aufzeichnungen in meinen Notizen. Warte kurz, ich such sie dir heraus:

„alle die lola irgendwie kennenlernen durften, können jetzt gern dieses lied anmachen und von ihr abschied nehmen. ich tat das auch, saß auf meinem klapprigen hocker mit invalidem arm, ließ das kühlende bier in meiner hand zischen und guckte auf diese vertiefung wo sie jetzt gelegen hätte … auf dich mein sonnenschein … und das lied nahm seinen lauf."

Das Lied, das in diesem Moment lief hieß „Fire in the Mountain" von „The Marshall Tucker Band". Es wurde bereits langsam dunkel und im Hintergrund hörte man Sirenen in der Ferne jaulen. Die klangen hier wie in den amerikanischen Filmen. Später dann telefonierte ich nochmals mit meinen Eltern. Sie wollten wissen, wie's mir ging, und ich erzählte von der Beerdigung. Enno hörte nun auch mit und schwieg still im Hintergrund. Ich hatte immer noch viel Schmerz in mir und musste nochmals weinen. Es war echt ein trauriges Gespräch und meine Mutter erzählte mir anschließend, dass Enno zwar herzlich wenig dazu gesagt hatte, er aber trotzdem Tränen in den Augen hatte und jederzeit losgefahren wäre, um mich holen zu kommen. Das tat so gut, dass ich nochmals stark heulen musste.

Was ich noch so in meinen Notizen gefunden hab':

„abends warme dusche die leider wie gewohnt nach 5 sek ausging und das licht nach ca 3 min … meine hand wurde immer dicker … diesen schmerz nahm ich aber gern auf mich, er war alles was mir blieb! gliederschmerzen stellten sich außerdem ein, ungewohnt kalte füße und komisches sodbrennen bei jedem mal drehen … albträume gab es keine, eher im gegenteil … ich träumte iwas gutes, erkannte früh dann aber schnell wieder die realität … ich dachte an den film lone survivor, den wir vor kurzem im hotel gesehem hatten, der schmerz in meiner hand kam mir wieder wie ein witz vor, unbedeutsam … ich akzeptierte ihn … ich war noch nie so dankbar für solch einen schmerz … klingt absurd. abends lief das bild von lola unter dem auto noch paar mal durch meinen kopf … ganz klare szene … je öfter ich diese szenerie absichtlich wiederhole, desto mehr normalisiert sie sich für mich … fuck man, ohne den meditationsscheiß wäre ich am arsch gewesen … abends kamen auf diesen einsamen platz tatsächlich noch leute, sie unterhielten sich lautstark und ich hörte das material jauchzen als eine frau anscheinend beim rückwärtsfahren einwies, anschließendes geschrei auf spanisch, dann endlich ruhe.früh kurz vor acht dann gebolze auf dem fußballplatz ... die camping spanier haben kein feingefühl, nicht einen hauch ... ein lautes aufbrausendes volk ohne feingefühl, zumindest das was ich kennenlernte ... gut, in meiner lage war ich auch sehr anfällig für geräusche"

Haha, ich musste gerade selbst wieder schmunzeln beim Lesen. Aber ja, genau das schrieb ich in dieser Nacht nieder. Es beschreibt das alles ziemlich gut und bietet nochmal einen direkten Sprung zurück in die Zeit. Ich muss immer wieder sagen, dass dieses Meditationsbuch der Retter in der Not war. Ohne diesen Haufen Papier hätte ich nicht gewusst, wie ich mit all dem umgehen sollte und alles in irgend ner' Schublade tief vergraben. Auch gegen den Schmerz in der Hand hätte ich wahrscheinlich angekämpft. Warum man uns sowas nicht schon in der Schule beibringt? Was noch viel krasser war, war, dass ich das Buch zufällig schon weit genug gelesen hatte. Ich hatte bereits wochenlang geübt zu meditieren und mich langsam rangetastet. Das war zwingend notwendig, um eine Art Grundlage zu schaffen. Als ich dann an diesem Abend das Teil wieder in die Hand nahm, sprach der Autor ganz zufällig über seine eigenen erlebten Tiefpunkte im Leben, ging einen weiteren Schritt. Es waren aber eher schon „Horrorstories" und im Vergleich zu meinem Vorfall noch viel extremer. Er erzählte in diesem Kapitel, wie ihn ein Mönch dazu aufforderte, danach zu suchen. „Wo sitzt dieser Schmerz in dir?", fragte er ihn. Klingt bizarr, hatte aber wirklich geholfen. Ich lag da also im Dachzelt, und immer als die Szene wieder im Kopf ablief, versuchte ich aufzuspüren, wo es weh tat, anstatt die Bilder und all das zu verdrängen. Es war der reinste Wahnsinn, denn es half mir wirklich sehr. Irgendwann war ich sogar wieder stark genug und fing von selbst an, meinen Kopf aufzufordern, die Szene abzuspielen. Je mehr ich dann mein Inneres abtastete und anfing zu fühlen, desto mehr löste sich alles auf. Und das noch alles in der ersten

Nacht. Krank oder? Fast schon beängstigend, was das nun alles für neue Möglichkeiten bot. Hieß das, man könnte sich nun all seinen Ängsten auf diese Art und Weise stellen? Außerdem war ich froh, nun meine ganze Kraft nicht in Rache, sondern in Akzeptanz gesteckt zu haben.

Am nächsten Morgen ging es dann der Hand sogar ein klein wenig besser. Ok, besser war übertrieben. Es war auf jeden Fall nicht schlimmer. Das war ein gutes Zeichen! Trotzdem sah sie aber schon ziemlich entstellt aus und ich wäre noch beinahe ins Krankenhaus gefahren. Als ich den Verband löste, kamen tiefe Löcher zum Vorschein. Sie glichen der Form von Lolas Zähnen. Ich füllte diese zuerst mit dem Heilhonig meiner Mutter. Der hatte die super Eigenschaft, die Wunde sehr schnell zu verschließen und man konnte sich Pflaster und Verbandszeug bei Zeiten sparen. Dadurch kam auch mehr Luft ran und alles heilte deutlich schneller. Neben diesen Rissen hatte ich aber noch ein weiteres Problem. Der mittlere Knöchel hatte ganz schön was abbekommen und war noch immer auf's Doppelte angeschwollen. Meine Hand glich der von „Mickey Mouse". Klingt erstmal witzig, nur konnte ich sie nicht bewegen. Ähnlich wie beim Ellenbogen war der Radius stark verkürzt und zugreifen konnte ich kaum. Nur ganz zart. Das hieß nun folgendes: Abbauen und fahren wieder nur mit links. Wer hätte es gedacht. Aber das war noch nicht alles. Wäre ja zu schön gewesen! Ich hatte zudem immer noch starke Probleme mit der Ferse und fies verkrampfte Waden. Muskelkater vom Joggen gestern. Ich begriff nur nicht, warum er sich so heftig äußerte. Der Kater biss mir förmlich in die Waden. Schritt für Schritt. Ich humpelte ums Auto und hatte dann nach einer halben Ewigkeit alles „ready".

Du merkst bestimmt schon, worauf das ganze nun wieder hinausläuft. Richtig, ich alte Mimose fuhr nun zu „Mc'es", loggte mich ins W-Lan ein und googelte nach preiswerten Unterkünften. Schön schummeln quasi. Ich kam ja nicht gerade erst aus dem Spa-Hotel. Naja egal.

Da Leon nicht mehr weit von Portugal war, stand heut ein Tapetenwechsel auf dem Plan. Heute war „Self-Care-Day", wenn man so will und so ging ich erst im Lidl tonnenweise Pfefferkuchen shoppen, um dann voll gefressen ins Hotel „O Mirandês" aufzubrechen. Der Typ am Telefon klang mega-freundlich, es gab eine Wanne auf dem Zimmer und das Ganze sollte gerade mal schlappe 39 € kosten. „Portugal, ich komme!!" Im Vergleich zu Spanien war's hier drüben echt günstiger. Dazu kam noch, dass corona- und saisonbedingt keine Sau Urlaub machen wollte. Die Hotels waren also teilweise um die Hälfte reduziert.

Der Ort, in dem es sich befand, war traumhaft und ähnelte einem kleinen Erholungsgebiet. Es gab weiter unten sogar einen Park, der sich über 3 Etagen in die Tiefe zog. Entlang dieser Etagen schlängelte ein Fluss, den man je 3 Mal etwas angestaut hatte. Das besagte Hotel war oben auf dem Hügel und gefiel mir sehr. Es hatte alles, was man brauchte. Man merkte aber auch, dass man hier in Portugal war. Das Zimmer sah teilweise echt merkwürdig aus. Ähnlich wie alle anderen Gebäude im Ort wirkte alles erstmal recht schick. Marmor war oft verbaut. Als man dann aber genauer hinsah, bemerkte man den ein oder anderen Fehler. Was heißt Fehler, man legte einfach wenig Wert auf's Detail und pfuschte etwas beim Montieren. Es sah teilweise aus, als hätte man einem Laien teures Material in die Hand gedrückt. Er konnte zwar etwas damit anfangen, nur reichte es nicht für einen runden Abschluss. Man bohrte gern mal Löcher mitten in die Fliese anstatt in die Fugen, und diese splitterte dann natürlich. Außerdem brachte man immer wieder gern kleine mickrige Schieberiegel an Türen an. Die klemmten immer dermaßen und wurden kreuz und quer ins Holz geschraubt. Wahrscheinlich kam hier aber auch mein penibles, deutsches Auge durch und ich musste mich nur erstmal etwas an den portugiesischen Baustil gewöhnen. Schmunzelnd legte ich mich also in die luxuriöse Wanne mit Blick auf die Toilette, die beim Spülen fast das ganze Becken mit sich riss. Hier war so Druck auf der Leitung, dass man sein eigenes Wort nicht mehr verstand, wenn man den alten, verklemmten Hebel zog. Man konnte auch nicht sitzen bleiben beim Spülen. Da wär' einem der Arsch abgesoffen! Vielleicht hatte man auch versucht, auf portugiesische Art eine dieser japanischen Toiletten nachzubauen. Du weißt schon, die wo's kein Klopapier gibt und dir auf Knopfdruck Wasser in den Allerwertesten geblasen wird. Naja egal. Zufrieden warf ich mich anschließend auf's Bett und zog mir eine Naturdoku über Wüstenfüchse rein. Junge, Junge habn die lange Ohren!

Am nächsten Morgen hieß mich dann das kostenlose Frühstück willkommen. Keine Sorge, ich hatte nicht wieder geplant, meine Jacke mit den großen Taschen mitzunehmen. Alles cool, „Amigo". Dieses Mal lief alles zivilisiert ab. Als ich runter kam, hieß mich eine quirlige Lady willkommen. Sie hatte blaue Augen und blondes nach hinten gebundenes Haar. Ich war der einzige weit und breit. Trotzdem war aber ein riesiges Buffet angerichtet. Es war alles etwas rustikal und man merkte, dass so manch frische Produkte bereits etwas zu oft aufgetischt wurden. Das Obst sah aus wie bei meiner Uroma im Wohnzimmer: Leicht braune Stellen und faltige Schale. Der Kuchen wurde auch schon zum 5. Mal hingestellt. Egal, man kann ja auch nicht immer alles gleich wegwerfen. Es war eben kaum was los hier. Ich pickte mir einfach die Dinge raus, die noch einen guten Eindruck machten. Bei Tee und Müsli konnte man schon mal nichts falsch machen. In den kommenden Tagen änderte sich das aber nochmal. Da kamen sogar ein zwei Gäste mehr und es stand oft frisches Gebäck auf dem Tisch. Man konnte echt nicht meckern über die Auswahl. Ich ließ es mir hier ziemlich gutgehen, während hinter mir wahrscheinlich einer der ersten Flachbild-Fernseher ratterte. Man spürte die Wärme und sah die einzelnen Pixel groß und deutlich. Dank dieses Geräts kam ich ganz schön ins Schmunzeln. Es liefen permanent Nachrichten und ich kam so zum ersten Mal mit der portugiesischen Landessprache in Kontakt. Die klang irgendwie verdammt lustig und ich musste mir mehrmals das Lachen verkneifen. Es war als würde man das Spanische mit dem Russischen mischen. Zumindest klang das so, als dieser „Nachrichtenheini" da seinen Vortrag hielt. Als er sprach, klang das wie lustiges Spanisch. Wahrscheinlich, wie wenn man als

Deutscher einen Holländer reden hört. Vielleicht wirkte dieser Frühstücksraum aber auch einfach nur ulkig auf mich. Er hatte etwas Osteuropäisches an sich. Ich kann's gar nicht richtig beschreiben. Alles sah aus, als wäre es damals mal modern gewesen. „Swetlana", die mir Essen brachte, die News im Fernseher und die alten schweren Holzmöbel, welche mit roten Tischdecken behangen waren, ließen mich fühlen, als wäre ich in der Sowjetunion zu Gast bei Gorbatschow.

Jedenfalls bereitete mir das alles hier ziemlich Freude. Zufrieden schickte ich meinen Eltern ein paar Bilder und auch sie waren sehr froh, dass es mir gut ging und ich wieder Kraft tanken konnte. Zufälligerweise hatte der Nachbar hier schon wieder einen Schäferhund. Ich schmiss ihm ein paar Leckerlis vom Balkon. Am Abend ärgerte ich mich dann, denn der Kollege ließ mich nicht schlafen. Er war scheinbar die ganze Nacht draußen und fing alle paar Minuten an zu kläffen. Ich fragte mehrmals, ob alles gut sei. Keine Antwort kam. Irgendwann war dann Ruhe im Karton und das weiche Bett trug mich sanft in süße Träume. Klar war das alles noch ziemlich komisch. Keiner, der mit mir Abendbrot aß, keiner, der sich heimlich mit ins Bett schlich und keiner, der mich früh weckte, weil er nachts den halben Wassernapf geleert hatte. Damit hatte ich echt noch zu kämpfen. Ich grübelte auch oft darüber nach, wo es jetzt als Nächstes hingehen sollte. Machte das überhaupt noch Sinn so ganz allein?

Außerdem beschäftigten mich diverse Anrufe. Zum einen gab es da sehr aufbauende Gespräche, zum anderen aber auch sehr niederschmetternde. Da man hier draußen immer mal ein Lebenszeichen schicken sollte, telefonierte ich nun also auch ab und an mal mit der Familie. Natürlich wusste der ein oder andere schon über den Vorfall mit meinem Hund Bescheid. Es kam fast von allen ein Anruf, bei denen sich meist immer eine männliche Person am Hörer meldete. Oma, Tante und Co. hörte man nur leise im Hintergrund zustimmen. Zum Beispiel meldete sich da Onkel Ricky aus Leipzig und fragte, ob alles gut sei und ich zurecht käme. Er spürte, dass es ein schwieriges Thema war und ging auch nicht weiter drauf ein. Dann telefonierte ich auch noch kurz mit den Großeltern mütterlicherseits. Mein Opa meldete sich mit tiefer Stimme und fackelte auch nicht lange. Er fragte nicht, wie es passierte sei, aber sprach das Thema schon relativ direkt an. Das störte mich nicht, denn er sagte in etwa: „Hey Franz, so ein Mist mit deinem Hund. Da gibts schon echt Idioten auf der Straße, oder? Erst unsere Katze und jetzt dein Hund. Da findet man schon mal so einen Begleiter fürs Leben und dann sowas. Ich wünsch dir ganz viel Kraft, bleib stark und halt' durch. Du machst das schon! Vielleicht sehen wir uns ja zu Weihnachten?" Das hatte mich sehr gerührt, da mein Opa eigentlich ein zäher Hund war, der eher ungern so unangenehme Themen ansprach. Er war vom alten Schlag und damals wurde man noch streng erzogen. Ich denke, man redete nur sehr wenig über seine Gedanken und Gefühle. So'n Kram wurde mehr oder weniger unter den Tisch gekehrt und kaum groß angesprochen. Tabuthemen. Umso beindruckender fand ich da diese aufbauenden Worte seinerseits. Die gaben mir echt viel Kraft und kamen von tiefstem Herzen!

Ich versuchte mich daraufhin mit Spaziergängen abzulenken. Irgendwie wollte ich seit neustem auch immer Joggen, aber dieses auf und ab erschütterte meine Hand noch zu sehr. So spazierte ich nun immer große Runden durch den Ort und bemerkte die bekannte Kluft zwischen Reich und Arm. Zum einen sah man pompöse Designerhäuser. Auf der anderen Seite sah man aber auch die blanke Armut. Familien in Lumpen am Straßenrand und reinste Bruchbuden. Nich' so cool. Aber sehr sehenswert fürs Auge. Ich schoss einige Fotos. Aber selbst bei diesen noblen Behausungen hatte es teilweise nicht zur Vollendung gereicht, denn man kritzelte gern mal mit „Filzstift" den Namen an die goldene Klingel, haha. Total zwiespältig. Das hatte ich so noch nie gesehen.

Ich blieb nun einige Tage hier im Hotel und kurierte mich mal wieder so richtig aus. Mir fiel auf, dass die Balkontür unbedingt sperrangelweit aufbleiben musste. Andernfalls bekam ich ein beklemmendes Gefühl, fast schon leichte Atemnot. Ich war echt krass ans Dachzelt und die frische Luft gewöhnt.

Irgendwann kompensierte ich das fehlende Gassi gehen dann mit Joggen oder skaten. Es gab hier nen hammergeilen Berg. Schön geteert und nicht zu steil. Man konnte prima die Straße surfen, ohne groß zu pushen. „Ä Träumschen" war das. Das Joggen nahm aber auch mehr und mehr eine zentrale Rolle ein. Ich wär' am liebsten den ganzen Tag gejoggt. Man konnte nahezu überall langflitzen und fühlte sich einfach gut. Davor, währenddessen und vor allem danach.

Southside

Erst unten in Ortiga fing ich wieder mehr und mehr an zu laufen. Hier ging's wieder halbwegs. Auf dem Weg hier hin machte ich aber noch einen Abstecher an die „Westcoast". Ich traf irgendwo zwischen Nazaré und Porto auf die Salzbrühe. Laut meiner Mutter wurde ich sogar hier an der portugiesischen Küste gezeugt. Ich schlief paar Nächte am Strand, versuchte, nach Amerika zu gucken, und das Kind in mir blühte kurz wieder hell auf. Bei einem langen Strandspaziergang entdeckte ich nämlich vom Wind verwehte Dünen. Wenn man oben mit Anlauf an den Rand sprang, rutschte man selbst zusammen mit kleinen Sandlawinen den Hang hinunter. Das brachte mich zum Lachen. Noch dazu kam eine Bekanntschaft mit 2 Briten. Das Pärchen hatte wieder einen klassischen Hochdach-Transporter umgebaut. Die Besonderheit lag aber darin, dass der Freund des Mädchens im Rollstuhl saß. Vom ersten Augenblick an bewunderte ich die beiden. Sie für ihre Stärke und ihn für seine „fuck-off-Einstellung". Wen juckt's das seine Beine nicht mehr so wollten. Heißt das, dass man sich jetzt in der Bude verkriechen sollte? Nein. Man kann genauso coole Sachen machen wie andere Menschen auch. Klar benötigt es ein bisschen Einsatz und etwas Hilfe, aber die beiden waren so ein eingespieltes Team, dass man sich da gar keine Sorgen machen musste. Mir zog es regelrecht den Blick in ihre Richtung, wenn sich die Schiebetür des Wagens öffnete. Sie hatten alles klappbar umgebaut und es gab eine Art Hebebühne, mit der er eigenständig rein und raus kam. Wenn sein Mädchen mit am Start war, ging es aber auch anders. Sie holte den Rollstuhl raus und er robbte vor an die Schwelle. Dann hockte sie sich nieder und nahm ihn Huckepack. Wieder absetzen im Rollstuhl und fertig. Wahnsinn! Was für ein Teamwork! Was für ein taffes Mädel! Sie war echt lässig, mit so Tattoos und Glatze und tat alles, um mit ihm zusammen eine schöne Zeit zu verbringen. Sie gingen sogar zusammen surfen und Ski fahren! Er eben nur auf dem Bauch oder im Stuhl ... aber ist doch scheißegal. Schon allein, dass er überhaupt Lust darauf hatte und es auch tat, zeigte, wie cool er mit seiner Behinderung war und wie viel Willenskraft er besaß. Wir plauderten ab und an und kochten zusammen. Nur einmal rutsche mir ein blöder Satz raus. Ich lief gerade vor an den Strand. Er saß in der Sonne und bemerkte mich. Ganz locker fragte er: „Hey Franz, how are you doing ... where you go?" Und ich dann so: „Heyho, nothing special, just walking on the beach." Nur laufen am Strand! Oh man, und das sagte ich zu einem Rollstuhlfahrer, der alles geben würde, um mal wieder einen Fuß vor den anderen setzten zu können. Zu Glück nahm er mir es nicht krumm.

Teamwork!

Nachdem wieder mal ein halber Liter Motoröl versenkt war, ging die Reise nun weiter. Naja fast. Ich musste irgendwie nochmal ziemlich dringend auf die Hütte. Gestunken wie ein Iltis hatte ich außerdem. Höchste Zeit also für ne sanitäre Einrichtung. Wo gab's die? Auf'm Campingplatz. Passenderweise lag direkt einer am Straßenrand. Gerade so musterten meine verschlafenen Augen das dazugehörige Schild. Ich stieg schnell aus, lief nervös ums Auto und versuchte, mein Frühstück so gut es ging, zurückzuhalten. Als ich in Richtung Rezeption spurtete, saß da nur irgendwie keiner. Sonst war da immer ein netter kleiner Südländer, dem man ein 2 € Stück drücken konnte, um anschließend mal kurz das stille Örtchen zu benutzen. Klappte nicht immer, aber meistens. Freundlich fragen eben. Nur ausgerechnet heute saß da keiner. Ausgerechnet heute. Ich zögerte nicht lange und lief einfach direkt durch. Siehe da, als ich fast schon hinten am Sanitärhaus war, da kamen sie auf einmal und riefen von vorn. Die Situation war etwas strapaziert, da ich gerade nicht mehr umkehren konnte. Ich musste einfach tierisch derbe auf die Schüssel. Da ging kein Weg dran vorbei. Anscheinend fanden das die Besitzer ziemlich uncool und fingen an, noch stärker zu gestikulieren und ein Telefon ans Ohr zu halten. Plötzlich spitzte sich alles zu. Diese ganze Aktion nahm schlagartig ungewollt kriminelle Züge an. Ich beschloss, nun einfach schnell mein Geschäft zu erledigen, hastig noch die warme Dusche mitzunehmen und dann möglichst schnell die Fliege zu machen. Der armen Putze, die sich da gerade abrackerte, drücke ich noch fix ihr wahrscheinlich erstes Trinkgeld in die Hand und zack war ich schon wieder weg. Mir hatte es inzwischen den Schalter umgelegt und ich hatte beschlossen, unauffällig zu flüchten. Mit meinem Gewissen war ich im Reinen und mit diesen aufgebrachten Spaniern wollte ich gerade nicht diskutieren. Die hätten eh nicht verstanden, warum ich sie nicht beachtete hatte. Ich schlich nun also wie James Bond über den Platz, mied die Kameras und suchte diesen viel zu hohen Zaun nach einer Schwachstelle ab. Natürlich möglichst unauffällig. Die Besitzer schlichen ja auch bereits durch die Gegend und der Eingang war bewacht. Man, war das aufregend. Ich war aber relativ entspannt, da ich hier gerade ja kein Schwerverbrechen beging. Trotzdem fühlte es sich wie der Ausbruch aus einem Gefängnis an. Irgendwann fand ich dann ein niedriges Gebäude, an das der Zaun angebaut war. Es war so ein fieser grüner Zaun, mit so stechenden kleinen Metallstangen. Solche, die so eng senkrecht nebeneinander platziert waren, dass der Fuß nicht zwischen passte. Egal. Ich warf meinen ganzen Kram samt Flip Flops drüber, schmiss das Handtuch über die Spitzen und stieg mit der großen Zehe in die Zwischenräume. Ging besser als gedacht. Oben schön die Balance behalten und „schwubb die wubb" war ich drüber. Mich trennten nun noch circa 400 Meter vom Auto. Der Fiesta jubelte mir schon zu: „Gleich geschafft Franz, ich mach schon mal die Zündung an!" Ich wollte schon freudig losrennen, als ich da den kleinen Zoo des Campingplatzes entdeckte. Direkt neben Hühnern, Hunden und Gänsen standen auch noch die aufgebrachten Besitzer. Ich musste ziemlich nahe an ihnen vorbei. Ich war zwar durch den Zaun getrennt und schon draußen, trotzdem wollte ich aber unbemerkt vorbei. Wer weiß, vielleicht wären sie noch vor zu meinem Auto gerannt und hätten mich aufhalten wollen. Ich schlich nun also auf Zehenspitzen am Zaun entlang. Ich hatte es beinahe geschafft, da drehte der Hund seinen Kopf und fing lauthals an zu kläffen. Verräter! Nun fing ich an zu rennen wie ein Weltmeister. Kurz vor'm Auto musste ich laut lachen. Als die Karre dann auch noch ansprang und ich ungeschoren davonkam, schrie ich noch viel lauter auf. Was für ne Aktion, haha.

Wie schon vorhin angesprochen, zog es mich nun weiter ins Land hinein. Mit meiner Mutter hatte ich abgemacht, an einem Tierheim vorbeizuschauen, um noch meine letzten Reste Futter loszuwerden. In Badajoz gab es eins. Auf dem Weg dorthin machte ich aber nochmal Halt in Tomar und Ortiga. Von der Küste bis „Bada" wär's zu weit gewesen. Lieber nur so um die 100 Kilometer am Tag. Das ist viel entspannter und man kommt noch am frühen Nachmittag an. Und wenn was schief geht, hat man noch genug Zeit, um Ersatz zu finden. Wozu auch die Eile? „Chillich" is' das! So, Tomar:

Tomar war ein glatter Volltreffer. Weißte warum? Die Stadt hatte hier einen ehemaligen Campingplatz als kostenlose Stellfläche zur Verfügung gestellt. Die Besitzer hatten irgendwie keinen Bock mehr und waren einfach abgehauen. Jetzt gab es zwar keine Waschmaschinen, Duschen und Nahrungsmittel mehr, aber eben ne reine Fläche „4 free". Hammergeil! Da sagt man nicht nein. Ich machte es mir gemütlich und parkte neben einem Baum im Licht. Die Zunge hing mir raus, als ich gerade auf schlau tat und versuchte, den Lauf der Sonne zu berechnen. Ich wollte halt am besten früh mittags und abends die warme Pracht auf der Plauze brutzeln haben.

Als ich meinen Wagen dann penibel zurecht rangiert hatte, wurde ich neugierig. Es gab eine herrliche Innenstadt mit Kneipen, Skateshops und nen riesigen Waldpark. In diesem Skateshop konnte man sich sogar was stechen lassen, wenn man wollte. Das hatte ich so noch nie gesehen: vorne Verkaufsfläche und hinten Tattoo-Studio. Ich schickte Stefan ein Bild davon ins Titus. Sowas wäre glaub ich sein größter Traum gewesen. Bei einem kleinen Laden aß ich außerdem das beste Croissant der ganzen Reise! Neene, nich' bei den Franzosen, bei den Portugiesen gab's die besten! Wer hätte das gedacht. Und glaub mir, ich aß so einige dieser schmackhaften Hörnchen auf meiner Reise. Die gab's hier unten wie Sand am Meer ... oder eben Semmeln in Ostdeutschland. Es gab sie in zig Ausführungen. Klein, ganz klein, mittel, groß oder gefüllt. Meine ausgiebigen Fressorgien in Kombi mit meiner „Sitzerei" in der Karre hatten dann noch schwerwiegende Nachfolgen. Doch dazu später mehr, haha. Ich fand in Tomar sogar ein Fitnessstudio, bei dem ich nicht etwa Gewichte stemmte, nein nein, ich nutze deren Duschen. Ich alter Fuchs. Ich überlegte mir, wie ich wohl bei der abendlichen Kälte schön warm duschen könne und kam bei einem alkoholischen Getränk auf die Idee. Der Besitzer war voll cool und wollte nicht mal Geld dafür. Außerdem war der Ort groß genug, dass es hier eine der bekannten Burgerbuden gab. Immer wenn ich ins Netz musste oder mir der Wanst drückte, zog es mich dann zum gelben „M". Das W-Lan war selbst auf den Toiletten bombastisch. Großes Lob! Auf dem Weg dahin kam ich sogar in den Genuss, das erste Mal Bananen zu pflücken. Am Abend trudelten dann ab und an Reisende ein. Neben einem Leipziger und einem Chemnitzer schlich sich aber auch eine alte „Dreadlock-Lady" auf die Area. Sie hatte einen schnuckeligen, portugiesischen Kleinbus mit Kuhfänger und Offroad-Beleuchtung. Als der Dresdner und die Leipziger am Abend beisammensaßen und tranken, zog es die alte Dame dann auch mit rüber. Sie war gebürtige Engländerin und wohnte unweit von Tomar auf dem Land.

Wie beschreib ich sie am besten? Es war eine der coolsten Bekanntschaften auf der ganzen Reise. Sie kam aus der Hippie-Party-Szene und hatte es noch faustdick hinter den Ohren für ihre 60 Jahre. Die merkt man ihr kaum an. Sie nahm kein Blatt vor den Mund und konnte echt witzige Stories erzählen ... vor allem, als das Zeug dann wirkte, das man ihr in den Tee getan hatte. Haha, ich lachte mich krumm, als sie da auf dem Stuhl rumturnte und die Zunge nicht mehr so wollte wie sie sollte. Wir verstanden uns an diesem Abend noch so gut, dass sie mich fragte, ob ich nicht mit auf ihr Grundstück ziehen wolle. Ich könne ihr helfen und sie hätte einen Hund, der sicher mein restliches Futter verputzen würde. Im Gegenzug gäbe es Essen und Wasser für mich. Klang erstmal nicht schlecht. Sie müsse nur noch morgen was im „Copyshop" drucken und ihren abgefuckten Laptop aus der Steinzeit repariert bekommen. Dann könne es losgehen. Am Morgen wendete sich das Blatt dann aber nochmal. Sie fragte mich, ob ich nicht erst in ein zwei Tagen zu ihr kommen könnte, da sie nochmal Richtung Küste auf eine Party mit alten Hasen fahren wollte. Das war mir dann alles zu schwammig und mein Bauchgefühl schien mir davon abzuraten. Generell fiel es mir schwer, sie richtig einzuschätzen und ich entschied, weiter in den Süden zu ziehen. Vielleicht ja runter bis Gibraltar ... Hauptsache Wärme. Mir fiel es echt schwer, abzusagen. Sie hatte glücklicherweise Verständnis für meine ausführlich begründete Entscheidung. Eine herzliche Umarmung trennte uns.

Am Vormittag packte ich dann wieder die Koffer und zog weiter. Alles lief mittlerweile automatisch ab und alles hatte seinen Platz. So ziemlich in der Mitte wurde ich dann erneut fündig. Ortiga hieß das schöne Örtchen, in dem ich mich nun fast noch länger als in Frankreich niederließ. Und das ganz offiziell und legal auf einem Campingplatz! Wie viel's gekostet hat? 4 € die Nacht! 4 €! Herzlich willkommen in Portugal. Und dafür gab es warme, saubere Duschen mit Hahn und ohne Timer! Dafür gab ich am Ende sogar Trinkgeld. Auch herrlich nette Menschen traf man hier. Neben dem Typ, der jeden Morgen um 9 mit dem Transporter Brötchen brachte, gab es auch noch den ein oder anderen Holländer. Die Gesellschaft tat mir äußerst gut und ich wollte seit Lola irgendwie nicht mehr allein in der Pampa stehen. Etwas menschliche Nähe und Zivilisation fühlten sich gerade ziemlich gut an. Krass, wie sich das so änderte ohne Hund. Mit Lola war es mir so ziemlich egal, wo und wie lang ich allein unterwegs war.

Ich blühte nun langsam wieder auf und alles schien sich zum Besseren zu wenden. Die Ferse machte wieder halbwegs mit und erlaubte es mir zu joggen. Ich war schon fast süchtig danach geworden und die nervige Auszeit hatte mich umso heißer drauf' gemacht. Ich fing dieses Mal langsamer an und steigerte mich Tag für Tag. Das Örtchen war ganz zufällig wie gemacht dafür. Es lag in einer Senke und beinhaltete eine Talsperre. Man fühlte sich aber nicht unwohl, weil man nicht über den Tellerrand hinausgucken konnte, da der Campingplatz leicht erhöht auf einem kleinen Hügel lag. Ein Hügel in der Senke. Von der Talsperre führte ein Fluss in beide Richtungen. Nach unten hin wurde er von einem interessanten Ufer begleitet. Um dieses in voller Pracht zu erleben, entschied man, einen ewig langen Holzsteg zu errichten. Er schwebte über den Steinen und verlor sich ab und an im Schilf. Es war so herrlich, wie es klingt. Hier entlang zu joggen war, als würde man zu Jazzmusik in einer Badewanne voller warmer Schokoladensoße liegen. Es kribbelte im Bauch, als man rhythmisch einen Fuß vor den anderen setzte. Ich ging oft sogar ganz barfuß, um alles zu spüren und zu fühlen. Dumpf schlug es im Takt, als die Ballen im Wechsel den Holzboden berührten. Es löste fast eine Art Trance in einem aus. Vor allem, wenn man lange Zeit monoton geradeaus rannte und dem Geräusch aufmerksam lauschte. Man achtete von ganz allein auf einen sauberen Laufstil und einen gleichmäßigen Atem. Leise und flach über dem Boden glitt man förmlich. Irgendwann erreichte man dann über kleinere „Trails" den Fuß eines Berges. Darauf thronten eine typische weiße Kirche und viele kleine Häuser rund herum. Ich ließ mich intuitiv treiben und rannte den Berg hinauf, erklomm den Kirchturm. Ganz zufällig entdeckte ich oben einen Wegweiser mit der Aufschrift Ortiga und so schloss sich meine Runde. Als ich unten wieder ankam, war mir nach einer Abkühlung. Ich rannte also einfach geradeaus weiter ins Wasser hinein. Es war noch früh am Morgen und dementsprechend zischte und dampfte es, als mein aufgeheizter Körper die kühle Brühe küsste. Die Glücksgefühle und das Adrenalin verliehen mir ausreichend Kraft, um eine ausgiebige Bahn zu schwimmen. Leider hatte ich beim Reinspringen die vielen grünen Algen übersehen, die nun beim Rauskommen an mir haften blieben. Ich sah aus wie ein Seemonster, als ich da zurück auf die überschauliche Campingfläche schlich. Grün und schleimig. Das erregte direkt Aufmerksamkeit. „Der hat doch ne Macke!", dachten sich die Leute bestimmt. Allerdings waren hier fast nur Holländer, die den Humor am rechten Fleck hatten und so entstanden lustige Dialoge. Ruck zuck war man per du und saß mehrmals am Tag gemeinsam beisammen. Man grüßte sich freudestrahlend und genoss zusammen dieses kostengünstige Paradies.

Unter den Holländern waren 2 ältere Pärchen, mit denen ich besonderen Kontakt pflegte. Man könnte es fast schon eine gute Freundschaft nennen. Um das Eis zu brechen, schenkte ich dem Hund von Jan und Stella etwas Futter und bekam direkt das Doppelte und Dreifache zurück. Sie waren extrem herzlich und nett und schenkten mir allerhand besondere Lebensmittel. Einmal luden sie mich sogar zum typisch portugiesischen

Mittagessen ein. Unten in der Kneipe gab es Bacalhau und reichlich Wein. Ich lernte außerdem von ihnen, dass in den Niederlanden der See das Meer und das Meer der See ist.

Neben den beiden waren da aber auch noch Wilhelm und seine Frau. Sie lebten schon seit Jahren über die Wintersaison hier in ihrem Wohnanhänger. Wilhelm war mir besonders im Gedächtnis geblieben. Man musste stets lachen, wenn man ihn sah und er hatte jederzeit einen kleinen Scherz auf den Lippen. Trotz seines hohen Alters war er noch topfit und konnte sogar fließend Englisch und Deutsch. Nur mit seinem neuen iPhone kam er nicht so klar. Die Enkel hatten es ihm aufgeschwatzt und so nahm ich mich der Aufgabe an. Jeden Nachmittag machten wir einen kleinen Workshop. Fingerabdruck einrichten, Fotos verschicken und all so'n Kram eben. Als Gegenleistung gab es dann immer „Sagres" in 0,25er Flaschen. Erst heute versteh' ich, warum man so einen Quatsch produzierte. 24 mickrige Glasflaschen im Karton. Das gab es dort überall zu kaufen. Warum nicht einfach 0,5er wie bei uns? Vorgestern traf ich zwei Portugiesen, die mir's dann endlich erklären konnte. Paulo und Angelo … mit Schweizer Akzent, haha. Da es unten am Äquator bekanntlich sehr heiß wird, möchte sich der Südländer immer gern ein frisches, kühles Bier öffnen. Um also zu verhindern, schon nach der Hälfte warme „Pissbrühe" in der Hand zu halten, macht man hier die Flaschen einfach kleiner. So ist man schon nach 4 Schlucken fertig und kann sich direkt ein Neues holen. Hahaha, da musste erstmal draufkommen. Nicht schlecht, Herr Specht. Jetzt sind wir wieder einen Schluck schlauer, Amigo!

Ok, zurück zum Holländer. Das Handy lief mittlerweile auf Hochtouren und wir suchten bereits Sachen auf Karten. Level up! Wilhelm zeigte mir oben in den Niederlanden seine Häuser. Beim 3. Anlauf klappte es dann und wir zoomten einwandfrei rein. „Hier bei de' Königen wohnen wir!", rief er freudig aus und hob dabei die Augenbrauen. Tatsache, am Rand des königlichen Territoriums konnte er mir zielgenau sein Wohnhaus zeigen. Ich geriet ins Staunen und fragte, ob sie verwandt wären und ich jetzt gleich einen Kniefall hinlegen müsse. Lachend verneinte er. Es hatte sich zufällig ergeben, dass diese Häuser frei wurden und er sie dann erworben hatte. Wilhelm erzählte mir nun mehr von sich und dass er früher bei Mercedes gearbeitet hatte. In den oberen Kreisen, in denen er damals zugange war, gab es aber nur noch Halunken, wie er so schön sagte.

Der Nachmittag verging wie im Flug und irgendwann erhob sich „Flip" von der Wiese. Flip war ihr Hund, ein Beagle und ebenfalls schon ziemlich alt. Flip erhob sich aber nicht grundlos. Es war Essenszeit und Frauchen kam schon mit dem Napf angeschlendert. Schweratmig setzte er sich in Bewegung. Apropos Bewegung: die fehlte ihm anscheinend etwas. Und als die Frau von Wilhelm dann wieder ordentlich was im Napf servierte, war es offensichtlich. Flip war zu fett! „That's too much for him. His stomach is hanging on the ground!", rief er seiner „Gutsten" zu. Ich musste laut lachen. Es gab hier jedoch ein immer wiederkehrendes Problem, was die Diät schon mehrfach verschoben hatte: Flips trauriger Blick. Den konnte er nur zu gut und dank ihm gab es auch immer die doppelte Portion. Nach der Fresseinlage zog es uns dann langsam zurück in die Behausungen. Sobald die Sonne unterging, war's kalt. Ich musste feststellen, dass ich noch immer nicht weit genug unten war.

Am nächsten Tag ließ Wilhelm dann noch einen gucken. Ich schlenderte gerade mit dem Handtuch in Richtung Duschkabine, da sah ich ihn am Auto stehen. Die Motorhaube war geöffnet und er sah mit grübelndem Blick hinein. Ich fragte, ob alles O.K. sei und er Werkzeug brauche. Dankend lehnte er ab und erklärte, dass er nur mal nach dem Rechten sehen wollte. Anschließend nahm er sich selbst nochmal auf die Schippe und sagte, dass er eigentlich keine Ahnung davon habe. Er fügte noch hinzu: „Everything I do, I make it worser than it is", und lachte darauf laut auf. Seine Mimik dazu war so genial, dass ich ebenfalls kräftig ins Lachen kam. Ach man, er war echt ein sympathischer Vogel. Auf dich, Wilhelm! Vielleicht seh'n wir uns nochmal!

In den kommenden Tagen verschlimmerte sich leider wieder dieser scheiß Fuß. Ich hatte die Faxen dicke und musste abermals mit dem Joggen aufhören. Ausgerechnet jetzt, wo's so gut lief. Ich ließ mich aber nicht runterziehen und schwenkte einfach aufs Skaten um. Ich hatte da mal diese Downhill-Handschuhe gekauft. Die waren aus robustem Material und hatten unten sogenannte „Puks" dran. Die ermöglichten einem, während man mit dem Board eine enge Kurve fuhr, die Hand auf den Boden aufzulegen und sein Gewicht drauf zu verlagern. Dadurch das nun auf dem Board weniger Gewicht lag, konnte man es in den „slide" drücken und somit seine Geschwindigkeit regulieren. Ich hatte mir dafür extra ein Brett zusammengebaut und wollte des nun endlich mal ausprobieren. Hier gab es die gewünschten glatten, steilen Straßen und ich konnte nun also prima üben. Und nein, Mutti, dieses Mal ist nix passiert, haha. Alles lief halbwegs kontrolliert ab und es fetzte ungemein. Beim „pushen" nervte aber dann wieder die Ferse. Ich schwenkte also nochmal um. Dieses Mal musste der Drahtesel herhalten. Wenigstens das musste doch noch funktionieren. Dadurch, dass nur der Ballen auf dem Pedal auflag, ging es glücklicherweise.

Ich verband das Biken gleich mit einem Besuch beim Chinesen. Es gab hier unten überall diese Chinaläden, bei denen man so gut wie alles kaufen konnte. Ähnlich wie wenn man bei uns rüber auf den tschechischen Bazar fährt. Überall standen hier diese orientalischen Buden, welche meist auch eine Werkzeugabteilung hatten und oft den Baumarkt im Ort ersetzten. Und genau hier wollte ich an diesem Tag hin. Ich war auf der Suche nach dicken Schwämmen, Terrabändern oder irgendwas Elastischem, womit ich meinen Fuß während der Fahrt dämpfen könnte. Das konnte einfach nicht so weitergehen und ich wollte irgendwie versuchen, eine Art Tempomat zu bauen. Eine Vorrichtung, die die Ferse entlastete. Und Tatsache, ich wurde fündig. Ich hatte ein paar Gummi-Spanngurte und einen extra breiten Hosenbund entdeckt. Am Tag vor der Abreise fing ich an zu werkeln. Dichte Rauchschwaden stiegen auf, als ich da in mein Auto starrte. Ich analysierte mit voller Rechenpower, wie ich hier relativ elegant diese Vorrichtung reinzimmere. Irgendwann knotete ich dann den elastischen Hosenbund um die Lenkradsäule. Ich konnte nun den Fuß in der Schlaufe ablegen und er wurde gut gedämpft über dem harten Unterboden gehalten. Um den Fuß in Position zu bringen, fixierte ich noch diese Spannseile unten am Schaltknauf. Die zogen meinen Fuß dann ein Stück nach rechts zum Gaspedal hin. Fertig war der ergonomische Tempomat „made by Franz". Hahaha. Oh man ey. Hat aber erstaunlich gut funktioniert. Später bekam ich sogar noch einen alten Golfschläger von Onkel Ricky. Der bot eine Art verlängerten Arm. Somit konnte man also auf endlosen Autobahnen mit der Hand das Gaspedal drücken. Funktionierte super und der untere Teil des Schlägers fügte sich perfekt in meine Hand ein. Und an der Raststätte konnte man sogar gepflegt ein paar Bälle vom Dach aus abfeuern, hahaha.

Nachdem eine Offroad-Gang hier kampiert hatte, wollte ich dann endgültig weiter. Die hatten echt nicht alle Latten am Zaun. Ich fand ja so Geländewägen und coole Typen echt nicht schlecht, aber das war etwas zu viel des Guten. Du musst dir vorstellen, wie du abends im Bett liegst und plötzlich eine Armada von 7–10 Monster-Trucks auf dem idyllischen Platz eintrifft. Erst war ich ganz aus dem Häuschen und guckte neugierig, später dann aber war mir nicht mehr danach. Alle ließen ihren „Rußköter" fast ne halbe Stunde nachlaufen. Man rangierte wie wild und nach und nach legte sich dichter Smog über den Park. Noch dazu lautes „Motorengeblubber". Und mit laut meine ich auch laut. Die Dinger waren alle umgebaut. Auspuff zur Seite raus und so. Neben mir parkte ein Toyota Hilux, dessen Fahrertür auf Höhe meines Dachzelts war. Am Morgen dann dasselbe Spiel nochmal: Motor warmlaufen lassen. Kurz danach kamen dann noch 2 deutsche Klischee-Renter, die direkt neben mir ihr Anwesen errichteten. Die gaben mir dann den Rest. „Siggi" musste hier ausführen, während die Chefin Anweisung gab. Sie hatten sogar Rollrasen dabei und einen ferngesteuerten Anhänger mit separatem Motor. Als mir die extra große Satellitenschüssel dann gefährlich nahe rückte, brach ich endgültig ab. Arrivederci!

Es ging nun weiter in Richtung Badajoz. Die berühmte Algarve in Süd-Portugal wollte ich auf keinen Fall sehen. Jeder sprach davon und da war bestimmt ordentlich was los. Der Spot für so „Siggi-Kandidaten". Ich spendete stattdessen endlich das übrige Futter im Tierheim. Ich behielt lediglich 1–2 Dosen, falls sich doch mal noch ein bedürftiger Hund auf der Straße rumtrieb. Es kam aber komischerweise nie dazu. Ich traf zwar ab und an Hunde, jedoch schienen die alle voll in Ordnung zu sein. Sie zogen lächelnd in kleinen Gruppen um die Häuser. Klar, was Hunde eben eigentlich so machen. Einem bot ich sogar mal was an. Er lehnte ab. Anne war mittlerweile auch auf Lolas Tod aufmerksam geworden und bot mir an, noch eine Woche runterzukommen. Das war mega-nett! Trotzdem lehnte ich aber ab. Es tat gerade gut, so ganz allein herumzuziehen und selbst mit all dem klarzukommen. Ich war auch mittlerweile nicht mehr ganz so am Boden und hatte nur noch wenige Flashbacks. Die tägliche Meditation half mir sehr bei dieser Auseinandersetzung mit mir selbst und ich fing mehr und mehr an, vorauszublicken. Ich begann nun einfach die neuen Möglichkeiten zu betrachten. Ich konnte mal problemlos ne Nacht weg sein, die „Mukke" im Auto volle Kanone auf Anschlag drehen und an gefährlichen Straßen parken. Es gab also auch Positives. Ich beschloss sogar, nun richtig auf die Kacke zu hauen und die aktuelle Hotelsituation nochmal voll auszunutzen. Aufgrund der Reisebeschränkungen waren schicke Luxusbuden auf Tiefstpreise reduziert. Das musste man doch auskosten! Gleichzeitig unterstützte man ja sogar die durstige Tourismusbranche. Als ich bei Google-Maps dann die Suche startete und „Haustiere gestattet" mal nicht beachten musste, spuckte mir die Suchmaschine nun deutlich mehr aus. Eins davon lag in Sevilla und ich bekam ein gutes Bauchgefühl dabei. Es war die dritte von vier Unterkünften auf meiner Reise und mit Abstand die allergeilste. Die Bilder hauten mich schlichtweg vom Hocker und ich fragte am Telefon mehrmals nach, ob das auch wirklich nur 38 € die Nacht kosten sollte. Tatsache! Ich könne jederzeit vorbeikommen. Oh man, das fühlte sich gut an. Ein zuverlässiges Ziel vor Augen, auf das man sich wirklich freuen konnte. Ich alter, verwöhnter Sack. Da ließ ich mir's mal wieder richtig gut gehen.

Auf dem Weg dahin hielt ich nochmal am Supermarkt. Es regnete gerade aus Eimern und man konnte kaum noch fahren. Die überdachten Parkplätze kamen einem nun sehr zugute. Die gab es hier unten fast überall, da sie die Autos super vor der Hitze schützten. Mich nun eben vor diesem Wasserfall, der sich hier gerade ergoss. Mit grummelndem Magen flitzte ich in Schlappen und Badehose rüber zum Eingang. Ich hatte noch massig Brot im Auto liegen und wollte mir paar Buletten auf'm Gaskocher grillen. Ich entschied mich für welche aus der Tiefkühltruhe. Als ich zurückkam, parkte bereits ein Mann neben mir und las zufrieden Zeitung im Auto. Ich winkte ihm fröhlich und öffnete daraufhin meine Motorhaube. Ich legte die gefrorenen Buletten dicht an den Motorblock, fischte 1–2 Päckchen geklauten Hotel-Ketchup aus dem Kofferraum und ließ den Sixpack zischen. Als der Mann dann sah, wie ich da auf der Haube saß und mir genüsslich meine Selfmade-Burger reinzog, musste er laut lachen und klatschte in die Hände. Es war ein Bild für die Götter. Dieses lange schlaksige Elend, bei Starkregen an der alten Schrottkarre lehnend, mit Backen, groß wie die vom Hamster und „Plörre" in der Hand. Genau so muss das, haha. Der Mann im Auto ließ daraufhin die Scheibe runter und man kam ins Gespräch. Wir verstanden uns prima und ich reichte ihm einen Burger durch's Fenster. Der ließ sich's schmecken, kann ich dir sagen. Wir stießen noch kurz darauf an und sanken wenig später wieder zufrieden in die Sitze unserer Wägen. Der Regen plätscherte und das Bier schmeckte. So lässt sich's leben!

Das Hotel krönte dieses schöne Erlebnis dann nochmals. Das Tüpfelchen auf dem I, wenn man so will. Noch dazu war bombastisches Wetter und ich fuhr den ganzen Tag „Hotlines" durch die schöne Stadt. Freiheit! Der Gummi qualmte, die Pumpe lief auf Hochtouren und das Dauergrinsen tat einem schon langsam weh. Abends dann kein Kanister, sondern eine XXL-Wanne mit Ausblick über die Stadt. Junge, junge, da tropft mir jetzt noch der Zahn beim Schreiben. Im Vergleich zu gewohnten Bedingungen war das ein Leben vom Allerfeinsten! Man dachte, man wäre im Himmel angekommen. Mir gefiel es, abwechselnd von diesen Extremen zu kosten.

Der verrückte Engländer

Wahnsinn! Weißte, welcher Teil jetzt kommt? Der mit dem Engländer! Kannste dich erinnern? Ganz am Anfang schrieb ich von diesem verrückten Briten in Polizei-Uniform. Der, der so Terz im Trailerpark gemacht hatte. Málaga! Klingelt da was bei dir? Ich hoffe doch, falls nicht, kannst'e gleich nochmal von vorn anfangen, haha. Nein Spaß. Wir sind also mittlerweile bei dem Teil angekommen, in dem ich mich dazu entschlossen hatte, nun endlich in die Tasten zu hauen. Wir sind jetzt also so weit vorangekommen, dass ich in diesem Buch nun davon berichte, wie ich angefangen habe, dieses Buch zu schreiben. Geeeeeil! Das heißt, du hast gelesen wie'n Weltmeister und ich geschrieben wie einer. Wie schnell doch die Zeit vergeht. Ich sitz hier mittlerweile in der tiefsten Schweiz. In dem Nest, in dem ich gerade hause, kommt nicht mal ein Auto hin. Ich war zwischendurch Bauarbeiter, zurzeit Barkeeper und ja, irgendwie auch Autor. Fetzt! Aktuell hab' ich gerade so bisschen mit meiner Ungeduld zu kämpfen, will nun endlich mal zum Schluss kommen und mich auf mein neues Umfeld konzentrieren. Also: Ende. Nein Quatsch, ich werd' das schon ordentlich bis zum letzten Satz durchziehen und dem Ende genauso viel Aufmerksamkeit wie dem Anfang widmen. Jetzt aber Schluss mit dem Gefasel und zurück zur Story:

Málaga! Hitze, warme Luft! Die Stadt, in der „Titus-Albi" immer Urlaub macht. Hier gab es neben coolen BMX-Spots in den Bergen auch diesen besagten Campingplatz. Auf dem traf man allerhand kleine Katzen, einen sympathischen Landsmann und eben diesen bekifften Officer, der hier sein Unwesen trieb. Er war echt vom anderen Schlag und führte hier gerade Papierkrieg gegen die Besitzer des Platzes. Die wollten, dass er aufhört, die Besucher zu belästigen und einfach Leine zieht. Er fühlte sich hier aber sehr wohl und war fest davon überzeugt, dass man ihm Unrecht tue. Er werde bald Eigentümer dieses Parks sein und endlich für Ordnung sorgen. So zumindest seine Worte. Beide Seiten warnten mich voreinander und spionierten sich gegenseitig aus. Hier kam sogar ab und an die Polizei und es ging heiß her. Richtiges Entertainment war das. Ich blieb neutral auf meinem Hocker sitzen und hörte mir verrückte Geschichten an. Wenn's dann aber zu viel wurde, versuchte ich das Thema zu wechseln oder die Situation aufzulockern. Einmal schlug ich zum Beispiel vor, dass mir David, so hieß der Engländer, sein Wohnmobil zeigte. Sein militärischer Kleidungsstil spiegelte sich auch in seiner Lebensart wider. Alles war streng geordnet, jeder zweite Gegenstand diente zur Selbstverteidigung und alles war doppelt und dreifach abgesichert, falls die Eigentümer ihm wieder Spione auf den Hals hetzten. Laut David war jeder zweite hier einer. Neben den Spionen gab es in Davids Welt auch Aliens. Er hatte sogar eine wilde Erklärung dafür, die erschreckend plausibel klang. Ich krieg sie aber leider nicht mehr auf die Kette. Fahr am besten selbst mal in die Berge von Málaga. Vielleicht führt er dort immer noch Krieg gegen die Eigentümer und hält tapfer seine Stellung. Ich versuchte ihm mehrfach zu erklären, dass das alles doch nicht schön war und ihn sehr bedrücken müsse. „Just move to another Park, David ...", versuchte ich ihn zu überzeugen. Er wollte aber ums Verrecken hierbleiben und ich glaube, dieses ganze Spiel hier machte ihm irgendwie Spaß. Es war in gewisser Weise sein Hobby. Er hatte sich hier schon häuslich eingerichtet, fuhr jeden Tag mit seinem Roller durch die Kante und führte eben ellenlange Dialoge mit den Menschen. Er hatte sogar die ein oder andere Katze hier. Stolz zeigte er mir eine. Sie war fast ganz weiß und hatte einen schwarzen Fleck unter der Nase. „Franz, do you know his name?", fragte er mich. Als ich den Kopf schüttelte, sagte er lachend: „Hitler." Ich musste ebenfalls lachen. Das setzte auf diese eh schon ulkige Situation noch eins drauf. Ich dachte echt, ich wäre hier im falschen Film. „Das musst'e aufschreiben!", sprach ich immer wieder innerlich. Ich machte ein paar Fotos von David und entschied mich, mit diesem verrückten Erlebnis dieses Buch einzuleiten. Es war der Auslöser für die erste Seite von „LA FIESTA".

Die Vorladung

Du fragst dich jetzt sicher, wo ich nun eigentlich so richtig hinwollte. Afrika? Das Auto als Boot umbauen und nach Amerika? Hierbleiben? Oder doch wieder zurück? Letzteres war die Antwort. Ich hatte bereits direkt nach Lolas Tod mit meiner Mutter vereinbart, an Weihnachten zurückzukommen. Meine Eltern wiederum hatten sich dafür entschieden, mir entgegenzukommen. Und zwar mit dem Wohnmobil! Das stand sowieso von Anfang an fest. Nur fuhren wir nun eben zusammen wieder heim. So zumindest der Plan seit unserem Gespräch. Um das einzuhalten und irgendwo an der oberen Mittelmeerküste aufeinander zu treffen, musste ich jetzt also links abbiegen und eine Art Runde fahren. Links in Richtung „Sierra Nevada". Von einem Extrem ins nächste, kann ich dir sagen. Nicht nur das Wetter änderte sich hier wieder ins stürmisch kühle, nein, auch die Menschen waren hier ziemlich krass drauf. Die Charaktere waren alle sehr gezeichnet, rau und irgendwie optisch sehr interessant. Gepaart war das alles mit einer atemberaubend schönen Natur. Es ähnelte alles sehr einem tibetischen Bergdorf. Falls du mal „FarCry 4" gezockt hast, könnte man dessen nepalesischen Look ebenfalls mit dem hier vergleichen. Es war einfach total abgefahren hier. Keine Ahnung, ob nur ich das so wahrgenommen hatte, aber ich hätte hier noch eine Ewigkeit bleiben können, um sämtliche Menschen mit der Kamera zu portraitieren. Alles war bezaubernd und fesselnd, wäre da nicht dieser verkackte Wind gewesen. Ja, genau, solcher wie damals an der Küste. Eins zu eins. Nur noch deutlich kälter und irgendwie angsteinflößender in Kombi mit diesem „ruffen" Gebirge und den dunklen Wolken. Wo ich auch hielt, kurz den Finger anleckte und in die Luft hielt, es war einfach überall derber Sturm. Nirgends hätte man auch nur ansatzweise das Dachzelt aufgeklappt bekommen. Das wäre einem direkt um die Ohren geflogen. Ich nahm mir nun also zum allerletzten Mal ein Zimmer. Es gab hier eine Wanne und ein großes, ornamentales Gemälde an der Wand. Ich schlief recht gut, während der Wind draußen fauchte. Das Frühstück war eines der interessantesten dieser Reise. Man kam die Treppe runter in eine Art Bar. Es gab keinerlei Hinweis für Gäste. Man kam einfach in diese verqualmte Bar, in der eine Horde harter Kerle saß und Kaffee schlürfte. Als der ostdeutsche Gringo dann einen Schritt auf der quarrenden Diele machte, drehten sich alle fies rüber, musterten mich kurz und lenkten ihren Blick wenig später wieder in die endlose Leere. An der Bar stand ein tätowierter „Jungspund". Anfang 30 war er. Er passte so gar nicht zum Rest des Publikums und wirkte etwas unbeholfen. Ich fragte ihn, wo es Frühstück gäbe. Er guckte mich abweisend an, fluchte kurz in sich hinein und antwortete nicht. Ich rief laut „Heyy!" und wiederholte meine Frage nochmals. Erst jetzt motzte er, mich irgendwo hinzusetzten. Er war echt angepisst. Frag mich nicht warum und weshalb. Er fluchte hinter dem Tresen und nix schien zu funktionieren. Ich blieb erstmal sitzen und beobachtete alles. Irgendwann zündete er sich dann eine an und tippte irgend ne „Goa-Psytrance-Mukke" ins Handy. Die Boxen fingen an zu scheppern und er lachte plötzlich laut. Rhythmisch legte er nun los und servierte mir altes „Knusperbrot" und ne riesige Wurstplatte. Schönen Dank auch: „Echt bisschen karg, findst'e nich?" In der Glotze liefen die Nachrichten. Sie berichteten über massenhaft Schnee in Nordspanien. Viel früher und stärker als sonst. Ich verschwendete nicht weiter unnötig Zeit und verschwand wieder aus der Bude. Hinten am Kofferraum machte ich mir dann noch ne Tasse Haferschleim. Der schmeckte tausendmal besser. Auf meinem weiter'n Weg durch's Dorf kamen mir viele Menschen am Straßenrand entgegen. Mit Lumpen bekleidet schleppten sie sich durch die raue Gegend. Einer lachte ganz besonders rüber zu mir und ich entschied, nochmal zu wenden. Ich wollte irgendwie unbedingt ein Foto von ihm schießen. Er hatte sogar einen Hund dabei. Ich fragte nun also mit Zeichensprache, ob ich ihn und den Hund für 1–2 Bier knipsen könnte. Er freute sich tierisch und lächelte mir ins Objektiv. Ich drückte ihm das Bier in die Hand und fuhr weiter. Nach 2–3 Kilometern ärgerte ich mich dann. Warum hatte ich ihm nicht noch etwas zu essen und vor allem mein restliches Hundefutter gegeben? Ich Idiot. Das wäre viel sinnvoller gewesen. Er guckte auch ganz kurz so wie: „Hast'e nich' noch was anderes?" Er war nicht undankbar, auf gar keinen Fall. Aber trotzdem war da ganz kurz dieser fragende Blick und ich ärgerte mich darüber. Leider war ich aber schon zu weit weg und vor allem schon zu hoch, um nochmal umzukehren. Heute ging es nämlich über die steilen Berge. Der Fiesta kam ordentlich ins Schnaufen und im Innenraum wurde es mollig warm. Wir wurden sehr belohnt für die Quälerei, denn uns bot sich eine der schönsten Panorama-Fahrten auf dieser Reise. Mir hing die Kinnlade im Dauertakt. Nachdem uns ausschließlich alte höher gelegte Trucks entgegen kamen, in denen bärtige Rocker und Frauen mit Kopftüchern hockten, erreichten wir so langsam unser nächstes Ziel: Tabernas! Der wilde Westen Spaniens. Hier wollte ich unbedingt mal hin, da ich noch im Titus ein Video gesehen hatte, in dem ein französischer Biker genau hierhin ausgewandert war und irgendwo versteckt in der Pampa eine Bar eröffnet hatte. Eine Art Oase für Rocker. Ihn ließen diese endlos schönen Straßen zwischen diesen Steppenhügeln nicht mehr gehen. Und genau das wollte ich auch fühlen. Hier sah es wirklich aus wie in der texanischen Pampa. Steppe, Wüste, Saloons und Typen mit Cowboy-Hüten. Man spürte förmlich die Freiheit. Man roch sie in der Luft, genau wie er's beschrieben hatte.

Ein Mann und sein Hund

Bevor wir uns jetzt aber ins Outback stürzen, halten wir nochmal kurz in den Bergen, um Mittag auf dem Dach des Fiestas zu machen. Das klingt doch nicht schlecht, oder?! Hier hatte man einen super Ausblick und konnte die kommende Landschaft entspannt mustern. Stück für Stück. Ich kam ganz spontan auf die Dach-Idee und baute nun alles Nötige oben auf. Gaskocher und so. Das zugeklappte Dachzelt diente als Terrasse, auf der ich meinen Liegestuhl aufstellen konnte. Da saß ich nun auf meiner Karre, mit der Pfanne in der Hand und Blick über die ewig weite Landschaft. Einfach nur geil!

Was meine Entscheidung, links abzubiegen und somit in Richtung Heimat zu fahren, nochmals bekräftigte, war ein Anruf von Enno. Eigentlich rief immer die Mutti an. Wenn er dann mal direkt bei mir anrief, gab es meistens was Ernsteres zu klären. Ein Anliegen, eine spezielle Frage oder eben eine Information. In dem Falle war es keine gute:

Er meinte kurz und knapp, dass es Post von der Polizei gab. Und zwar von der deutschen Kriminalpolizei. Ich musste kurz lachen und fragte, ob das ein Scherz sei. „Die haben sich doch vermacht Enno!", rief ich in den Hörer. Es gab da absolut nichts Gravierendes, was ich da in letzter Zeit angestellt hätte. „Is' das wegen dem Bierkasten oder was?", fragte ich ihn. Etwas schmunzelnd verneinte er. Das war das Letzte, was ich verzettelt hatte und weswegen noch Post kommen könnte. Es war eine Lappalie. Noch zu Titus-Zeiten wollte ich Pfand wegbringen und dafür nen Kasten Bier holen. Auf dem Rückweg transportierte ich die Kiste auf dem Skateboard. Ich stand mit einem Fuß auf dem Brett und schob mit dem anderen an. Es sollte nicht ewig dauern und ich entschied, gleich auf dem schön asphaltierten Radweg zu fahren. Dummerweise musste ich dabei über eine Kreuzung, von der ich dann mal ganz kurz entgegengesetzt der Fahrbahn in Richtung Fußgängerzone fuhr. „Ach, die paar Meter ..." Genau da kamen natürlich die Sheriffs mit Blaulicht und Sirene. Komplett übertrieben schnitten sie mir den Weg ab und sprangen aufgebracht aus dem Auto. „Was haben sie sich nur dabei gedacht?", fragte mich eine junge Dame meines Alters. Sie wusste auf Anhieb gar nicht, welches Bußgeld sie dafür ansetzten sollte und wollte sich nochmal per Post melden. Der Typ neben ihr, ein alter Hase, musste die ganze Zeit schmunzeln und sagte recht wenig. Ich glaub, er hätte sich gern einfach selbst ein Bier genommen. Jedenfalls freute ich mich schon auf die Bezeichnung dieser Straftat: „gefährlicher Transport von Alkohol auf nicht verkehrstauglichem Vehikel" oder so, haha. Ich fragte Enno also, ob's das war. Er verneinte nochmals. So langsam spuckte er mir nun den Inhalt dieses Briefes aus. Halt dich fest, denn es war eine Vorladung, in der ich mich zum Erwerb von Betäubungsmitteln äußern sollte. Und das in einer Woche auf dem Revier in meiner Heimat. „Orr nee, das muss ein Irrtum sein …!", sprach ich durch die strapazierte Leitung. „Ich hab' seit 1–2 Jahren nicht mehr gekifft, geschweige denn in letzter Zeit irgendwo derartige Einkäufe getätigt." Enno meinte, er rufe dort erstmal an und frage, ob sie sich nicht vermacht hatten. Falls nicht, bringe er es meiner Mutter schonend bei und gebe mir dann nochmal Bescheid. Am Abend kam dann der Anruf. Ich schreckte auf und jonglierte das Telefon in meinen Händen. Meine Mutter meldete sich mit: „Na Freundchen?" Oje, das hieß nichts Gutes, haha. Sie erzählte mir, dass dieser Kommissar vom Revier da meinte, ich hätte vor circa 4 Jahren mit mehreren 100 Gramm Cannabis zu tun gehabt. Uff. Mir blieb kurz der Atem weg. „Was hab ich? Vor 4 Jahren? Ähh was … und da kommen die jetzt damit an?", fragte ich meine Mutter. „Anscheinend schon. Stimmt das?", fragte sie gegen. Ich geriet ins Straucheln. Sicher war, dass ich kein „Lämmchen" war, das brav in der Ecke hockte und Zuckerwatte fraß. Ich hatte da schon die ein oder andere Erkundungstour gestartet. Aber das ich irgendwo so nen Batzen Kiffzeug gekauft haben sollte, das war mir neu. Ich wusste auch einfach nicht mehr genau, was ich da vor 4 Jahren alles angestellt hatte. Ich lass das jetzt mal so stehen. Diesen Termin in einer Woche konnten wir ebenfalls verschieben.

Bis zum heutigen Zeitpunkt ist noch immer nichts Näheres herausgekommen. Auf jeden Fall war's mir unangenehm, weil es die Zeit war, in der mir meine Eltern starkes Vertrauen geschenkt hatten. Sie ließen mich mit frisch gebackenen 16 Jahren allein in die Großstadt ziehen und jetzt kam raus, dass ich da angeblich so nen Blödsinn angestellt haben sollte. Das war ja nicht mal was Lustiges wie mit dem Bierkasten. Auch wenn Gras ja an sich nichts Schlimmes ist und nur aufgrund eines Gesetzes gesellschaftlich nicht toleriert wird, war und ist es somit trotzdem eine verbotene Droge. Es war mir echt unangenehm vor meinen Eltern. Egal, ob es passiert ist oder nicht, es lag so eine gewisse Enttäuschung auf der Leitung. Ein Vertrauensbruch. Ich hatte arge Gewissensbisse und schrieb Enno am Abend nochmal eine Nachricht. Cool wie er war, erkannte er mein Leid und schrieb: „Mach dir da mal keine Sorgen. Wir waren alle mal jung und haben Scheiße gebaut. Der eine mehr, der andere weniger. Hauptsache ist, dass du nicht abhängig bist und dein Leben auf die Kette bekommen hast. Den Rest klären wir schon irgendwie." Man, war ich froh, solche Bezugspersonen um mich zu haben. Zum Glück war Enno früher selbst ein Banause, hatte somit eine erfahrene und lockere Sicht der Dinge und konnte die Situation dadurch etwas entschärfen. Danke!

Texas

Zum Glück bretterte ich gerade diese endlos langen Straßen entlang. Die sorgten mit ihren zahlreichen Eindrücken für ausreichend Ablenkung von meinem baldigen Gefängnisaufenthalt. Spaß! Ich passierte ein Restaurant mit fetten Ami-Schlitten, was den Namen „Route 66" trug. Außerdem war am Straßenrand ein Drehort namens „Fort Bravo". Aufgrund der Landschaft hatte man hier damals und auch heute unzählige Western gedreht. Es war einfach nur cool. Genau mein Ding. Die Atmosphäre hier ließ mich glücklich werden. Ganz zufällig passierte ich dann einen „Cementerio", also einen Friedhof, und entschied, nun zum ersten Mal neben den Toten zu parken. Eine der besten Entscheidungen dieser Reise. Warum? Friedhöfe in Spanien waren einfach nur praktisch. Ganz einfach. Klingt zwar erstmal bisschen komisch, war aber an sich voll geil. Die waren am Rand eines Ortes und somit ruhig gelegen, es gab hohe weiße Mauern, die vor'm Wind schützten, da waren Müllcontainer, Toiletten und zu guter Letzt sogar fließend Wasser. Aaaaalter! Eine bahnbrechende Möglichkeit kam hier gerade ins Rollen. Ich fuhr nun also neugierig ab von der „Route 66" und näherte mich dem Friedhofsgelände. Es war einfach nur schön! Diese weiß gestrichenen Mauern, die Sauberkeit und die zahlreichen grünen Kiefern, die hier auf dem Asphalt sprossen, ließen mich breit grinsen. „Warum bin ich da nicht eher draufgekommen?", plapperte ich vor mich hin. Es war gerade windig wie Sau und so kam mir diese rettenden Mauern sehr zugute. Die Toten, welche in Spanien meist übereinander gestapelt in langen Wänden aus weißem Beton untergebracht waren, sah man hier kaum. Man war gut abgetrennt und musste nachts keine Angst haben. Was außerdem angenehm war, war der große geteerte Platz. Er war sauber und man konnte barfuß laufen, ohne großartig Staub, Dreck oder Waldboden mit ins Zelt zu schleppen. Es gab einfach nix zu meckern. Selbst eine Dusche ließ sich hier einrichten. Ich stellte einfach den Kanister auf die hohe Mauer und ließ das Wasser in der Mittagshitze über mich plätschern. Und Wäsche waschen war dank fließend Wasser auch kein Problem. Ich hatte ja diesen 20 L Falteimer dabei und so knetete ich meine dreckigen Klamotten darin ordentlich durch. Der Typ im Globetrotter sagte damals zu mir: „Wie eine kleine Katze!" Er meinte damit, dass man beim Waschen die Handbewegung einer bei der Mutter trinkenden Katze nachahmen solle. Dazu den Stoff schön aneinander reiben und fertig war die Laube. Funktionierte einwandfrei. Ich fühlte mich pudelwohl und genoss diese Unabhängigkeit sehr. Nur frische Lebensmittel musste man eben ab und zu mal vorn am Supermarkt holen.

Ich ließ mich hier eine ganze Weile nieder. Es kamen ab und an mal alte Leute angeschlichen oder am Vormittag die Müllabfuhr, die die Tonne leerte. Die lachten immer herzlich und man grüßte sich schon wie daheim. Ich hatte ein echt gutes Gewissen bei diesem Platz und startete tagsüber dann so manche Erkundungstour. Es gab eine schöne kleine Stadt am Hügel: Tabernas. Hier war's schon weihnachtlich geschmückt und ich checkte alles aus. Cool war diese Kneipe unten in der Senke. Da aß ich immer Bratkartoffeln und schnorrte W-Lan. Einmal kam ein Pärchen rein. „Howdy!", rief der Typ laut durch den Saal. Es war so ein richtiger Konny-Reimann-Verschnitt, gemixt mit einer Art „Crocodile Dundee" oder so, haha. Er und die Frau kamen hier mit dem Truck an und genehmigten sich das ein oder andere Bierchen. Man war das cool! Als ich wieder zurück zum Lager dackelte, kreuzte dann noch eine Bikergang die endlos lange Gerade. Alle lachten und fuhren Schlangenlinie. Abends tauchte sogar noch ein Friedhofskater auf. Kein „Skater", ein Kater. Man war der scheu! Der machte nen extra großen Bogen um mich. Er wurde jedoch von Tag zu Tag mutiger und wir grüßten uns schon immer aus der Ferne. Auch wenn das nicht so gut für Katzen war, entschied ich mich, ihm eine Büchse Hundefutter zu servieren. Ich lief weit von meinem Auto weg und kippte die Büchse auf den Boden. Anschließend lief ich wieder zurück und setzte mich auf den Hocker. Vor lauter Schreck war er schon fast vorn um die Ecke, als seine Nase dann plötzlich den Duft empfing. Er war hin und her gerissen. Als ich ihn nicht mehr anstarrte und anfing, selbst etwas zu kochen, kam er dann Stück für Stück näher. Ich war ganz ruhig und beobachtete ihn aus dem Augenwinkel. Sobald man den Kopf zu ihm drehte, ging er 3 Schritte zurück. Es dauerte sehr lange, bis er sich dann endlich ganz flach an die Beute schlich. Er schnappte sich einen großen Brocken und schleppte ihn in sichere Distanz. Es war wirklich schön zu sehen, wie er Tag für Tag näher kam und mir mehr und mehr vertraute.

Am nächsten Morgen wanderte ich dann mal hoch zum „Tor zur Wüste". Das war laut Stellplatz-App eine Art „DIY Campingplatz". Ich bekam große Augen als ich oben ankam. Es war alles so, wie ich es schon erahnte. Ein Deutscher hatte sich hier niedergelassen und baute sich Stück für Stück sein kleines Abenteuerland.

Es gab so einen Wasserturm aus Holz, der das Duschwasser fasste, einen Saloon, wo gesoffen wurde und viele schöne Stellplätze für Camper aus aller Welt. So richtig mit Strom und so! Sowas Ähnliches war eigentlich auch mein Traum. Nur bisschen „punkiger" vielleicht. Wie bei Andy so mit Halfpipe und Feuerstelle. Oder ne Rampe auf nem Dach, über die man mit nem Moped in' Pool springen könnte. Ja man! Und daneben ne Bühne, auf der „Prügelmusik" läuft. Hinterm Haus noch nen Buddha Tempel mit plätscherndem Wasserfall und englischem Rasen, um meinem neuen Lifestyle bisschen treu zu bleiben ... das wär's doch, hahaha! Für die zukünftigen Schwiegereltern könnte man ja noch etwas abseits paar gebrauchte Wohnanhänger aufstellen. Einfach so Land irgendwo im nirgendwo, wo man tun und lassen konnte, was man wollte. Ein Outlaw! Und um nicht ganz auf dem Zahnfleisch zu kriechen und ein paar Kröten in der Tasche zu haben, richtet man hier und da das ein oder andere Plätzchen zum Übernachten ein. Das wär' doch was.

Beim norddeutschen Vorbild hier lief es auf jeden Fall prächtig. Halb Deutschland war hier versammelt und genoss die Freiheit.

Ich geriet ganz schön ins Nachdenken. Überall sah man diese „SE VENDE-Schilder", welche zum Verkauf stehendes Land oder Gebäude zeichneten. Direkt unten am Friedhof gab es einen Schrottplatz mit Werkstatt, neben dem ein kleines Haus gebaut war. Die Fläche samt Gebäude stand zum Verkauf und ich schlich fast täglich dort rum. Man hatte Blick in die Steppe und es lag am Rand dieser Ortschaft. Ich verliebte mich schon fast und lunzte zwischen den Fensterläden durch. Ich konnte mir schon die Bikerkneipe, die Fixie-Werkstatt oder die Halfpipe auf dem Dach bildlich vorstellen. Irgendwann rief ich dann mal die Nummer an. Leider ging aber keiner ran. Ich wollte eigentlich nur wissen, wie viel es kosten sollte und ob mein Rest noch dafür reichen würde. Es kam nur nie dazu und ich lagerte den Gedanken erstmal im Hinterregal.

In den kommenden Tagen genoss ich nochmal ordentlich die Location. Ich aß ne leckere Pizza im Restaurant, fuhr mit dem Skateboard den Hügel runter, während sich mir zwei Biker anschlossen und nebenher tuckerten und ich entdeckte so richtiges Hinterland. Dort wohnte anscheinend eine Art spanischer Redneck, denn es wedelte eine Südstaaten-Flagge in der Luft. Alles sah wüst und abgerockt aus und vorn gegenüber vom Pickup kläffte ein 2 Meter großer Hund.

Vom Hund zum Kater. Ich sagte dem Kater „adios" und fuhr nun weiter auf einen nahegelegenen Campingplatz. Ich musste langsam aber sicher weiter, um meinen Eltern etwas entgegen zu kommen. Auf dem Weg dahin wollte ich es nochmal wissen und bog auf staubigen, losen Untergrund ab. Der Country war volle Pulle aufgedreht und die Räder drehten durch. Es war einfach nur geil hier. „Little Texas" hieß der heutige Zielort. Wieder einer, der ein bisschen Land gekauft hatte und es den Campern zur Verfügung stellte. Nur diesmal kein Fischkopp' von der See, sondern ein äußerst sympathischer Engländer von der Insel … verdammt, ich hab' den Namen vergessen. Er backte früh morgens frische Croissants, es gab einen Pool und ich konnte mal wieder richtig Wäsche waschen. Der Preis war auch voll in Ordnung. Kann ich nur empfehlen. Auch hier traf man wieder Deutsche, die aus dem kalten Norden geflohen waren. Meine Nachbarn sprachen also dieselbe Sprache wie ich und man verstand sich gut. Mit dem Mann verstand ich mich besonders gut. Man kam direkt ins Gespräch, da er oben am Pool ein Teleskop aufgebaut hatte. Hier in der Wüste gab es kaum Lichtverschmutzung und so bestaunte er nachts immer den strahlenden Himmel. Er stellte sich sogar den Wecker und schoss dann auch Fotos davon. Ganz nebenbei war er höchst intelligent. Er hatte eine große Firma und gestaltete sogenannte Mikrooptiken. Das hieß auf gut deutsch, dass er beispielsweise die Bauteile in einem Smartphone sinnvoll anordnete. Alles musste äußerst platzsparend angebracht werden und durfte natürlich nicht heiß laufen. Das war total interessant. Was ich noch weiß, ist, dass er die Kameras von „iPhone" sehr lobte und meinte, dass die heutige Technik bereits äußerst ausgereizt war. Man könne kaum noch leistungsfähigere und kleinere Geräte herstellen, da sich die Prozessoren auch einfach nicht mehr anders aufbauen ließen.

Der Türsteher der Rednecks zusammen mit seinen Freunden Kyle, Eric und Stan ... aber wo ist Kenny ... neein ... sie haben Kenny getötet, hahah

Tintenfisch in der Dose

Du wirst es nicht glauben, aber es ging nun fortan von einem Friedhof zu andern. Ohne Scheiß, das ist die Quintessenz dieser Reise. Meine Botschaft an alle Reisenden in Südeuropa. Die Erkenntnis dieses Buches: Friedhöfe! Hahah! Meiner Meinung nach einfach perfekt. Wie gesagt, man hatte seine Ruhe und konnte trotzdem gleichzeitig die lebhafte Stadt abchecken. Mein absoluter Tipp für deinen nächsten Trip nach Spanien, haha. Ganz nebenbei konnte man diese Art Parkplätze auch super über Google-Streetview einsehen.

Neben den unzähligen Grabstätten gab es da noch zwei wunderbare Bekanntschaften. Gut, mit meinen Eltern waren es 3. Auf jeden Fall war Nummer eins ein ganz spontanes Wiedersehen. Rate mal. Horst! KK! Königreich Kempten! Der der mitten in der Wüste mit'm Fahrrad aufkreuzte. Ja, genau der! Er war schon wieder für ne Woche „on the road" ans Meer.

Aalter, ich glaub ich hab' gerade leicht einen sitzen. Sorry wenn der Satzbau bisschen kreativ wird. Aber ist doch mal ne coole Abwechslung haha. „Gudde Laune"!

Jedenfalls traf ich mich mit Horst Lichter unten in der berühmt-berüchtigten Schlangenbucht. Schlangen gab's da aber keine. Nur ne Ziegenwiese daneben, wo's aber auch keine Ziegen gab. Kein Scheiß. Laut Horsts Recherchen hatten die Deutschen Urlauber das so benannt. Deren zweites zuhause. Frag mich aber nicht, wieso das so hieß.

Zusammen mit Horst ging ganz schön die Post ab. Wir machten jeden Tag Touren zu Fuß und zu Rad. Fahrrad mein ich halt. Wir aßen schwarze Paella, gefärbt mit Tintenfisch-Tinte und kippten ordentlich Wein. Außerdem gab's wieder Nudeln mit diesen „Heinz Baked Beans in Tomatensauce". Das wurde fast schon zum Ritual und war hauptsächlich der Inhalt von Horsts Staufächern. Daneben auch Milch. Die hatte er immer dabei, brauchte sie aber nie. Aus dem Grund schenkte er mir jedes Mal eine Packung. Ja, so war das.

Prost!

Kommen wir zu „Nummero dos". Die zweite Begegnung. Ja, na klar. Wieder ein Friedhof. Du musst dir nun folgendes vorstellen: Ein Örtchen namens Albanilla. Achtung, die zwei „l" spricht man wie ein „j". Sonst werden die Spanier „aggro"! Den Ort kannst du dir wie ein kleines „Rio de Janeiro" vorstellen. Also nich' ganz, aber fast. Es gab da zumindest so nen Jesus auf'm Berg und verschachtelte Buden den Hang hinauf. Neben dieser Figur, hoch oben am Berg mit Blick über alles, gab's sogar nen Spot, zu dem man mit nem Kleinwagen fahren konnte. Geheimtipp! Scheiße, verraten, haha. Naja, egal. Unten am Fuße dieses schönen Dorfes gab es „Tintenfisch in der Dose"... ach quatsch, das kommt später. Unten am Fuße dieses schönen Dorfes gab es ... einen Friedhof! Natürlich, was sonst. Einen mit zwei Friedhofsgärtnern. Zwei wie „Ernie und Bernd". Ja Mutti, ich weiß, der wird nicht so geschrieben, haha. Das hatte ich als Kind schon immer falsch gesagt. Also, die zwei Gärtner. Der eine schon von weitem am Grinsen und Winken. Total „sympatico"! Als er lachte, konnte man unschwer erkennen, dass es nicht mehr allzu viel Zähne gab. Das machte ihn aber irgendwie umso sympathischer. Der andere kam wenig später zum Vorschein. Ebenso alt, ich denke um die 60 Jahre, und genauso dolle am Lachen und Winken. Die freuten sich einfach total und das, obwohl sie mich vorher noch nie gesehen hatten. Wie cool war das denn?! Da standen sie nun und empfingen mich hier. Ich fragte nach „dormir aqui" und formte dabei meine Hände als Kopfkissen. Ich gähnte noch dazu. Sie verstanden sehr schnell und es war absolut kein Problem, dass ich hier am Rand der Parkfläche mein Dachzelt aufbaue. Eine herrliche Zeit begann! Falaticho, so hieß der eine, kam jeden Früh immer mit dem Moped und winkte mir fröhlich beim Frühstück. Wenn ich mal verschlafen hatte, spritze er mit dem Gartenschlauch rüber. Es war wie unter guten Kumpels. Die Krönung war, dass abends sogar Bier auf meinem Klapptisch stand. Sie hatten mir es hingestellt, als ich weg war. Was für eine nette Geste! Tagsüber machten wir viel Quatsch zusammen. Ich lernte, dass „förgi förgi" so viel wie bumsen hieß und lernte einen weiteren lustigen Kumpanen kennen. Er betrieb Aktmalerei und brachte mir frische Datteln von der Palme. Es war so schön, das kannst du dir nicht vorstellen.

Nur als dann „la policia" aufkreuzte, war's kurz nicht mehr so witzig. Es war allerdings berechtigt. Zu dem Zeitpunkt war irgendwie ganz plötzlich ne Beerdigung in Gange und ich hatte da aus Versehen mein ganzes Auto ausgeräumt. Ich wollte mal wieder richtig Staub saugen. Dummerweise lag da auch mein Baseball-Schläger und alles mit draußen. Einer dieser entspannten südländischen Polizisten trat kurz gegen diesen total zerkratzten und verbeulten Schläger und fragte: „Baseball?" Ich musste grinsen und antwortete mit: „Jaja, Baseball!", und betonte dabei sehr deutlich, dass ich den Sport meine. Hahaha, Wahnsinn, er ließ mir das durchgehen. Ich musste nicht mal Dokumente vorzeigen. Nicht einmal auf meiner Reise. Sie meinten nur, ich solle mich hier etwas bedeckt halten und nicht mehr allzu lange bleiben. Das war Ok. Falaticho und sein Kumpel verspotteten die beiden, als sie wieder fuhren. Ich solle ja hierbleiben! Wie auch immer. Ich hatte erstmal Mühe, mich dabei einigermaßen bedeckt zu halten, während hier unzählige Leute im schwarzen Gewand vorbeiliefen. Einer guckte immer wieder rüber und kam irgendwann auf mich zu. Seine Worte waren in etwa: „Was zur Hölle machst du hier?" Ja, ein Deutscher! Im hinterletzten Dorf, haha. Etwas unangenehm war's mir schon, und ich konnte mich schwierig erklären. „Tja, was mache ich hier …", fing ich an. Er hatte spanische Gene und seine Oma lag hier gerade in der Kiste. Er kam aber nicht auf dem Kriegsfuß. Alles war cool, wir tauschten uns kurz aus und mussten am Ende sogar lachen.

Die Tage verzogen wie im Flug und bald hieß es, leider Abschied nehmen. Ich kurbelte nochmal kurz meine Kreativität an und verpackte ihnen ein Stück meiner Heimat als Geschenk: „Ä waschechtes Neidaarfer Raacherkarzel"! Haha, das ist ein krasser „insider" den nur die Gebirgler verstehen werden, aber egal. Ein als Kegel gepresstes schwarzes Räucherstäbchen, könnte man sagen. Ich schrieb zu diesem exotisch aussehenden Geschenk noch eine Bedienungsanleitung auf spanisch und hinderte die beiden daran, es mit der Zunge anzulecken oder gar zu probieren. Hahaha, das waren echt zwei Scherzkekse. Ich wäre gern länger geblieben und hätte dir noch den ein oder anderen Gag erzählt. Irgendwie war ich aber auch sehr froh, endlich meine Eltern wieder zu sehen. Sehr sehr!

Ach fuck, jetzt hab' ich das mit dem Tintenfisch vergessen ... ich häng's einfach noch ran. Es gab da eigentlich nur ein Telefonat mit meiner Mutter. Ich fragte nebenbei, was ich wohl auf meiner Rückkehr als Weihnachtsgeschenk für die Familie mitbringen könnte. Meine Mutter sagte, dass ich da schon was finden werde. Die Kulinarik hier biete ja ordentlich was. „Solange es nicht Tintenfisch in der Dose ist ...", sagte sie noch zum Schluss. Das war dann die Scherz-Idee. Neben einem Hauptgeschenk gab es für jedes Familienmitglied eine kleine Büchse mit eklig aussehendem Meeresgetier. Und hier in Albanilla gab es besonders viele Variationen. Glaub mir, die Produktpalette war wirklich breit gefächert, was das anging. Schnecken, Muscheln und Haufen so'n Kram eben. Außerdem fand ich noch spanischen Rattenleim für meinen Onkel Ricky, den alten Schädlingsbekämpfer. Und Amigos, typische Kippen von hier unten. Auch diese praktischen Emaille-Pfannen, in denen man Paella machte, schleppte ich mit heim. Vor allem aber palettenweise spanisches Büchsenbier. Ich fand's irgendwie witzig und freute mich schon auf die Gesichter, wenn man erstmal nur so ne Tintenfisch-Büchse überreichte.

Feliz Navidad

Vielleicht liest du das Buch ja gerade während einer stürmischen Winterzeit. Falls nicht, kannst du jetzt aber trotzdem die Weihnachtszeit einleiten. Ich wette, es fällt dir genauso schwer wie mir. Hier unten war's nicht brütend warm, aber trotzdem auch nicht frostig kalt. Relativ angenehm eben. Umso schwieriger war es, in Weihnachtsstimmung zu kommen. Vor allem für mich als alten Erzgebirgler, wo die Weihnachtstradition wohl am stärksten auf dieser Welt zelebriert wird. Ich ließ mich nicht lumpen und fing nun an, etwas zu dekorieren. Beim „Fidschi" des Vertrauens kaufte ich Kerzen, eine Lichterkette und überdimensionierten Baumschmuck.

Ich war mittlerweile bereits in der Nähe von Barcelona. Eigentlich wollte ich meine Eltern ein Stück weiter unten auf einem dieser Friedhöfe empfangen. Leider hatten sie aber nur ein paar Tage frei und so mussten wir den Ankunftspunkt etwas in Richtung Norden verlagern. Hauptsache, noch Spanien.

Des Weiteren kreuzte ein fieser Zwischenfall die besinnliche Stimmung. Halt dich fest, denn meine Eltern wurden direkt in der ersten Nacht betäubt und ausgeraubt. Um mir eine Freude zu machen, liehen sie sich ein extra schönes großes Wohnmobil. Es bot Platz für 4 Leute und den neuen Hund der beiden. Es hatte alles, was ich mir immer sehnlich erträumt hatte, als ich da auf meinem klapprigen Hocker saß und die Pfanne ausleckte. Oft lunzte ich abends in der Kälte in die noblen Luxuskarossen, sah den Leuten beim Anstoßen zu und versuchte, den Fernseher zu erkennen. Aus diesem Grund organisierten sie nun also diesen schicken Schlitten. Vielleicht war er sogar etwas zu schick und lenkte zu viel Interesse auf sich. Interesse der französischen Gangster! Ja ganz genau. Die hatten's nämlich dann auch direkt auf sie abgesehen. Meine Eltern entschieden sich nach einer „Brügeltour" mit einigen Startproblemen, erschöpft an einer französischen Raststätte schlafen zu legen. Das war dann auch der Fehler. Ich ärgere mich bis heute, ihnen nicht davon abgeraten zu haben. Nun kam es, wie es kommen musste, und sie erfüllten voll und ganz das Klischee. Die Ganoven schleckten sich schon die Mäuler und ließen wahrscheinlich in der Nacht dieses Schlafgas zur Lüftung rein. Enno, der eigentlich bei jedem „Mux" aufwachte, schlief die ganze Nacht lang wie ein Stein. So gut wie nie zuvor, meinte er früh am Hörer. Er berichtete mir, wie sie wach wurden und erst gar nix bemerkten. Erst als Enno dann meine Mutter verdächtigte, sein

Geld aus dem Portmonee genommen zu haben, schlich sich so langsam das schlechte Gewissen ein. Meine Mutter hatte es volle Kanne erwischt. Bei ihr waren Handy und Geldbeutel weg. Irgendwie hatten die Gangster es sogar schon geschafft, Geld von der Karte abzuheben. Bei Enno war zum Glück alles noch da. Dort hatten sie, wie gesagt, nur das Urlaubsgeld rausgefischt. Das größte Glück war aber, dass es allen Dreien gut ging! So schlimm das alles gerade war, kein Geld der Welt hätte ersetzt, wenn einem ernsthaft etwas zugestoßen wäre.

„Die ‚Muddi' ‚hamse' gleich mit aufs Revier genommen", fuhr Enno fort. Zum ersten Mal erlebte ich ihn wirklich aufgebracht. Er war da nun ganz allein, hatte seine Knete verloren und es stand noch eine endlos lange Fahrt bevor. Das tat mir echt leid. Zum Glück ging dann aber alles seinen Gang und Enno stellte ganz nebenbei noch einen Rekord im Langstreckenfahren auf. Ich glaube, er fuhr an diesem Tag noch bis Mitternacht durch und sie kamen tatsächlich noch am selben Tag bei mir an. Also doch noch ein „Happy End". Ha, denkste. Kurz vorm Ziel lagen die Nerven nochmal blank. Ich hatte einen besonders schönen Platzt herausgesucht, der auch besonders gut zugänglich war… nicht. Es ging einen extrem steilen Hügel hinauf und musste dann noch zwischen Bäumen, Wurzeln und tiefen Löchern manövrieren. Mach das mal mit so ner' Bude! Mit dem Fiesta kein Ding. Für die „Chaoscamper" allerdings nochmal ne ordentliche Challenge. Sie verkeilten sich beinahe noch zwischen parkenden Autos und hätte die Mutter nicht den Rückspiegel eines fremden PKWs zur Seite geklappt, hätte man sie wahrscheinlich mit dem Helikopter wieder rausheben müssen. Sorry dafür nochmal. Und das, obwohl Enno ein Profi war.

Der ganze Ärger lohnte sich dann aber wirklich und war schnell vergessen. So glücklich hatte ich meine Eltern nur sehr selten gesehen. Ich hatte schon ordentlich einen sitzen, da ich etwas zu früh angefangen hatte zu trinken. Dadurch dass sich die Ankunft etwas verspätet hatte, taumelte ich nun so vor mich hin und musste mich halb am Baum stützen. Dazu hatte ich alles weihnachtlich geschmückt und eine lustige Brille auf. So ne

Scherzbrille, die mich aussehen ließ wie einer von Knecht Rupprechts besoffenen Wichteln. Man war das witzig, hahahah! Die Fahrt war direkt vergessen und wir fielen uns in die Arme. Ich drückte den beiden direkt ne Büchse in die Hand und wir ließen's uns endlich gut gehen.

Eine sehr schöne Zeit begann und wir feierten den 24. unten am Strand. Premiere! Kein Schnee, keine Heimat. Was ebenfalls sehr gut tat, war dieser Vierbeiner, der sich doch tatsächlich noch an mich erinnert hatte und nun mit mir durch den Sand tobte. Man tat das gut! Abends gab's dann trotzdem traditionelles Essen, importiert aus dem Erzgebirge. Das hatte meine Mutter alles noch vor der Abfahrt gekocht, tiefgefroren und am Ende fast vergessen rechtzeitig aufzutauen. Da lag dann erstmal ein Batzen Eis auf den Tellern. Haha, das werd' ich nie vergessen. Es war aber wirklich schön und vor allem zwanglos. Man musste mal nicht Punkt 6 Uhr am Tisch sitz'n, 'ä Racherkarzel ahmachn', 'de Beleichting ahschaldn' und „Weihnachtslieder heern". Kein Druck, sondern einfach nur ne entspannte Zeit im engsten Kreis.

Ennos Highlight war auch die Art und Weise, hier draußen auf Toilette zu gehen. „Scheißen mit Aussicht", nannte er das immer ganz begeistert. Tja, so war das hier: Klappspaten, Küchenrolle, Loch buddeln und drüber hocken. Einfach und unkompliziert.

Es war so schön, dass wir entschieden, noch 1–2 Tage hier zu bleiben und dann zusammen wieder gemütlich heimzufahren. Ich weiß noch, wie ich auf der Rückfahrt aus Versehen ein Baguette auf dem Dach liegen ließ. Ach, war das herrlich. Meine Eltern waren so richtig glücklich! Sie konnten mal all den Stress von daheim loslassen und diese freundlich warme, spanische Atmosphäre spüren. Ich wäre am liebsten noch ewig lang mit ihnen rumgefahren. Es fühlte sich so gut an, in Kolonne mit coolen Menschen durch die Gegend zu ziehen. Ich hatte wirklich Freude daran. Auch wenn der Camper manchmal nicht so recht funktionierte und ich die beiden dann noch über enge

Straßen und abgelegene Dörfer schickte, war das wohl einer der schönsten Urlaube überhaupt. Wir hackten Holz, saßen abends am Feuer und genossen die Landschaft mit allen Sinnen. Kurz vorm Schlafen verriegelten wir dann die Karre doppelt und dreifach. Wir kamen auch auf die äußerst gute Idee, einen Spanngurt von Innentür zu Innentür zu ziehen. Da hätte man schon eher draufkommen können! Außerdem bemerkte ich, wie auch sie nach und nach relaxter wurden. Das ist manchmal gar nicht so einfach hier draußen, aber ich gab mir große Mühe, es ihnen vorzuführen. Ich übertrug diese gewisse „Mir-doch-egal-Stimmung" auf die drei. Also, ich ließ mich jetzt nicht komplett gehen oder popelte in der Nase rum, aber ich lief schon oft mal in „Schlüpper" in die Tanke, trällerte unterm Kanister mein Liedchen oder rasierte mir die Bartstoppeln in aller Seelenruhe direkt auf'm Lidl-Parkplatz, hahaha.

Starke Kontraste

Neben all dem schönen Wiedersehen gab es da nun aber auch noch eine große Aufgabe zu bewerkstelligen: Die Wiedereingliederung eines Wilden. Einer mit dicken Backen in Flip Flops und Badehose. Ein Penner, der mittlerweile in Löcher schiss, unterm Kanister duschte und im Schneidersitz mit Stäbchen fraß. Einer, der ganz neue Ansichten hatte, dem sächsisch wie eine Fremdsprache vorkam und einer der nur noch spanisches Bier und Olivenöl saufen wollte. Man ey, das war gar nicht so einfach. Ich war mittlerweile die Ruhe in Person, lag gern mal faul in der Sonne und hatte vor allen Dingen extrem minimalistisch gelebt. Ich war fast bisschen wie so ne Esoterik-Tante, deren Reaktionen ganz verzögert kamen und die alles mit schlechten Schwingungen betitelte. Die mit der Wünschelrute Wasserlöcher suchte und Bäume umarmte. Ja, so in die Richtung ging das fast schon, haha. Zum Glück nur fast. Aber so ist das eben, wenn man Tag für Tag hier draußen hauste. Der erste Schritt aus dem Bett war eben raus ins Freie. Gefolgt von Futter- und Schlafplatzsuche. Die Sonne bestimmte, wann man aufstand und zu Bett ging. Nun mussten mir meine Eltern wiederum helfen, mich in deren Alltag zu integrieren, eine sehr intensive Erfahrung.

Als meine Eltern da anfingen, ihr impulsives Leben zu leben, allerhand Multitasking betrieben oder auf „normale" Art und Weise kochten, wurde mir manchmal ganz anders zumute. Ich hatte mir angeeignet, mich auf das zu fokussieren, was ich gerade tat und mit wenigen Litern Wasser über mehrere Tage zu kommen. Ich kochte und aß aus einer Pfanne und wusste mich stets zu beschäftigen. Als sich dann manchmal Berge an Geschirr stapelten, für die es einen ganzen Kanister an Wasser benötigt hätte, spannte sich mir der Nacken. Ich fing auch direkt an, meine Eltern mit allerhand neuen Erkenntnissen zu bombardieren. Viele Menschen kamen mir nun hilflos vor, als ob sie die ganze Zeit im Hamsterrad auf der Stelle rannten und eigentlich wohin wollten. Als ob sie sich immer wieder den Kopf stießen, anstatt sich einfach kurz zu ducken. Als würde die Lösung auf all ihre Sorgen ganz offensichtlich vor der Nase liegen. Ich bemerkte sogar, wie ich kurz in ein Loch geriet und Angst vor dieser Rückkehr bekam. Zum Glück waren meine Eltern aber entspannt und gaben mir ausreichend Zeit, um wieder einigermaßen klarzukommen.

Neben all dem Gemecker gab es aber auch einen gewaltigen Durchbruch zu feiern. Ja wirklich! Falls du dich nun fragst, was wohl neben den Friedhöfen das Ergebnis dieses Abenteuers war, kann ich dir darauf eine präzise Antwort geben. Ich wusste jetzt, was ich wollte! Es fühlte sich an, als hätte man nun alles beisammen. Ich hatte unzählige Dokus und Bücher gefressen, verschiedenste Menschen getroffen, mich extrem mit meinem Inneren auseinandergesetzt, war einfach klar im Kopf. Junge, Glasklar wie Kloßbrühe! Ich fühlte mich gewappnet, konnte Materielles loslassen und wusste, dass am Ende die Gesundheit übrigblieb, die es mit einigermaßen guter Ernährung zu stärken galt. Klar wurde man ab und an mal ausfällig und musste sich am Weihnachtsbaum stützen, aber das war ja auch nicht verkehrt. Im Gegenteil, bewusst genießen ist doch ne prima Sache. Disziplin darf eben nicht fehlen. Ich war so dankbar für einen gedeckten Tisch und eine warme Dusche, das kannst du dir nicht vorstellen. Noch dazu hatte ich das Gefühl, mich meinen Ängsten stellen zu können. Ungeduld und Stress waren mittlerweile Fremdworte für mich. Bei all dem Aufschwung und diesem Chinaböller, der nun in mir zündete, war es nun fast schon eine Herausforderung, all die Energie in Schach zu halten und kontrolliert abzugeben. 4 Monate war ich insgesamt da unten. Ich hätte alles ganz genau nochmal so gemacht, mit allen Höhen und Tiefen und ich denke, auch Lola wäre immer wieder mitgekommen! Man kennt diese Worte.

Was allerdings vernachlässigt wurde, waren Sachen wie Teamwork oder generell die soziale Ebene. Ich traf zwar schon einen Haufen Persönlichkeiten, jedoch waren das alles nur kurze Bekanntschaften und wie so oft keine richtigen Freundschaften. Ich muss echt noch daran arbeiten, mich mehr mit Menschen auseinanderzusetzen und nicht immer abzuhauen, wenn's mir zu viel wird. Vielleicht sollte ich mich wirklich mal intensiv mit verschieden Charakteren in irgendein Gemeinschaftsprojekt stürzen … irgendwas, was so richtig fordert … vielleicht sogar was Anstrengendes, Stressiges, um zu sehen, ob ich jetzt auch wirklich so gut klar komme, wie ich hier behaupte …

Hey! Jetzt erstmal ein „riesen" großes Dankeschön an dich als Leser. Wenn du's bis hierhin geschafft hast und all den „Kauderwelsch" verschlungen hast, kann ich dir nur gratulieren. Wahnsinn! Wenn es dich dann noch wie Anfangs angesprochen zum Lachen gebracht hat und sich halbwegs gut lesen ließ, würde ich große Freudensprünge machen! Ich hoffe, es gab einen Lektor, der die größten Baustellen entschärft und meine Rechtschreibung etwas aufpoliert hat. Mir hat es auf jeden Fall sehr Spaß gemacht und geholfen. Es war, als würde man eine Last abwerfen und geduldig etwas Großes formen. Wenn es dann noch andere glücklich macht und somit auch du als Leser davon profitierst, ist das doch eine super Sache. Bücher fetzen!

Außerdem würde ich gern noch was ansprechen. Mal schauen, ob ich's formuliert bekomme. Ich glaube, es gibt da so'n kleinen fiesen Teufel in mir, der gern endlich mal richtig aufdrehen würde. Ein kleiner Teufel, der mir immer wieder flüstert, dass da noch viel mehr geht. Immer wenn er flüstert, bekomme ich ne Gänsehaut und verrückte Ideen. So Blödsinn sprudelt da in mir. Aber nich' so Zeug wie Post von der Kriminalpolizei zu bekommen. Nein, einfach lustiger Scheiß. Scheiß, der das mit dem Baseball-Schläger oder nen Einbruch auf dem Campingplatz komplett in den Schatten stellt. Ja, Scheiß, der die ganzen Stories und generell dieses Buch alt aussehen lässt. Ich denke einfach, da geht noch viel mehr! Aber eben nicht allein. Da entsteht einfach nicht diese explosive Dynamik. Es braucht ne Gruppe komplett abgedrehter Kunden. Aber keine Idioten, die den Omas die Handtasche klauen. Nein …
    Falls du hier auch gerade dieses innerliche Feuern spürst, dann melde dich gern. Aber komm bitte nicht einfach vorbei und klopf an die Tür. Überleg dir was Kreatives. Trink dir bisschen Mut an und park deine Harley per Rampe im Wohnzimmer meiner Eltern. „Tada hier bin ich!", oder so. Hahaha. Nein Quatsch, da dreht dir Enno den Hals um. Aber ich denke, du verstehst, was ich meine. „Peace und lange Loodn!"

Ach so, und vor allem ein Hoch auf meine Mutter!! Die, die mich vor 21 Jahren geworfen hatte und in 2 Tagen Muttertag feiert. Am 09. Mai 2022. Da sie so gerne liest und mir die ersten Seiten dieses Buches förmlich aus der Hand gerissen hatte, möchte ich ihr hier nun eine vollständige PDF-Datei schenken. „Gleeeeggauf Muddi", ich hoff', du freust dich, endlich weiterlesen zu dürfen und hast einen schönen Tag! Leg mal die Beine hoch und mach's dir gemütlich. Das hast du dir verdient. Ich hab dich lieb, du bist die Beste! Tschau bello, haha!'

Grüße gehn' raus

- meine Familie in Erzgebirge und ganz „Gruutenbarch"
- meine alten Klassenkameraden ausm Erzgebirge und alle die gerade die Piste schruppen oder irgendwo anders „rumdebsen"
- Onkel und Tante in Leipzig
- Harley Micha, Innenausbau Ulrich und all die anderen coolen Leiptzscher
- all die coolen Arbeitskollegen aus'm Titus Dresden
- und die uncoolen von Titus Leipzig haha
- vielen Dank auch an die Titus Gmbh
- das Stückwerk Dresden Team
- die Firma Böttger
- das gesamte Team vom Seehus in Quinten, besonders Carlo, der coolste Chef auf Erden und Sarah meine selbsternannte schweizer Ziehmutter, sowie Kathi und Thomas – hoare geile Lüt!
- alle Quintner Bewohner, vor allem Franz der sich immer zwischen den Weinsträuchern versteckt, um mich zu erschrecken und die 2 hübschen Mädels
- Gábor, alias die Csatornapatkány, der schon im Voraus eine Buchbestellung aufgegeben hat
- Paulo und Angelo, die mir erklärten, warum die Portugiesen alle kleines Bier saufen
- die 4 Mädels von den Kanarischen Inseln
- Hampi, von dem ich ein Indianerboot bekommen habe
- alle Saufkumpane in Dresden
- alle, die gerade am Lingner rollen oder im Sektor abdancen

- ja, auch die Underground-Tekkis, die gerade irgendwo im Wald Pilze fressen und unsere „Tschau Kakao"-Gang
- auch Basti und die gesamte „Männertagsclique" aus Oschatz und Umgebung
- Frau Moh, Helga Kluge und ihren oberwitzigen Gartennachbar, von dem ich leider gerade den Namen vergessen habe ... ah warte kurz, ich hab ich wieder: Roland!!!
- meine Ex-Freundin Lene, die mir gerade versprochen hat, das Buch zu lesen
- die Semperschule in Dresden, sowie die gesamte FOS2GM16
- und vor allem die ganzen coolen Lehrer der Semperschule, die uns so geiles Zeug beibrachten – ohne die gäbs hier keine Gestaltung im Buch
- und „Mrs. Polanski", ich hoff', du hasst mich nicht mehr allzu sehr und dir geht's gut soweit
- Martin, der mir den Fiesta verkauft hatte
- und auch die beiden „zugehackten" Prügelkerle, die mir noch rechtzeitig das Fahrrad abgekauft hatten, um mit der Kohle den Fiesta zu finanzieren
- Dank an „Bike Point Klotsche" für's Dachzelt
- und wenn ich jetzt eh schon mal alle erwähne, dann auch Thule für die geile Idee dieses speziellen Dachzelts
- das Wolfsgut bei Liebstadt und alle Kumpels von Andy
- vor allem auch Maiky der mir extrem hilfreiches Feedback gab
- die Müllmänner in Österreich
- die hübschen Empfangsdamen und sympathischen Typen auf den Campingplätzen ... vor allem die, die mich für paar Euros duschen ließen
- den Typ vom Vodafon Service am Telefon
- die Müllmänner in Vias Plage
- die Spezialeinheit an der spanisch-französischen Grenze
- die Gebirgsjäger der französischen Pyrenäen
- Karla und Stefan
- „Dick und Doof" vom Parkplatz in Calafat
- den lustigen Iren vom Strand und den Clown
- die zwei Mädels vom Strand

- Shakira
- das FKK-Pärchen am Flughafen
- Edgar und die Surfer vom Flughafen
- Edgars „Kokslieferrant" und den Hund Anthrax
- Abdul und Huan
- die beiden Niederländer mit dem „Kartoffelkäfer-Auto", Martin und Sonja hießen sie glaub ich
- Anne aus Dresden und all ihre Freunde
- auch die andere Anne aus Dresden, die hier ab und an Probe las und verdammt nützliches Feedback gab!!
- meinen Tätowierer Justus
- der Typ, der in Barcelona die Eis am Stiel tagged
- der Penner, der neben mir seinen Stoff in der Pfeife geraucht hat
- dieser affengeile Kumpel von Anne, der uns sein Bett in Barcelona überlies!!
- diese kleine Asiatin, die mich auf Toilette ließ
- der Franzose, der auf der Autobahn eine Vollbremsung für uns hinlegte, um uns paar Kilometer mitzunehmen
- die 3 Polen die so Radau machten
- Horst aus „KK"
- die Parkguide-Lady von Bardenas Reales
- die nette Empfangsdame, die mir ein bisschen Rabatt auf dem Campingplatz im Baskenland gab
- der Typ, der heimlich in den Fernseher guckte anstatt Sport zu machen
- die Franzosen, die mich zum Mittagessen einluden und die deutschen Camper, die mir nen Topf „miese Muscheln" in Weißweinsoße schenkten
- der, der das längste Wohnmobil aller Zeiten fuhr
- Hermann Hetzer und seine Firma in Leipzig
- Hermann Hetzters WG-Kumpels aus Toulous
- das Pärchen aus Thürigen, von denen ich die Namen vergessen habe, obwohl wir heute noch Kontakt haben … oh man
- diese verrückten Surfer, die mit bloßem Körper die Welle reiten!
- die Bäckerei „Ronde de Pains" in Guéthary

- den halbnackten Jogger im Wald
- Mark Wahlberg
- der Trucker am Tresen
- die nette Frau vom Tierarzt, tausend Dank!
- der Tankwart kurz vor Leon
- der Mann mit den beiden Schärferhunden auf dem Platz kurz vor Leon
- die beiden Engländer mit dem Rollstuhl-Camper, Respekt!
- Swetlana und Gortbatschow
- May und ihre Hippie-Kumpels aus Nähe Tomar
- die Chemnitzer und die Leipziger vom Campingplatz aus Tomar, mit denen ich Sachsen bildete
- den netten Chef vom Fitnessstudio in Tomar
- alle Holländer aus Ortiga, besonders Jan, Stella und Wilhelm
- Flip den Beagle
- den Portugiesen, der immer so nett gewinkt hatte
- Lena vom Restaurant in Ortiga
- Siggi und Frauchen
- das Tierheim in Badajoz
- David, der verrückte Engländer und den Rest vom Trailerpark
- den sympathischen Penner, von dem ich ein Foto schießen durfte
- ganz Tabernas, samt allen umliegenden Plätzen
- die Müllmänner von Tabernas
- auch den Eigentümer dieses Grundstücks, den ich nicht ans Telefon bekam
- hey na klar, auch der Kater vom Friedhof, dem ich mein Hundefutter servierte
- der Professor mit dem Teleskop
- Crocodile Dundee aus der Kneipe
- natürlich Falaticho und seinen Arbeitskollegen aus Albanilla
- den Deutschen von der Beerdigung
- all die Trucker, die mich im Windschatten fahren ließen
- Andy Puddicombe und seine Firma „Headspace"
- auch Rüdiger Nehberg, der leider schon unter der Erde liegt
- natürlich auch Grüße in den Hundehimmel

- und dich, ja genau dich Leser
- ach klar, natürlich alle die, die hier gerade die Liste lesen und bemerken, dass sie vergessen wurden ... oder vielleicht auch die, die nicht erwähnt werden wollten und gleich ihren Anwalt holen ... nein Quatsch, wird schon passen, haha

Quellenverzeichnis

- Rüdiger Nehberg
- www.planet-schule.de
- www.wikipedia.de
- Andy Puddicombe und sein Buch Headspace

Der Autor

Franz Päßler wurde 2000 in Erlabrunn, einem Ort im tiefsten Osten, mitten im Erzgebirge geboren. Vom Dorf ging's ab in die Stadt mit Fachabi in der Tasche. Danach herrschte Umbruchstimmung: vom Grafiker zum Verkäufer/Mechaniker im Skateshop mit anschließendem Diplom als Blumen- und Pizzakurier und ganz nebenbei Robin Hood, Helfer und Retter der krummbuckligen Kräuterweiber im Kleingartenverein. Ein ganz besonderer Spezialist. Er selbst bezeichnet sich als etwas unberechenbar in Kombi mit ausgeprägtem Humor. Franz hat ein starkes Gespür für Menschen, die ihn beeindrucken. In seiner Freizeit treibt er seine Mutter gern in den Wahnsinn. Wie? Mit extremem Bewegungsdrang der anderen Art: ob als Landstreicher durchs Gebirge oder Vollgas mit dem Fixie durch die Stadt. Kajak oder Snowboard fetzen aber auch. Sein erklärtes Ziel ist die mentale Kontrolle, um ein möglichst verrücktes und intensives Leben führen zu können.

novum VERLAG FÜR NEUAUTOREN

Der Verlag

*Wer aufhört
besser zu werden,
hat aufgehört
gut zu sein!*

Basierend auf diesem Motto ist es dem novum Verlag ein Anliegen, neue Manuskripte aufzuspüren, zu veröffentlichen und deren Autoren langfristig zu fördern. Mittlerweile gilt der 1997 gegründete und mehrfach prämierte Verlag als Spezialist für Neuautoren in Deutschland, Österreich und der Schweiz.

Für jedes neue Manuskript wird innerhalb weniger Wochen eine kostenfreie, unverbindliche Lektorats-Prüfung erstellt.

Weitere Informationen zum Verlag und
seinen Büchern finden Sie im Internet unter:

w w w . n o v u m v e r l a g . c o m